王正志 主编

中国知识产权指数报告2018

——全面分析知识产权各类指标、数据，揭示知识产权发展状况与经济增长模式及竞争力水平的关系

中国财经出版传媒集团
中国财政经济出版社

图书在版编目（CIP）数据

中国知识产权指数报告.2018/王正志主编．—北京：中国财政经济出版社，2018.11
ISBN 978-7-5095-8626-6

Ⅰ.①中… Ⅱ.①王… Ⅲ.①知识产权-指数-研究报告-中国-2018 Ⅳ.①D923.404

中国版本图书馆CIP数据核字（2018）第247267号

责任编辑：卢关平　　　　　　责任印制：张　健
封面设计：楠竹文化

中国财政经济出版社 出版

URL：http://ckfz.cfeph.cn
E-mail：cfeph@cfeph.cn

（版权所有　翻印必究）

社址：北京市海淀区阜成路甲28号　邮政编码：100142
营销中心电话：010-88191537
天猫网店：中国财政经济出版社旗舰店
网址：https://zgczjjcbs.tmall.com
北京富生印刷厂印刷　各地新华书店经销
787×1092毫米　16开　22印张　527 000字
2018年11月第1版　2018年11月北京第1次印刷
定价：53.00元
ISBN 978-7-5095-8626-6
（图书出现印装问题，本社负责调换）
本社质量投诉电话：010-88190744
打击盗版举报热线：010-88191661　QQ：2242791300

顾问（按姓氏字母排列）：

陈　坚	狄　勇	董葆霖	段瑞春	段志强	范林海	付晓辉
高宗泽	郭民生	郭书贵	何志敏	胡才勇	黄　庆	邝　兵
雷风云	雷筱云	李建蓉	李建中	李　钟	廖　斌	刘纪雷
吕国强	马俊如	马维野	毛金生	彭茂祥	潘新胜	齐成喜
秦志辉	邱善勤	沈仁干	宋建华	田　川	王景川	汪　洪
王建华	王丽军	王淑贤	吴红艳	武晓明	肖鲁青	谢　红
杨　哲	杨正午	袁　杰	张　曦	张云才	赵梅生	郑　超
支苏平	周　砚	朱建红	朱恩涛	朱　宏	朱　宇	

专家指导委员会（按姓氏字母排列）：

常利民	陈昌柏	陈　巍	崔国斌	崔建军	戴　键	戴少杰
董小英	杜焕芳	杜　颖	冯守华	冯晓青	江　平	蒋　坡
来小鹏	冷传莉	李春雷	李建民	李顺德	李　毅	黎晓光
林伟勤	林子英	刘海波	刘义成	刘银良	刘　瑛	刘　云
陆介平	罗明雄	马秀山	马　越	孟海燕	潘皞宇	曲三强
邵　伟	沈　珺	沈卫坚	申卫星	宋　澜	孙国瑞	孙　鹏
谭华霖	唐　恒	滕　飞	万　猛	王连洁	王先勇	王　东
王　岩	徐海燕	徐向阳	杨　子	张　冰	张伯友	张大伟
张　楚	张康林	张一平	赵宏瑞	周洪涛	周庆山	

David Post　John W. Smagula　Dorothy Li　Gregory N. Mandel
Mareike Droege　Rita H. Lin　Robert J. Reinstein　Stephen Lo

中国知识产权指数报告课题组

主　　编： 王正志

副 主 编： 张亚梅　高　梅　管　健　雷彩虹　李　元
连　捷　刘　蓉　卢秋羽　茆　宇　商家泉
孙茂成　任　飞　徐江华　杨守义　姚进峰
姚李英　王　冬　赵　锐　庄　严

主编助理： 姜金姬

核心成员： 安远华　曹小勤　陈洪军　程小玲　戴至上
董付雁　樊君华　郭　晶　郭　军　关升田
贺伟勤　何　伟　刘典武　刘　娟　李　勇
李笑丹　柳全新　骆振宇　马志刚　牟　楠
史宝隆　苏　萼　孙　晨　孙红新　孙建纬
孙如岐　苏军梅　唐　军　田美玉　王　珊
王思文　王　伟　王希文　王　瑜　王云芳
吴　帆　温宇洋　许莲花　许国明　许登甲
徐建国　叶来生　姚之年　于永琴　袁祥飞
张　超　张宝光　张清格　赵艳杰　张子江
周亚楠　Andrew Naylor　Patrick Allen Dittmer

前　　言

当前全球经济呈现出贸易保护主义倾向，全球经济仍然充满复杂因素和不确定性，经济格局存在重新平衡的可能。中国提出了"创新、协调、绿色、开放、共享"的发展理念，在平稳发展中开始着力提升经济增长质量和效益，激发增长动力和市场活力。同时，随着我国经济发展特别是在高科技领域的人力资本和技术积累，很多技术领域呈现与世界先进水平并跑的趋势，有些领域甚至开始领跑。在这种大背景下，我国科学技术发展要开放合作和自力更生"两条腿"走路，同时更加强调自主研发。2018年4月，习近平在博鳌亚洲论坛2018年年会开幕式上发表主旨演讲时指出，"加强知识产权保护。这是完善产权保护制度最重要的内容，也是提高中国经济竞争力最大的激励。对此，外资企业有要求，中国企业更有要求。"并表示，"将重新组建国家知识产权局，完善执法力量，加大执法力度，把违法成本显著提上去，把法律威慑作用充分发挥出来。"知识产权的作用更加凸显。

一、总体排名

中国区域知识产权指数2018排名前10位的省（自治区、直辖市，以下简称为：省份）依次是：北京、广东、江苏、上海、浙江、山东、安徽、天津、湖北、重庆。

排名中间11位的省份依次是：湖南、福建、陕西、四川、辽宁、河南、广西、吉林、江西、河北、黑龙江。

排名末尾10位的省份依次是：贵州、山西、甘肃、云南、内蒙古、海南、宁夏、青海、西藏、新疆。

二、主要发现

通过研究本报告以及历史报告，我们发现了以下重要结论：

1. 排名前10强的省份长期稳定，北京连续9年稳居第一
2. 各地区知识产权发展分化程度不减，排名10强省份间差距不断缩小
3. 知识产权区域分布呈现"中心集聚，梯田扩散"的特征
4. 粤港澳大湾区战略下，广东带动华南地区平均水平提高
5. 广东专利质量领先，东部专利质量好于中西部
6. 部分省份知识产权产出水平与专利质量差异较大
7. 西部省份部分省份进步显著，东部地区个别省份呈现疲态
8. 专利和商标规模存在明显区域特征，与经济发展水平高度契合
9. 营商环境和生态环境制约中西部地区知识产权发展

三、分项指数排名

在四个分项指数中，知识产权产出水平排名前10位的省份是：北京、江苏、广东、上海、浙江、安徽、广西、四川、陕西和天津。其中，四川、天津取代了指数报告2017中的重庆和山东，跻身前10名。

知识产权流动水平排名前10位的省份是：广东、北京、上海、江苏、山东、浙江、湖北、辽宁、福建和陕西。其中，福建和陕西取代了指数报告2017中的湖南和重庆，进入前10位。

知识产权综合绩效排名前10位的省份是：北京、上海、浙江、广东、天津、江苏、重庆、湖南、湖北和福建。前10位的名单与指数报告2017一致，北京蝉联第一。

知识产权创造潜力排名前10位的省份是：江苏、广东、北京、浙江、山东、上海、湖北、湖南、安徽和天津。与指数报告2017相比，陕西跌出前10位，安徽进入前10位。

四、综合实力进步指数排名

综合实力进步指数排名前10位的省份是：江西、云南、福建、西藏、河北、四川、吉林、贵州、河南和湖南。排名后10位的省份是：青海、山东、江苏、内蒙古、新疆、天津、山西、陕西、辽宁和黑龙江。

五、专利指数排名

专利指数排名前10位的省份是：北京、广东、浙江、江苏、上海、天津、福建、安徽、广西和江西。排名后10位的省份是：重庆、辽宁、云南、甘肃、吉林、新疆、内蒙古、海南、黑龙江和山西。

六、商标指数排名

商标指数排名前10位的省份是：北京、广东、上海、浙江、江苏、安徽、福建、西藏、山东和河南。排名后10位的省份是：甘肃、陕西、天津、广西、黑龙江、吉林、辽宁、内蒙古、陕西和海南。

七、专利质量指数排名

专利质量指数排名前10位的省份是：广东、北京、浙江、江苏、上海、山东、福建、天津、湖北和湖南。排名后10位的省份是云南、吉林、黑龙江、内蒙古、海南、甘肃、西藏、青海、宁夏和广西。东部省份专利质量指数较高，而东北地区及中西部地区专利质量指数较低。

更多详细内容敬请阅读报告正文。

目 录

第一章 中国知识产权指数报告2018总体排名、研究发现与深度解析 …………… 1
 一、中国区域知识产权指数报告2018总体排名 ………………………………… 1
 二、中国区域知识产权指数报告2018：主要发现 ……………………………… 2
 三、中国区域知识产权指数报告2018：结果解读 ……………………………… 7

第二章 中国区域知识产权分项指数2018排名与分析 ………………………… 14
 一、中国区域知识产权分项指数框架2018 …………………………………… 14
 二、中国区域知识产权分项指数排名与分析 ………………………………… 14

第三章 知识产权产出水平各项指标排名与分析 ……………………………… 19
 一、知识产权产出水平二级指标框架及排名与分析 ………………………… 19
  1. 指标框架 ……………………………………………………………………… 19
  2. 排名与分析 …………………………………………………………………… 19
 二、知识产权人均产出指数指标框架及排名与分析 ………………………… 20
  1. 知识产权人均产出指数指标框架及指数排名 ……………………………… 20
  2. 专利总量指数四级指标框架及排名与分析 ………………………………… 23
  3. 商标总量指数四级指标框架及排名与分析 ………………………………… 25
  4. 版权总量指数四级指标框架及排名与分析 ………………………………… 26
  5. 集成电路布图设计总量指数四级指标框架及排名与分析 ………………… 28
  6. 农业植物新品种总量指数四级指标框架及排名与分析 …………………… 29
 三、知识产权产出质量指数三级指标框架及排名与分析 …………………… 30
  1. 知识产权产出质量指数三级指标框架及指数排名 ………………………… 30
  2. 专利有效性指数四级指标框架及排名与分析 ……………………………… 31
  3. 商标有效性指数四级指标框架及排名与分析 ……………………………… 34
  4. 专利金奖指数四级指标框架及排名与分析 ………………………………… 34
  5. "中华老字号"商标指数四级指标框架及排名与分析 …………………… 36
  6. 集成电路布图设计登记发证指数四级指标框架及排名与分析 …………… 37
  7. 外贸额与PCT专利比指数四级指标框架及排名与分析 ………………… 38
 四、知识产权产出效率指数三级指标框架及排名与分析 …………………… 39
  1. 知识产权产出效率指数三级指标框架及指数排名 ………………………… 39
  2. 知识产权人才产出效率指数四级指标框架及排名与分析 ………………… 41
  3. 知识产权资本产出效率指数四级指标框架及排名与分析 ………………… 42

五、知识产权企业产出指数三级指标框架及排名与分析 …………………… 43
　　　　1. 知识产权企业产出指数三级指标框架及指数排名 ………………… 43
　　　　2. 企业产出规模指数四级指标框架及排名与分析 …………………… 45
　　　　3. 企业产出质量指数四级指标框架及排名与分析 …………………… 47
　　　　4. 企业产出效率指数四级指标框架及排名与分析 …………………… 50
　　六、高校和研发机构产出指数三级指标框架及排名与分析 ………………… 52
　　　　1. 高校和研发机构产出指数三级指标框架及指数排名 ……………… 52
　　　　2. 高校和研发机构产出规模指数四级指标框架及排名与分析 ……… 53
　　　　3. 高校和研发机构产出质量指数四级指标框架及排名与分析 ……… 54
　　　　4. 高校和研发机构产出效率指数四级指标框架及排名与分析 ……… 55

第四章　知识产权流动水平各项指标排名与分析 …………………………… 58
　　一、知识产权流动水平二级指标框架及排名与分析 ………………………… 58
　　　　1. 指标框架 …………………………………………………………… 58
　　　　2. 指数及排名 ………………………………………………………… 58
　　二、知识产权技术市场交易指数三级指标框架及排名与分析 ……………… 60
　　　　1. 知识产权技术市场交易指数三级指标框架及指数排名 …………… 60
　　　　2. 技术市场规模指数四级指标框架及排名与分析 …………………… 61
　　　　3. 技术市场开放度指数四级指标框架及排名与分析 ………………… 65
　　　　4. 技术外溢度指数四级指标框架及排名与分析 ……………………… 67
　　三、知识产权服务机构指数三级指标框架及排名与分析 …………………… 69
　　　　1. 知识产权服务机构指数三级指标框架及指数排名 ………………… 69
　　　　2. 商标代理机构指数四级指标框架及排名与分析 …………………… 70
　　　　3. 专利代理指数四级指标框架及排名与分析 ………………………… 72
　　　　4. 律师事务所指数四级指标框架及排名与分析 ……………………… 74
　　四、企业技改、引进指数三级指标框架及排名与分析 ……………………… 75
　　　　1. 企业技改、引进指数三级指标框架及指数排名 …………………… 75
　　　　2. 技术改造指数四级指标框架及排名与分析 ………………………… 77
　　　　3. 国内引进指数四级指标框架及排名与分析 ………………………… 78
　　　　4. 国外引进指数四级指标框架及排名与分析 ………………………… 79

第五章　知识产权综合绩效各项指标排名与分析 …………………………… 82
　　一、知识产权综合绩效二级指标框架及排名与分析 ………………………… 82
　　　　1. 指标框架 …………………………………………………………… 82
　　　　2. 指数及排名 ………………………………………………………… 82
　　二、宏观经济绩效指数三级指标框架及排名与分析 ………………………… 84
　　　　1. 宏观经济绩效指数三级指标框架及指数排名 ……………………… 84
　　　　2. 经济发展水平四级指标框架及排名与分析 ………………………… 85
　　　　3. 经济增长方式转变四级指标框架及排名与分析 …………………… 88

4. 经济结构优化四级指标框架及排名与分析 ………………………… 89
三、社会进步绩效指数三级指标框架及排名与分析 ……………………… 90
　　1. 社会进步绩效指数三级指标框架及指数排名 ……………………… 90
　　2. 环境改善指数四级指标框架及排名与分析 ………………………… 92
　　3. 社会发展指数四级指标框架及排名与分析 ………………………… 94
　　4. 社会生活信息化四级指标框架及排名与分析 ……………………… 95
　　5. 文化进步指数四级指标框架及排名与分析 ………………………… 96
四、企业发展绩效指数三级指标框架及排名与分析 ……………………… 97
　　1. 企业发展绩效指数三级指标框架及指数排名 ……………………… 97
　　2. 产品升级指数四级指标框架及排名与分析 ………………………… 99
　　3. 设备更新指数四级指标框架及排名与分析 ………………………… 100

第六章　知识产权创造潜力各项指标排名与分析 ……………………………… 101
一、知识产权创造潜力二级指标框架及排名与分析 ……………………… 101
　　1. 指标框架 ……………………………………………………………… 101
　　2. 指数及排名 …………………………………………………………… 101
二、知识产权创造投入指数三级指标框架及排名与分析 ………………… 103
　　1. 创造投入指数三级指标框架及指数排名 …………………………… 103
　　2. 人才投入指数四级指标框架及排名与分析 ………………………… 105
　　3. 资本投入指数四级指标框架及排名与分析 ………………………… 106
　　4. 文化投入指数四级指标框架及排名与分析 ………………………… 109
　　5. 基础设施投入指数四级指标框架及排名与分析 …………………… 109
三、知识产权创造成果指数三级指标框架及排名与分析 ………………… 111
　　1. 知识产权创造成果指数三级指标框架及指数排名 ………………… 111
　　2. 论文指数四级指标框架及排名与分析 ……………………………… 112
　　3. 科技成果指数四级指标框架及排名与分析 ………………………… 114
　　4. 高新技术产业科技项目指数四级指标框架及排名与分析 ………… 115
四、知识产权创造环境指数三级指标框架及排名与分析 ………………… 117
　　1. 知识产权创造环境指数三级指标框架及指数排名 ………………… 117
　　2. 财政支持指数四级指标框架及排名与分析 ………………………… 119
　　3. 金融环境指数四级指标框架及排名与分析 ………………………… 119
　　4. 营商环境指数四级指标框架及排名与分析 ………………………… 120
　　5. 生态环境指数四级指标框架及排名与分析 ………………………… 122
　　6. 教育环境指数四级指标框架及排名与分析 ………………………… 124
　　7. 文化环境指数四级指标框架及排名与分析 ………………………… 125
　　8. 高新技术开发区指数四级指标框架及排名与分析 ………………… 129
　　9. 科普指数四级指标框架及排名与分析 ……………………………… 132
五、知识产权试点示范指数三级指标框架及排名与分析 ………………… 133
　　1. 知识产权试点示范指数三级指标框架及指数排名 ………………… 133

  2. 知识产权试点示范城市指数四级指标框架及排名与分析 …………… 135
  3. 知识产权试点示范园区指数四级指标框架及排名与分析 …………… 135
  4. 知识产权试点单位指数四级指标框架及排名与分析 ………………… 136
  5. 文化产业示范指数四级指标框架及排名与分析 ……………………… 137
 六、企业创造潜力指数三级指标框架及排名与分析 ……………………… 138
  1. 企业创造潜力指数三级指标框架及指数排名 ………………………… 138
  2. 企业科研基础指数四级指标框架及排名与分析 ……………………… 140
  3. 企业人才投入指数四级指标框架及排名与分析 ……………………… 142
  4. 企业资本投入指数四级指标框架及排名与分析 ……………………… 143
  5. 企业新产品开发指数四级指标框架及排名与分析 …………………… 144
 七、知识产权保护指数三级指标框架及排名与分析 ……………………… 147
  1. 知识产权保护指数三级指标框架及指数排名 ………………………… 147
  2. 专利行政执法指数四级指标框架及排名与分析 ……………………… 148
  3. 商标行政执法指数四级指标框架及排名与分析 ……………………… 150
  4. 行政执法服务能力指数四级指标框架及排名与分析 ………………… 151
  5. 司法保护能力指数四级指标框架及排名与分析 ……………………… 153

第七章 知识产权综合实力进步指数 2018 排名与分析 ……………………… 155
 一、知识产权综合实力进步指数指标框架 ………………………………… 155
 二、知识产权综合实力进步指数排名与分析 ……………………………… 155
 三、知识产权产出水平进步指数指标与排名 ……………………………… 157
  1. 知识产权产出水平进步指数排名与分析（见表 7–3） ……………… 157
  2. 知识产权产出水平进步指数具体指标分析 …………………………… 158
 四、知识产权流动水平进步指数指标与排名 ……………………………… 159
  1. 知识产权流动水平进步指数排名与分析（见表 7–4） ……………… 159
  2. 知识产权流动水平进步指数具体指标分析 …………………………… 160
 五、知识产权促进经济社会发展进步指数指标与排名 …………………… 162
  1. 知识产权促进经济社会发展进步指数排名与分析（见表 7–5） …… 162
  2. 知识产权促进经济社会发展进步指数具体指标分析 ………………… 163
 六、知识产权创造潜力进步指数指标与排名 ……………………………… 164
  1. 知识产权创造潜力进步指数排名与分析（见表 7–6） ……………… 164
  2. 知识产权创造潜力进步指数具体指标分析 …………………………… 165

第八章 中国区域专利指数 2018 排名与分析 ………………………………… 167
 一、中国区域专利指数 2018 指标框架 …………………………………… 167
 二、专利指数 2018 及排名 ………………………………………………… 167
 三、专利规模指数及排名 …………………………………………………… 169
 四、专利效率指数及排名 …………………………………………………… 169
 五、专利效益指数及排名 …………………………………………………… 171

六、专利发展速度指数及排名 …………………………………………………… 172
　　七、专利保护指数及排名 ………………………………………………………… 174

第九章　中国区域商标指数 2018 排名与分析 ………………………………………… 175
　　一、中国区域商标指数 2018 指标框架 …………………………………………… 175
　　二、商标指数 2018 及排名 ………………………………………………………… 175
　　三、商标规模指数及排名 ………………………………………………………… 177
　　四、商标活跃指数及排名 ………………………………………………………… 177
　　五、商标效益指数及排名 ………………………………………………………… 178
　　六、商标发展速度指数及排名 …………………………………………………… 180
　　七、商标保护指数及排名 ………………………………………………………… 181

第十章　中国区域专利质量指数 2018 ………………………………………………… 183
　　一、中国区域专利质量指数 2018 指标框架 ……………………………………… 183
　　二、中国区域专利质量指数 2018 及排名 ………………………………………… 184

附录一　各省份知识产权综合实力分项指标指数及排名 ……………………………… 191
　　（附录）表 1 - 1　　北京知识产权综合实力分项指标指数及排名表 ………… 191
　　（附录）表 1 - 2　　广东知识产权综合实力分项指标指数及排名表 ………… 192
　　（附录）表 1 - 3　　江苏知识产权综合实力分项指标指数及排名表 ………… 194
　　（附录）表 1 - 4　　上海知识产权综合实力分项指标指数及排名表 ………… 195
　　（附录）表 1 - 5　　浙江知识产权综合实力分项指标指数及排名表 ………… 197
　　（附录）表 1 - 6　　山东知识产权综合实力分项指标指数及排名表 ………… 198
　　（附录）表 1 - 7　　安徽知识产权综合实力分项指标指数及排名表 ………… 200
　　（附录）表 1 - 8　　天津知识产权综合实力分项指标指数及排名表 ………… 201
　　（附录）表 1 - 9　　湖北知识产权综合实力分项指标指数及排名表 ………… 203
　　（附录）表 1 - 10　 重庆知识产权综合实力分项指标指数及排名表 ………… 205
　　（附录）表 1 - 11　 湖南知识产权综合实力分项指标指数及排名表 ………… 206
　　（附录）表 1 - 12　 福建知识产权综合实力分项指标指数及排名表 ………… 208
　　（附录）表 1 - 13　 陕西知识产权综合实力分项指标指数及排名表 ………… 209
　　（附录）表 1 - 14　 四川知识产权综合实力分项指标指数及排名表 ………… 211
　　（附录）表 1 - 15　 辽宁知识产权综合实力分项指标指数及排名表 ………… 212
　　（附录）表 1 - 16　 河南知识产权综合实力分项指标指数及排名表 ………… 214
　　（附录）表 1 - 17　 广西知识产权综合实力分项指标指数及排名表 ………… 215
　　（附录）表 1 - 18　 吉林知识产权综合实力分项指标指数及排名表 ………… 217
　　（附录）表 1 - 19　 江西知识产权综合实力分项指标指数及排名表 ………… 219
　　（附录）表 1 - 20　 河北知识产权综合实力分项指标指数及排名表 ………… 220
　　（附录）表 1 - 21　 黑龙江知识产权综合实力分项指标指数及排名表 ……… 222
　　（附录）表 1 - 22　 贵州知识产权综合实力分项指标指数及排名表 ………… 223

（附录）表 1-23　山西知识产权综合实力分项指标指数及排名表⋯⋯⋯⋯ 225
（附录）表 1-24　甘肃知识产权综合实力分项指标指数及排名表⋯⋯⋯⋯ 226
（附录）表 1-25　云南知识产权综合实力分项指标指数及排名表⋯⋯⋯⋯ 228
（附录）表 1-26　内蒙古知识产权综合实力分项指标指数及排名表⋯⋯⋯ 229
（附录）表 1-27　海南知识产权综合实力分项指标指数及排名表⋯⋯⋯⋯ 231
（附录）表 1-28　宁夏知识产权综合实力分项指标指数及排名表⋯⋯⋯⋯ 232
（附录）表 1-29　青海知识产权综合实力分项指标指数及排名表⋯⋯⋯⋯ 234
（附录）表 1-30　西藏知识产权综合实力分项指标指数及排名表⋯⋯⋯⋯ 235
（附录）表 1-31　新疆知识产权综合实力分项指标指数及排名表⋯⋯⋯⋯ 237

附录二　指标体系的构建⋯⋯⋯⋯⋯⋯⋯⋯⋯⋯⋯⋯⋯⋯⋯⋯⋯⋯⋯⋯⋯⋯ 239
附录三　数据处理⋯⋯⋯⋯⋯⋯⋯⋯⋯⋯⋯⋯⋯⋯⋯⋯⋯⋯⋯⋯⋯⋯⋯⋯⋯ 240
附录四　综合评价指数的计算⋯⋯⋯⋯⋯⋯⋯⋯⋯⋯⋯⋯⋯⋯⋯⋯⋯⋯⋯⋯ 241

北京知识产权诉讼报告 2018⋯⋯⋯⋯⋯⋯⋯⋯⋯⋯⋯⋯⋯⋯⋯⋯⋯⋯⋯ 245
　统计说明⋯⋯⋯⋯⋯⋯⋯⋯⋯⋯⋯⋯⋯⋯⋯⋯⋯⋯⋯⋯⋯⋯⋯⋯⋯⋯⋯ 246
　侵害商标权案件判决书分析报告⋯⋯⋯⋯⋯⋯⋯⋯⋯⋯⋯⋯⋯⋯⋯⋯⋯ 247
　侵害著作权案件判决书分析报告⋯⋯⋯⋯⋯⋯⋯⋯⋯⋯⋯⋯⋯⋯⋯⋯⋯ 259
　侵害专利权案件判决书分析报告⋯⋯⋯⋯⋯⋯⋯⋯⋯⋯⋯⋯⋯⋯⋯⋯⋯ 270

上海知识产权诉讼报告 2018⋯⋯⋯⋯⋯⋯⋯⋯⋯⋯⋯⋯⋯⋯⋯⋯⋯⋯⋯ 281
　统计说明⋯⋯⋯⋯⋯⋯⋯⋯⋯⋯⋯⋯⋯⋯⋯⋯⋯⋯⋯⋯⋯⋯⋯⋯⋯⋯⋯ 282
　侵害商标权案件判决书分析报告⋯⋯⋯⋯⋯⋯⋯⋯⋯⋯⋯⋯⋯⋯⋯⋯⋯ 283
　侵害著作权案件判决书分析报告⋯⋯⋯⋯⋯⋯⋯⋯⋯⋯⋯⋯⋯⋯⋯⋯⋯ 295
　侵害专利权案件判决书分析报告⋯⋯⋯⋯⋯⋯⋯⋯⋯⋯⋯⋯⋯⋯⋯⋯⋯ 307

专题报告⋯⋯⋯⋯⋯⋯⋯⋯⋯⋯⋯⋯⋯⋯⋯⋯⋯⋯⋯⋯⋯⋯⋯⋯⋯⋯⋯⋯ 319
　移动互联网环境下文学作品的保护⋯⋯⋯⋯⋯⋯⋯⋯⋯⋯⋯⋯⋯⋯⋯⋯ 320
　知识产权认知困境：科技成果转化新政落地的障碍之一
　　——基于高校和科研机构的实证研究⋯⋯⋯⋯⋯⋯⋯⋯⋯⋯⋯⋯⋯⋯ 327

参考文献⋯⋯⋯⋯⋯⋯⋯⋯⋯⋯⋯⋯⋯⋯⋯⋯⋯⋯⋯⋯⋯⋯⋯⋯⋯⋯⋯⋯ 334
后　　记⋯⋯⋯⋯⋯⋯⋯⋯⋯⋯⋯⋯⋯⋯⋯⋯⋯⋯⋯⋯⋯⋯⋯⋯⋯⋯⋯⋯ 338

第一章 中国知识产权指数报告2018总体排名、研究发现与深度解析

世界银行报告认为,世界主要经济体贸易谈判的结果存在不确定性,同时贸易限制措施升级的风险已经加剧,将会对全球贸易产生重大负面影响。同时随着我国在高科技领域的积累,很多技术呈现与世界先进水平并跑的趋势,有些领域甚至开始领跑。未来我国科学技术发展要开放合作和自力更生"两条腿"走路,同时更加强调自主研发。

在这种背景下,知识产权的重要性更加凸显。2018年4月,习近平在博鳌亚洲论坛2018年年会开幕式上发表主旨演讲时指出:"加强知识产权保护。这是完善产权保护制度最重要的内容,也是提高中国经济竞争力最大的激励。对此,外资企业有要求,中国企业更有要求。"并表示,"将重新组建国家知识产权局,完善执法力量,加大执法力度,把违法成本显著提上去,把法律威慑作用充分发挥出来。"

知识产权事业将迎来最好的发展时期,将在中国经济社会发展中承担更大的责任。知识产权发展的关键因素之一在于塑造良好的环境,包括良好的创新创业环境、营商环境以及生态环境等。在知识产权指数报告2018中,我们还增加了营商环境和生态环境指数,考察中国省份营商环境和生态环境发展情况以及对知识产权发展的影响。

一、中国区域知识产权指数报告2018总体排名

中国区域知识产权指数2018❶ 排名前10位的省份(自治区、直辖市,以下简称省份)依次是:北京、广东、江苏、上海、浙江、山东、安徽、天津、湖北、重庆。

排名中间11位的省份依次是:湖南、福建、陕西、四川、辽宁、河南、广西、吉林、江西、河北、黑龙江。

排名末尾10位的省份依次是:贵州、山西、甘肃、云南、内蒙古、海南、宁夏、青海、西藏、新疆(见表1-1)。

表1-1 中国区域知识产权指数2018总体排名

省 份	综合实力		产出水平		流动水平		综合绩效		创造潜力	
	指数	排名	指数	排名	指数	排名	指数	排名	指数	排名
北 京	0.593	1	0.634	1	0.594	2	0.649	1	0.497	3
广 东	0.536	2	0.425	3	0.661	1	0.532	4	0.525	2
江 苏	0.509	3	0.487	2	0.415	4	0.491	6	0.644	1

❶ 本报告正文阐述使用之年份均为报告发布年份,数据年份具体见指标数据来源说明。

续表 1－1

省份	综合实力		产出水平		流动水平		综合绩效		创造潜力	
	指数	排名	指数	排名	指数	排名	指数	排名	指数	排名
上海	0.466	4	0.415	4	0.485	3	0.620	2	0.344	6
浙江	0.422	5	0.391	5	0.264	6	0.565	3	0.468	4
山东	0.321	6	0.213	11	0.297	5	0.368	13	0.405	5
安徽	0.286	7	0.348	6	0.170	12	0.364	14	0.262	9
天津	0.282	8	0.215	10	0.161	15	0.494	5	0.258	10
湖北	0.279	9	0.203	12	0.204	7	0.391	9	0.318	7
重庆	0.251	10	0.160	15	0.170	11	0.467	7	0.206	15
湖南	0.251	11	0.153	16	0.166	13	0.412	8	0.272	8
福建	0.246	12	0.177	13	0.173	9	0.390	10	0.246	11
陕西	0.243	13	0.215	9	0.172	10	0.372	11	0.213	14
四川	0.230	14	0.230	8	0.163	14	0.307	20	0.218	13
辽宁	0.225	15	0.153	17	0.193	8	0.370	12	0.183	16
河南	0.209	16	0.135	19	0.135	17	0.329	17	0.236	12
广西	0.206	17	0.290	7	0.082	22	0.297	22	0.157	21
吉林	0.177	18	0.088	25	0.136	16	0.351	15	0.133	24
江西	0.169	19	0.104	20	0.091	21	0.316	19	0.165	19
河北	0.164	20	0.088	24	0.112	18	0.280	24	0.174	17
黑龙江	0.161	21	0.164	14	0.092	20	0.245	27	0.142	23
贵州	0.156	22	0.148	18	0.045	26	0.262	25	0.170	18
山西	0.149	23	0.077	28	0.067	24	0.330	16	0.124	28
甘肃	0.144	24	0.081	26	0.106	19	0.227	29	0.162	20
云南	0.138	25	0.102	21	0.079	23	0.230	28	0.142	22
内蒙古	0.133	26	0.038	31	0.044	27	0.325	18	0.125	26
海南	0.131	27	0.077	27	0.017	30	0.307	21	0.124	27
宁夏	0.126	28	0.097	23	0.041	28	0.260	26	0.105	29
青海	0.114	29	0.102	22	0.059	25	0.208	31	0.087	31
西藏	0.113	30	0.059	30	0.014	31	0.290	23	0.090	30
新疆	0.113	31	0.076	29	0.040	29	0.210	30	0.127	25

二、中国区域知识产权指数报告 2018：主要发现

中国区域知识产权指数报告肇始于 2009 年，涵盖除港澳台之外的全国 31 个省份。

持续多年的数据积累,使我们具备了一个分析中国各地区知识产权状况的翔实的数据库❶。经过基于时间的纵向分析和基于地域空间的横向对比,课题组发现:

(一) 排名前 10 强的省份长期稳定,北京连续 9 年稳居第一

自 2010 年以来,知识产权指数排名前 10 强的省份均十分稳定。北京、江苏、上海、广东、浙江、天津、山东等 7 个省份每年都在前 10 强中,其中,北京更是连续 9 年稳居全国第一。福建、重庆分别有 1 次和 2 次跌出前 10 强(重庆在指数报告 2011 中位列第 12 位,福建在指数报告 2017 和 2018 中列第 11 和 12 位),辽宁自 2015 年后一直未能进入前 10 位。安徽自 2015 年开始一直位于前 10 位,湖南和湖北分别有 1 次和 2 次进入前 10 强。具体变化见表 1 - 2。

仔细分析知识产权指数 2018 前 10 强,不难发现绝大多数都是经济发达省份。从地域上看,7 个省份位于东部地区,安徽和湖北属于中部地区,重庆属于西部地区。从区域上看,环渤海经济圈有北京、天津、山东 3 个省份,长江三角洲经济圈有江苏、上海、浙江、安徽 4 个省份,珠江三角洲经济圈有广东 1 个省份。

表 1 - 2　　　　　　历年中国区域知识产权指数前 10 强排名

排名	2010	2011	2012	2013	2014	2015	2016	2017	2018
1	北京	北京	北京	北京	北京	北京	北京	北京	北京
2	上海	上海	上海	上海	江苏	江苏	江苏	江苏	广东
3	广东	广东	广东	江苏	上海	上海	上海	广东	江苏
4	江苏	江苏	江苏	广东	广东	广东	广东	上海	上海
5	浙江	浙江	浙江	浙江	浙江	浙江	浙江	浙江	浙江
6	天津	山东	山东	山东	天津	天津	山东	山东	山东
7	山东	天津	天津	天津	山东	山东	天津	天津	安徽
8	辽宁	福建	辽宁	辽宁	辽宁	福建	重庆	重庆	天津
9	重庆	辽宁	福建	福建	福建	重庆	福建	安徽	湖北
10	福建	湖南	重庆	重庆	重庆	安徽	安徽	湖北	重庆

(二) 各地区知识产权发展分化程度不减,排名 10 强省份间差距不断缩小

全国 31 个省份的知识产权指数得分差异较大,趋势线在前面非常陡峭,后面开始平缓。我们使用变异系数❷来衡量知识产权指数的离散程度。

比较知识产权指数 2016 的变异系数 (0.55)、2017 的变异系数 (0.56) 以及 2018 的变异系数 (0.54),我们发现总体地区知识产权发展的分化程度依然不减。知识产权指数 2018 中位数是 0.209,远低于排名第一的北京 (0.593),不到其三分之一。

---

❶ 中国区域知识产权指数的指标体系每年都在进行适当修订,以满足不断变化的经济社会和知识产权发展形势需要。

❷ 变异系数的计算公式为:变异系数 $C \cdot V = ($ 标准偏差 $SD/$ 平均值 $MEAN) \times 100\%$。

知识产权指数2018排名前10强的省份的变异系数为0.319，中间11位为0.167，最后10位为0.117。随着排名的下落，变异系数越来越小，各省份之间的知识产权指数差距在缩小，表明与北京、广东、江苏、上海、浙江等领先省份相比，大部分省份知识产权发展的水平都相对不高。同时，与知识产权指数2017相比，我们发现排名前10强的省份之间的差距在变小，北京的领先优势持续缩小（见图1-1）。

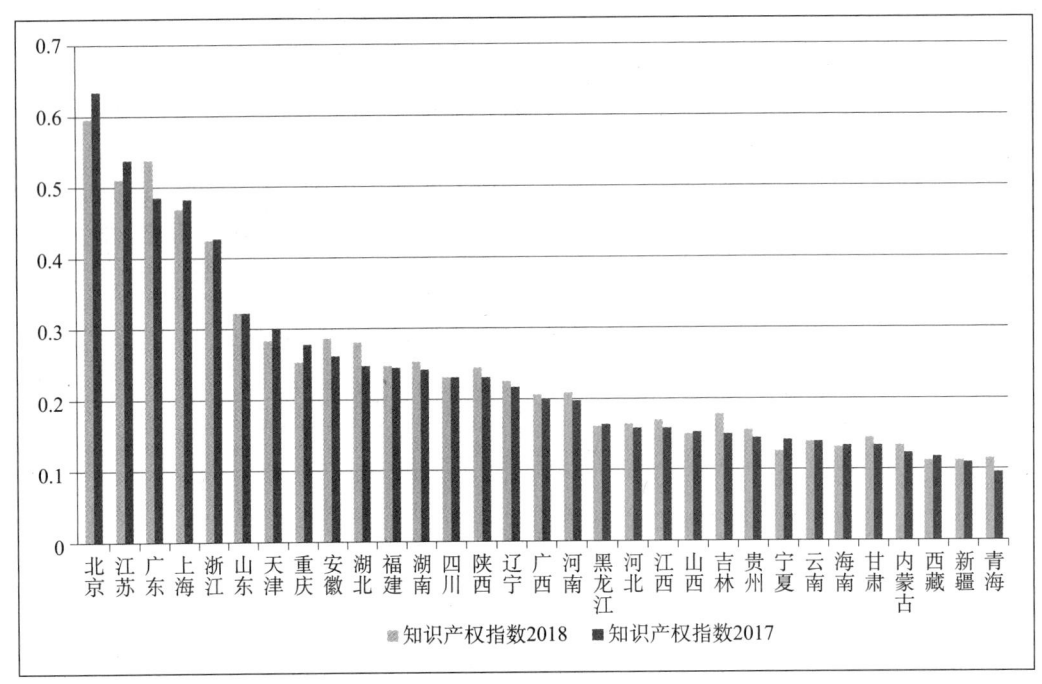

图1-1 中国区域知识产权指数2017和2018各省份比较

（三）知识产权区域分布呈现"中心集聚，梯田扩散"的特征

多年以来，知识产权指数整体趋势的区域特征非常显著，而且较为一致，基本为"东高西低"，由"东部沿海地区"到"中部腹地"再到"西部边远地区"，逐渐降低。三者形成了"梯田"。知识产权综合实力指数前10强中以东部省份居多，后10位中则以中西部地区为主。从历史上看，知识产权的产生及发展都是与工业化密不可分的。诺斯等经济学家认为包括知识产权在内的产权制度的发展是工业革命发生发展的前提。中国区域知识产权指数区域分布的特点与经济发展水平总体吻合。

同时，如果将历年数据对比，我们也可以发现知识产权的发展也呈现明显的"中心集聚"的地理分布特征，京津冀、长三角和珠三角是中国知识产权发展的三个核心极。技术扩散是区域知识产权发展的关键机制之一。以上海为中心的长三角的技术扩散发展最优（见图1-2）。

（四）粤港澳大湾区战略下，广东带动华南地区平均水平提高

华南地区包括广东、广西、海南三省份，区域内广东凭借粤港澳大湾区的政策优势，知识产权指数由0.482上升到0.536，排名由指数报告2017的第3名上升到第2名，进一步缩小与北京的差距。与知识产权指数2017相比，广西和海南的排名基本保

第一章 中国知识产权指数报告2018总体排名、研究发现与深度解析   5

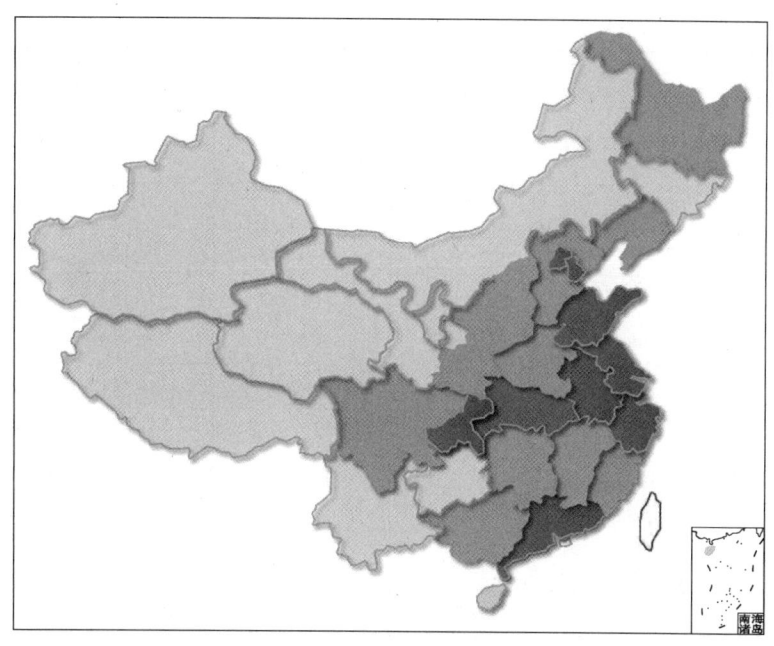

图1-2 中国区域知识产权指数区域分布图

持不变，广东的出色表现带动了华南地区知识产权指数平均水平的提高。

知识产权是粤港澳大湾区迈向未来的源动力。2016年粤港澳大湾区的GDP总量已超越旧金山湾区，香港的文化创新、金融创新遥遥领先，深圳的科技创新领跑全国，广州的创新潜力巨大。如今，三地已经开展了相关知识产权层面的合作，位于深圳万通大厦的粤港澳版权登记大厅，也是中国版权保护中心在华南地区设立的唯一版权登记大厅。通过粤港澳大湾区的知识产权建设工作，打造区域知识产权协同发展示范区，有助于优化创新资源配置、促进产业协同发展，未来有望向广西、海南二省辐射扩散，带动整个华南地区发展。

（五）广东专利质量领先，东部专利质量好于中西部

专利质量指数排名前10位的省份是：广东、北京、浙江、江苏、上海、山东、福建、天津、湖北和湖南。排名后10位的省份是云南、吉林、黑龙江、内蒙古、海南、甘肃、西藏、青海、宁夏和广西。东部省份专利质量指数较高，而东北地区及中西部地区专利质量指数较低（见表1-3）。

表1-3　　　　　　　　　　专利质量指数排名

省 份	专利质量		省 份	专利质量	
	指数	排名		指数	排名
广 东	0.665	1	江 西	0.136	17
北 京	0.562	2	新 疆	0.136	18
浙 江	0.557	3	陕 西	0.124	19

续表 1-3

省 份	专利质量		省 份	专利质量	
	指数	排名		指数	排名
江 苏	0.460	4	重 庆	0.121	20
上 海	0.303	5	山 西	0.117	21
山 东	0.228	6	云 南	0.116	22
福 建	0.207	7	吉 林	0.112	23
天 津	0.199	8	黑龙江	0.110	24
湖 北	0.177	9	内蒙古	0.101	25
湖 南	0.169	10	海 南	0.100	26
四 川	0.169	11	甘 肃	0.081	27
河 南	0.156	12	西 藏	0.080	28
贵 州	0.155	13	青 海	0.072	29
河 北	0.149	14	宁 夏	0.044	30
安 徽	0.147	15	广 西	0.029	31
辽 宁	0.138	16			

（六）部分省份知识产权产出水平与专利质量差异较大

从专利质量区域分布可以看到一个现象，专利质量排名与综合实力排名总体相差不大，但是少数省份存在明显差别。与知识产权产出水平进行对比发现，专利质量指数排名前10名中，山东、湖北、福建、湖南分别位于知识产权产出水平指数排名的第11、12、13、16名；排名知识产权产出水平第7位的广西壮族自治区，专利质量指数却排在第31位，排在知识产权产出水平第9位的陕西专利质量指数排名第19位。排在知识产权产出水平第6位的安徽、第18位的贵州和第22位的青海，专利质量指数分别排名第15、23和29位；排名知识产权产出水平第24位的河北，专利质量指数反而排在第14位。

（七）部分西部省份进步显著，东部地区个别省份呈现疲态

中国区域知识产权综合实力进步指数最高的10个省份是江西、云南、福建、西藏、河北、四川、吉林、贵州、河南和湖南。最低的10个省份是青海、山东、江苏、内蒙古、新疆、天津、山西、陕西、辽宁和黑龙江。纵览历史数据，不难发现，排名前10位的一直主要是中西部省份，表明了部分中西部省份起步虽然较晚，但是具备后发优势，正在缩短与发达地区的差距。同时，这些指数也反映了另外一个现象，即同区域内省份逐渐出现分化的趋势，部分西部省份进步显著，也有部分原地踏步，甚至倒退，东部地区也有部分省份呈现疲态，如江苏、天津等地的综合进步指数就处于排名后几位。同样，知识产权产出水平进步指数排名与综合实力进步指数趋势类似，仍然是中西部省份靠前，东部省份稍靠后。

（八）专利和商标规模存在明显区域特征，与经济发展水平高度契合

专利与商标规模指数与当地经济发展水平有较强的关联关系。经济发达地区经常有更多的企业和产品，因此对应有更多的专利和商标；同时，这些地区的市场竞争水平因此往往较高，因此品牌意识和知识产权保护意识也很强。专利规模指数排名前 10 位的省份是：北京、广东、浙江、江苏、天津、上海、福建、安徽、山东和重庆。排名后 10 位的省份是：河北、吉林、贵州、新疆、山西、青海、云南、海南、内蒙古和西藏。商标规模指数排名前 10 位的省份是：北京、上海、广东、浙江、福建、江苏、天津、重庆、山东和陕西，和指数报告 2017 一致。排名后 10 位的省份是：河北、吉林、江西、内蒙古、黑龙江、青海、贵州、山西、广西和甘肃。整体来看，专利和商标规模的区域特征较为明显，排名前 10 位中主要以东部经济发达地区为主，只有重庆、安徽、陕西是中西部省份。专利和商标规模说明了知识产权经济的活跃度，可以发现经济发达地区的专利和商标规模指数表现更好。

（九）营商环境和生态环境制约中西部地区知识产权发展

新疆、甘肃、黑龙江、湖南、西藏、贵州、河南、云南、内蒙古和广西是外商投资总额占 GDP 比重最低的 10 个省份，大部分是中西部地区。除广西（15.91%）和内蒙古（15.10%）外，均不足 15%，其中新疆（6.68%）外商投资总额占 GDP 比重甚至不足 7%。同时，西藏、青海、甘肃、黑龙江、广西、河南、吉林、湖南、河北和陕西又是宏观税负最高的 10 省份，其中有 6 个省份和外商投资占比最低的省份重合。此外，报告还测度了生态环境指数，用单位 GDP 电耗、单位 GDP 二氧化硫排放和单位 GDP 废水排放和单位 GDP 一般固体废弃物排放来衡量，中西部地区的耗能和排废水平明显高于其他区域。可见，中西部地区的整体营商环境相对落后，绿色发展水平较其他区域更低，严重影响中西部地区创新环境的构建，制约中西部地区知识产权水平发展。

三、中国区域知识产权指数报告 2018：结果解读

（一）中国区域知识产权指数 2018 前 10 强

中国区域知识产权指数 2018 排名前 10 位的省份依次是：北京、广东、江苏、上海、浙江、山东、安徽、天津、湖北、重庆（见表 1-4）。上榜省份与指数报告 2017 一致。

表 1-4　　　　　　　中国区域知识产权指数 2018 前 10 强

省　份	综合实力		产出水平		流动水平		综合绩效		创造潜力	
	指数	排名	指数	排名	指数	排名	指数	排名	指数	排名
北　京	0.593	1	0.634	1	0.594	2	0.649	1	0.497	3
广　东	0.536	2	0.425	3	0.661	1	0.532	4	0.525	2
江　苏	0.509	3	0.487	2	0.415	4	0.491	6	0.644	1

续表 1-4

省份	综合实力		产出水平		流动水平		综合绩效		创造潜力	
	指数	排名	指数	排名	指数	排名	指数	排名	指数	排名
上海	0.466	4	0.415	4	0.485	3	0.620	2	0.344	6
浙江	0.422	5	0.391	5	0.264	6	0.565	3	0.468	4
山东	0.321	6	0.213	11	0.297	5	0.368	13	0.405	5
安徽	0.286	7	0.348	6	0.170	12	0.364	14	0.262	9
天津	0.282	8	0.215	10	0.161	15	0.494	5	0.258	10
湖北	0.279	9	0.203	12	0.204	7	0.391	9	0.318	7
重庆	0.251	10	0.160	15	0.170	11	0.467	7	0.206	15

北京知识产权指数领先全国，虽较指数报告 2017 有所下降，但仍在 31 个省份中排名第 1 位。在分项指数方面，北京同样表现出色。四个分项指数中有两个排名第 1 位。知识产权产出水平、综合绩效指数位居第 1 位，流动水平位居第 2 位，知识产权创造潜力指数位居第 3 位。北京是中国首都，中央直属院校、科研机构多汇聚于此，发展知识产权具有得天独厚的优势。经过多年发展，中关村已经成为中国创新的名片。当前北京正全力创建具有全球影响力的全国科技创新中心，高度重视知识产权工作，预计未来知识产权发展会持续强化。

广东排名第 2 位，超越指数报告 2017 排在第 2 位的江苏，紧逼北京。在分项指数方面，广东分别位于第 3 位（知识产权产出水平）、第 1 位（流动水平）、第 4 位（综合绩效）和第 2 位（创造潜力）。先前广东处于经济转型期间，面临着很大的压力。从这两年情况来看，粤港澳大湾区政策效应初显，香港的文化创新、金融创新遥遥领先，深圳的科技创新领跑全国，广州的创新潜力巨大。如今，三地已经开展了相关知识产权层面的合作，呈现向好局面。

江苏排名第 3 位，从指数报告 2009 排名第 4 位，后来逐年上升，2014 年以来保持第 2 位，指数报告 2018 下降到第 3 位。与第 1 位的北京相比，还有一定的差距，短期内较难赶超。在分项指数方面，江苏分别位于第 2 位（知识产权产出水平）、第 4 位（流动水平）、第 6 位（综合绩效）和第 1 位（创造潜力），与指数报告 2017 基本一致。综合绩效是江苏表现相对不佳的分项指数。与北京相比，江苏知识产权发展主要靠产业、企业，未来应该继续鼓励、培育企业发展知识产权。

上海排名第 4 位，在知识产权指数报告 2014 之前一直紧随北京，处在第 2 位，在指数报告 2017 中被江苏、广东超过。从分项指数来看，上海分别位于第 4 位（知识产权产出水平）、第 3 位（流动水平）、第 2 位（综合绩效）和第 6 位（创造潜力），总体表现均衡。从分项指数来看，上海知识产权发展需要警惕创造潜力不足的问题。按照国家"十三五"规划，上海要建设"具有全球影响力的科技创新中心"，仍然需要进一步加强知识产权工作，建好国际知识产权交易中心，区域知识产权人才中心。

浙江多年以来一直排名第 5 位，比较稳定。从分项指数来看，浙江分别位于第 5 位（知识产权产出水平）、第 6 位（流动水平）、第 3 位（综合绩效）和第 4 位（创造潜力），总体表现稳定。

山东位居第 6 位，多年来一直在第 6 位和第 7 位之间波动。从分项指数来看，分别位于第 11 位（知识产权产出水平）、第 5 位（流动水平）、第 13 位（综合绩效）和第 5 位（创造潜力）。知识产权流动水平和创造潜力明显优于知识产权产出水平和综合绩效，说明山东企业引进和利用知识产权的规模和效果较好，同时也具备了一定的创造潜力。但是知识产权自主研发能力有限，企业利用知识产权的效率还有待提高。

安徽位居第 7 位，自指数报告 2015 进入前 10 位以来，指数报告 2018 位次再次提升。从分项指数来看，分别位于第 6 位（知识产权产出水平）、第 12 位（流动水平）、第 14 位（综合绩效）和第 9 位（创造潜力）。知识产权产出水平明显高于其他三个分项指数。

天津位居第 8 位，较指数报告 2017 下降一位。从分项指数来看，天津分别位于第 10 位（知识产权产出水平）、第 15 位（流动水平）、第 5 位（综合绩效）和第 10 位（创造潜力）。知识产权产出水平和知识产权流动水平表现不好，但是综合绩效表现尚可。天津要努力把握新"京津冀"协同、雄安新区建设的大机遇，错位发展，提升知识产权产出水平。

湖北位列第 9 位，较指数报告 2017 上升一位。从分项指数来看，分别位于第 12 位（知识产权产出水平）、第 7 位（流动水平）、第 9 位（综合绩效）和第 7 位（创造潜力）。知识产权产出水平表现明显落后于其他三个分项指数。

重庆占据了前 10 强的最后一席，与先前报告相同，也是唯一一个西部省份。从分项指数来看，分别位于第 15 位（知识产权产出水平）、第 11 位（流动水平）、第 7 位（综合绩效）和第 15 位（创造潜力）。流动水平和综合绩效较好，需要关注的是知识产权产出水平和知识产权创造潜力，远落后于前 10 强的其他省份，应继续加大在科技研发、科技人才培养、引进等方面的投入，创新相关体制机制，努力克服地域区位相对劣势，用"政策高地"突破"地域洼地"。

（二）地区排名：华东、华南和华北占据前三位

整体来看，华东、华南、华北和华中均领先于全国平均水平，西南、东北、西北地区落后于全国平均水平。七个区域的具体排名依次是：华东、华南、华北、华中、西南、东北以及西北。与指数报告 2017 相比，华南地区超过了华北地区，排名第 2 位。详见图 1-3、表 1-5。

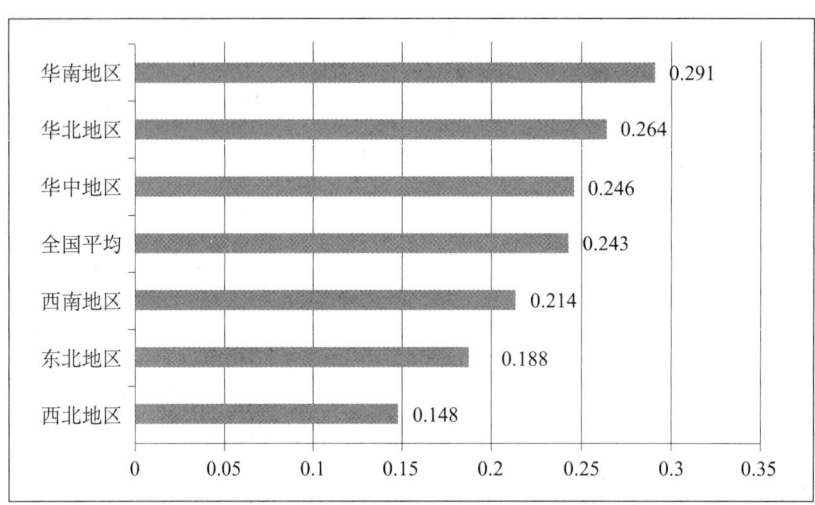

图 1-3 各区域知识产权指数平均水平与全国平均水平比较

表 1-5 分区域知识产权指数情况

地 区	知识产权指数	区域排名	区域内最强城市
华东地区	0.346	1	江苏
华南地区	0.291	2	广东
华北地区	0.264	3	北京
华中地区	0.246	4	湖北
西南地区	0.214	5	重庆
东北地区	0.188	6	辽宁
西北地区	0.148	7	陕西
全国平均	0.243		

华东地区：知识产权总体实力最强，江苏和上海带动引领作用明显

华东地区包括上海、江苏、浙江、安徽、福建、江西、山东等六省一市，是我国城市群最为密集的地区，其知识产权指数得分平均为 0.346，大幅高于全国平均水平。

全国前 10 强中，华东地区就占有 5 席，分别是江苏、上海、浙江、山东和安徽，福建省排在第 12 位，只有江西排名靠后。其中江苏和上海知识产权指数得分分别是 0.509 和 0.466，辐射带动作用明显。

华东地区历史上一直物产富饶，人文荟萃，是中国经济最为发达的地区之一。改革开放后更是借助对外贸易迅速崛起，通过对外技术引进、本土人才培养、技术自主研发成为中国经济发展最发达、知识产权发展最好地区（见表 1-6）。

表 1-6 华东地区知识产权指数及排名表

省　份	知识产权指数	区域内排名	全国排名
江　苏	0.509	1	3
上　海	0.466	2	4
浙　江	0.422	3	5
山　东	0.321	4	6
安　徽	0.286	5	7
福　建	0.246	6	12
江　西	0.169	7	19
华东地区	0.346		
全国平均	0.243		

华南地区：广东一枝独秀，粤港澳大湾区政策效应彰显

华南地区包括广东、广西、海南三省，区域内广东凭借粤港澳大湾区的政策优势，知识产权指数由 0.482 上升到 0.536，排名由指数报告 2017 的第 3 名上升到第 2 名，进一步缩小与北京的差距。与知识产权指数 2017 相比，广西和海南的排名基本保持不变，广东的出色表现带动了华南地区知识产权指数平均水平的提高。通过粤港澳大湾区的知识产权建设工作，打造区域知识产权协同发展示范区，有助于优化创新资源配置、促进产业协同发展，未来有望向广西、海南二省辐射扩散，带动整个华南地区发展（见表 1-7）。

表 1-7 华南地区知识产权指数及排名表

省　份	知识产权指数	区域内排名	全国排名
广　东	0.536	1	2
广　西	0.206	2	17
海　南	0.131	3	27
华南地区	0.291		
全国平均	0.243		

华北地区：知识产权总体实力较强，京津冀协同效应稳固

华北地区包括河北、山西、内蒙古三省与京津两市，是我国城市群较为密集的地区，其平均指数为 0.264，略高于全国平均水平，落后于华东地区和华北地区。与指数报告 2017 相比，虽落后于华南地区，但仍处于第 3 位。京津冀协同效应稳固。

北京是华北地区知识产权发展的核心，知识产权指数排名全国第一。天津位于北京之后，在区域内位列第二。随着"十三五"期间一批科技重大项目的落地，在发展知识产权方面仍然有很大的潜力。

华北地区一直问题在于地区内发展不平衡,地区内其他省份表现与京津的差距太大。河北、山西和内蒙古在全国分别排在第20位、23位和26位,较指数报告2017有所提升。随着京津冀协同发展进一步深化推进,雄安新区建设,华北地区知识产权发展前景可期(见表1-8)。

表1-8　　　　　　　　　　华北地区知识产权指数及排名表

省　份	知识产权指数	区域内排名	全国排名
北　京	0.593	1	1
天　津	0.282	2	8
河　北	0.164	3	20
山　西	0.149	4	23
内蒙古	0.133	5	26
华北地区	0.264		
全国平均	0.243		

华中地区：省份之间知识产权实力平均,湖北排名领先

华中地区包括河南、湖北和湖南三省,区域内较为均衡,处于全国平均水平上下。其中,区域内湖北排名第1位,知识产权指数为0.279,在全国排名第9位;区域内湖南排名第2位,知识产权指数为0.251,在全国排名第11位;区域内河南排名居末,知识产权指数得分为0.209,在全国排名第16位(见有表1-9)。

表1-9　　　　　　　　　　华中地区知识产权指数及排名表

省　份	知识产权指数	区域内排名	全国排名
湖　北	0.279	1	9
湖　南	0.251	2	11
河　南	0.209	3	16
华中地区	0.246		
全国平均	0.243		

东北地区：整体表现不如人意,综合排名略有进步

东北地区包括辽宁、吉林和黑龙江三省,总体低于全国平均水平,其中,辽宁知识产权指数为0.225,是区域内的领头羊,排在全国的第15位。吉林和黑龙江分别处于第18位和第21位。吉林和黑龙江省份的位次较指数报告2017均有进步(见表1-10)。

表 1-10　　　　　　　　东北地区知识产权指数及排名表

省　份	知识产权指数	区域内排名	全国排名
辽　宁	0.225	1	15
吉　林	0.177	2	18
黑　龙　江	0.161	3	21
东北地区	0.188		
全国平均	0.243		

西南地区、西北地区：重庆、陕西、四川表现亮眼，其他省份整体水平不佳

西南、西北地区包括 10 个省份，经济基础十分薄弱，知识产权发展也大幅落后于全国平均水平。但是个别省市表现亮眼，比如重庆、陕西和四川，知识产权指数在全国分别排在第 10 位、第 13 位和第 14 位（见表 1-11）。

表 1-11　　　　　　　西南和西北地区知识产权指数及排名表

省　份	知识产权指数	区域内排名	全国排名
重　庆	0.251	1	10
四　川	0.230	2	14
贵　州	0.156	3	22
云　南	0.138	4	25
西　藏	0.113	5	30
西南地区	0.214		
省　份	知识产权指数	区域内排名	全国排名
陕　西	0.243	1	13
甘　肃	0.144	2	24
宁　夏	0.126	3	28
青　海	0.114	4	29
新　疆	0.113	5	31
西北地区	0.148		
全国平均	0.243		

第二章 中国区域知识产权分项指数 2018 排名与分析

一、中国区域知识产权分项指数框架 2018

知识产权指数评价体系下设四个分项指数：知识产权产出水平、知识产权流动水平、知识产权综合绩效、知识产权创造潜力（见图 2-1、表 2-1）。

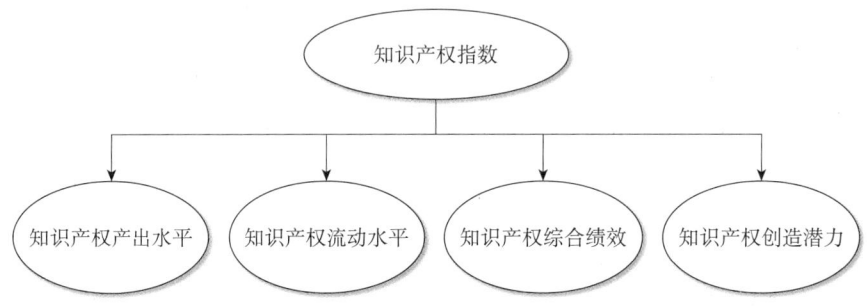

图 2-1 知识产权分项指数框架图

二、中国区域知识产权分项指数排名与分析

在四个分项指数中，知识产权产出水平排名前 10 位的省份是：北京、江苏、广东、上海、浙江、安徽、广西、四川、陕西和天津。其中，四川、天津取代了指数报告 2017 的重庆和山东，跻身前 10 位。

知识产权流动水平排名前 10 位的省份是：广东、北京、上海、江苏、山东、浙江、湖北、辽宁、福建和陕西。其中，福建和陕西取代了指数报告 2017 的湖南和重庆，进入前 10 位。

知识产权综合绩效排名前 10 位的省份是：北京、上海、浙江、广东、天津、江苏、重庆、湖南、湖北和福建。前 10 位的名单与指数报告 2017 一致，北京蝉联第一。

知识产权创造潜力排名前 10 位的省份是：江苏、广东、北京、浙江、山东、上海、湖北、湖南、安徽和天津。与指数报告 2017 相比，陕西跌出前 10 位，安徽进入前 10 位。

表 2-1　　　　　　　　中国区域知识产权分项指数及排名表

省 份	知识产权		产出水平		流动水平		综合绩效		创造潜力	
	指数	排名	指数	排名	指数	排名	指数	排名	指数	排名
北　京	0.593	1	0.634	1	0.594	2	0.649	1	0.497	3
广　东	0.536	2	0.425	3	0.661	1	0.532	4	0.525	2
江　苏	0.509	3	0.487	2	0.415	4	0.491	6	0.644	1

续表 2-1

省份	知识产权		产出水平		流动水平		综合绩效		创造潜力	
	指数	排名	指数	排名	指数	排名	指数	排名	指数	排名
上 海	0.466	4	0.415	4	0.485	3	0.620	2	0.344	6
浙 江	0.422	5	0.391	5	0.264	6	0.565	3	0.468	4
山 东	0.321	6	0.213	11	0.297	5	0.368	13	0.405	5
安 徽	0.286	7	0.348	6	0.170	12	0.364	14	0.262	9
天 津	0.282	8	0.215	10	0.161	15	0.494	5	0.258	10
湖 北	0.279	9	0.203	12	0.204	7	0.391	9	0.318	7
重 庆	0.251	10	0.160	15	0.170	11	0.467	7	0.206	15
湖 南	0.251	11	0.153	16	0.166	13	0.412	8	0.272	8
福 建	0.246	12	0.177	13	0.173	9	0.390	10	0.246	11
陕 西	0.243	13	0.215	9	0.172	10	0.372	11	0.213	14
四 川	0.230	14	0.230	8	0.163	14	0.307	20	0.218	13
辽 宁	0.225	15	0.153	17	0.193	8	0.370	12	0.183	16
河 南	0.209	16	0.135	19	0.135	17	0.329	17	0.236	12
广 西	0.206	17	0.290	7	0.082	22	0.297	22	0.157	21
吉 林	0.177	18	0.088	25	0.136	16	0.351	15	0.133	24
江 西	0.169	19	0.104	20	0.091	21	0.316	19	0.165	19
河 北	0.164	20	0.088	24	0.112	18	0.280	24	0.174	17
黑龙江	0.161	21	0.164	14	0.092	20	0.245	27	0.142	23
贵 州	0.156	22	0.148	18	0.045	26	0.262	25	0.170	18
山 西	0.149	23	0.077	28	0.067	24	0.330	16	0.124	28
甘 肃	0.144	24	0.081	26	0.106	19	0.227	29	0.162	20
云 南	0.138	25	0.102	21	0.079	23	0.230	28	0.142	22
内蒙古	0.133	26	0.038	31	0.044	27	0.325	18	0.125	26
海 南	0.131	27	0.077	27	0.017	30	0.307	21	0.124	27
宁 夏	0.126	28	0.097	23	0.041	28	0.260	26	0.105	29
青 海	0.114	29	0.102	22	0.059	25	0.208	31	0.087	31
西 藏	0.113	30	0.059	30	0.014	31	0.290	23	0.090	30
新 疆	0.113	31	0.076	29	0.040	29	0.210	30	0.127	25

(一)各省份在流动水平和产出水平方面差异最大,综合绩效差异最小

我们对四个分项指数的变异系数进行计算后,放到同一张表里(见表2-2),经过分析变异系数我们发现:各省份在流动水平和产出水平指数方面差异最大,这也是排名靠前省份拉开差距的主要两个分项指数,而综合绩效的差异较低(见图2-2)。

表 2-2　　　　　　　　　中国区域知识产权分项指数变异系数

	产出水平	流动水平	综合绩效	创造潜力
变异系数	0.925	1.166	0.350	0.753

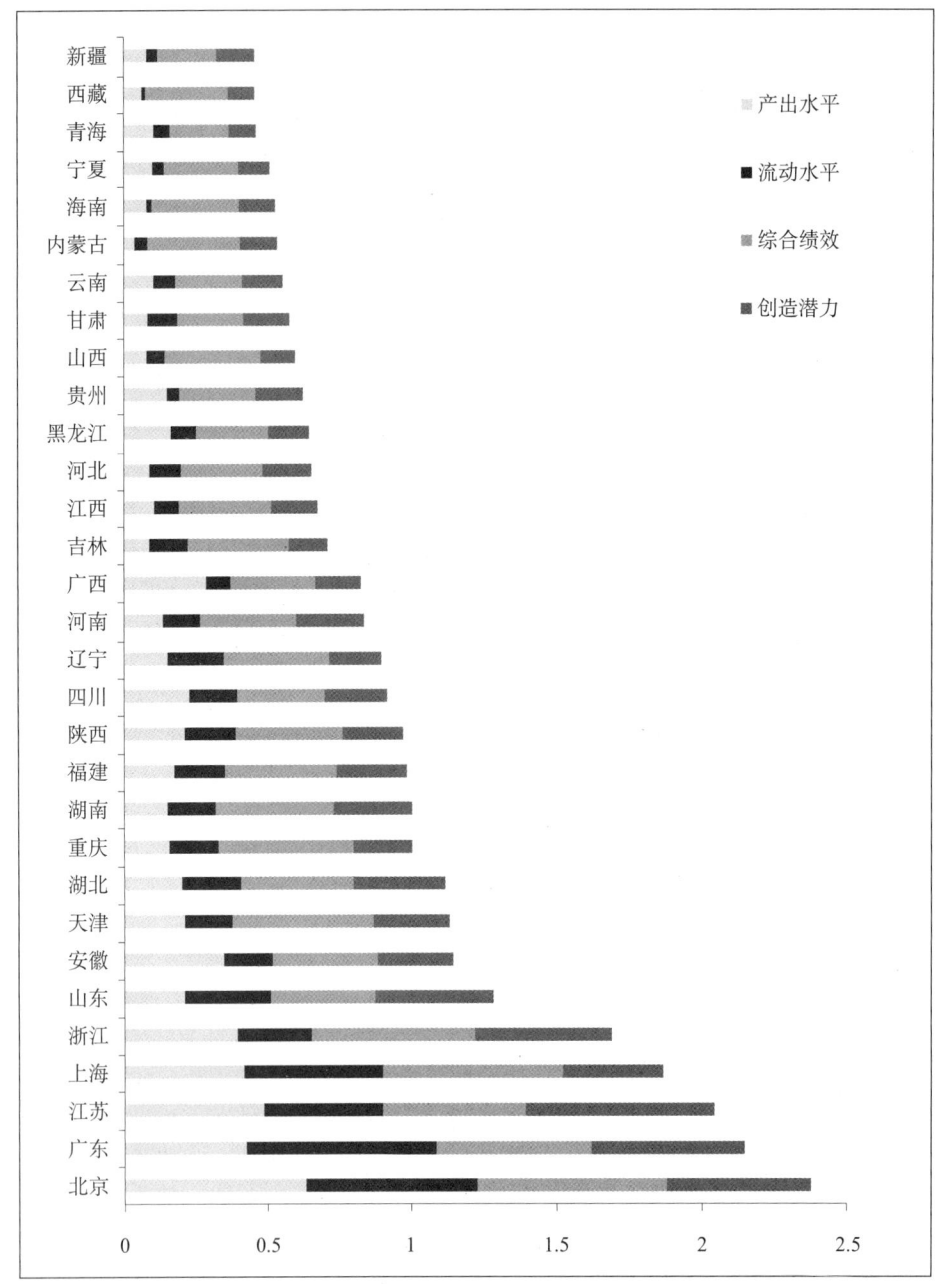

图 2-2　各省份在四个分项指数方面的表现

知识产权产出水平指数下设五个二级指标：知识产权人均产出指数、知识产权产出质量指数、知识产权产出效率指数、企业产出指数以及高校和研发机构产出指数,考察和评价的是地区知识产权在存量规模方面的表现。

知识产权流动水平指数下设三个二级指标:知识产权技术市场交易指数、知识产权服务机构指数、与企业技改引进指数,主要考察和评价地区知识产权市场交易方面的表现。差异巨大表明目前技术交易主要集中在北京等几个省份。

知识产权综合绩效指数下设三个二级指标:宏观经济绩效指数、社会进步绩效指数、企业发展绩效指数,考察的是地区知识产权给当地经济带来的效益。目前各省份差距不大,说明我们知识产权转化为直接生产力还需要时间。

知识产权创造潜力指数下设六个二级指标:创造投入指数、创造成果指数、创造环境指数、知识产权试点示范指数、企业创造潜力指数、知识产权行政保护指数,主要考察地区知识产权创造的潜力。创造潜力差异也比较大,表明未来有进一步分化可能。

(二)"全面发展":排名靠前的省份各个指标表现均衡

排名靠前的省份在知识产权产出水平、知识产权流动水平、知识产权综合绩效、知识产权创造潜力四个分项指数方面的表现比较均衡,排名都在前几位,显著高于均值,没有明显的短板。其中,北京在四个一级指标排名中有2项位列第1位,1项第2位,1项第3位。广东有1项排名第1位,1项排名第2位,1项排名第3位。江苏有1项排在第1位,1项列第2位。上海和浙江在四个分项指数方面也基本都在前5名之列(见图2-3)。

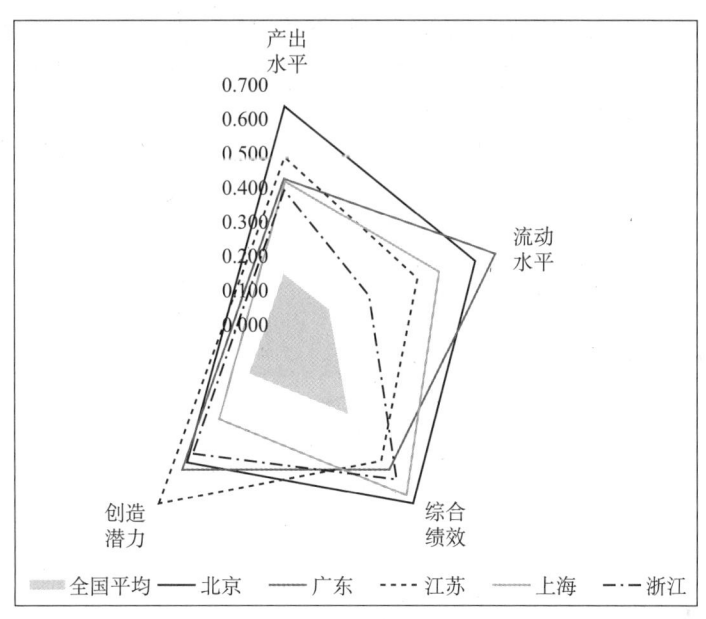

图2-3 北京、广东、江苏、上海和浙江知识产权分项指数图

(三)"木桶效应":排名中间的部分省份各个指标表现差异较大

与之对应的,排名靠后的省份四个指标都表现不太理想,显著低于均值,没有明显的长处,几乎所有指数都排名后几位。详见图2-4。

真正的不均衡主要集中在中端的省份,往往出现指标波动较大,在某项指标上有明

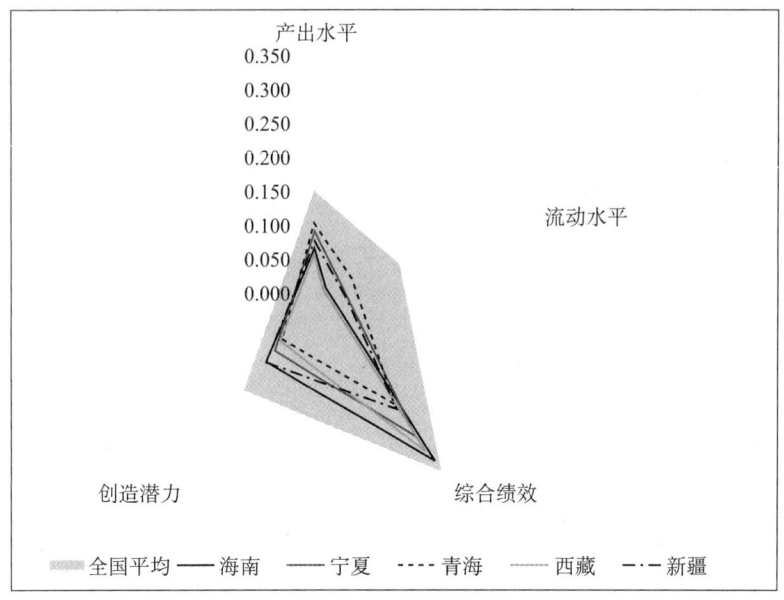

图2-4 海南、宁夏、青海、西藏和新疆知识产权分项指数图

显的优势,或者在某项指标上有明显的劣势。实际上知识产权指数排名第6到第10位的省份已经开始呈现出这种现象(见图2-5)。优势突出的同时,短板也非常明显,有些已经与全国平均水平接近。按照"木桶理论",这些省份应该着力在短板上下功夫,补好漏洞,就能大幅提高知识产权水平。

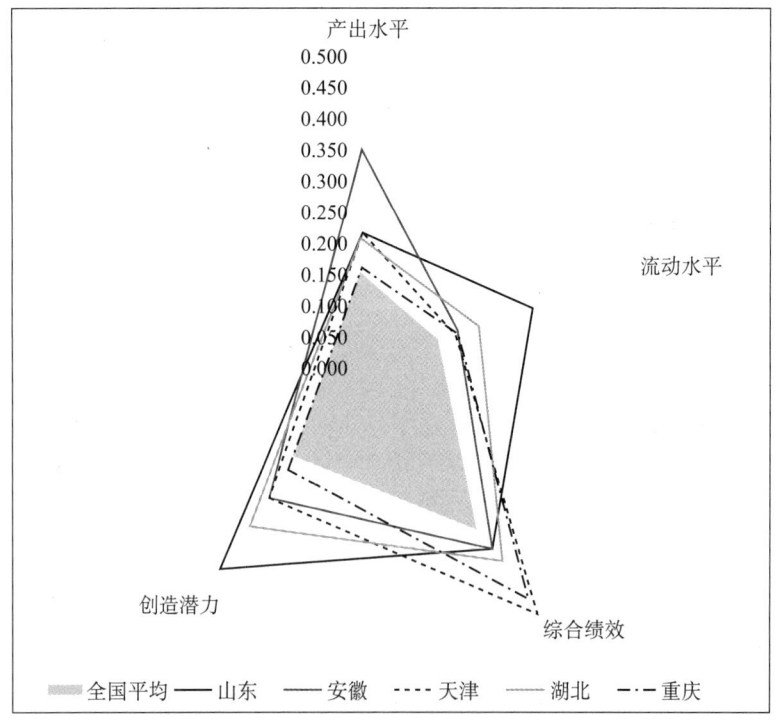

图2-5 山东、安徽、天津、湖北和重庆知识产权分项指数图

第三章 知识产权产出水平各项指标排名与分析

一、知识产权产出水平二级指标框架及排名与分析

1. 指标框架

知识产权产出水平下设五个二级指标：知识产权人均产出指数、知识产权产出质量指数、知识产权产出效率指数、知识产权企业产出指数以及高校和研发机构产出指数（见图3-1、表3-1）。

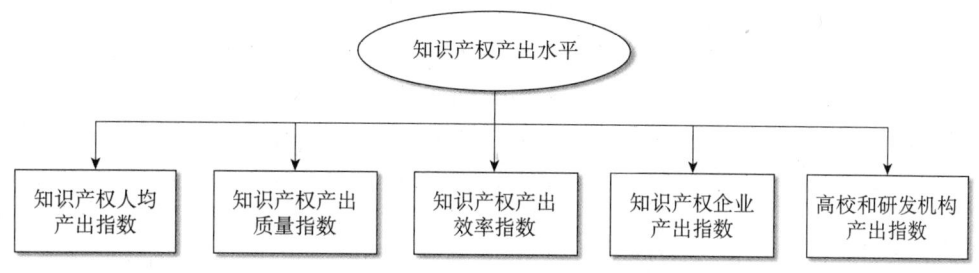

图3-1 知识产权产出水平指标框架图

2. 排名与分析

表3-1 知识产权产出水平及其二级指标指数及排名表

省份	知识产权产出水平		人均产出		产出质量		产出效率		企业产出		高校和研发机构产出	
	指数	排名	指数	排名	指数	排名	指数	排名	指数	排名	指数	排名
北京	0.634	1	0.838	1	0.810	1	0.399	4	0.506	4	0.615	2
江苏	0.487	2	0.193	5	0.273	5	0.357	6	0.724	2	0.890	1
广东	0.425	3	0.232	3	0.379	3	0.296	9	0.868	1	0.352	8
上海	0.415	4	0.455	2	0.584	2	0.291	10	0.324	6	0.423	6
浙江	0.391	5	0.215	4	0.327	4	0.254	13	0.554	3	0.607	3
安徽	0.348	6	0.111	8	0.102	12	0.712	2	0.498	5	0.318	11
广西	0.290	7	0.023	26	0.019	29	1.000	1	0.185	12	0.222	18
四川	0.230	8	0.058	13	0.118	10	0.372	5	0.295	7	0.309	13
陕西	0.215	9	0.072	9	0.121	9	0.215	17	0.095	24	0.574	4
天津	0.215	10	0.149	6	0.179	6	0.331	7	0.193	10	0.221	19
山东	0.213	11	0.067	10	0.149	8	0.202	18	0.249	8	0.398	7
湖北	0.203	12	0.046	15	0.112	11	0.268	12	0.159	17	0.429	5

续表 3-1

省 份	知识产权产出水平		人均产出		产出质量		产出效率		企业产出		高校和研发机构产出	
	指数	排名	指数	排名	指数	排名	指数	排名	指数	排名	指数	排名
福 建	0.177	13	0.135	7	0.154	7	0.171	21	0.194	9	0.228	17
黑龙江	0.164	14	0.067	11	0.070	16	0.273	11	0.071	26	0.338	9
重 庆	0.160	15	0.063	12	0.089	14	0.248	15	0.169	14	0.229	16
湖 南	0.153	16	0.039	18	0.086	15	0.179	19	0.137	18	0.321	10
辽 宁	0.153	17	0.044	16	0.093	13	0.227	16	0.109	20	0.290	14
贵 州	0.148	18	0.016	28	0.028	24	0.439	3	0.165	16	0.092	25
河 南	0.135	19	0.044	17	0.057	19	0.159	25	0.100	22	0.315	12
江 西	0.104	20	0.035	20	0.044	21	0.102	28	0.096	23	0.243	15
云 南	0.102	21	0.019	27	0.045	20	0.165	22	0.109	19	0.172	21
青 海	0.102	22	0.010	30	0.013	30	0.311	8	0.167	15	0.007	31
宁 夏	0.097	23	0.025	25	0.023	26	0.251	14	0.174	13	0.012	30
河 北	0.088	24	0.036	19	0.059	18	0.086	29	0.066	27	0.196	20
吉 林	0.088	25	0.049	14	0.061	17	0.140	26	0.022	30	0.168	22
甘 肃	0.081	26	0.026	24	0.020	27	0.174	20	0.044	28	0.143	24
海 南	0.077	27	0.030	21	0.038	23	0.057	30	0.189	11	0.072	28
山 西	0.077	28	0.010	29	0.039	22	0.138	27	0.031	29	0.168	23
新 疆	0.076	29	0.028	23	0.019	28	0.164	23	0.093	25	0.076	27
西 藏	0.059	30	0.008	31	0.005	31	0.161	24	0.102	21	0.020	29
内蒙古	0.038	31	0.029	22	0.023	25	0.042	31	0.011	31	0.085	26

在知识产权产出水平指数方面，表现较好的前10位省份依次是北京、江苏、广东、上海、浙江、安徽、广西、四川、陕西和天津，排名靠后的后10位分别是青海、宁夏、河北、吉林、甘肃、海南、山西、新疆、西藏和内蒙古。

从知识产权产出水平指数的五个二级指标，即知识产权人均产出指数、产出质量指数、产出效率指数、企业产出指数、高校和研发机构产出指数来看，大部分省份的表现较为均衡，少数则不平衡性比较突出，譬如，前10位中的陕西的产出效率相对于其他指标较低，仅位列第17位，与知识产权指数排名不符。同样，像青海、福建等省份虽然整体排名较低，但也分别有一项和三项指标列全国前10位，也验证了我们在第二章的结论。

二、知识产权人均产出指数指标框架及排名与分析

1. 知识产权人均产出指数指标框架及指数排名

（1）指标框架

知识产权人均产出指数下设五个三级指标：专利总量指数、商标总量指数、版权总量

指数、集成电路布图设计总量指数、农业植物新品种总量指数（见图3-2、表3-2）。

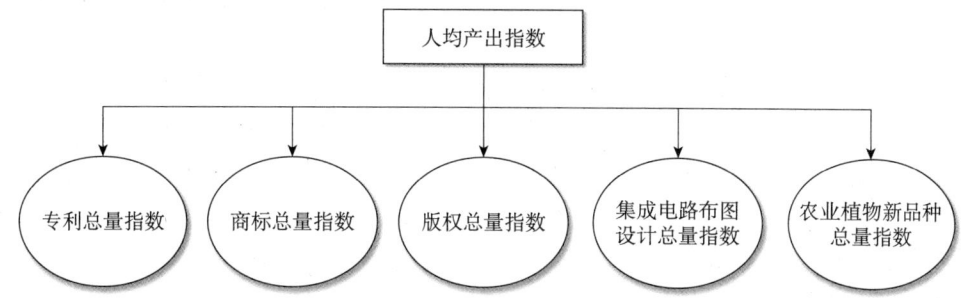

图3-2 知识产权人均产出指数指标框架图

（2）排名与分析

表3-2 知识产权人均产出指数及排名表

省份	人均产出		专利总量		商标总量		版权总量		农业植物新品种总量		集成电路布图设计总量	
	指数	排名	指数	排名	指数	排名	指数	排名	指数	排名	指数	排名
北京	0.838	1	0.805	1	1.000	1	1.000	1	1.000	1	0.386	2
上海	0.455	2	0.371	6	0.605	2	0.185	2	0.112	7	1.000	1
广东	0.232	3	0.539	3	0.339	3	0.009	16	0.062	20	0.209	3
浙江	0.215	4	0.570	2	0.314	4	0.018	9	0.071	17	0.102	7
江苏	0.193	5	0.530	4	0.118	6	0.040	4	0.114	6	0.164	5
天津	0.149	6	0.421	5	0.094	7	0.032	5	0.083	14	0.117	6
福建	0.135	7	0.252	7	0.233	5	0.021	7	0.093	11	0.074	9
安徽	0.111	8	0.158	8	0.045	14	0.003	24	0.186	3	0.165	4
陕西	0.072	9	0.137	9	0.053	10	0.009	14	0.071	16	0.091	8
山东	0.067	10	0.136	10	0.071	9	0.015	11	0.103	9	0.011	15
黑龙江	0.067	11	0.047	19	0.026	27	0.004	21	0.258	2	0.000	23
重庆	0.063	12	0.124	11	0.092	8	0.047	3	0.035	26	0.015	13
四川	0.058	13	0.120	12	0.051	11	0.021	8	0.062	19	0.035	10
吉林	0.049	14	0.032	24	0.027	26	0.006	17	0.181	4	0.000	23
湖北	0.046	15	0.101	13	0.040	18	0.015	10	0.048	22	0.029	11
辽宁	0.044	16	0.065	15	0.041	16	0.009	15	0.104	8	0.002	18
河南	0.044	17	0.056	18	0.041	17	0.005	19	0.117	5	0.000	22
湖南	0.039	18	0.060	17	0.036	21	0.004	20	0.078	15	0.019	12
河北	0.036	19	0.040	22	0.037	20	0.001	26	0.089	12	0.013	14

续表 3-2

省份	人均产出		专利总量		商标总量		版权总量		农业植物新品种总量		集成电路布图设计总量	
	指数	排名	指数	排名	指数	排名	指数	排名	指数	排名	指数	排名
江西	0.035	20	0.100	14	0.035	22	0.012	12	0.024	28	0.006	16
海南	0.030	21	0.013	30	0.047	12	0.024	6	0.064	18	0.000	23
内蒙古	0.029	22	0.014	29	0.028	24	0.000	30	0.101	10	0.000	23
新疆	0.028	23	0.028	25	0.045	13	0.003	23	0.062	21	0.002	19
甘肃	0.026	24	0.042	21	0.000	31	0.000	28	0.086	13	0.000	23
宁夏	0.025	25	0.043	20	0.043	15	0.005	18	0.035	25	0.000	23
广西	0.023	26	0.060	16	0.002	29	0.011	13	0.039	24	0.001	21
云南	0.019	27	0.018	28	0.028	23	0.003	22	0.043	23	0.001	20
贵州	0.016	28	0.033	23	0.015	28	0.001	27	0.023	29	0.005	17
山西	0.010	29	0.021	27	0.001	30	0.001	25	0.027	27	0.000	23
青海	0.010	30	0.021	26	0.027	25	0.000	29	0.000	30	0.000	23
西藏	0.008	31	0.000	31	0.039	19	0.000	31	0.000	30	0.000	23

在知识产权人均产出指数方面，排名前 10 位的省份是北京、上海、广东、浙江、江苏、天津、福建、安徽、陕西和山东；排名后 10 位的省份是内蒙古、新疆、甘肃、宁夏、广西、云南、贵州、山西、青海和西藏。

在专利总量指数方面，排名前 10 位的省份是北京、浙江、广东、江苏、天津、上海、福建、安徽、陕西和山西。

在商标总量指数方面，排名前 10 位的省份是北京、上海、广东、浙江、福建、江苏、天津、重庆、山东和陕西。

在版权总量指数方面，排名前 10 位的省份是北京、上海、重庆、江苏、天津、海南、福建、四川、浙江和湖北。

在农业植物新品种总量指数方面，排名前 10 位的省份是北京、黑龙江、安徽、吉林、河南、江苏、上海、辽宁、山东和内蒙古。

在集成电路布图设计总量指数方面，排名前 10 位的省份是：上海、北京、广东、安徽、江苏、天津、浙江、陕西、福建和四川。

由于专利总量、商标总量、版权总量、农业植物新品种总量、集成电路布图设计总量指数五个三级指标涵盖不同领域，因此，各自指数和排名也有较大差别，反映全国各个省份各自发展的不同定位和不同特点。在专利、商标、版权、集成电路等方面，北京、上海、浙江等传统经济较为发达的省市排名靠前，而在农业植物新品种方面，黑龙江、吉林、安徽等农业研究及种植大省份排名靠前，整体情况与前些年类似。

2. 专利总量指数四级指标框架及排名与分析

（1）指标框架

专利总量指数选取了百万人口年度国内发明专利申请量、百万人口年度国内实用新型专利申请量、百万人口年度国内外观设计专利申请量、百万人口年度 PCT 专利申请量四个指标进行评价（见图 3-3）。

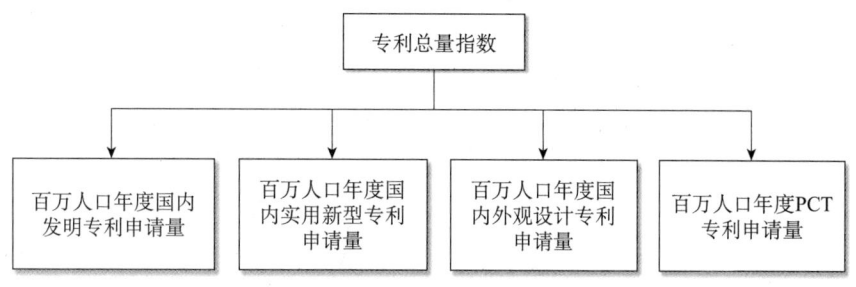

图 3-3 专利总量指数指标框架图

（2）专利总量指数具体指标分析

图 3-4 表明，西藏—甘肃是百万人口年度国内发明专利申请量最少的 10 个省份，而北京—湖北是百万人口年度国内发明专利申请量最多的 10 个省份，两部分的差距依然比较明显。北京在近三年的百万人口年度国内发明专利申请量稳居第一，2016 年约为 4816 项/百万人，较 2015 年有一定幅度的增长。

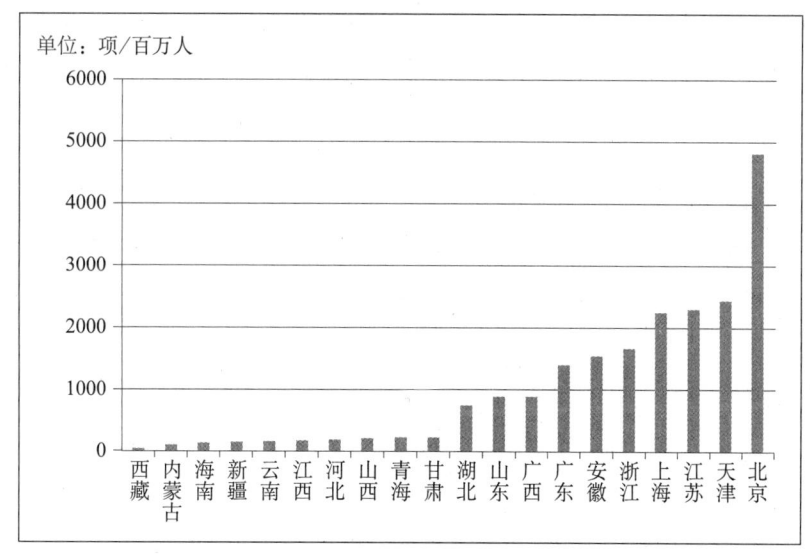

图 3-4 百万人口年度国内发明专利申请量排名图

数据来源：国家知识产权局. 2016 专利统计年报；国家统计局. 2017 中国统计年鉴 [M]. 北京：中国统计出版社，2016.

图 3-5 表明，西藏—吉林是百万人口年度实用新型专利申请量最少的 10 个省份，天津—重庆是百万人口年度实用新型专利申请量最多的 10 个省市，其中天津以 4071

项/百万人领跑全国，较 2015 年有较大增长。

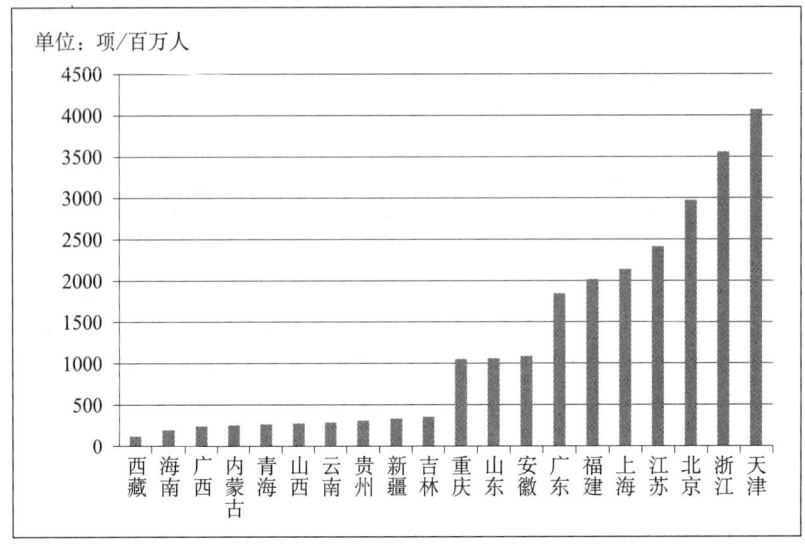

图 3-5　百万人口年度国内实用新型专利申请量排名图

数据来源：国家知识产权局.2016 专利统计年报；国家统计局.2017 中国统计年鉴［M］.北京：中国统计出版社，2017.

图 3-6 表明，西藏—贵州是百万人口年度国内外观设计专利申请量最少的 10 个省份，浙江—天津是百万人口年度国内外观设计专利申请量最多的 10 个省市。其中，浙江超过 1801 项/百万人，遥遥领先于其他地区。

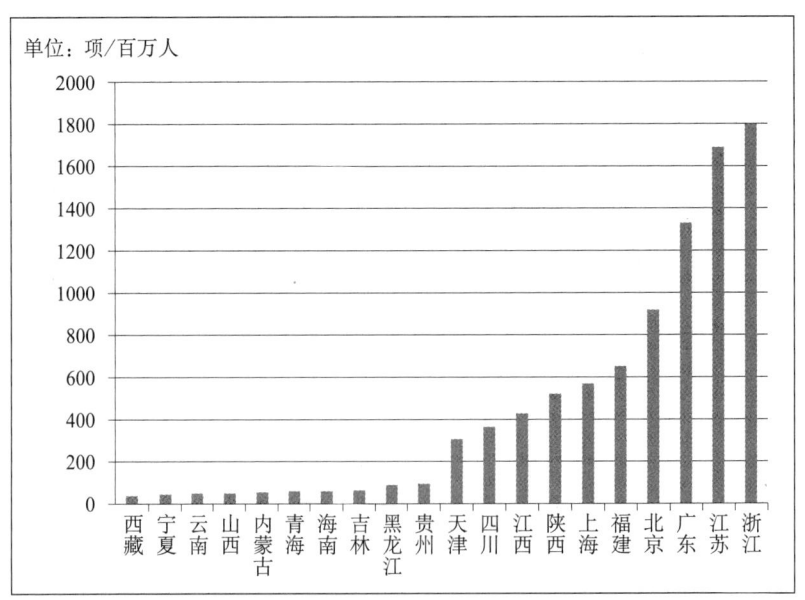

图 3-6　百万人口年度国内外观设计专利申请量排名图

数据来源：国家知识产权局.2016 专利统计年报；国家统计局.2017 中国统计年鉴［M］.北京：中国统计出版社，2017.

图 3-7 表明,百万人口年度 PCT 专利申请量最少的 10 个省份是西藏—江西,其中,西藏和甘肃更是不足 1 项/百万人;而申请量主要是集中在北京、广东和上海这三个省市,占全国 PCT 专利申请的四分之三,远远高于其他省份。北京超过了 300 项/百万人。而出口经济较为发达的江浙一带,此项指标表现却不如人意,印证了我国出口产品附加值低的现状。

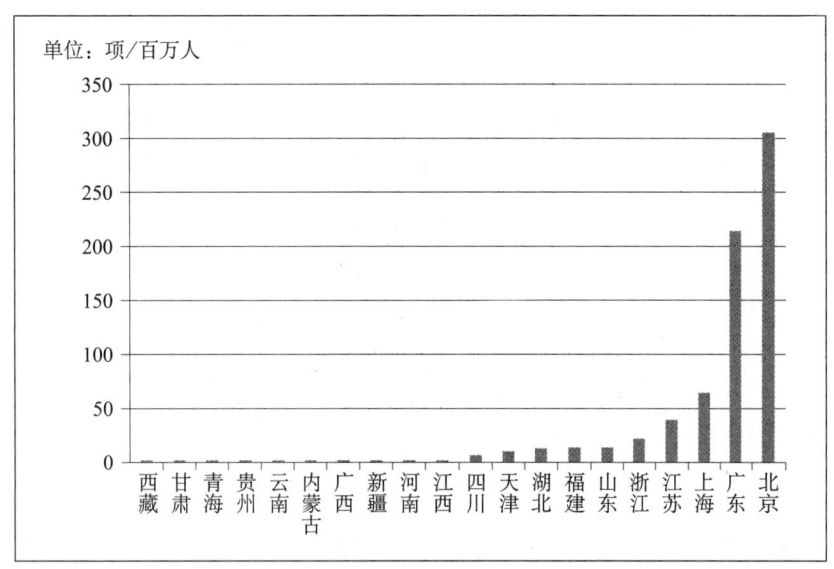

图 3-7 百万人口年度 PCT 专利申请量排名图

数据来源:国家知识产权局. 2016 专利统计年报;国家统计局. 2017 中国统计年鉴 [M]. 北京:中国统计出版社,2017.

3. 商标总量指数四级指标框架及排名与分析
(1) 指标框架
商标总量指数采用百万人口年度商标申请量指标进行度量(见图 3-8)。

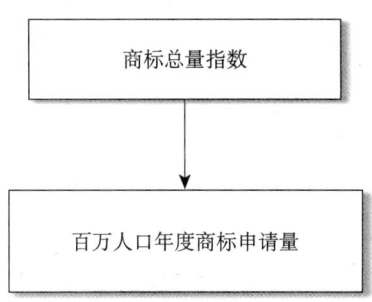

图 3-8 商标总量指数指标框架图

(2) 商标总量指数具体指标分析

图 3-9 表明,甘肃—江西是百万人口年度商标申请量最少的 10 个省份,主要分布在工商业欠发达的中西部地区;北京—陕西是百万人口年度商标申请量最多的

10 个省市，主要集中于经济相对发达的东部沿海地区，西部省份仅有重庆和陕西。

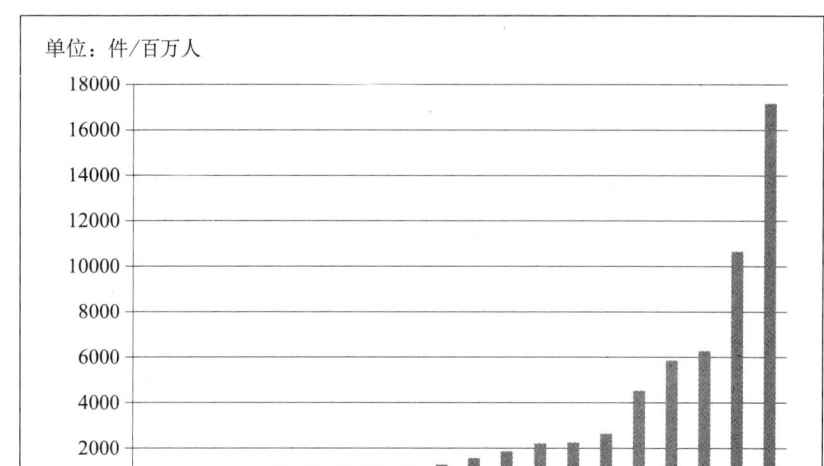

图 3-9 百万人口年度商标申请量排名图

数据来源：国家知识产权局. 2016 中国知识产权统计年报 [M]. 北京：知识产权出版社，2017；国家统计局. 2017 中国统计年鉴 [M]. 北京：中国统计出版社，2017.

4. 版权总量指数四级指标框架及排名与分析

（1）指标框架

版权总量指数采用百万人口年度版权合同登记量、百万人口年度作品自愿登记量两个指标进行度量（见图 3-10）。

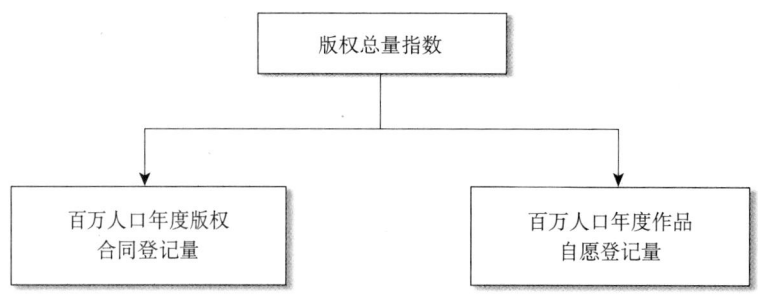

图 3-10 版权总量指数指标框架图

（2）版权总量指数具体指标分析

图 3-11 表明，在百万人口年度版权合同登记量上北京算是"一枝独秀"，遥遥领先于其他省份，是排在第 2 位的上海的近 12 倍，相对往年优势逐渐扩大。而排在最后几位的内蒙古、西藏、甘肃、青海的版权合同登记量为 0，其余各省份的数量也很少。

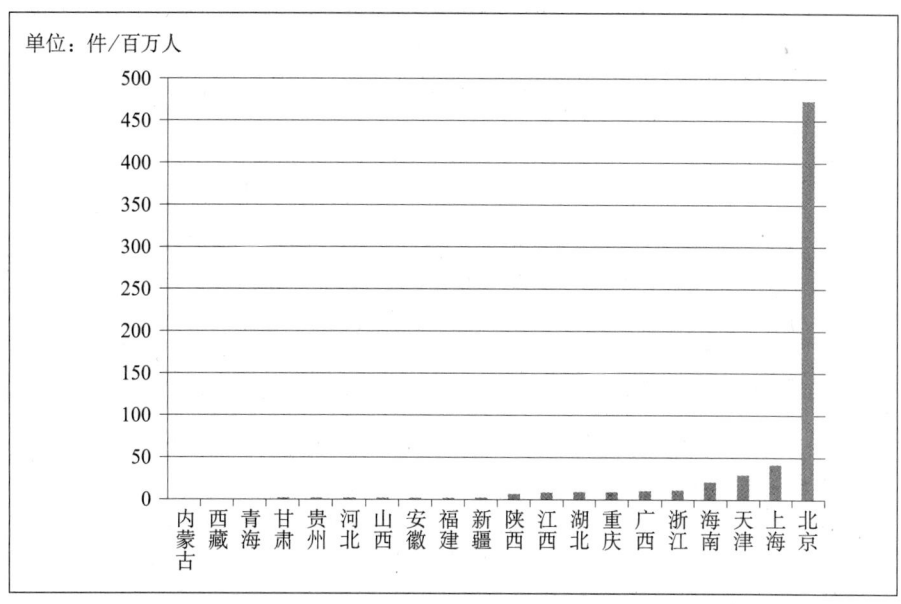

图 3-11　百万人口年度版权合同登记量排名图

数据来源：国家知识产权局.2016 中国知识产权统计年报［M］.北京：知识产权出版社，2017；国家统计局.2017 中国统计年鉴［M］.北京：中国统计出版社，2017.

图 3-12 表明，在百万人口年度作品自愿登记量的数量上，北京无疑居于垄断地位，其总量比其他省份之和都大得多。北京 2016 年的数据比 2015 年约有 15% 的增幅，约为 31911 件/百万人。

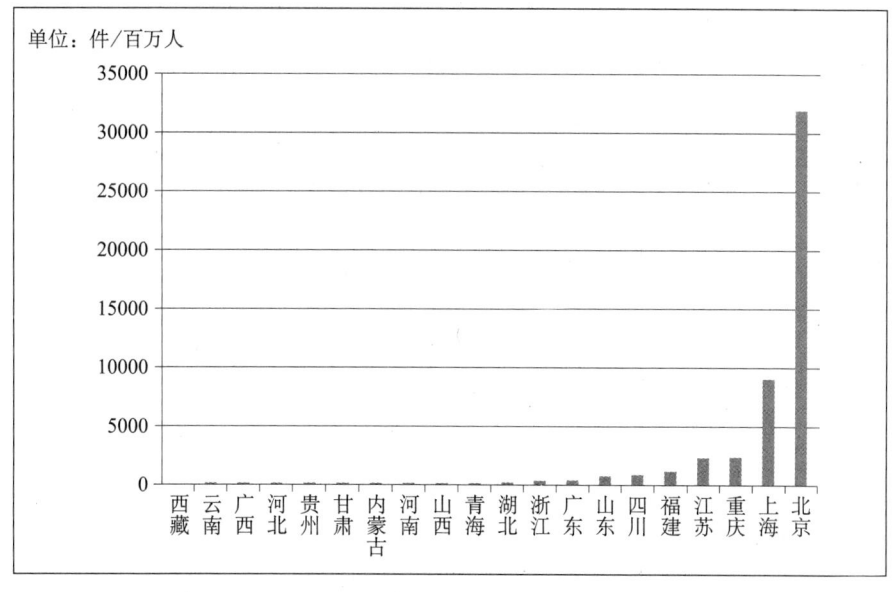

图 3-12　百万人口年度作品自愿登记量排名图

数据来源：国家知识产权局.2016 中国知识产权统计年报［M］.北京：知识产权出版社，2017；国家统计局.2017 中国统计年鉴［M］.北京：中国统计出版社，2017.

5. 集成电路布图设计总量指数四级指标框架及排名与分析

（1）指标框架

集成电路布图设计总量指数用百万人口年度集成电路布图设计登记申请量这一指标来衡量（见图 3-13）。

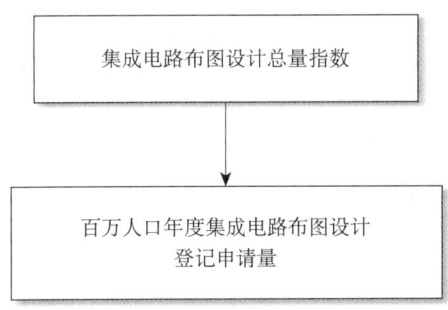

图 3-13　集成电路布图设计总量指数指标框架图

（2）集成电路布图设计总量指数具体指标分析

图 3-14 表明，上海在百万人口年度集成电路布图设计登记申请量上位列第一，约 22 件/百万人，同比减少 1 件，其他登记量靠前的省市有北京、广东、安徽、江苏、天津等。排位靠后的 10 个省份申请量都为 0。

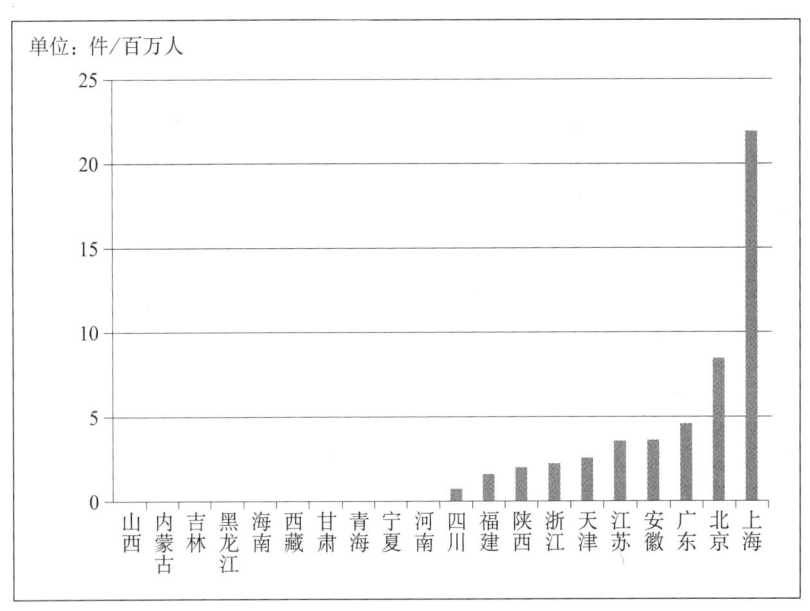

图 3-14　百万人口年度集成电路布图设计登记申请量排名图

数据来源：国家知识产权局. 2016 中国知识产权统计年报［M］. 北京：知识产权出版社，2017；国家统计局. 2017 中国统计年鉴［M］. 北京：中国统计出版社，2017.

6. 农业植物新品种总量指数四级指标框架及排名与分析

（1）指标框架

农业植物新品种总量指数用百万人口年度农业植物新品种申请量这一指标来衡量（见图 3-15）。

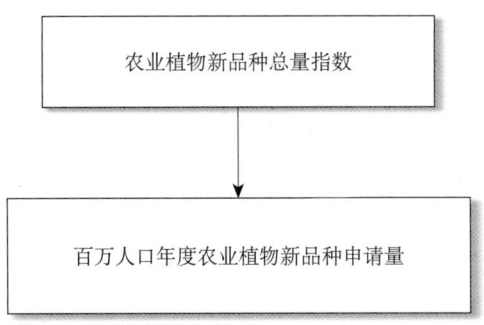

图 3-15　农业植物新品种总量指数指标框架图

（2）农业植物新品种总量指数具体指标分析

图 3-16 表明，北京—内蒙古是百万人口年度农业植物新品种申请量较多的 10 个省份，该项指标排名靠前的主要是农业发达省份，其中，北京由于农业研发机构聚集，因此指标表现更是大幅领先。

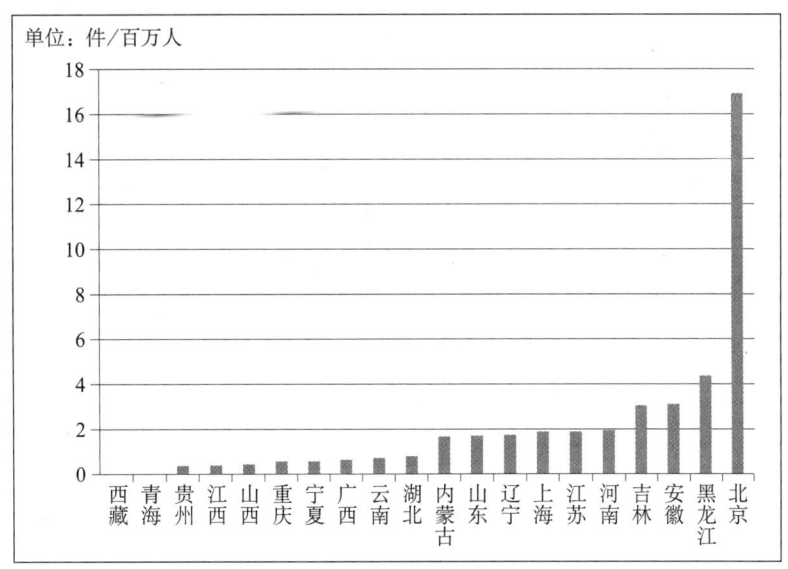

图 3-16　百万人口年度农业植物新品种申请量排名图

数据来源：国家知识产权局. 2016 中国知识产权统计年报 [M]. 北京：知识产权出版社，2017；国家统计局. 2017 中国统计年鉴 [M]. 北京：中国统计出版社，2017.

三、知识产权产出质量指数三级指标框架及排名与分析

1. 知识产权产出质量指数三级指标框架及指数排名

（1）指标框架

产出质量指数下设六个三级指标：专利有效性指数、商标有效性指数、专利金奖指数、"中华老字号"商标指数、集成电路布图设计登记发证指数、外贸额与PCT专利比指数（见图3-17、表3-3）。

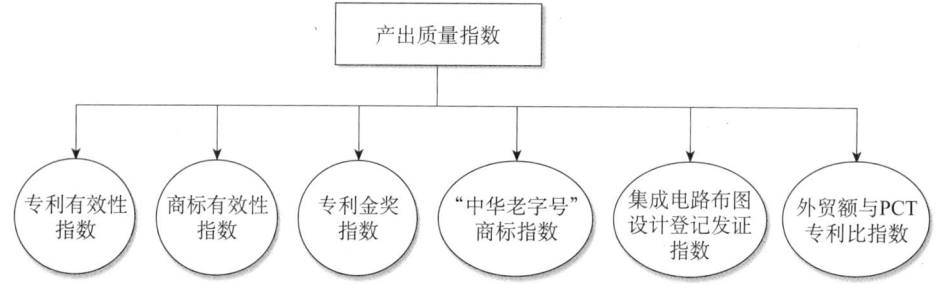

图3-17 知识产权产出质量指标框架图

（2）指数及排名

表3-3 知识产权产出质量指数及排名表

省份	产出质量		专利有效性		商标有效性		专利金奖		"中华老字号"商标		集成电路布图设计登记发证		外贸额与PCT专利比	
	指数	排名	指数	排名	指数	排名	指数	排名	指数	排名	指数	排名	指数	排名
北京	0.810	1	0.839	1	1.000	1	1.000	1	0.650	2	0.370	2	1.000	1
上海	0.584	2	0.514	3	0.688	2	0.246	4	1.000	1	1.000	1	0.055	11
广东	0.379	3	0.443	4	0.430	4	0.580	2	0.317	7	0.205	3	0.300	2
浙江	0.327	4	0.661	2	0.555	3	0.116	10	0.506	4	0.104	7	0.024	20
江苏	0.273	5	0.433	5	0.195	6	0.261	3	0.533	3	0.149	5	0.068	9
天津	0.179	6	0.318	6	0.177	7	0.087	12	0.367	5	0.112	6	0.015	23
福建	0.154	7	0.238	7	0.362	5	0.029	20	0.189	9	0.079	8	0.029	15
山东	0.149	8	0.122	10	0.110	10	0.217	5	0.367	5	0.011	14	0.069	8
陕西	0.121	9	0.140	9	0.094	11	0.203	6	0.150	12	0.079	9	0.062	10
四川	0.118	10	0.101	12	0.080	13	0.087	12	0.272	8	0.032	10	0.137	4
湖北	0.112	11	0.091	13	0.062	15	0.130	9	0.144	15	0.030	11	0.213	3
安徽	0.102	12	0.116	11	0.058	16	0.087	12	0.139	17	0.166	4	0.045	13
辽宁	0.093	13	0.083	14	0.082	12	0.174	8	0.189	9	0.001	19	0.026	17
重庆	0.089	14	0.161	8	0.159	8	0.072	15	0.106	22	0.016	12	0.019	21

续表 3-3

省 份	产出质量		专利有效性		商标有效性		专利金奖		"中华老字号"商标		集成电路布图设计登记发证		外贸额与PCT专利比	
	指数	排名	指数	排名	指数	排名	指数	排名	指数	排名	指数	排名	指数	排名
湖 南	0.086	15	0.069	15	0.055	21	0.188	7	0.111	20	0.013	13	0.081	6
黑龙江	0.070	16	0.054	18	0.050	24	0.058	17	0.178	11	0.000	22	0.081	7
吉 林	0.061	17	0.039	20	0.057	18	0.029	20	0.111	20	0.000	22	0.131	5
河 北	0.059	18	0.050	19	0.058	16	0.072	15	0.150	12	0.005	17	0.018	22
河 南	0.057	19	0.055	17	0.054	22	0.101	11	0.122	18	0.001	21	0.008	25
云 南	0.045	20	0.023	27	0.052	23	0.043	19	0.144	15	0.000	22	0.009	24
江 西	0.044	21	0.067	16	0.049	25	0.014	23	0.122	18	0.006	15	0.005	27
山 西	0.039	22	0.029	23	0.022	29	0.000	28	0.150	12	0.000	22	0.030	14
海 南	0.038	23	0.022	28	0.098	10	0.058	17	0.000	30	0.000	22	0.047	12
贵 州	0.028	24	0.034	21	0.024	28	0.029	20	0.050	24	0.005	16	0.025	19
内蒙古	0.023	25	0.020	29	0.056	20	0.000	28	0.039	26	0.000	22	0.026	18
宁 夏	0.023	26	0.029	24	0.056	20	0.014	23	0.011	28	0.000	22	0.029	16
甘 肃	0.020	27	0.023	26	0.000	31	0.014	23	0.078	23	0.000	22	0.003	30
新 疆	0.019	28	0.031	22	0.066	14	0.017	27	0.002	18	0.000	31
广 西	0.019	29	0.029	25	0.014	30	0.014	23	0.050	24	0.001	20	0.004	29
青 海	0.013	30	0.016	30	0.039	26	0.014	23	0.006	29	0.000	22	0.005	26
西 藏	0.005	31	0.000	31	0.027	27	0.000	28	0.000	30	0.000	22	0.005	28

在产出质量指数方面，北京、上海、广东、浙江、江苏位居前5位，与指数报告2017年相同，近相互之间位次有所变化。甘肃、新疆、广西、青海、西藏排在后5位，与指数报告2017年相比甘肃跌落至后5名。

6个三级指标的排名各有特点，相互之间联系度不是很强，因此一致性不高，很多省市在某项指标上表现靠前，但是其他指标又可能排名较为靠后，体现了很强的差异性：例如，很多产出质量排名靠前的省份在外贸额与PCT专利比方面都沉沙折戟。譬如，产出质量第4位的浙江的专利金奖仅仅排名第10位，其外贸额与PCT专利比更是排名第20位。

2. 专利有效性指数四级指标框架及排名与分析

（1）指标框架

专利有效性指数选取了百万人口国内发明专利有效量、百万人口国内实用新型专利有效量、百万人口国内外观设计专利有效量三个指标进行评价（见图3-18）。

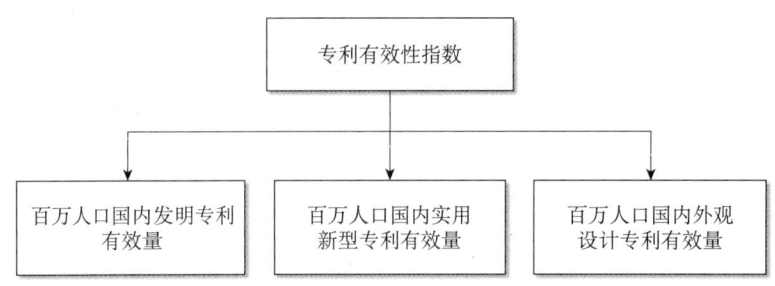

图 3-18 专利有效性指数指标框架图

（2）专利有效性指数具体指标分析

图 3-19 表明，西藏—河南是百万人口国内发明专利有效量最少的 10 个省份，主要集中于中西部，大都少于 250 项/百万人；北京—山东是百万人口国内发明专利有效量最多的 10 个省市，其中，北京、上海与其他省市相比优势明显，北京的数量是 7672 项/百万人，上海的数量是 3514 项/百万人，较 2015 年均有较大幅度的增长。

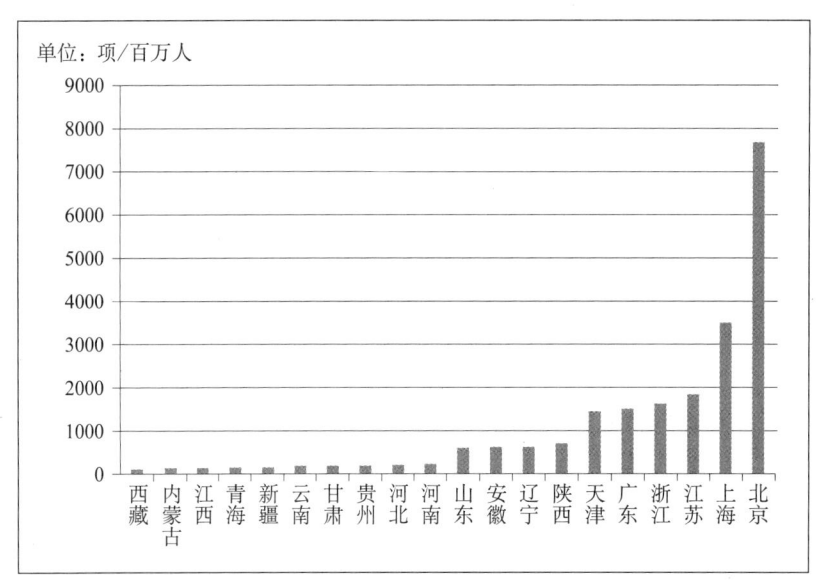

图 3-19 百万人口国内发明专利有效量排名图

数据来源：国家知识产权局. 2016 专利统计年报；国家统计局. 2017 中国统计年鉴 [M]. 北京：中国统计出版社，2017.

图 3-20 表明，西藏—新疆是百万人口国内实用新型专利有效量最少的 10 个省份，均不足 700 项/百万人；北京—安徽是百万人口国内实用新型专利有效量最多的 10 个省市，整体呈渐增趋势。其中，北京、浙江和上海属于第一集团，均超过 6500 项/百万人。

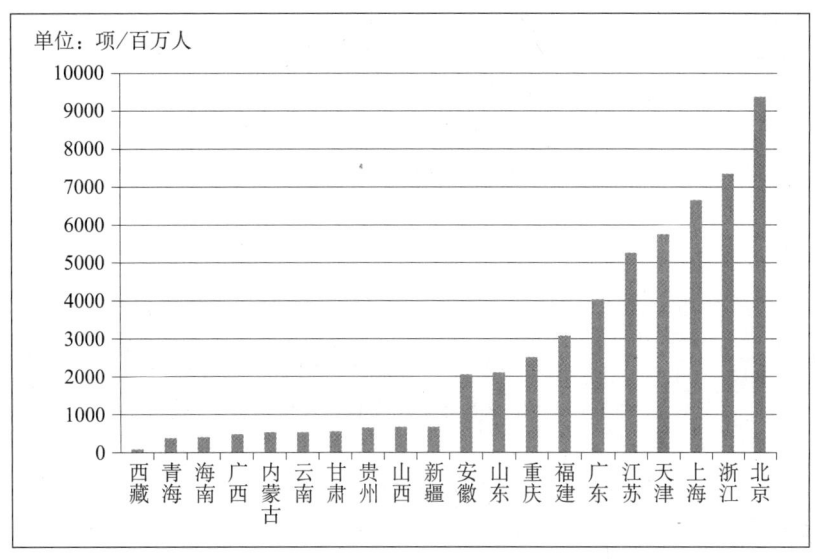

图 3-20　百万人口国内实用新型专利有效量排名图

数据来源：国家知识产权局.2016 专利统计年报；国家统计局.2017 中国统计年鉴［M］.北京：中国统计出版社，2017.

图 3-21 表明，宁夏—广西是百万人口国内外观设计专利有效量最少的 10 个省份，主要集中于中西部，相互之间差距很小；浙江—四川则是最多的 10 个省市，浙江、广东、北京和江苏领先全国，均超过 2000 项/百万人。其中，浙江省近四年稳居第 1 位，为 4132 项/百万人，同比略有减少。

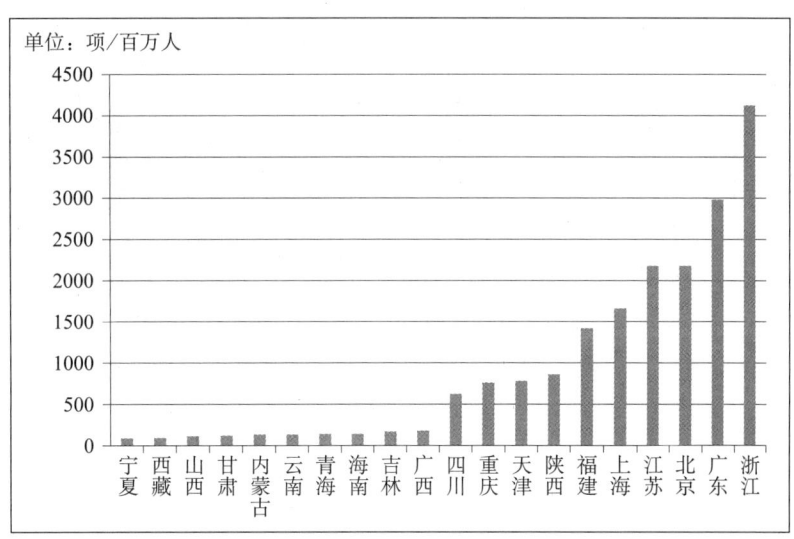

图 3-21　百万人口国内外观设计专利有效量排名图

数据来源：国家知识产权局.2016 专利统计年报；国家统计局.2017 中国统计年鉴［M］.北京：中国统计出版社，2017.

3. 商标有效性指数四级指标框架及排名与分析

（1）指标框架

商标有效性指数采用百万人口有效商标量指标进行评价（见图3-22）。

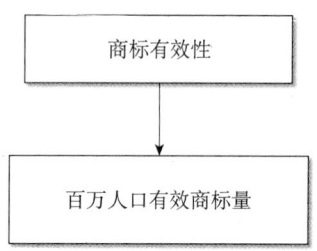

图3-22 商标有效性拥有量指数指标框架图

（2）商标有效性拥有量指数具体指标分析

图3-23表明，甘肃—河南是百万人口有效商标量最少的10个省份，不足4000件/百万人，相互之间差距不大；北京—海南是百万人口有效商标量最多的10个省市，呈阶梯状递增，其中排名第1位的北京拥有41129件/百万人。上海和浙江分别以28812和23537项排名第2位和第3位。

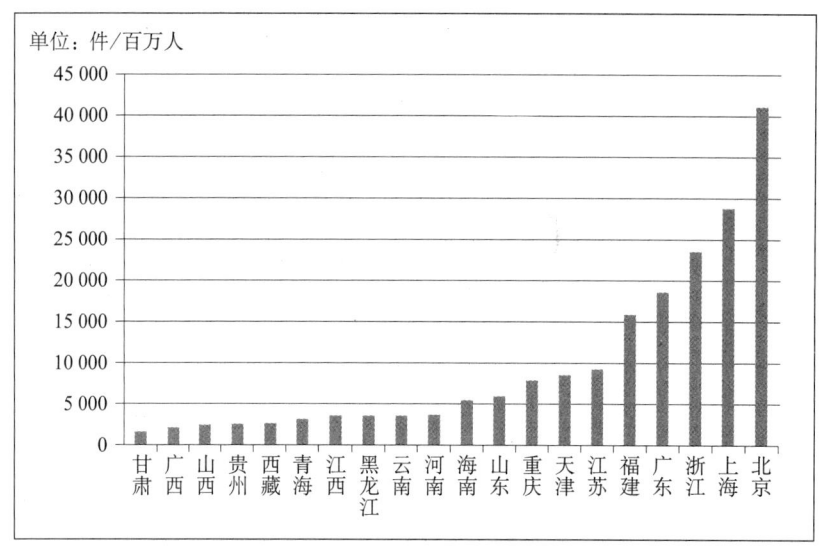

图3-23 百万人口有效商标量排名图

数据来源：国家知识产权局. 2016中国知识产权统计年报［M］. 北京：知识产权出版社，2017；国家统计局. 2017中国统计年鉴［M］. 北京：中国统计出版社，2017.

4. 专利金奖指数四级指标框架及排名与分析

（1）指标框架

专利金奖指数采用专利金奖拥有量指标进行评价（见图3-24）。

第三章 知识产权产出水平各项指标排名与分析   35

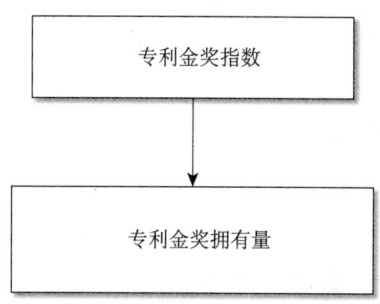

图 3-24 专利金奖指数指标框架图

(2) 专利金奖指数具体指标分析

中国专利奖是我国唯一针对专利的政府专项奖，具有一定的国际影响力。获奖项目，尤其是金奖专利，是优质的、有突出贡献的、可通过产业化大幅升值的项目。图 3-25 表明，该项指标分布并不均匀，北京领先于其他省市，共拥有专利金奖 69 项。广东排名第 2 位，共拥有 40 项。

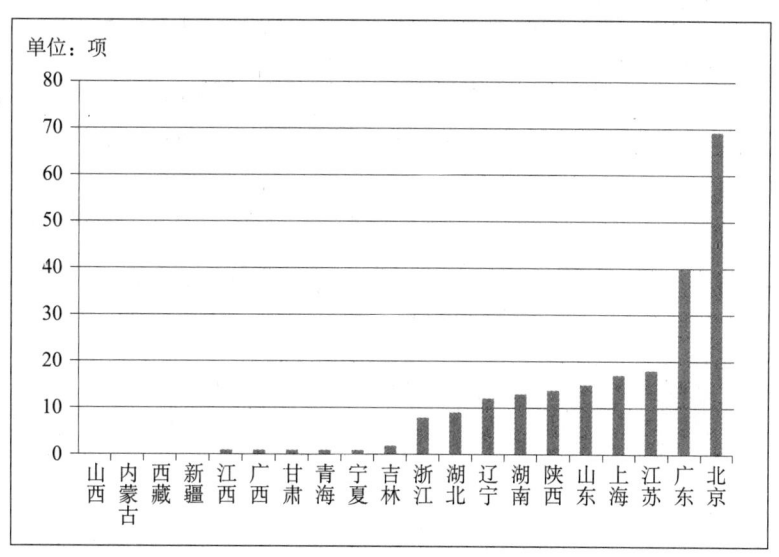

图 3-25 专利金奖拥有量排名图

数据来源：国家知识产权局. 2016 中国知识产权统计年报 [M]. 北京：知识产权出版社，2017.

图 3-26 显示，专利金奖拥有量指标分布相对集中，北京专利金奖拥有量占全国总数量的 25.37%，而排名前 4 的省市：北京、广东、江苏和上海所拥有的专利金奖数量之和占全国总量的一半以上。其余省份，主要是中西部省份拥有的专利金奖数量较少。

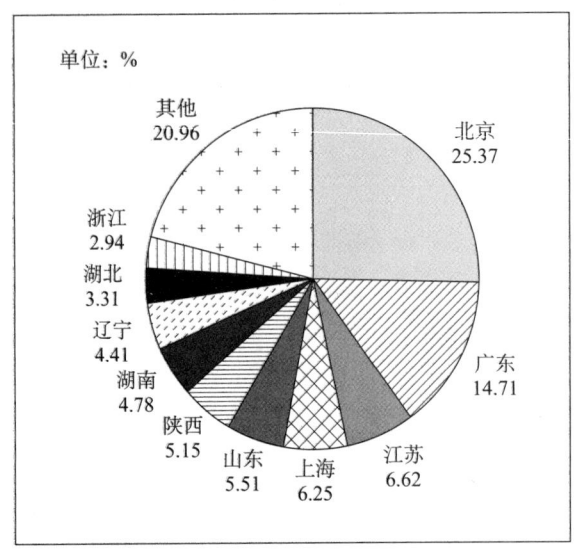

图3-26 专利金奖拥有量占全国比重图

数据来源：国家知识产权局.2016中国知识产权统计年报[M].北京：知识产权出版社，2017.

5."中华老字号"商标指数四级指标框架及排名与分析

（1）指标框架

"中华老字号"商标指数采用"中华老字号"商标拥有量指标进行评价（见图3-27）。

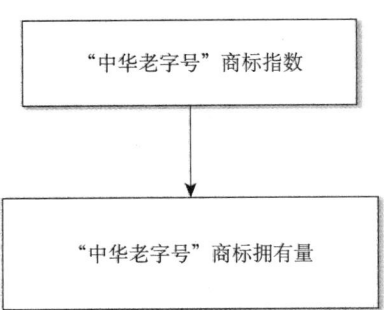

图3-27 "中华老字号"商标指数指标框架图

（2）"中华老字号"商标指数具体指标分析

海南—重庆仍是"中华老字号"商标拥有量最少的10个省份，上海—辽宁是"中华老字号"商标拥有量最多的10个省市，其中排名第1位的上海拥有180个"中华老字号"商标（见图3-28）。

第三章 知识产权产出水平各项指标排名与分析　　37

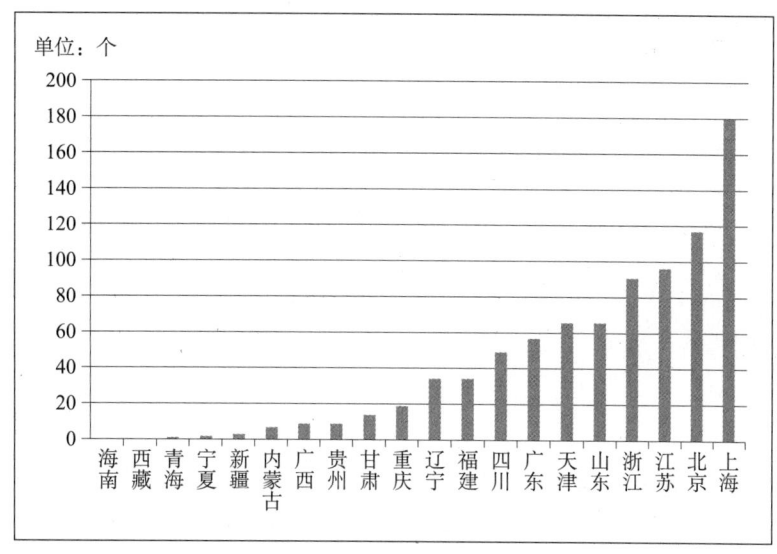

图 3-28　"中华老字号"商标拥有量排名图

数据来源：中华老字号评选委员会（第三届）．

6. 集成电路布图设计登记发证指数四级指标框架及排名与分析

（1）指标框架

集成电路布图设计登记发证指数采用百万人口年度集成电路布图设计登记发证量指标进行评价（见图 3-29）。

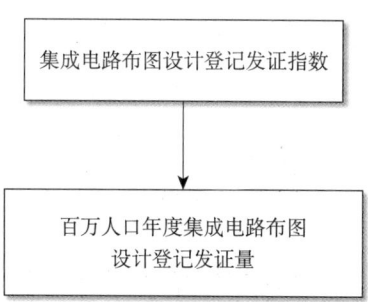

图 3-29　集成电路布图设计登记发证指数指标框架图

（2）集成电路布图设计登记发证指数具体指标分析

图 3-30 表明，在百万人口年度集成电路布图设计登记发证量指标上，各省份的差距也较大，上海有 21 项/百万人，大幅领先于其他省市；其余各省份的百万人口年度集成电路布图设计登记发证量较少，除排名第 2 位的北京（8 项/百万人）外，均少于 5 项，除图中所示省份，其他省份该项指标为 0。

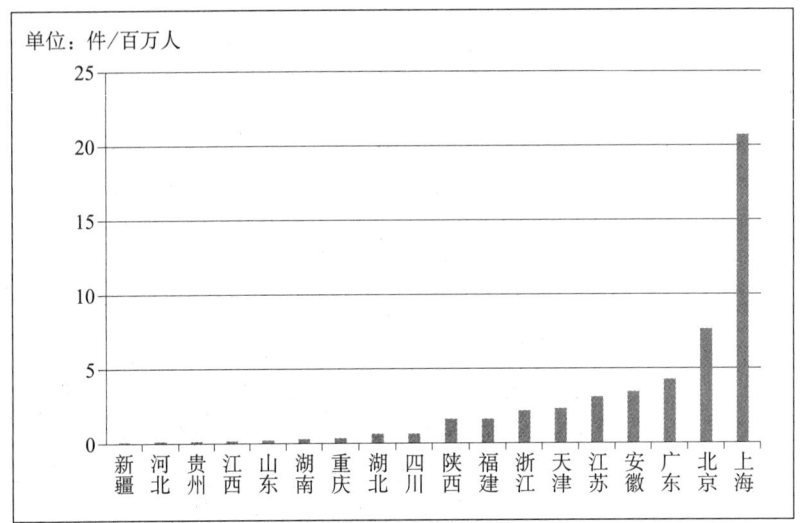

图 3-30 百万人口年度集成电路布图设计登记发证量排名图

数据来源：国家知识产权局.2016 中国知识产权统计年报 [M]. 北京：知识产权出版社，2017；国家统计局.2017 中国统计年鉴 [M]. 北京：中国统计出版社，2017.

7. 外贸额与 PCT 专利比指数四级指标框架及排名与分析

（1）指标框架（见图 3-31）

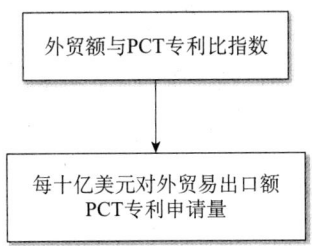

图 3-31 外贸额与 PCT 专利比指数指标框架图

（2）外贸额与 PCT 专利比指数具体指标分析

图 3-32 表明，新疆—河北是每十亿美元对外贸易出口额 PCT 专利申请量排名落后的 10 个省份，大部分为中西部地区。浙江、江苏和福建等东部对外贸易出口额较大的省份，该项指标的数据表现仍不佳，也说明了目前外贸以简单劳动加工为主的局面没有转变；北京—陕西是每十亿美元对外贸易出口额 PCT 专利申请量排名领先的 10 个省份，其中北京遥遥领先于其他各省份，值得指出的是，湖南、陕西和湖北等省在该项指标中表现突出，显示出了一定的潜力。

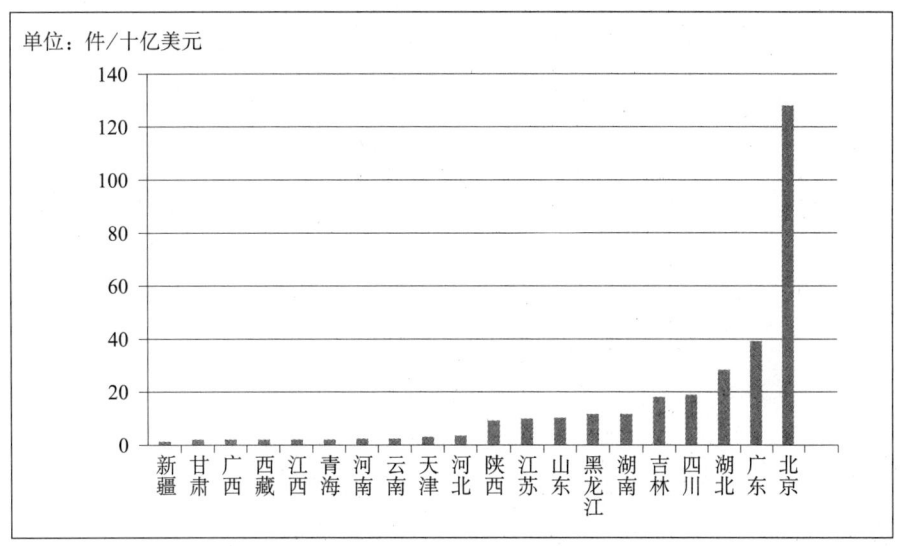

图 3-32　每十亿美元对外贸易出口额 PCT 专利申请量排名图

数据来源：国家知识产权局.2016 中国知识产权统计年报［M］.北京：知识产权出版社，2017；国家统计局.2017 中国统计年鉴［M］.北京：中国统计出版社，2017.

四、知识产权产出效率指数三级指标框架及排名与分析

1. 知识产权产出效率指数三级指标框架及指数排名

（1）指标框架

知识产权产出效率指数下设两个指标：人才产出效率指数、资本产出效率指数（见图 3-33、表 3-4）。

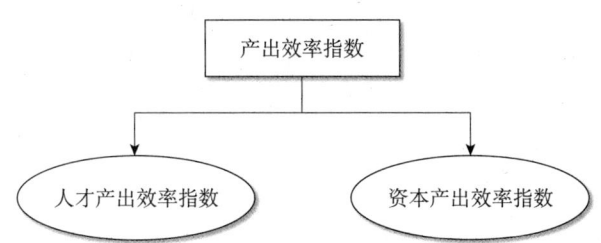

图 3-33　知识产权产出效率指数指标框架图

（2）指数及排名

表 3-4　　　　　　　知识产权产出效率指数及排名表

省 份	产出效率		人才产出效率		资本产出效率	
	指数	排名	指数	排名	指数	排名
广　西	1.000	1	1.000	1	1.000	1

续表 3-4

省 份	产出效率		人才产出效率		资本产出效率	
	指数	排名	指数	排名	指数	排名
安 徽	0.712	2	0.897	2	0.527	2
贵 州	0.439	3	0.503	7	0.375	3
北 京	0.399	4	0.652	3	0.147	14
四 川	0.372	5	0.521	4	0.223	5
江 苏	0.357	6	0.507	6	0.207	6
天 津	0.331	7	0.513	5	0.149	13
青 海	0.311	8	0.394	10	0.229	4
广 东	0.296	9	0.427	9	0.164	11
上 海	0.291	10	0.490	8	0.093	28
黑龙江	0.273	11	0.353	13	0.193	7
湖 北	0.268	12	0.382	11	0.154	12
浙 江	0.254	13	0.326	15	0.182	9
宁 夏	0.251	14	0.317	16	0.186	8
重 庆	0.248	15	0.362	12	0.135	17
辽 宁	0.227	16	0.312	17	0.142	16
陕 西	0.215	17	0.332	14	0.099	27
山 东	0.202	18	0.298	18	0.107	24
湖 南	0.179	19	0.258	19	0.101	25
甘 肃	0.174	20	0.200	24	0.147	15
福 建	0.171	21	0.226	20	0.116	21
云 南	0.165	22	0.214	21	0.116	20
新 疆	0.164	23	0.201	23	0.127	18
西 藏	0.161	24	0.150	27	0.173	10
河 南	0.159	25	0.208	22	0.111	23
吉 林	0.140	26	0.181	25	0.099	26
山 西	0.138	27	0.154	26	0.122	19
江 西	0.102	28	0.147	28	0.058	29
河 北	0.086	29	0.121	29	0.050	30
海 南	0.057	30	0.000	31	0.114	22
内蒙古	0.042	31	0.084	30	0.000	31

分析表 3-4 可以看出，知识产出效率指数排名前 10 位的是广西、安徽、贵州、北

京、四川、江苏、天津、青海和广东,排名后 10 位的是云南、新疆、西藏、河南、吉林、山西、江西、河北、海南和内蒙古。

从知识产出效率来看,东部和中西部差距不明显。相对而言,一些知识产权指数排名靠前的东部省份则表现较弱,譬如福建、河北,仅分列第 21 和第 29 位。透过该指标,可以反映部分省份尽管总量较高,但是效率欠缺,有待提高。

人才产出效率和资本产出效率的一致性较弱,几个省份还表现出较大的差异性,人才产出效率高的省份资本产出效率可能较低,反之亦然。比较典型的是上海和甘肃,上海的人才产出效率排名第 8 位,而资本产出效率仅排在第 28 位。甘肃的人才产出效率较低,排在第 24 位,而资本产出效率却排在第 15 位。

2. 知识产权人才产出效率指数四级指标框架及排名与分析

(1) 指标框架

知识产权人才产出效率指数用万名 R&D 活动人员年度职务发明专利申请量指标进行度量(见图 3-34)。

(2) 知识产权人才产出效率指数具体指标分析

职务发明专利申请量的多少同各省市高新技术企业发展水平、人才储备密切相关。由图 3-35 可以看出,广西—青海的万名 R&D 活动人员年度职务发明专利申请量领先于其他省份,其中,广西、安徽和北京为第一集团,均超过 2600 项/万人。广西年度申请量为 3983 项,首次排名第一。而排名靠后的 10 个省份是河南—海南,均低于 1000 项/万人。

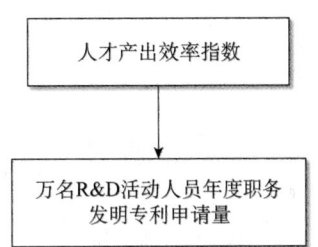

图 3-34 知识产权人才产出效率指数指标框架图

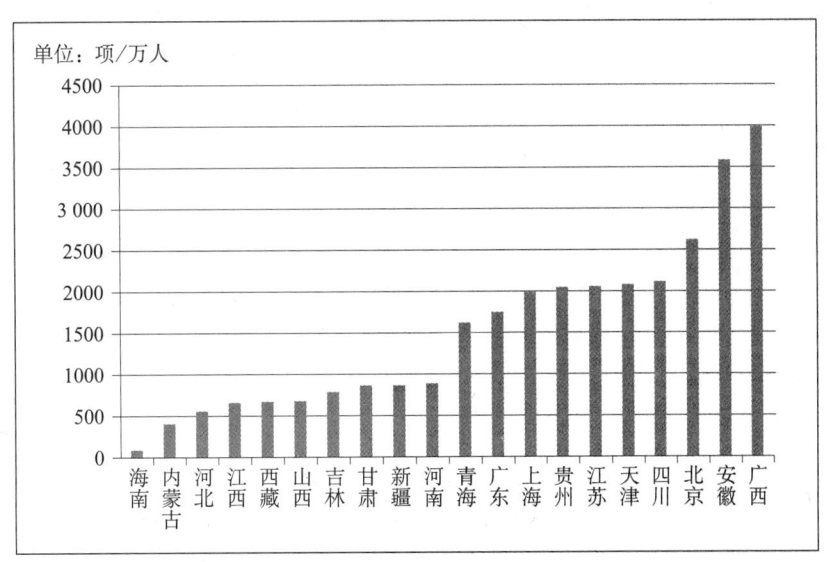

图 3-35 万名 R&D 活动人员年度职务发明专利申请量排名图

数据来源:国家知识产权局.2016 专利统计年报;国家统计局,科学技术部.2017 中国科技统计年鉴 [M]. 北京:中国统计出版社,2017.

3. 知识产权资本产出效率指数四级指标框架及排名与分析

（1）指标框架

知识产权资本产出效率指数用亿元 R&D 经费内部支出年度发明专利申请量进行度量（见图 3-36）。

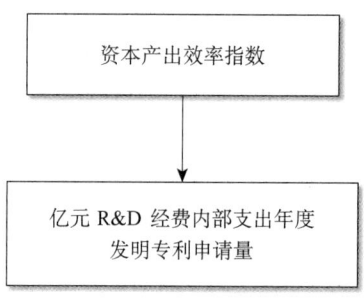

图 3-36　知识产权资本产出效率指数指标框架图

（2）知识产权资本产出效率指数具体指标分析

图 3-37 表明，亿元 R&D 经费内部支出年度发明专利申请量排名后 10 位的省份是内蒙古—海南，其中不乏东部地区省份，如上海、河北等地。排名前 10 位的省份是广西—西藏，其中也有广西、青海、贵州、西藏、四川等西部省份的身影，充分说明在 R&D 产出效率上，地域关系不大。

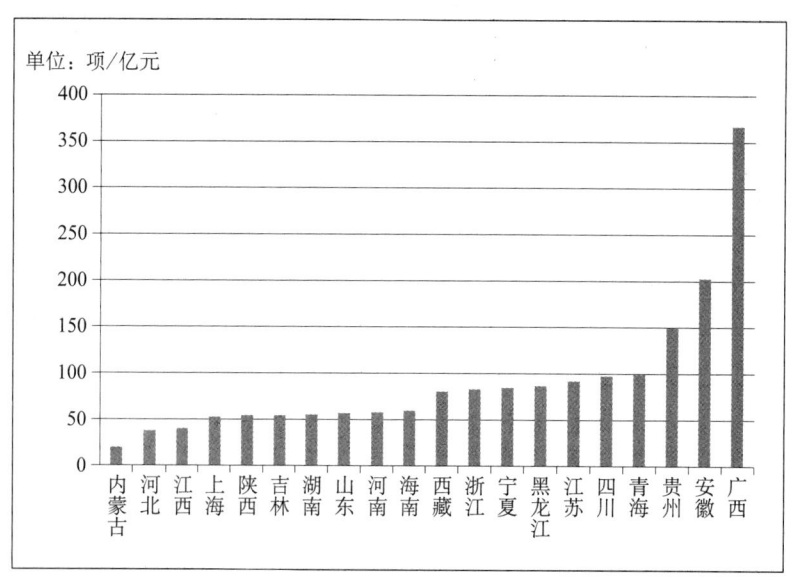

图 3-37　亿元 R&D 经费内部支出年度发明专利申请量排名图

数据来源：国家知识产权局. 2016 专利统计年报；国家统计局，科学技术部. 2017 中国科技统计年鉴［M］. 北京：中国统计出版社，2017.

五、知识产权企业产出指数三级指标框架及排名与分析

1. 知识产权企业产出指数三级指标框架及指数排名

（1）指标框架

知识产权企业产出指数下设三个指标：企业产出规模指数、企业产出质量指数、企业产出效率指数（见图 3-38、表 3-5）。

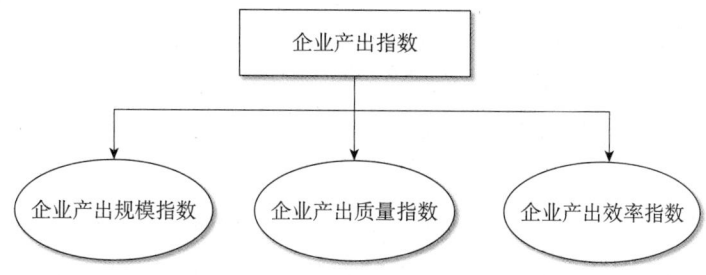

图 3-38 知识产权企业产出指数指标框架图

（2）指数及排名

表 3-5　　　　　　　　知识产权企业产出指数及排名表

省份	企业产出		企业产出规模		企业产出质量		企业产出效率	
	指数	排名	指数	排名	指数	排名	指数	排名
广东	0.868	1	0.961	2	1.000	1	0.644	3
江苏	0.724	2	0.995	1	0.790	2	0.387	10
浙江	0.554	3	0.751	3	0.755	3	0.155	22
北京	0.506	4	0.368	4	0.473	4	0.677	2
安徽	0.498	5	0.296	6	0.198	8	1.000	1
上海	0.324	6	0.249	8	0.340	5	0.383	11
四川	0.295	7	0.272	7	0.207	7	0.405	9
山东	0.249	8	0.297	5	0.278	6	0.173	21
福建	0.194	9	0.197	10	0.185	9	0.201	19
天津	0.193	10	0.219	9	0.121	12	0.239	16
海南	0.189	11	0.003	30	0.006	29	0.558	4
广西	0.185	12	0.061	18	0.036	20	0.457	7
宁夏	0.174	13	0.010	28	0.006	28	0.506	5
重庆	0.169	14	0.101	13	0.117	13	0.288	13
青海	0.167	15	0.005	29	0.002	30	0.495	6
贵州	0.165	16	0.041	20	0.036	21	0.417	8

续表 3-5

省　份	企业产出		企业产出规模		企业产出质量		企业产出效率	
	指数	排名	指数	排名	指数	排名	指数	排名
湖　北	0.159	17	0.128	12	0.129	10	0.221	17
湖　南	0.137	18	0.087	14	0.108	14	0.218	18
云　南	0.109	19	0.034	21	0.037	19	0.257	14
辽　宁	0.109	20	0.058	19	0.086	16	0.184	20
西　藏	0.102	21	0.000	31	0.000	31	0.306	12
河　南	0.100	22	0.130	11	0.124	11	0.046	27
江　西	0.096	23	0.086	15	0.055	18	0.146	24
陕　西	0.095	24	0.075	16	0.073	17	0.137	25
新　疆	0.093	25	0.015	24	0.019	25	0.244	15
黑龙江	0.071	26	0.030	22	0.030	23	0.152	23
河　北	0.066	27	0.074	17	0.090	15	0.032	30
甘　肃	0.044	28	0.013	26	0.014	27	0.104	26
山　西	0.031	29	0.020	23	0.033	22	0.039	28
吉　林	0.022	30	0.014	25	0.021	24	0.032	29
内蒙古	0.011	31	0.012	27	0.015	26	0.006	31

分析表 3-5 可以看出，企业产出指数排在前 10 位的省份是广东、江苏、浙江、北京、安徽、上海、四川、山东、福建和天津，其中以东部省份居多，略占优势。中西部地区中的四川表现不错。排名后 10 位的省份是河南、江西、陕西、新疆、黑龙江、河北、甘肃、山西、吉林和内蒙古。

在企业产出规模指数方面，排名前 10 位的省份是江苏、广东、浙江、北京、山东、安徽、四川、上海、天津和福建。

在企业产出质量指数方面，排名前 10 位的省份是广东、江苏、浙江、北京、上海、山东、四川、安徽、福建和湖北。

在企业产出效率指数方面，排名前 10 位的省份是安徽、北京、广东、海南、宁夏、青海、广西、贵州、四川和江苏。

从企业产出规模、企业产出质量和企业产出效率三个分项指标来看，企业产出规模和质量有较高的一致性，而企业产出效率则相对独立，甚至会出现差异巨大的现象，譬如，广西的企业产出规模和产出质量分别排名第 18 和 20 位，产出效率则高居第 7 位；浙江的企业产出规模和产出质量均排名第 3 位，产出效率却在排在第 22 位。我们发现，与前几年类似，企业产出效率与之前的知识产权产出效率指标趋势类似，部分知识产权规模或质量较高的省市，其效率却不如人意。

2. 企业产出规模指数四级指标框架及排名与分析

（1）指标框架

企业产出规模指数用年度企业职务发明专利受理量、年度企业职务实用新型专利受理量、年度企业职务外观设计专利受理量三个指标进行度量（见图3-39）。

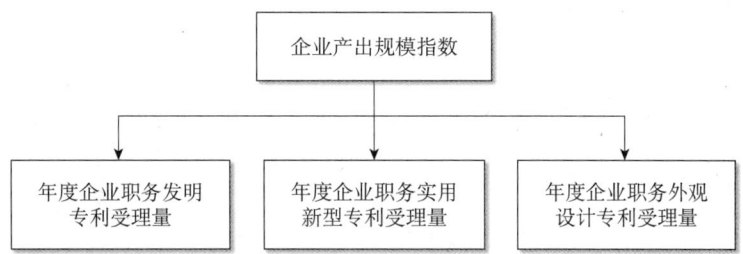

图3-39 企业产出规模指数指标框架图

（2）企业产出规模指数具体指标分析

图3-40表明，年度企业职务发明专利受理量是知识产权分布最不均衡的指标之一，排名第一的江苏与排名末尾的西藏差距近1200倍。其中，西藏—云南是年度企业职务发明专利受理量最少的10个省份，西藏不足150项。江苏—湖北是排名前十的省份，其中江苏以126072项领先全国，比2015年略有增长。

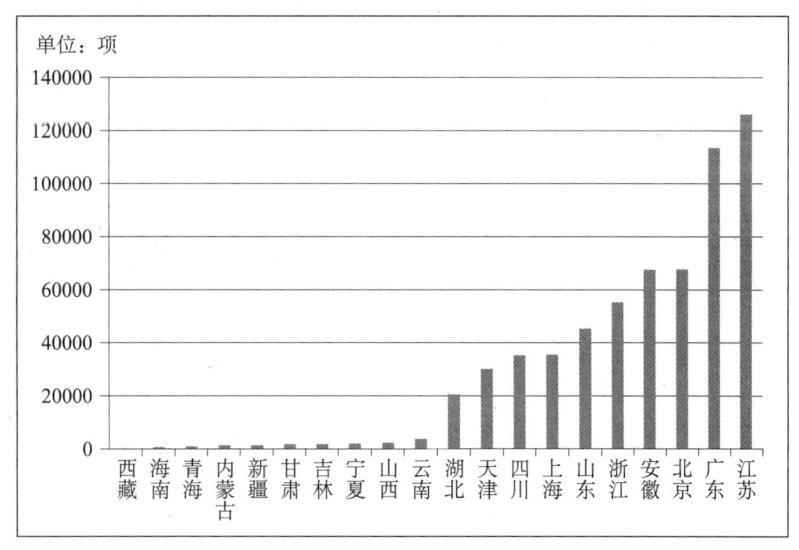

图3-40 年度企业职务发明专利受理量排名图

数据来源：国家知识产权局. 2016专利统计年报.

图3-41表明，西藏—广西是年度企业职务实用新型专利受理量最少的10个省份，其中西藏的受理量少于200项。广东—四川是年度企业职务实用新型专利受理量最多的10个省市，呈渐增之势，广东的受理量为152955项，超越江苏排名第1位，比2015年有较大幅度增长。

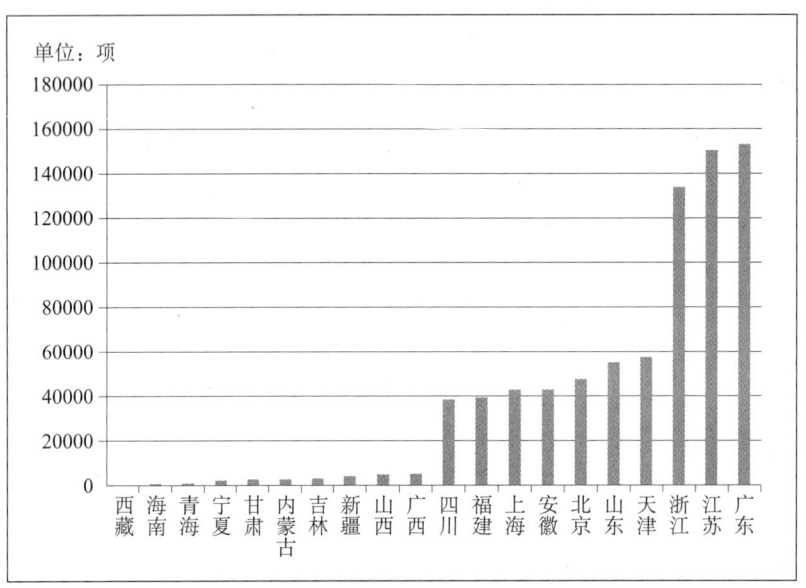

图 3-41 年度企业职务实用新型专利受理量排名图

数据来源：国家知识产权局.2016 专利统计年报.

图 3-42 表明，该项指标各省份之间差距极大，第 1 位江苏的受理量高达 62048 项，而末位西藏的受理量仅为 84 项。江苏—河南是年度企业职务外观设计专利受理量最多的 10 个省市，江苏数据近年来均有较大幅度下降，但仍以绝对优势领跑。西藏—黑龙江是年度企业职务外观设计专利受理量最少的 10 个省份，均不足 700 项。

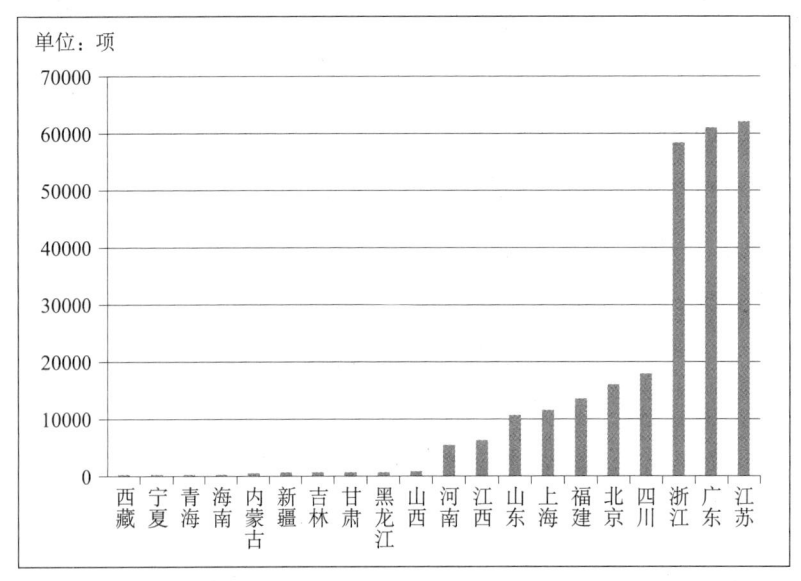

图 3-42 年度企业职务外观设计专利受理量排名图

数据来源：国家知识产权局.2016 专利统计年报.

3. 企业产出质量指数四级指标框架及排名与分析

（1）指标框架

企业产出质量指数用企业职务发明专利有效量、企业职务实用新型专利有效量、企业职务外观设计专利有效量三个指标进行衡量（见图3-43）。

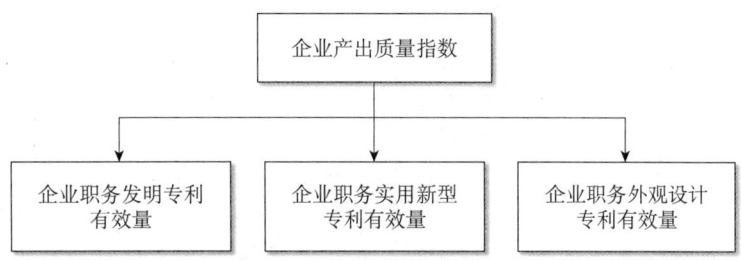

图3-43 企业产出质量指数指标框架图

（2）企业产出质量指数具体指标分析

图3-44表示，西藏—黑龙江是企业职务发明专利有效量最少的10个省份，其中西藏、青海不足1000项；广东—湖南是企业职务发明专利有效量最多的10个省市，其中广东蝉联第一，达到140306项；江苏和北京分别以102129和98720项位居第2位和第3位。

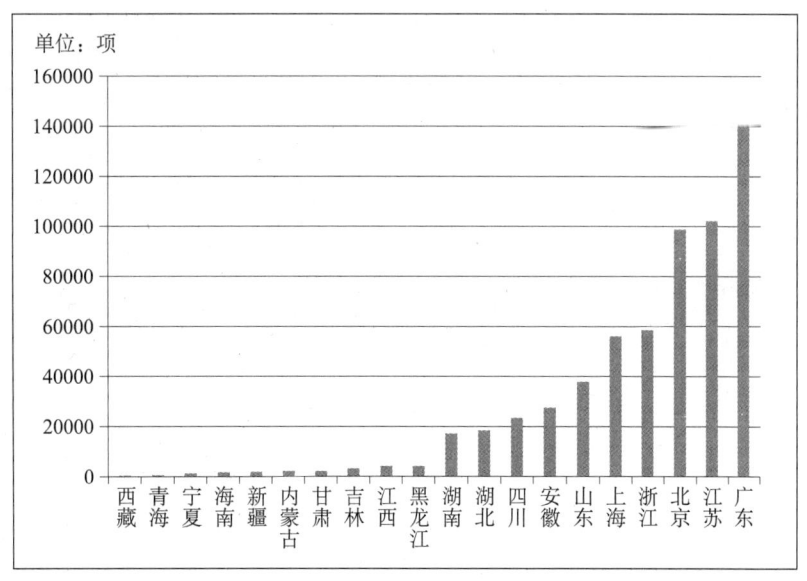

图3-44 企业职务发明专利有效量排名图

数据来源：国家知识产权局. 2016专利统计年报.

图3-45表示，企业职务发明专利有效量最多的10个省市占全国比重将近82%，与2015年基本持平。

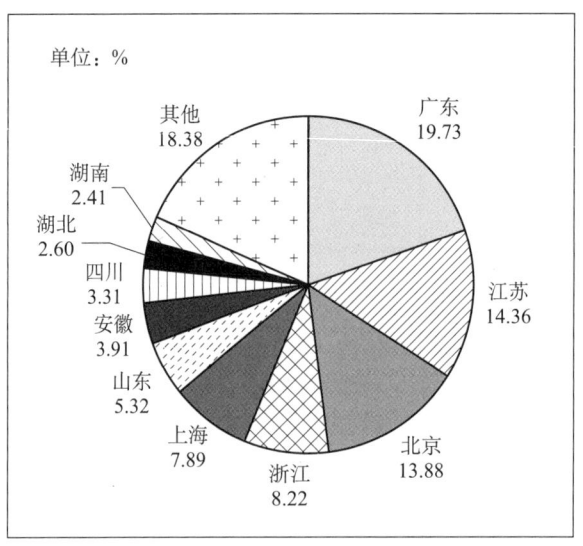

图 3-45　企业职务发明专利有效量占全国比重图

数据来源：国家知识产权局.2016 专利统计年报.

图 3-46 表示，西藏—黑龙江是企业职务实用新型专利有效量最少的 10 个省份，均不足 17000 项，其中西藏最少，为 134 项。广东—天津是企业职务实用新型专利有效量最多的 10 个省市，其中广东超越江苏排名第一为 359102 项，比 2015 年有较大幅度的增长。

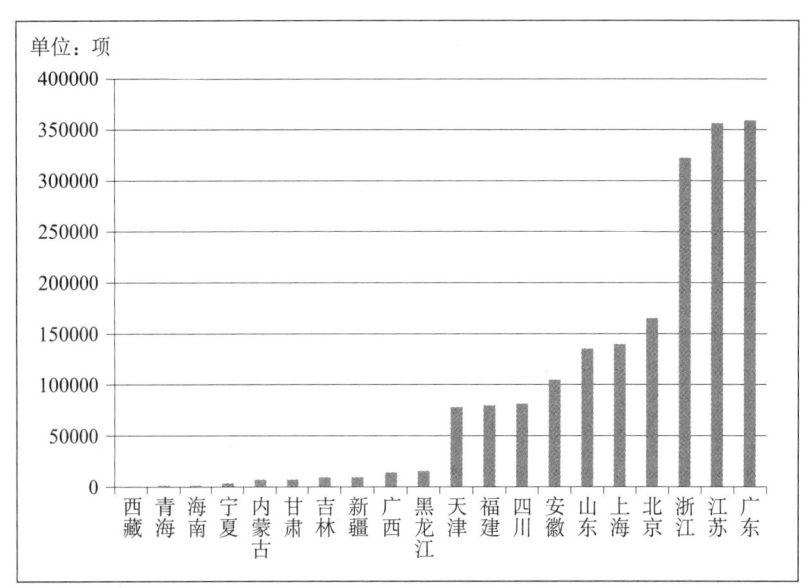

图 3-46　企业职务实用新型专利有效量排名图

数据来源：国家知识产权局.2016 专利统计年报.

图 3-47 表明，企业职务实用新型专利有效量最多的 10 个省市占全国比重近 80%，其中，江苏、广东、浙江、北京四省市之和占比超过 50%，占半壁江山，再一次反映长三角和珠三角是我国经济创新的龙头。

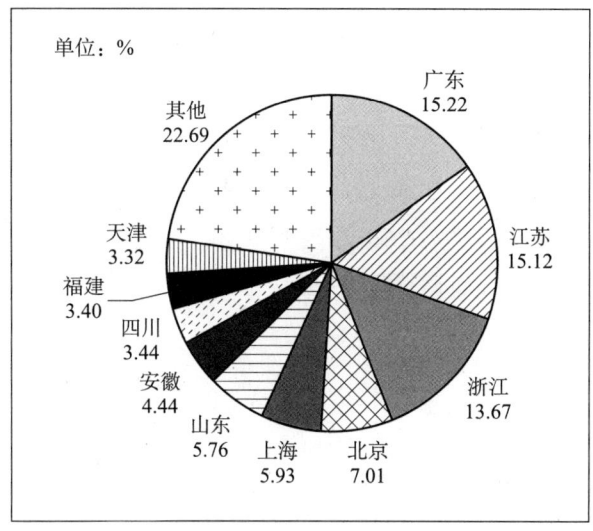

图 3-47　企业职务实用新型专利有效量占全国比重图

数据来源：国家知识产权局.2016 专利统计年报.

图 3-48 表示，西藏—新疆是企业职务外观设计专利有效量最少的 10 个省份，虽然比 2015 年有较大幅度增长，但仍然显著落后；广东—安徽是企业职务外观设计专利有效量最多的 10 个省市，其中广东超越浙江和江苏居首，为 150093 项。

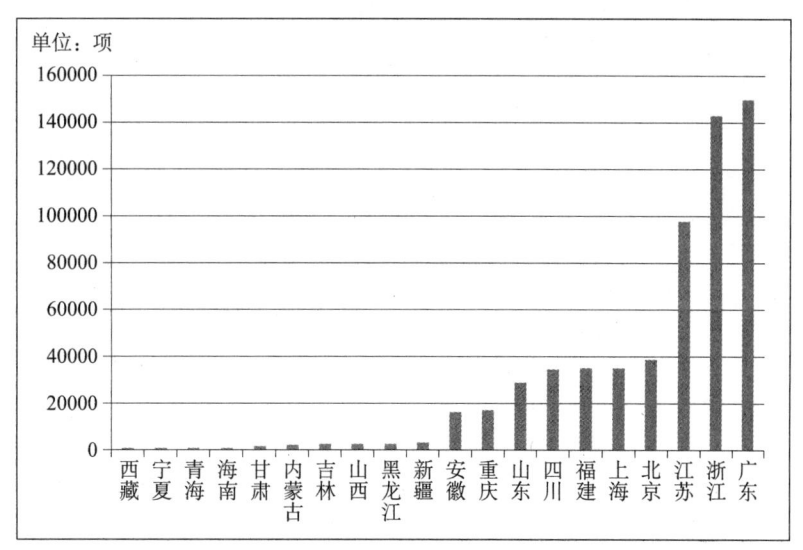

图 3-48　企业职务外观设计专利有效量排名图

数据来源：国家知识产权局.2016 专利统计年报.

图 3-49 表示，广东一省的企业职务外观设计专利有效量约占全国总数量的五分之一，比 2015 年有略微增加。广东、浙江、江苏三省之和超过全国总数量的 55%。这种现象反映了东部沿海地区的企业相对较为密集，企业创新活动较为活跃。

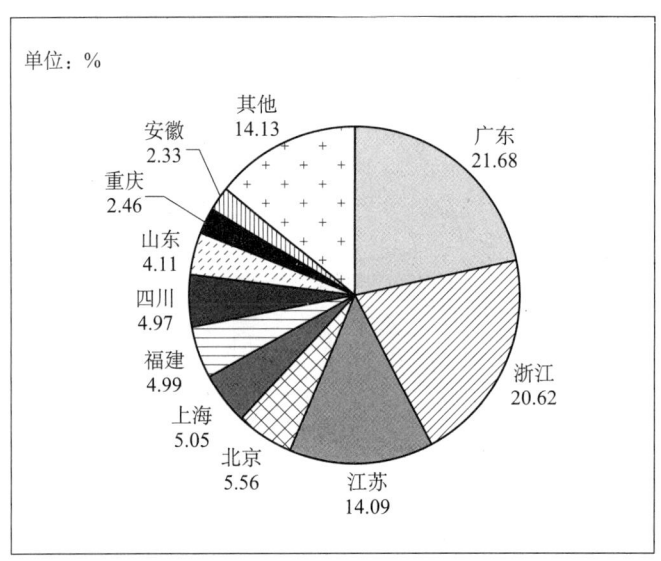

图 3-49 企业职务外观设计专利有效量占全国比重图

数据来源：国家知识产权局. 2016 专利统计年报.

4. 企业产出效率指数四级指标框架及排名与分析

（1）指标框架

企业产出效率指数的衡量选取了规模以上工业企业万名 R&D 人员年度发明专利申请量、规模以上工业企业亿元 R&D 经费内部支出年度发明专利申请量两个指标进行测度（见图 3-50）。

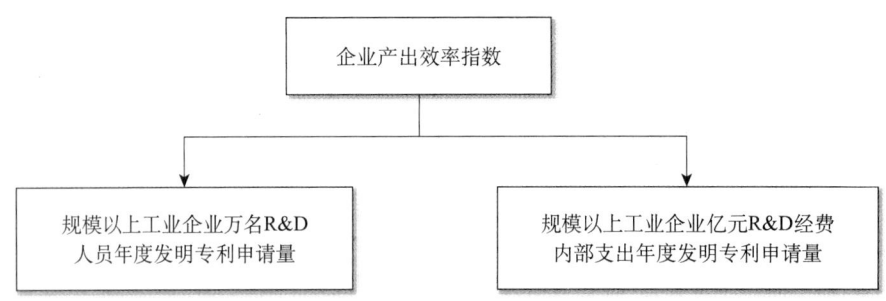

图 3-50 企业产出效率指数指标框架图

（2）企业产出效率指数具体指标分析

图 3-51 表明，山西—陕西是规模以上工业企业万名 R&D 人员年度发明专利申请量最少的 10 个省份，数量相差不大，较为均衡，基本处于 300—500 项/万人之间；安徽—四川是规模以上工业企业万名 R&D 人员年度发明专利申请量最多的 10 个省份，其

中，安徽以 1506 项/万人领先全国。

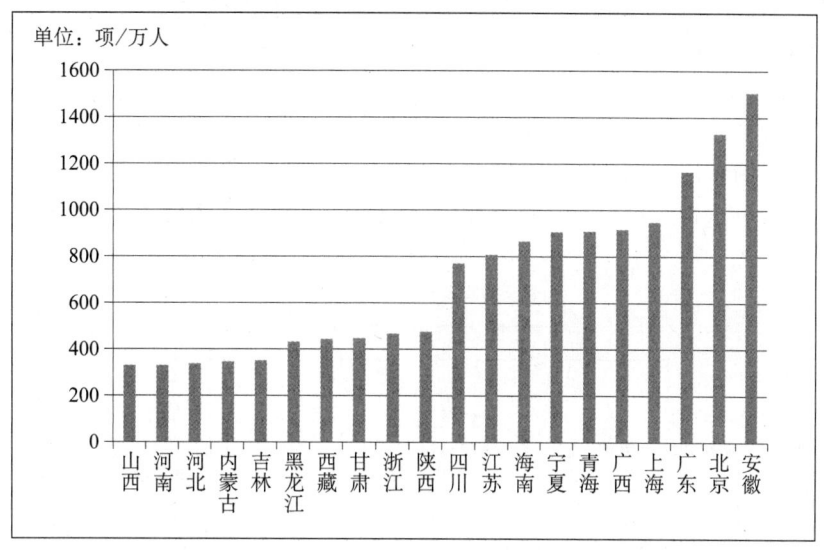

图 3-51　规模以上工业企业万名 R&D 人员年度发明专利申请量排名图

数据来源：国家统计局，科学技术部. 2017 中国科技统计年鉴 [M]. 北京：中国统计出版社，2017.

图 3-52 表明，内蒙古—江西是规模以上工业企业亿元 R&D 经费内部支出年度发明专利申请量最少的 10 个省份，相互之间差距不大；安徽—广西是规模以上工业企业亿元 R&D 经费内部支出年度发明专利申请量最多的 10 个省份，呈阶梯状递增，安徽以 63 项/亿元雄居第 1 位。

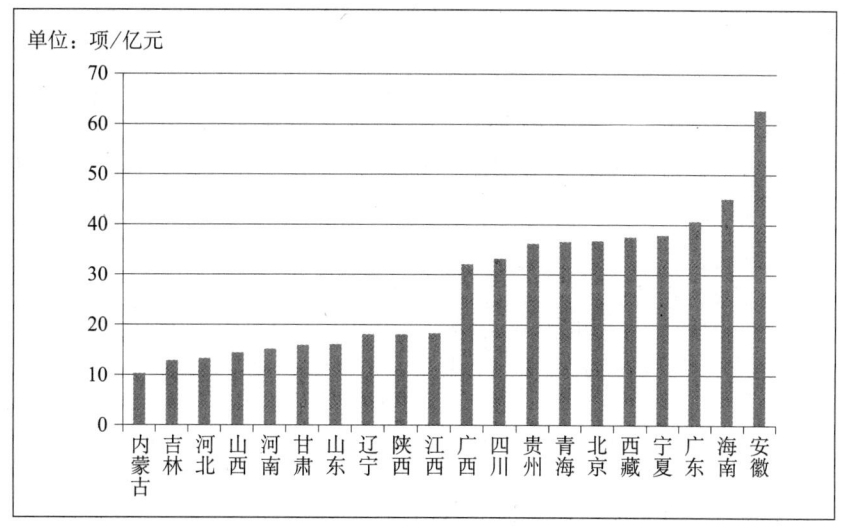

图 3-52　规模以上工业企业亿元 R&D 经费内部支出年度发明专利申请量排名图

数据来源：国家统计局，科学技术部. 2017 中国科技统计年鉴 [M]. 北京：中国统计出版社，2017.

六、高校和研发机构产出指数三级指标框架及排名与分析

1. 高校和研发机构产出指数三级指标框架及指数排名

（1）指标框架

高校和研发机构产出指数是指数报告 2018 的新增部分，将其纳入到指标体系中，可以更为全面地反映地区知识产权实力及表现。该部分下设三个指标：高校和研发机构产出规模、高校和研发机构产出质量、高校和研发机构产出效率（见图 3-53、表 3-6）。

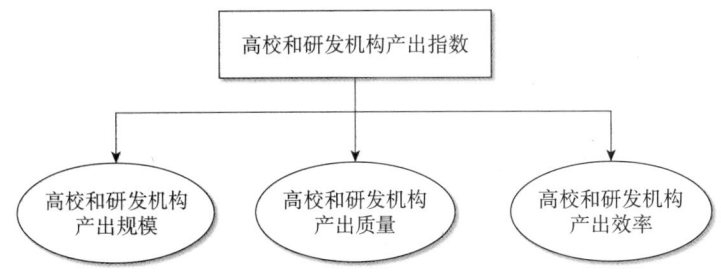

图 3-53 高校和研发机构产出指数指标框架图

（2）指数及排名

表 3-6　　　　　　　　高校和研发机构产出指数及排名表

省　份	高校和研发机构产出		高校和研发机构产出规模		高校和研发机构产出质量		高校和研发机构产出效率	
	指数	排名	指数	排名	指数	排名	指数	排名
江　苏	0.890	1	1.000	1	0.805	2	0.866	2
北　京	0.615	2	0.421	4	1.000	1	0.426	13
浙　江	0.607	3	0.508	2	0.540	3	0.772	3
陕　西	0.574	4	0.389	6	0.375	5	0.958	1
湖　北	0.429	5	0.401	5	0.277	7	0.610	4
上　海	0.423	6	0.305	8	0.520	4	0.443	11
山　东	0.398	7	0.349	7	0.273	9	0.573	6
广　东	0.352	8	0.441	3	0.291	6	0.325	22
黑龙江	0.338	9	0.215	14	0.274	8	0.525	9
湖　南	0.321	10	0.265	11	0.180	12	0.517	10
安　徽	0.318	11	0.296	9	0.122	17	0.535	7
河　南	0.315	12	0.222	13	0.140	15	0.584	5
四　川	0.309	13	0.282	10	0.237	11	0.409	15
辽　宁	0.290	14	0.224	12	0.240	10	0.406	16
江　西	0.243	15	0.139	19	0.057	23	0.533	8

续表 3-6

省　份	高校和研发机构产出		高校和研发机构产出规模		高校和研发机构产出质量		高校和研发机构产出效率	
	指数	排名	指数	排名	指数	排名	指数	排名
重　庆	0.229	16	0.143	18	0.135	16	0.411	14
福　建	0.228	17	0.158	17	0.144	14	0.382	18
广　西	0.222	18	0.160	16	0.079	20	0.427	12
天　津	0.221	19	0.169	15	0.179	13	0.315	23
河　北	0.196	20	0.135	20	0.089	18	0.363	20
云　南	0.172	21	0.084	22	0.066	21	0.365	19
吉　林	0.168	22	0.117	21	0.082	19	0.305	24
山　西	0.168	23	0.051	23	0.065	22	0.387	17
甘　肃	0.143	24	0.047	25	0.038	24	0.345	21
贵　州	0.092	25	0.048	24	0.021	25	0.207	26
内蒙古	0.085	26	0.019	27	0.015	26	0.222	25
新　疆	0.076	27	0.032	26	0.014	27	0.182	28
海　南	0.072	28	0.013	28	0.005	28	0.200	27
西　藏	0.020	29	0.000	31	0.000	31	0.059	29
宁　夏	0.012	30	0.003	29	0.002	29	0.029	30
青　海	0.007	31	0.001	30	0.001	30	0.019	31

分析表3-6可以看出，高校和研发机构产出指数排在前10位的依次是江苏、北京、浙江、陕西、湖北、上海、山东、广东、黑龙江和湖南，排在后10位的是吉林、山西、甘肃、贵州、内蒙古、新疆、海南、西藏、宁夏和青海。

从中不难发现，排名靠前的省份当地都有较为著名的高校，充分反映了著名高校在研发方面的重要作用和巨大优势。企业和高校之间的互动，有利于技术外溢，促进当地相关产业的发展。

另外一个值得注意的现象是，高校和研发机构产出效率指数无论是与之前的几个效率指数相比，还是与本指标往年数据相比，其与产出规模和质量的一致性较高，表明近年研发实力强的高校和机构在原有规模的基础上愈加重视投入产出效率，转变发展方式，值得企业学习借鉴。

2. 高校和研发机构产出规模指数四级指标框架及排名与分析

（1）指标框架

高校和研发机构产出规模指数用各地区高校和研发机构专利年度申请量指标进行度量（见图3-54）。

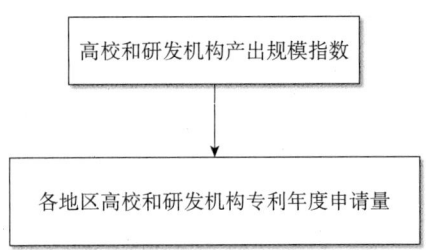

图 3-54 高校和研发机构产出规模指数指标框架图

（2）高校和研发机构产出规模指数具体指标分析

图 3-55 表明，西藏—云南是各地区高校和研发机构专利年度申请量最少的 10 个省份，其中，西藏、青海、宁夏均不足 160 项；江苏—四川是申请量最多的 10 个省份，其中，江苏为 35507 项，领先全国，再续江苏省连续多年该指标排名第 1 位的局面。

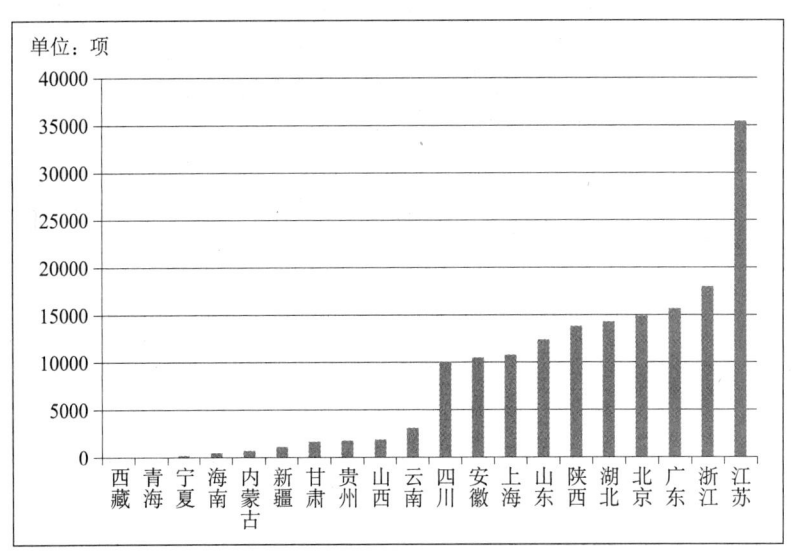

图 3-55 各地区高校和研发机构专利年度申请量排名图

数据来源：国家统计局，科学技术部. 2017 中国科技统计年鉴 [M]. 北京：中国统计出版社，2017.

3. 高校和研发机构产出质量指数四级指标框架及排名与分析

（1）指标框架

高校和研发机构产出质量指数用各地区高校和研发机构有效发明专利量指标进行度量（见图 3-56）。

第三章　知识产权产出水平各项指标排名与分析

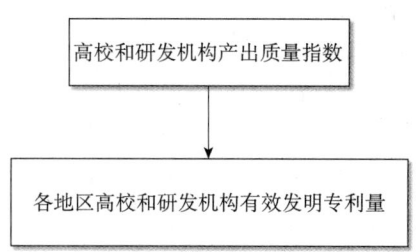

图 3-56　高校和研发机构产出质量指数指标框架图

（2）高校和研发机构产出质量指数具体指标分析

图 3-57 表明，与专利年度申请量对应，西藏—山西是各地区高校和研发机构有效发明专利量最少的 10 个省份，其中，西藏、青海、海南和宁夏均不足 250 项；北京—辽宁是有效发明专利量最多的 10 个省份，其中，北京（39047 项）和江苏（31437 项）属于第一集团，超过 25000 项，相对于其他省份的优势明显。

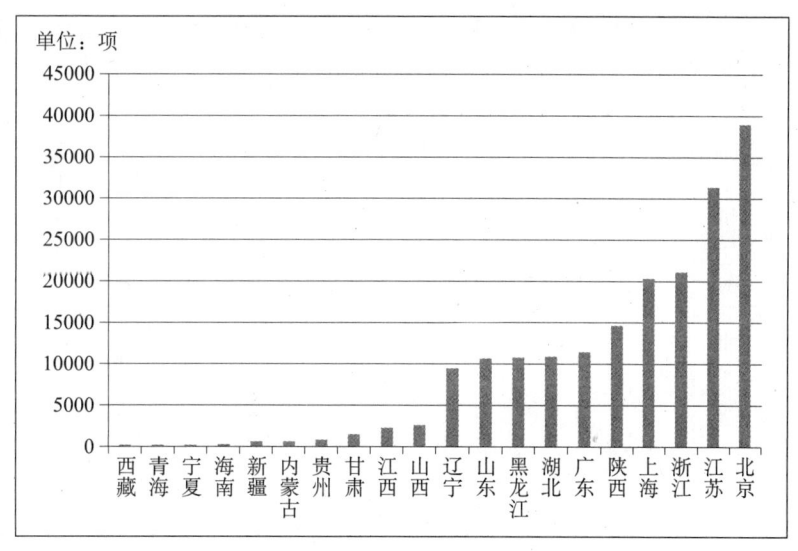

图 3-57　各地区高校和研发机构有效发明专利量排名图

数据来源：国家统计局，科学技术部.2017 中国科技统计年鉴 [M]. 北京：中国统计出版社，2017.

4. 高校和研发机构产出效率指数四级指标框架及排名与分析

（1）指标框架

高校和研发机构产出效率指数用高校和研发机构万名 R&D 人员专利年度申请量、高校和研发机构亿元 R&D 经费内部支出专利年度申请量进行度量（见图 3-58）。

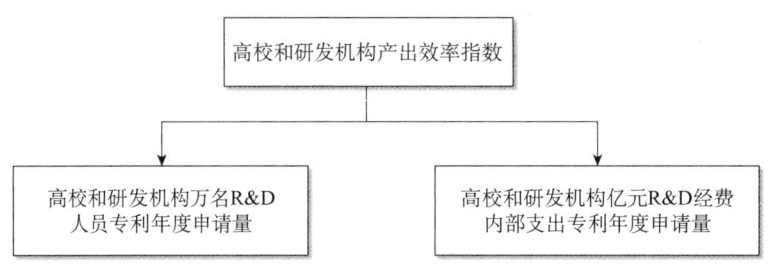

图3-58 高校和研发机构产出效率指数指标框架图

(2) 高校和研发机构产出效率指数具体指标分析

图3-59表明,西藏—河北是各地区高校和研发机构万名R&D人员专利年度申请量最少的10个省份,除河北(1588/万人)外,均低于1500项/万人;江苏—广东是各地区高校和研发机构万名R&D人员专利年度申请量最多的10个省份,其中,江苏领先于其他省份,为5614项/万人,较2016年(4948项/万人)有所提高。

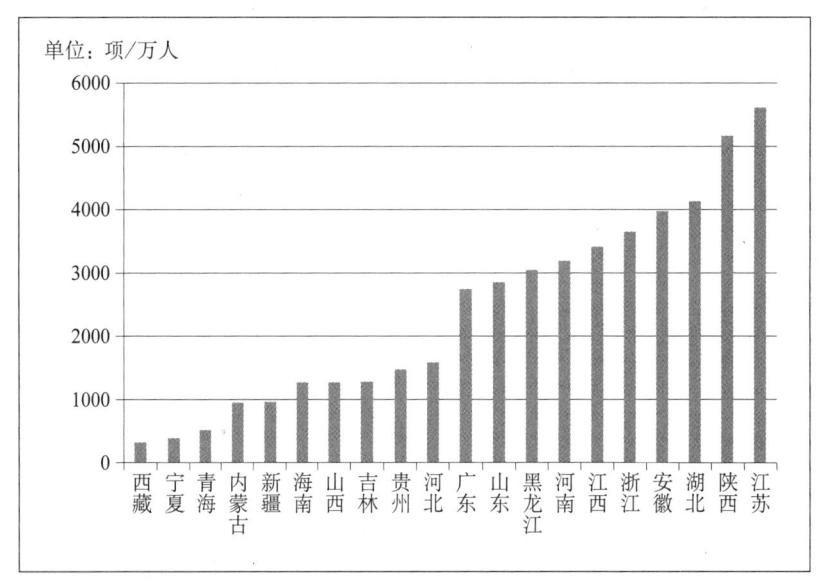

图3-59 各地区高校和研发机构万名R&D人员专利年度申请量排名图

数据来源:国家统计局,科学技术部.2017中国科技统计年鉴[M].北京:中国统计出版社,2017.

图3-60表明,青海—安徽是各地区高校和研发机构亿元R&D经费内部支出专利年度申请量最少的10个省份,均不足180项/亿元;陕西—广西是有年度申请量最多的10个省份,陕西列第1位,为419项/亿元。

第三章　知识产权产出水平各项指标排名与分析

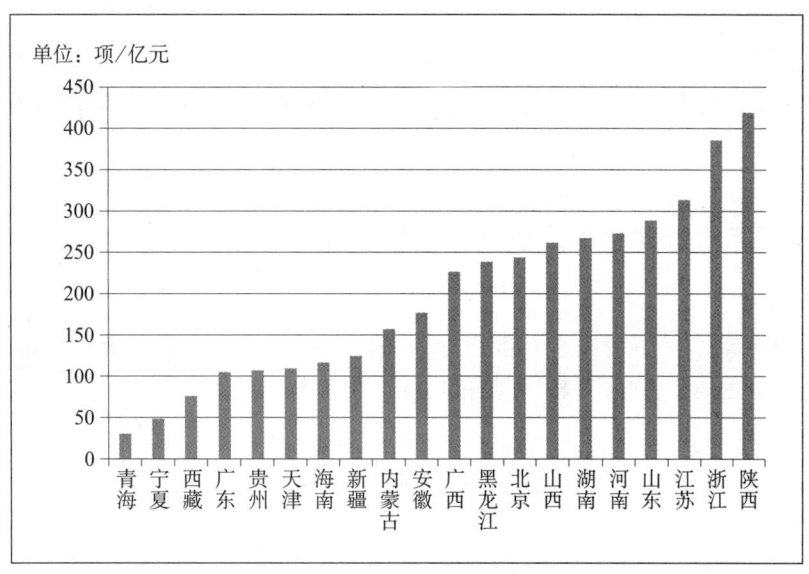

图3-60　各地区高校和研发机构亿元R&D经费内部支出专利年度申请量排名图

数据来源：国家统计局，科学技术部.2017中国科技统计年鉴[M].北京：中国统计出版社，2017.

第四章 知识产权流动水平各项指标排名与分析

一、知识产权流动水平二级指标框架及排名与分析

1. 指标框架

知识产权流动水平下设三个二级指标:知识产权技术市场交易指数、知识产权服务机构指数、企业技改、引进指数(见图4-1、表4-1)。

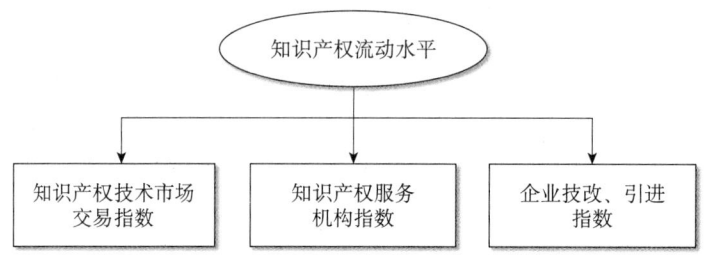

图 4-1 知识产权流动水平指标框架图

2. 指数及排名

表 4-1 知识产权流动水平指数及排名表

省份	知识产权流动水平		知识产权技术市场交易		知识产权服务机构		企业技改、引进	
	指数	排名	指数	排名	指数	排名	指数	排名
广东	0.661	1	0.441	3	0.813	2	0.729	1
北京	0.594	2	0.736	1	0.902	1	0.143	9
上海	0.485	3	0.548	2	0.345	4	0.563	2
江苏	0.415	4	0.363	6	0.374	3	0.509	3
山东	0.297	5	0.263	9	0.331	5	0.296	4
浙江	0.264	6	0.245	12	0.324	6	0.224	5
湖北	0.204	7	0.398	5	0.130	16	0.083	14
辽宁	0.193	8	0.313	8	0.162	10	0.106	11
福建	0.173	9	0.147	17	0.154	12	0.219	6
陕西	0.172	10	0.402	4	0.045	27	0.069	17
重庆	0.170	11	0.169	16	0.199	8	0.144	8
安徽	0.170	12	0.247	11	0.140	13	0.121	10
湖南	0.166	13	0.190	14	0.137	14	0.171	7

续表 4-1

省份	知识产权流动水平		知识产权技术市场交易		知识产权服务机构		企业技改、引进	
	指数	排名	指数	排名	指数	排名	指数	排名
四川	0.163	14	0.236	13	0.170	9	0.084	13
天津	0.161	15	0.342	7	0.107	17	0.034	25
吉林	0.136	16	0.262	10	0.082	22	0.065	18
河南	0.135	17	0.120	20	0.201	7	0.084	12
河北	0.112	18	0.097	23	0.158	11	0.083	15
甘肃	0.106	19	0.187	15	0.098	19	0.033	26
黑龙江	0.092	20	0.119	21	0.137	15	0.020	27
江西	0.091	21	0.121	19	0.079	23	0.073	16
广西	0.082	22	0.100	22	0.089	21	0.056	20
云南	0.079	23	0.096	24	0.093	20	0.048	21
山西	0.067	24	0.046	27	0.106	18	0.047	22
青海	0.059	25	0.125	18	0.048	26	0.004	29
贵州	0.045	26	0.055	26	0.016	29	0.064	19
内蒙古	0.044	27	0.033	30	0.058	25	0.040	23
宁夏	0.041	28	0.071	25	0.014	31	0.038	24
新疆	0.040	29	0.035	28	0.068	24	0.017	28
海南	0.017	30	0.034	29	0.014	30	0.003	30
西藏	0.014	31	0.000	31	0.041	28	0.000	31

分析表 4-1 可以发现，知识产权流动水平指数排名前 10 位的省份是广东、北京、上海、江苏、山东、浙江、湖北、辽宁、福建和陕西。与指数报告 2017 相比，排名靠前的 6 个省份只在某些位次上发生改变。

知识产权流动水平指数排名后 10 位的是广西、云南、山西、广西、青海、贵州、内蒙古、宁夏、新疆、海南和西藏。与指数报告 2017 相比，变化不大，除某些位次调整外，山西跌入了后 10 位。

知识产权技术市场交易指数、知识产权服务机构指数、企业技改、引进指数三个二级指标的排名存在一定程度的背离，譬如，北京的技术市场交易指数排名第 1 位，知识产权服务机构指数排名第 1 位，但是企业技改、引进指数依旧较低，仅位列第 9 位；湖北的技术市场交易指数排名第 5 位，但是知识产权服务机构指数排名第 16 位，企业技改、引进指数排名第 14 位。

二、知识产权技术市场交易指数三级指标框架及排名与分析

1. 知识产权技术市场交易指数三级指标框架及指数排名

（1）指标框架

知识产权技术市场交易指数下设三个三级指标：技术市场规模指数、技术市场开放度指数、技术外溢度指数（见图4-2、表4-2）。

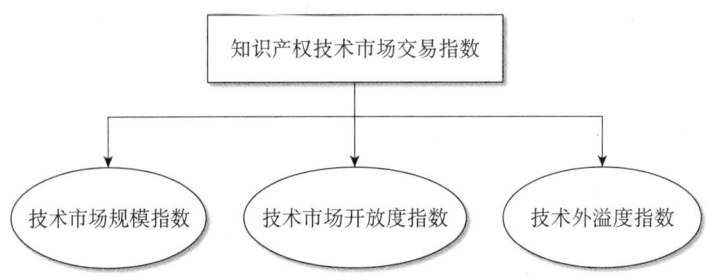

图4-2 知识产权技术市场交易指数指标框架图

（2）指数及排名

表4-2　　　　　　　知识产权技术市场交易指数及排名表

省份	技术市场交易		技术市场规模		技术市场开放度		技术外溢度	
	指数	排名	指数	排名	指数	排名	指数	排名
北京	0.736	1	1.000	1	0.283	4	0.924	2
上海	0.548	2	0.219	4	0.733	1	0.692	6
广东	0.441	3	0.161	7	0.731	2	0.432	14
陕西	0.402	4	0.251	2	0.006	25	0.949	1
湖北	0.398	5	0.243	3	0.137	8	0.813	3
江苏	0.363	6	0.202	5	0.394	3	0.494	11
天津	0.342	7	0.171	6	0.117	10	0.738	4
辽宁	0.313	8	0.117	9	0.087	14	0.734	5
山东	0.263	9	0.144	8	0.171	7	0.474	13
吉林	0.262	10	0.052	15	0.095	13	0.640	7
安徽	0.247	11	0.095	11	0.095	12	0.552	8
浙江	0.245	12	0.092	12	0.232	5	0.409	15
四川	0.236	13	0.096	10	0.098	11	0.514	9
湖南	0.190	14	0.034	18	0.034	16	0.502	10
甘肃	0.187	15	0.082	13	0.000	30	0.480	12
重庆	0.169	16	0.040	16	0.221	6	0.245	23

续表 4-2

省 份	技术市场交易		技术市场规模		技术市场开放度		技术外溢度	
	指数	排名	指数	排名	指数	排名	指数	排名
福 建	0.147	17	0.030	19	0.122	9	0.288	20
青 海	0.125	18	0.057	14	0.001	29	0.318	16
江 西	0.121	19	0.025	23	0.046	15	0.294	19
河 南	0.120	20	0.027	20	0.015	20	0.317	17
黑龙江	0.119	21	0.036	17	0.017	19	0.306	18
广 西	0.100	22	0.015	24	0.010	21	0.276	21
河 北	0.097	23	0.026	21	0.019	17	0.245	24
云 南	0.096	24	0.025	22	0.008	23	0.255	22
宁 夏	0.071	25	0.008	27	0.005	26	0.202	25
贵 州	0.055	26	0.010	26	0.017	18	0.137	26
山 西	0.046	27	0.014	25	0.003	28	0.122	27
新 疆	0.035	28	0.004	29	0.009	22	0.092	29
海 南	0.034	29	0.004	30	0.006	24	0.093	28
内蒙古	0.033	30	0.005	28	0.003	27	0.090	30
西 藏	0.000	31	0.000	31	0.000	31	0.000	31

从表 4-2 可以看出，知识产权技术市场交易指数排名前 10 的省份是北京、上海、广东、陕西、湖北、江苏、天津、辽宁、山东和吉林。其中，陕西和吉林进入前 10 名，分别排在第 4 位和第 10 位。排名后 10 位的省份是广西、河北、云南、宁夏、贵州、山西、新疆、海南、内蒙古和西藏。山西跌入后 10 名，其余省份与指数报告 2017 相同，近五年来一直保持稳定，只是相互排名稍微发生了变化。

其中，三个分项指标上面具体排名如下：

在技术市场规模指数方面排名前 10 位的省份是北京、陕西、湖北、上海、江苏、天津、广东、山东、辽宁和四川。

在技术市场开放度指数方面排名前 10 位的省份是上海、广东、江苏、北京、浙江、重庆、山东、湖北、福建和天津。

在技术外溢度指数方面排名前 10 位的省份是陕西、北京、湖北、天津、辽宁、上海、吉林、安徽、四川和湖南。

这三个分项指标：技术市场规模指数、技术市场开放度指数、技术外溢度指数代表了技术市场的不同方向，考察区域技术市场交易活跃性的不同层面，除少数排名靠前的几个省份外，大部分省份在各个指标上面表现参差不齐。详见本章后续内容。

2. 技术市场规模指数四级指标框架及排名与分析

（1）指标框架

技术市场规模指数用三个四级指标进行评价：技术市场成交合同数、技术市场成交合同金额、技术市场成交合同金额与 GDP 比例（见图 4-3）。

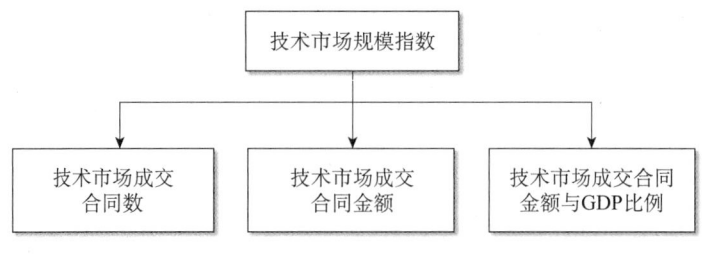

图 4-3 技术市场规模指数指标框架图

（2）技术市场规模具体指标分析

图 4-4 显示，西藏—广西是技术市场成交合同数最少的 10 个省份，西藏最低，为 0，排名靠后的 10 个省份除广西和黑龙江外，均不足 1000 项；北京—安徽是技术市场成交合同数最多的 10 个省市，其中北京 74983 项，以较大幅度的优势领先于第 2 位的江苏（29430 项）和第 3 位的湖北（23964 项）。

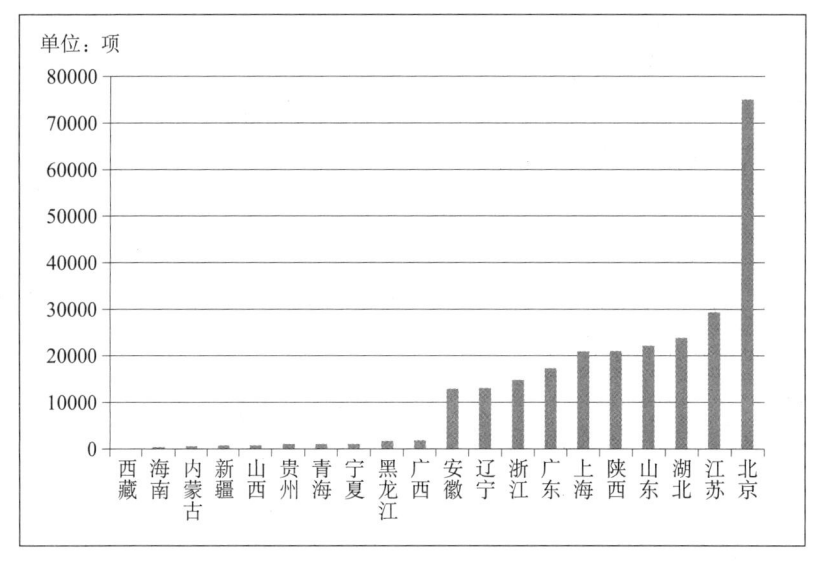

图 4-4 技术市场成交合同数排名图

数据来源：国家统计局，科学技术部. 2017 中国科技统计年鉴 [M]. 北京：中国统计出版社，2017.

图 4-5 显示，除了北京、江苏之外，全国其他省份的技术市场成交合同数较为均衡，虽然有差距，但是并不太大。排名第 1 位的是北京（23.53%），其一个市的技术市场成交合同数超过全国总量的五分之一；全国技术市场成交合同数最多的 10 个省市，其技术市场成交合同数总量占全国比重约为 80%，超过四分之三。

技术市场成交合同金额是考察区域知识产权市场化程度的重要指标。图 4-6 显示，西藏—青海是技术市场成交合同金额最少的 10 个省份，均不足 50 亿元；北京—四川是技术市场成交合同金额最多的 10 个省市，其中北京排名第 1 位，技术市场成交合同金

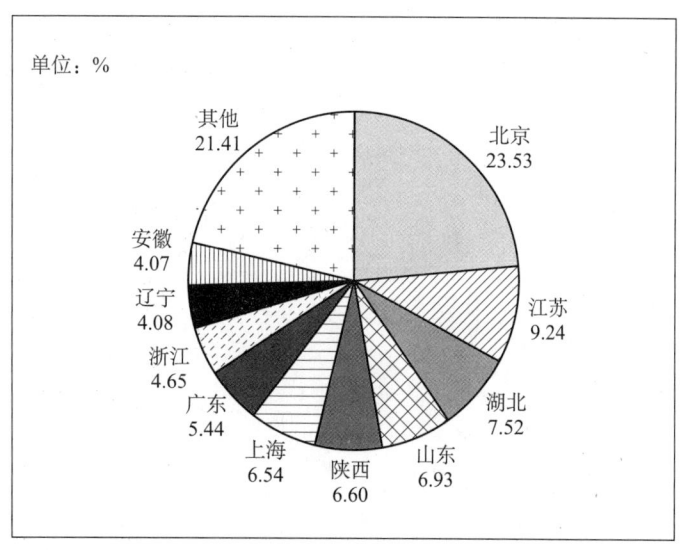

图 4-5 技术市场成交合同数占全国比重图

数据来源：国家统计局，科学技术部.2017 中国科技统计年鉴[M].北京：中国统计出版社，2017.

额为 3941 亿元，远远高于其他省份，是排名第 2 位的湖北（904 亿元）和排名第 3 位的陕西（803 亿元）的近 4—5 倍。

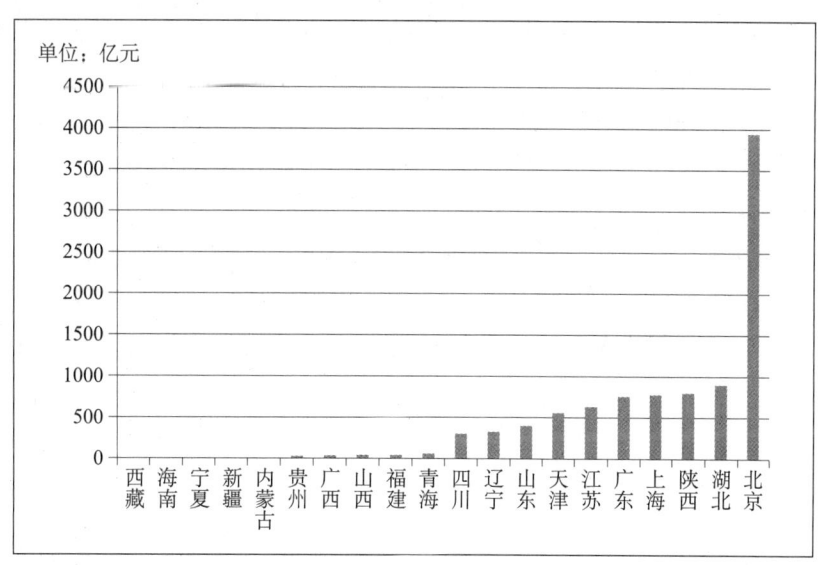

图 4-6 技术市场成交合同金额排名图

数据来源：国家统计局，科学技术部.2017 中国科技统计年鉴[M].北京：中国统计出版社，2017.

图 4-7 显示，北京一市的技术市场成交合同金额占全国总量的比重为 36.05%，较 2016 年有所回落；北京、湖北和陕西三个省份的技术市场成交合同金额超过全国的

一半;技术市场成交合同金额最多的10个省市占全国比重超过85%。

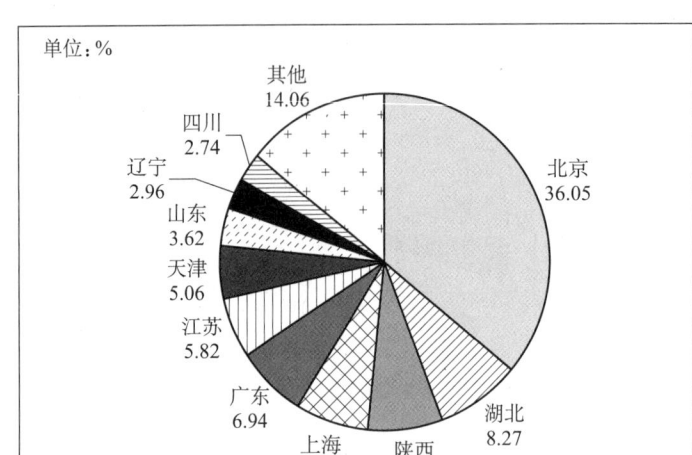

图4-7 技术市场成交合同金额占全国比重图

数据来源:国家统计局,科学技术部.2017中国科技统计年鉴[M].北京:中国统计出版社,2017.

图4-8显示,西藏—广西是技术市场成交合同金额与GDP比例最低的10个省份,均不足0.20%;北京—四川是技术市场成交合同金额与GDP比例最高的10个省份,其中北京的技术市场成交合同金额与GDP比例超过15%(15.35%),陕西排名第2位(4.14%),天津排名第3位(3.09%),排名前3位的省份该指标逐年上升的趋势明显。

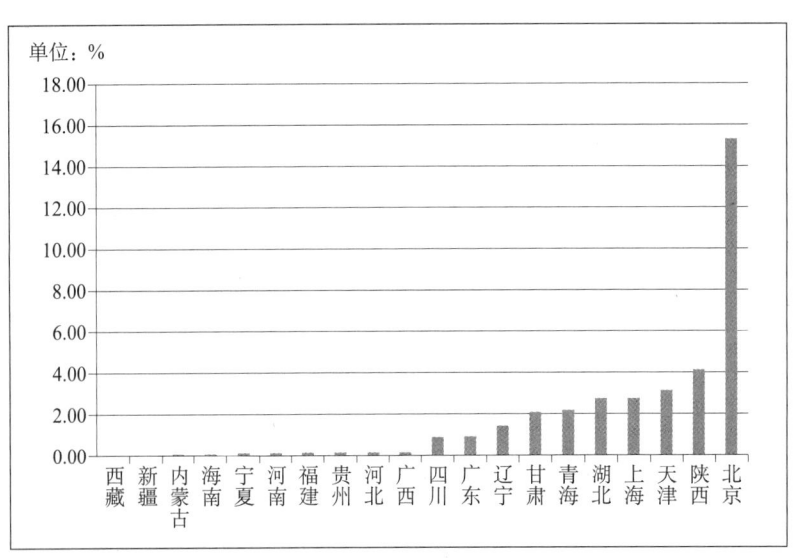

图4-8 技术市场成交合同金额与GDP比例排名图

数据来源:国家统计局,科学技术部.2017中国科技统计年鉴[M].北京:中国统计出版社,2017;国家统计局.2017中国统计年鉴[M].北京:中国统计出版社,2017.

3. 技术市场开放度指数四级指标框架及排名与分析

（1）指标框架

技术市场开放度指数用国外引进合同数、国外引进合同金额进行衡量（见图4-9）。

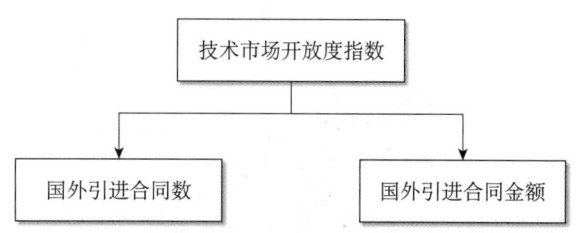

图4-9　技术市场开放度指数指标框架图

（2）技术市场开放度指数具体指标分析

图4-10显示，国外引进合同数是考察区域技术市场开放程度的重要参数。西藏—陕西是国外引进合同数最少的10个省份，均不足20项（含）；上海—四川是全国国外引进合同数最多的10个省份，其中排名第1位的上海国外引进合同数1668项，是排名第2位的广东（769项）的2倍多，占有明显的优势。

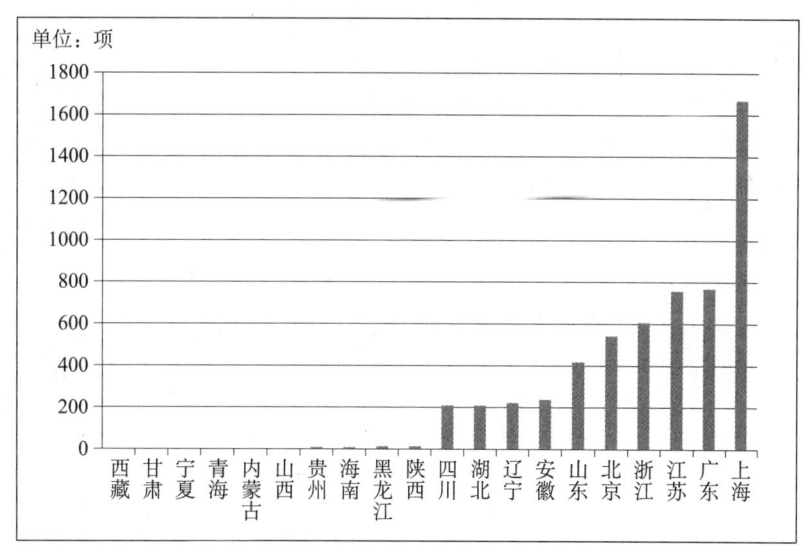

图4-10　国外引进合同数排名图

数据来源：国家统计局，科学技术部.2017中国科技统计年鉴［M］.北京：中国统计出版社，2017.

图4-11显示，全国国外引进合同数的分布集中度仍较高。其中，国外引进合同数最多的省份是上海，其国外引进合同数占全国总量的比重为24.51%，接近四分之一；国外引进合同数最多的10个省市占全国总量的比重仍在85%左右，排名前3位的上海、广东和江苏3个省市的国外引进合同数占全国总量的比重约为47%，相对于2016年的45%占比在增加，可以看出，排名前10位的省份在该指标上比重有所增大。

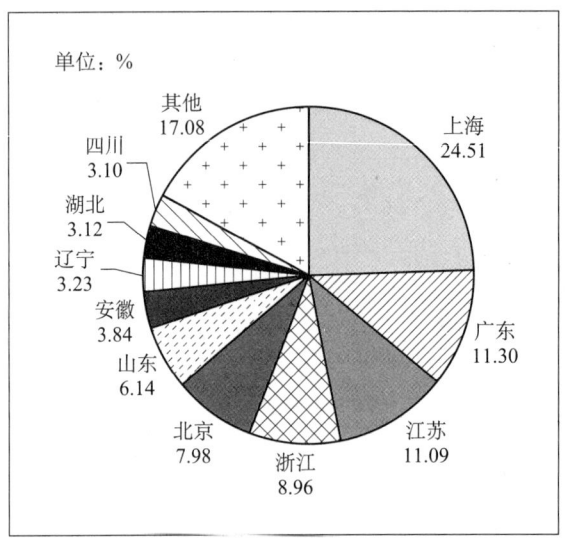

图 4-11 国外引进合同数占全国比重图

数据来源：国家统计局，科学技术部. 2017 中国科技统计年鉴 [M]. 北京：中国统计出版社, 2017.

图 4-12 显示，国外引进合同金额是考察区域技术市场开放程度的重要参数。西藏—河南是国外引进合同金额最少的 10 个省份，全部不足 1 亿美元；广东—山东是国外引进合同金额最多的 10 个省市，广东以 91.69 亿美元排名第 1 位，较 2016 年 79.02 亿美元，连续两年有较大幅度增加。

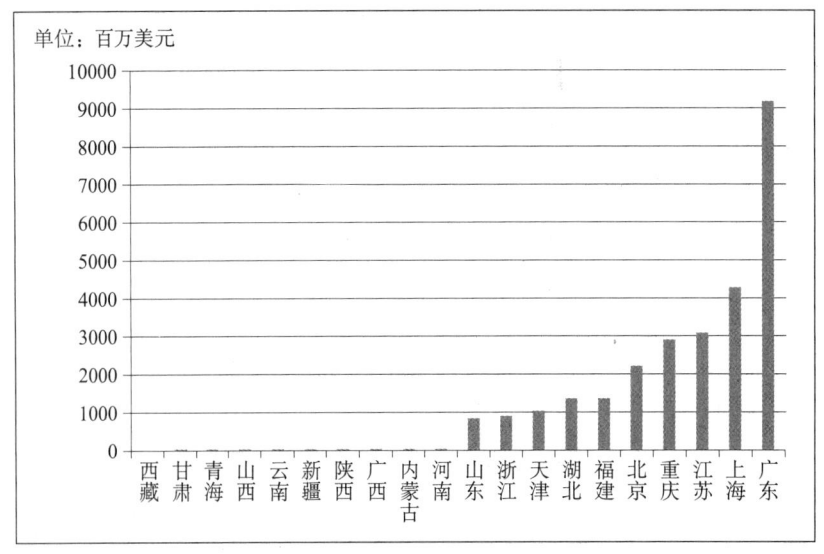

图 4-12 国外引进合同金额排名图

数据来源：国家统计局，科学技术部. 2017 中国科技统计年鉴 [M]. 北京：中国统计出版社, 2017.

图 4-13 显示,国外引进合同金额排名靠前的省份份额差距不大。其中,前 3 位的广东、上海、江苏其份额均超过 10%;国外引进合同金额最多的 10 个省市占全国总量的比重接近 90%。

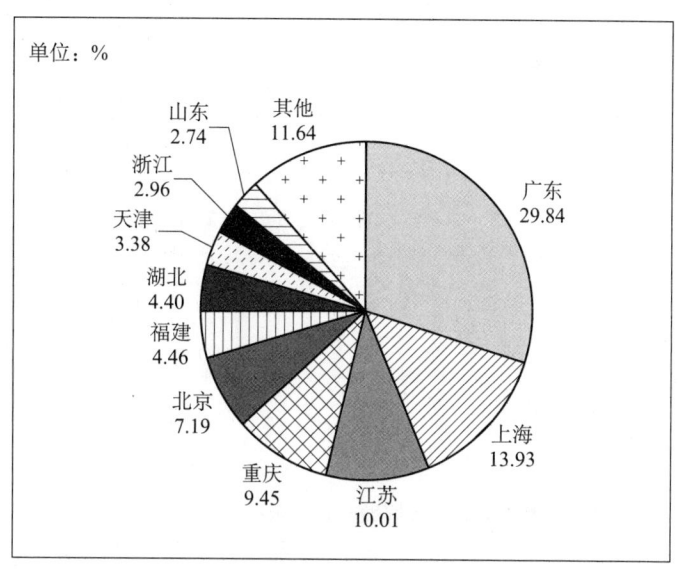

图 4-13 国外引进合同金额占全国比重图

数据来源:国家统计局,科学技术部.2017 中国科技统计年鉴 [M].北京:中国统计出版社,2017.

4. 技术外溢度指数四级指标框架及排名与分析

(1) 指标框架

技术外溢度指数用两个指标进行评价:技术市场成交合同数与技术流向地域合同数比值、技术市场成交合同金额与技术流向地域合同金额比值(见图 4-14)。

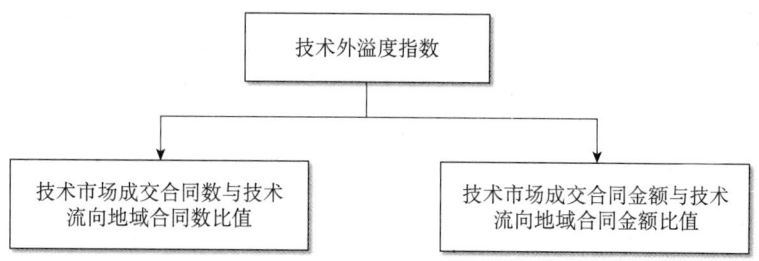

图 4-14 技术外溢度指数指标框架图

(2) 技术外溢度指数具体指标分析

图 4-15 显示,技术市场成交合同数与技术流向地域合同数比值反映的是一个地区技术的外溢性,即若比值大于 1,表明该地区是技术净流出区,且比值越大,技术外溢性越强;若比值小于 1,表明该地区是技术净流入区。西藏—河北是技术市场成交合同数与技术流向地域合同数比值最低的 10 个省份,全部小于 1;湖北—山东是技术市场成交合同

数与技术流向地域合同数比值最高的10个省市,除山东(0.95)外,全部超过1,全国技术净流出的省份有7个,比2016年增加1个,其中湖北的比值为1.59,居第1位。

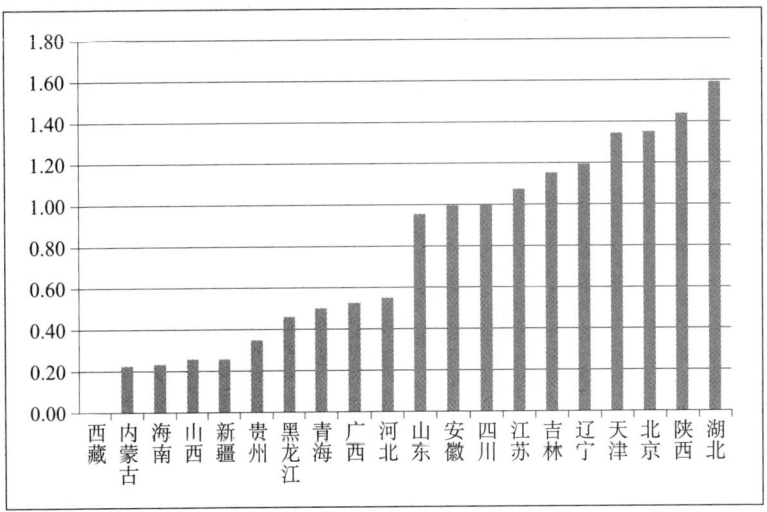

图4-15 技术市场成交合同数与技术流向地域合同数比值排名图
数据来源:国家统计局,科学技术部.2017中国科技统计年鉴[M].
北京:中国统计出版社,2017.

图4-16显示,技术市场成交合同金额与技术流向地域合同金额比值反映的是一个地区技术的外溢性,即若比值大于1,表明该地区是技术净流出区,且比值越大,技术外溢性越强;若比值小于1,表明该地区是技术净流入区。西藏—河北是技术市场成交合同金额与技术流向地域合同金额比值最低的10个省份,全部不足0.5;北京—广东是技术市场成交合同金额与技术流向地域合同金额比值最高的10个省市,其中北京的技术市场成交合同金额与技术流向地域合同金额比值为2.25,领先于其他省份。

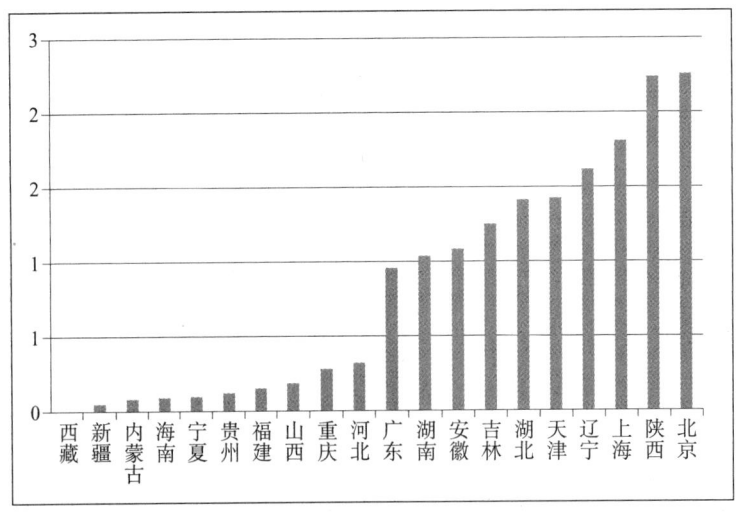

图4-16 技术市场成交合同金额与技术流向地域合同金额比值排名图
数据来源:国家统计局,科学技术部.2017中国科技统计年鉴[M].
北京:中国统计出版社,2017.

三、知识产权服务机构指数三级指标框架及排名与分析

1. 知识产权服务机构指数三级指标框架及指数排名

（1）指标框架

知识产权服务机构指数用商标代理机构指数、专利代理指数、律师事务所指数进行测度（见图4-17、表4-3）。

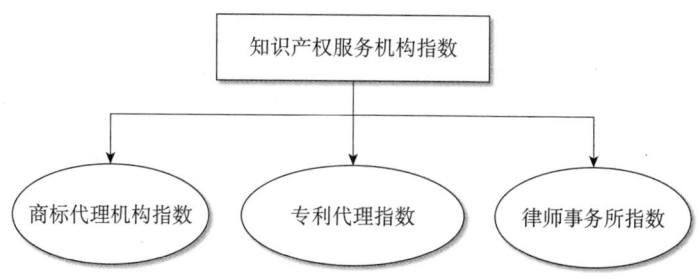

图4-17 知识产权服务机构指数指标框架图

（2）指数及排名

表4-3　　　　　　　　　知识产权服务机构指数及排名表

省份	知识产权服务机构		商标代理机构		专利代理		律师事务所	
	指数	排名	指数	排名	指数	排名	指数	排名
北京	0.902	1	0.775	2	1.000	1	0.931	2
广东	0.813	2	1.000	1	0.440	2	1.000	1
江苏	0.374	3	0.275	4	0.227	3	0.619	4
上海	0.345	4	0.243	5	0.206	4	0.587	5
山东	0.331	5	0.222	6	0.110	7	0.660	3
浙江	0.324	6	0.311	3	0.148	5	0.513	6
河南	0.201	7	0.112	9	0.075	8	0.417	8
重庆	0.199	8	0.090	11	0.051	15	0.454	7
四川	0.170	9	0.114	8	0.111	6	0.284	12
辽宁	0.162	10	0.070	15	0.066	9	0.350	10
河北	0.158	11	0.093	10	0.032	17	0.350	11
福建	0.154	12	0.142	7	0.056	14	0.263	17
安徽	0.140	13	0.088	12	0.064	10	0.268	15
湖南	0.137	14	0.082	13	0.058	13	0.271	14
黑龙江	0.137	15	0.033	22	0.024	22	0.354	9
湖北	0.130	16	0.071	14	0.063	11	0.256	18

续表 4-3

省份	知识产权服务机构		商标代理机构		专利代理		律师事务所	
	指数	排名	指数	排名	指数	排名	指数	排名
天津	0.107	17	0.055	16	0.048	16	0.217	19
山西	0.106	18	0.034	21	0.017	24	0.268	16
甘肃	0.098	19	0.012	27	0.008	26	0.272	13
云南	0.093	20	0.052	18	0.024	20	0.202	21
广西	0.089	21	0.026	25	0.028	19	0.214	20
吉林	0.082	22	0.035	20	0.024	21	0.187	22
江西	0.079	23	0.046	19	0.029	18	0.162	24
新疆	0.068	24	0.028	23	0.008	25	0.168	23
内蒙古	0.058	25	0.020	26	0.004	28	0.149	25
青海	0.048	26	0.001	30	0.003	29	0.138	26
陕西	0.045	27	0.053	17	0.058	12	0.023	30
西藏	0.041	28	0.000	31	0.000	31	0.124	27
贵州	0.016	29	0.028	23	0.019	23	0.000	31
海南	0.014	30	0.008	28	0.003	30	0.031	28
宁夏	0.014	31	0.008	29	0.004	27	0.029	29

观察表 4-3 可以发现，知识产权服务机构指数排名前 10 位的是北京、广东、江苏、上海、山东、浙江、河南、重庆、四川和辽宁。排名后 10 位的是吉林、江西、新疆、内蒙古、青海、陕西、西藏、贵州、海南和宁夏。

从三个分项指标：商标代理机构指数、专利代理指数、律师事务所指数的排名来看，整体一致性尚可，这是因为这些代理机构往往都是同时开展多种业务，存在内在联系。

2. 商标代理机构指数四级指标框架及排名与分析

（1）指标框架

商标代理机构指数用商标代理机构数量衡量（见图 4-18）。

（2）商标代理机构指数具体指标分析

图 4-19 显示，商标代理机构数量在一定程度上是衡量区域商标代理情况的重要指标。西藏—黑龙江是商标代理机构数量最少的 10 个省份，均小于 150 个，与 2015 年差异不大；广东—河北是商标代理机构数量最多的 10 个省市，其中排名第 1 位的广东（3781 个），排名第 2 位的北京（2933 个）领跑全国，远多于其他省份。

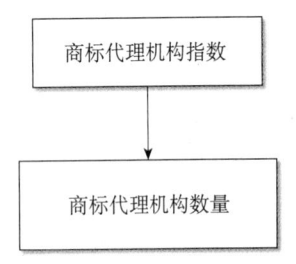

图 4-18 商标代理机构指数指标框架图

第四章　知识产权流动水平各项指标排名与分析

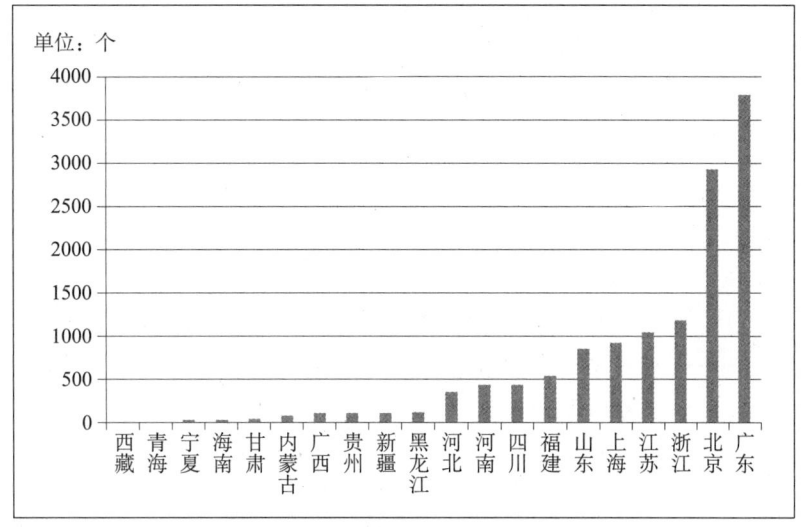

图 4-19　商标代理机构数量排名图

数据来源：中国商标网．http：//www.ctmo.gov.cn/sbsq/dljg.asp，2016 年 4 月 1 日从网站查询所得数据，其中关键词以商标代理机构所在地按各省（直辖市、自治区）名称精确查询。

图 4-20 显示，全国的商标代理机构集中趋势非常显著，主要集中在广东（23.83%）、北京（18.48%）两省市，占据了全国近一半的比重（约 45%）。排名前 10 位的省市内设立的商标代理机构数量占全国总数量的近 80%。

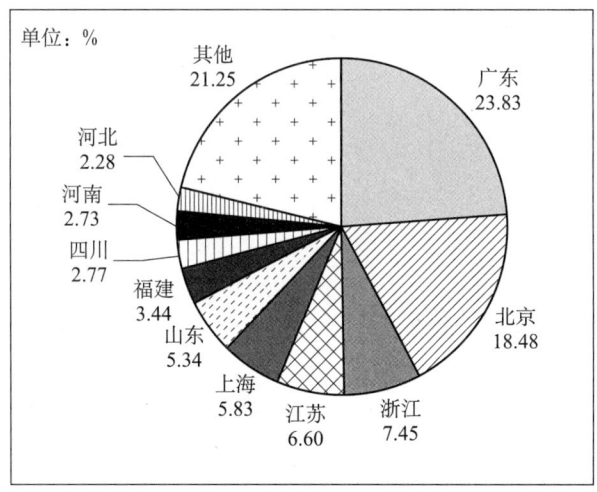

图 4-20　商标代理机构数量占全国比重图

数据来源：中国商标网．http：//www.ctmo.gov.cn/sbsq/dljg.asp．

3. 专利代理指数四级指标框架及排名与分析

（1）指标框架

专利代理指数用两个指标来衡量：专利代理机构数量和专利代理人员数量（见图4-21）。

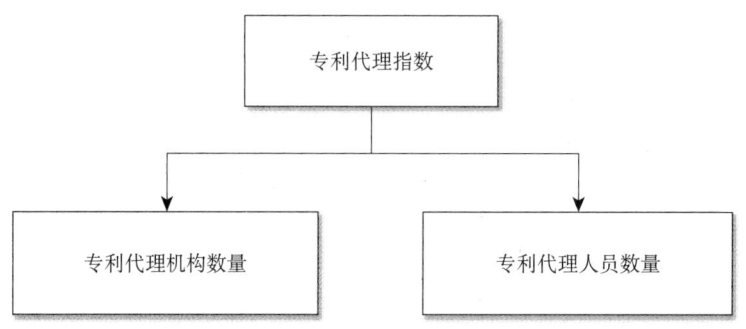

图4-21 专利代理指数指标框架图

（2）专利代理指数具体指标分析

图4-22显示，专利代理机构数量是衡量区域专利代理情况的重要指标。西藏—吉林是专利代理机构数量最少的10个省份，除吉林（18个）、山西（13个）外，均不足10个；北京—辽宁是专利代理机构数量最多的10个省市，其中排名第1位的北京更是多达540个，优势更为明显，凸显了政治和文化中心的地位。

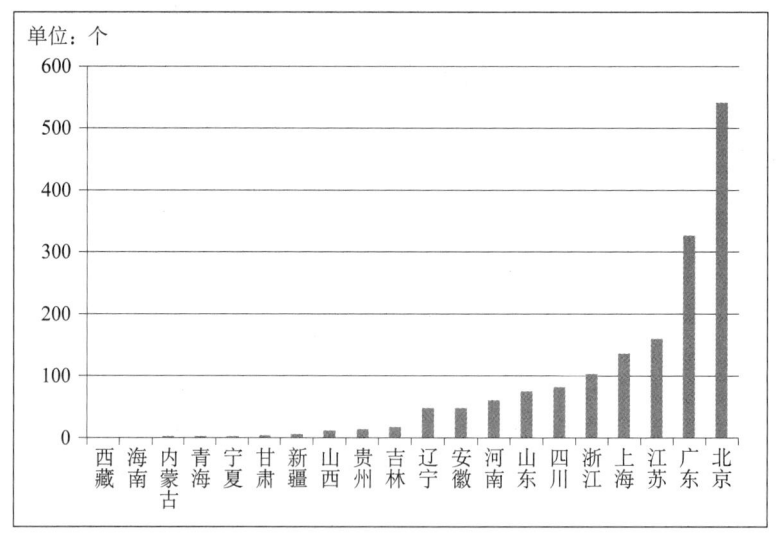

图4-22 专利代理机构数量排名图

数据来源：国家知识产权局网站。

图4-23显示，全国的专利代理机构数量主要集中在北京（26.76%）、广东（16.20%）、上海（7.93%）和江苏（6.74%）四个省市，四者之和占全国总量的

57.63%，超过一半；排名前 10 位的省份占全国总量的比重近 80%。

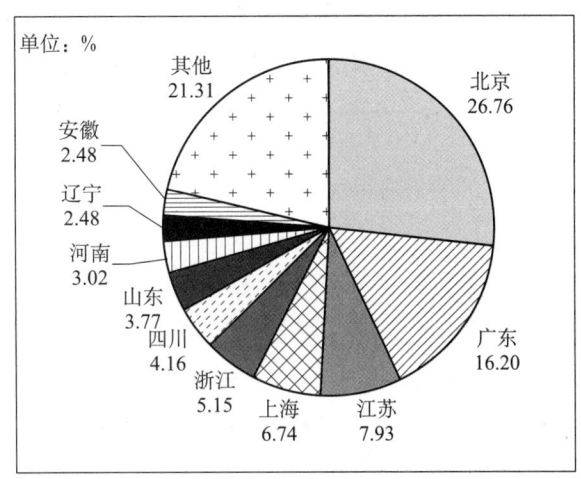

图 4 - 23　各省份专利代理机构数量占全国比重图

数据来源：国家知识产权局网站.

图 4 - 24 显示，与专利代理机构数量一致，专利代理人员数量也是衡量区域专利代理情况的重要指标。西藏—江西是专利代理人员数量最少的 10 个省份，均不足 100 人；北京—河南是年度专利代理人员数量最多的 10 个省市，其中，北京仍然傲视群雄，共有 7855 人，是第 2 名广东（2154）的近 4 倍。

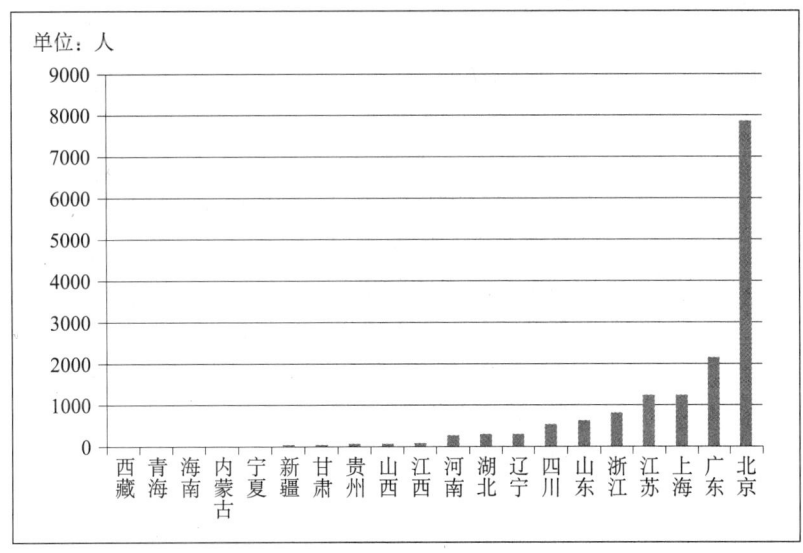

图 4 - 24　专利代理人员数量排名图

数据来源：国家知识产权局网站.

4. 律师事务所指数四级指标框架及排名与分析

（1）指标框架

律师事务所指数用律师事务所数量衡量（见图4-25）。

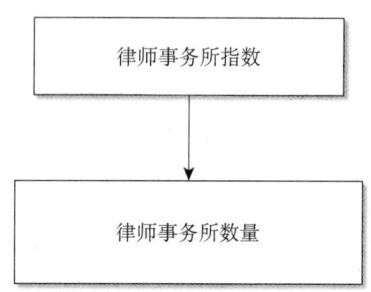

图4-25 律师事务所指数指标框架图

（2）律师事务所指数具体指标分析

图4-26显示律师事务所数量是衡量区域知识产权服务水平的重要指标。贵州—吉林是年度律师事务所最少的10个省份，除吉林（409家）外，均不足400家；广东—辽宁是律师事务所最多的10个省份，其中广东排名第1位，为2065家。

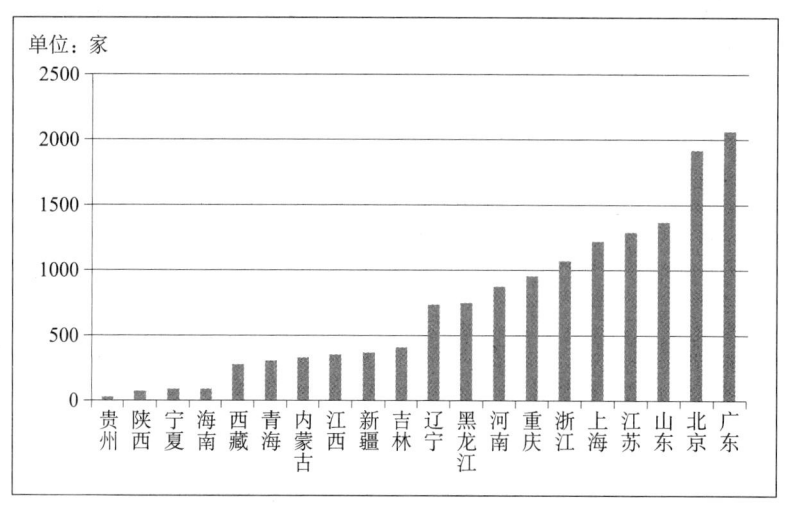

图4-26 律师事务所数量排名图

数据来源：律师统计年鉴2015，人民法院出版社，2016．

图4-27显示，全国的律师事务所分布较为分散，主要集中在广东（9.95%）、北京（9.27%）、山东（6.61%）、江苏（6.21%）、上海（5.89%）五省市，五者之和约占全国总量的37.93%；排名靠前的10个省份占全国总量的比重约为59%。

第四章 知识产权流动水平各项指标排名与分析　75

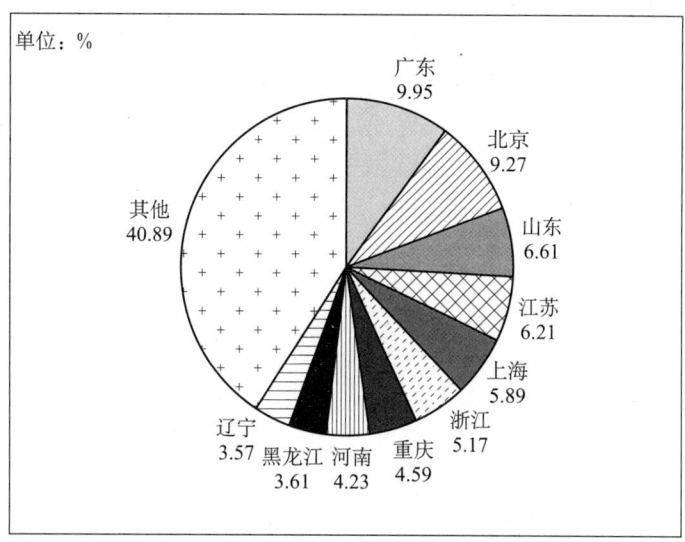

图 4-27　各地律师事务所数量占全国比重图

数据来源：律师统计年鉴 2015，人民法院出版社，2016.

四、企业技改、引进指数三级指标框架及排名与分析

1. 企业技改、引进指数三级指标框架及指数排名

（1）指标框架

企业技改、引进指数下设三个三级指标：技术改造指数、国内引进指数、国外引进指数（见图 4-28、表 4-4）。

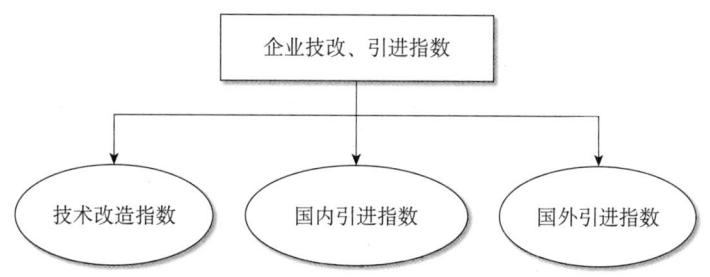

图 4-28　企业技改、引进指数指标框架图

（2）指数及排名

表 4-4　　　　　知识产权企业技改、引进指数及排名表

省份	企业技改、引进		技术改造		国内引进		国外引进	
	指数	排名	指数	排名	指数	排名	指数	排名
广东	0.729	1	0.393	4	1.000	1	0.793	2

续表 4-4

省份	企业技改、引进		技术改造		国内引进		国外引进	
	指数	排名	指数	排名	指数	排名	指数	排名
上 海	0.563	2	0.271	8	0.417	2	1.000	1
江 苏	0.509	3	1.000	1	0.278	3	0.249	3
山 东	0.296	4	0.461	2	0.271	4	0.157	6
浙 江	0.224	5	0.368	6	0.230	5	0.075	10
福 建	0.219	6	0.369	5	0.189	6	0.098	8
湖 南	0.171	7	0.439	3	0.041	18	0.032	14
重 庆	0.144	8	0.135	15	0.073	11	0.222	5
北 京	0.143	9	0.111	17	0.090	7	0.228	4
安 徽	0.121	10	0.274	7	0.058	15	0.032	15
辽 宁	0.106	11	0.216	9	0.068	13	0.033	13
河 南	0.084	12	0.210	10	0.032	19	0.010	22
四 川	0.084	13	0.156	12	0.065	14	0.030	18
湖 北	0.083	14	0.106	19	0.050	17	0.093	9
河 北	0.083	15	0.203	11	0.025	20	0.020	20
江 西	0.073	16	0.112	16	0.076	9	0.031	17
陕 西	0.069	17	0.110	18	0.075	10	0.022	19
吉 林	0.065	18	0.079	22	0.002	29	0.114	7
贵 州	0.064	19	0.137	14	0.054	16	0.001	27
广 西	0.056	20	0.152	13	0.011	23	0.004	26
云 南	0.048	21	0.055	23	0.078	8	0.010	21
山 西	0.047	22	0.087	21	0.024	21	0.031	16
内蒙古	0.040	23	0.044	27	0.020	22	0.055	11
宁 夏	0.038	24	0.044	26	0.069	12	0.001	29
天 津	0.034	25	0.053	24	0.008	24	0.042	12
甘 肃	0.033	26	0.091	20	0.004	27	0.004	25
黑龙江	0.020	27	0.045	25	0.007	25	0.009	23
新 疆	0.017	28	0.043	28	0.002	28	0.006	24
青 海	0.004	29	0.010	29	0.000	30	0.001	28
海 南	0.003	30	0.003	30	0.006	26	0.000	30
西 藏	0.000	31	0.000	31	0.000	31	0.000	30

企业技术改造指数、国内引进指数和国外引进指数三项指标考察的是大中型工业企

业技改、引进和消化技术成果的投入和能力。观察表4-4可以发现，企业技改、引进指数排名前10位的是广东、上海、江苏、山东、浙江、福建、湖南、重庆、北京和安徽。

排名后10位的是山西、内蒙古、宁夏、天津、甘肃、黑龙江、新疆、青海、海南和西藏。其中，3年前前10位中的内蒙古已经下滑至第23位，可能表明当地工业企业承压严重。

2. 技术改造指数四级指标框架及排名与分析

（1）指标框架

技术改造指数用规模以上工业企业技术改造经费支出来衡量（见图4-29）。

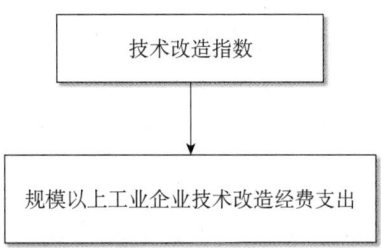

图4-29 技术改造指数指标框架图

（2）技术改造指数具体指标分析

图4-30显示，西藏—吉林是规模以上工业企业技术改造经费支出最少的10个省份，全部不足100亿元，其中西藏（0亿元）、海南（1亿元）的经费支出不足5亿元；江苏—河南是规模以上工业企业技术改造经费支出最多的10个省市，其中江苏列第1位，为522亿元，领先全国。其余排名前10位省份差距不大。

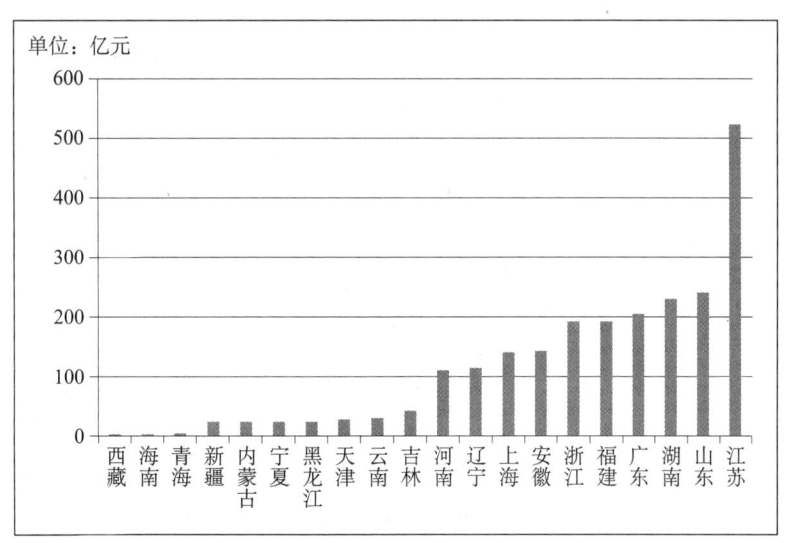

图4-30 规模以上工业企业技术改造经费支出排名图

数据来源：国家统计局，科学技术部.2017中国科技统计年鉴［M］.北京：中国统计出版社，2017.

图 4-31 显示，规模以上工业企业技术改造经费支出分布相对分散。排名前 10 位的省市在比重上只有江苏超过 15%，其余差距不大，表现较为均衡。而排名前 10 位的省市的规模以上工业企业技术改造经费支出总数占全国比重达到约 69%。

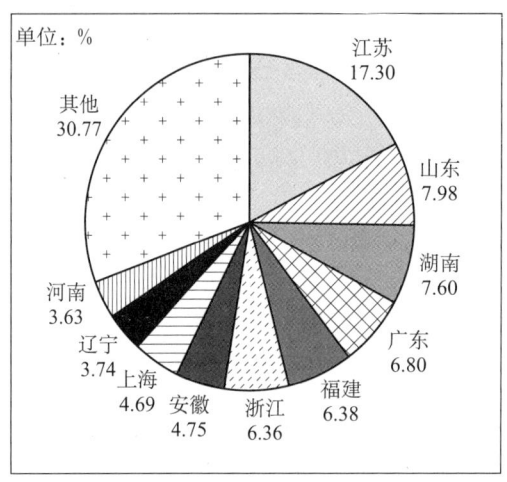

图 4-31 规模以上工业企业技术改造经费支出占全国比重图

数据来源：国家统计局，科学技术部. 2017 中国科技统计年鉴 [M]. 北京：中国统计出版社，2017.

3. 国内引进指数四级指标框架及排名与分析

（1）指标框架

国内引进指数用规模以上工业企业购买国内技术经费支出来衡量（见图 4-32）。

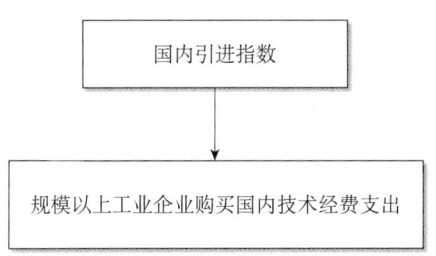

图 4-32 国内引进指数指标框架图

（2）国内引进指数具体指标分析

图 4-33 显示，西藏—内蒙古是规模以上工业企业购买国内技术经费支出最少的 10 个省份；广东—陕西是规模以上工业企业购买国内技术经费支出最多的 10 个省市，呈阶梯状递增。其中，江苏（62.56 亿元）领跑全国。

图 4-34 显示，广东（30.08%）所占比例超过 30%，较 2016 年大幅度提升，其他排名前 10 位的省市相差不大。排名前 10 位的省市比重总和占全国比重超过五分之四。

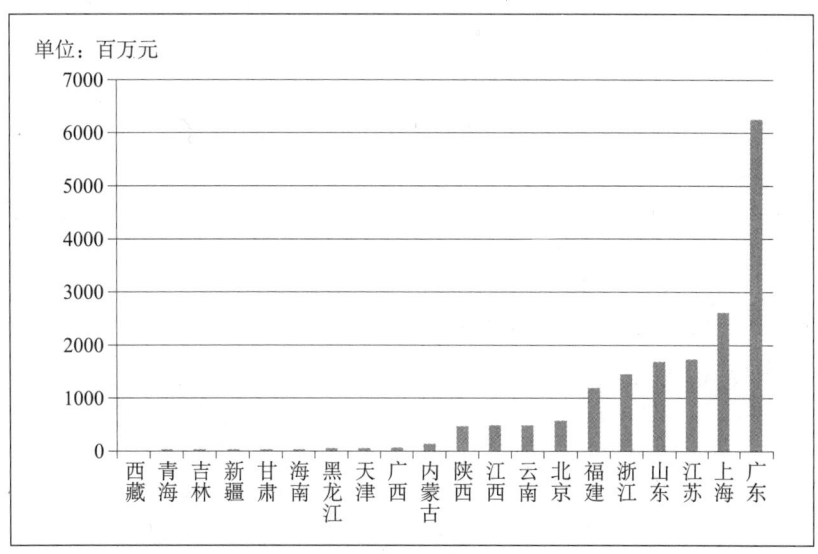

图 4-33 规模以上工业企业购买国内技术经费支出排名图

数据来源：国家统计局，科学技术部. 2017 中国科技统计年鉴 [M]. 北京：中国统计出版社，2017.

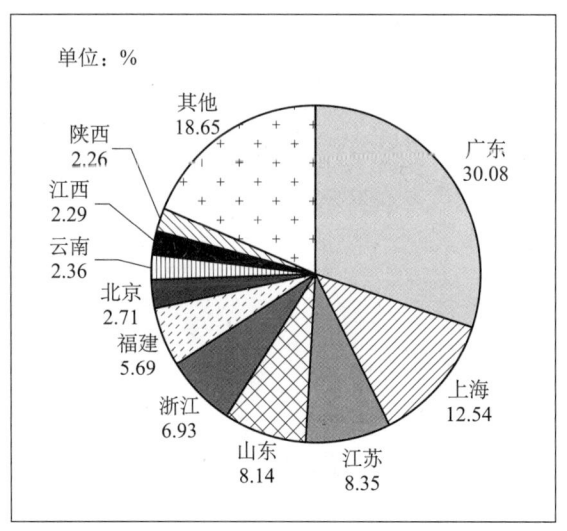

图 4-34 规模以上工业企业购买国内技术经费支出占全国比重图

数据来源：国家统计局，科学技术部. 2017 中国科技统计年鉴 [M]. 北京：中国统计出版社，2017.

4. 国外引进指数四级指标框架及排名与分析

（1）指标框架

国外引进指数用规模以上工业企业技术引进、消化吸收经费支出来测度（见图 4-35）。

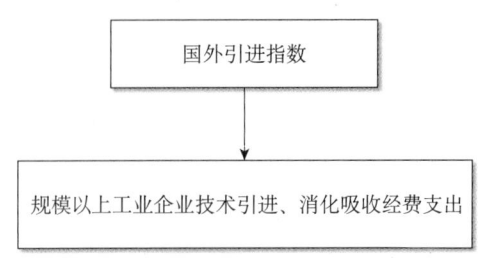

图 4-35　国外技术引进指数指标框架图

(2) 国外引进指数具体指标分析

图 4-36 显示，西藏—河南是规模以上工业企业技术引进、消化吸收经费支出最少的 10 个省份，全部不足 5 亿元，但相对 2016 年已经有大幅提高；上海—浙江是规模以上工业企业技术引进、消化吸收经费支出最多的 10 个省市，其中上海（171.84 亿元）、广东（136.35 亿元）居领先位置，领先于全国其他省份。上海相对 2016 年增长迅猛，广东略有提升。

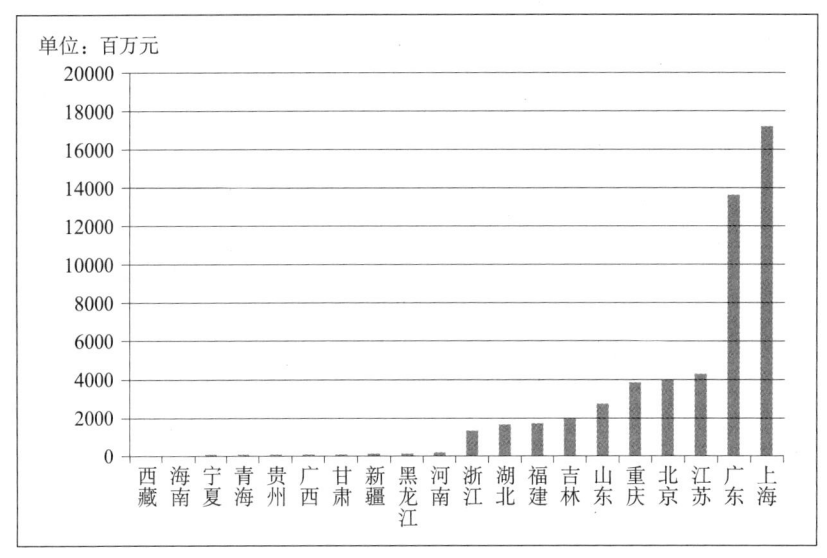

图 4-36　规模以上工业企业技术引进、消化吸收经费支出排名图

数据来源：国家统计局，科学技术部 . 2017 中国科技统计年鉴 [M]. 北京：中国统计出版社，2017.

图 4-37 显示，全国的规模以上工业企业技术引进、消化吸收经费支出区域分布相对集中。其中，上海（29.39%）、广东（23.32%）经费支出占比超过 10%，二者总计占全国总量的比重为 52.71%，超过一半；规模以上工业企业技术引进、消化吸收经费支出最多的 10 个省市占全国比重近 90%，超过五分之四。

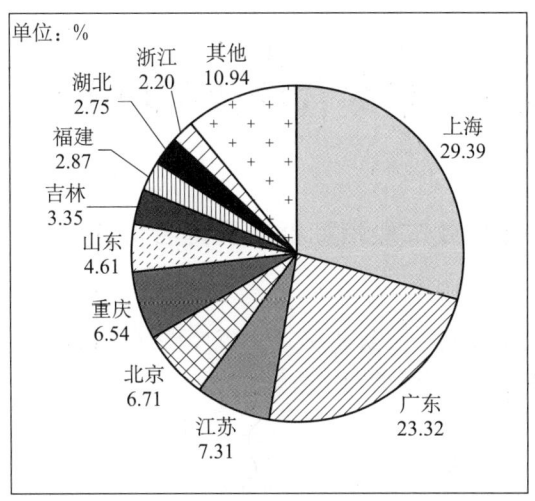

图 4-37 规模以上工业企业技术引进、消化吸收经费支出占全国比重图

数据来源：国家统计局，科学技术部. 2017 中国科技统计年鉴 [M]. 北京：中国统计出版社，2017.

第五章 知识产权综合绩效各项指标排名与分析

一、知识产权综合绩效二级指标框架及排名与分析

1. 指标框架

知识产权综合绩效下设三个二级指标：宏观经济绩效指数、社会进步绩效指数、企业发展绩效指数（见图5-1、表5-1）。

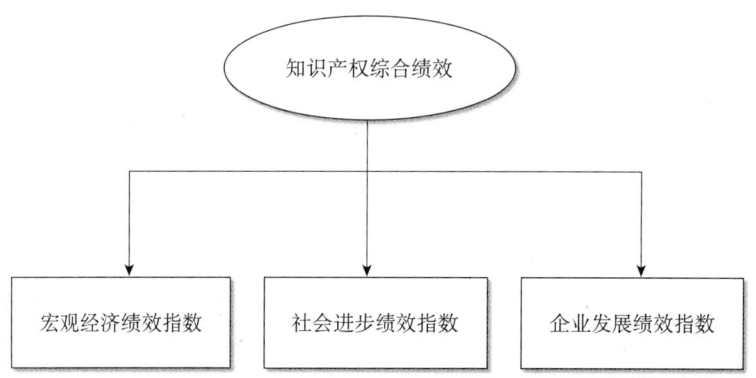

图 5-1 知识产权综合绩效指标框架图

2. 指数及排名

表 5-1　　　　　　　知识产权综合绩效指数及排名表

省　份	知识产权综合绩效		宏观经济绩效		社会进步绩效		企业发展绩效	
	指数	排名	指数	排名	指数	排名	指数	排名
北　京	0.649	1	0.820	1	0.807	1	0.321	8
上　海	0.620	2	0.729	2	0.730	2	0.399	3
浙　江	0.565	3	0.516	7	0.670	3	0.509	2
广　东	0.532	4	0.621	4	0.629	4	0.345	6
天　津	0.494	5	0.607	5	0.508	15	0.366	5
江　苏	0.491	6	0.628	3	0.573	7	0.271	10
重　庆	0.467	7	0.518	6	0.515	14	0.368	4
湖　南	0.412	8	0.351	17	0.564	8	0.322	7
湖　北	0.391	9	0.414	9	0.489	16	0.270	11
福　建	0.390	10	0.406	11	0.590	6	0.173	15

续表 5-1

省 份	知识产权综合绩效		宏观经济绩效		社会进步绩效		企业发展绩效	
	指数	排名	指数	排名	指数	排名	指数	排名
陕 西	0.372	11	0.511	8	0.516	13	0.089	26
辽 宁	0.370	12	0.298	20	0.591	5	0.221	12
山 东	0.368	13	0.377	14	0.534	11	0.195	13
安 徽	0.364	14	0.369	16	0.449	21	0.273	9
吉 林	0.351	15	0.346	18	0.532	12	0.176	14
山 西	0.330	16	0.338	19	0.541	10	0.112	21
河 南	0.329	17	0.408	10	0.431	24	0.147	17
内蒙古	0.325	18	0.377	13	0.488	17	0.111	22
江 西	0.316	19	0.373	15	0.420	25	0.155	16
四 川	0.307	20	0.397	12	0.414	27	0.111	23
海 南	0.307	21	0.254	23	0.542	9	0.125	20
广 西	0.297	22	0.273	21	0.478	19	0.141	19
西 藏	0.290	23	0.160	31	0.163	31	0.547	1
河 北	0.280	24	0.220	26	0.475	20	0.144	18
贵 州	0.262	25	0.264	22	0.434	23	0.088	27
宁 夏	0.260	26	0.239	24	0.441	22	0.100	25
黑龙江	0.245	27	0.183	29	0.484	18	0.068	29
云 南	0.230	28	0.227	25	0.356	30	0.108	24
甘 肃	0.227	29	0.196	28	0.418	26	0.066	30
新 疆	0.210	30	0.161	30	0.387	28	0.082	28
青 海	0.208	31	0.215	27	0.384	29	0.025	31

知识产权综合绩效考察的是知识产权给当地经济和社会发展带来的影响。观察表 5-1 可以发现，知识产权综合绩效指数排名前 10 位的省份是北京、上海、浙江、广东、天津、江苏、重庆、湖南、湖北和福建，与指数报告 2017 相同。排名后 10 位的省份是广西、西藏、河北、贵州、宁夏、黑龙江、云南、甘肃、新疆和青海。与指数报告 2017 相比，原排名第 12 位的西藏有明显下降，指数报告 2018 排名第 23 位。河北排名下滑落入后 10 位。

从三个三级指标：宏观经济绩效、社会进步绩效和企业发展绩效来看，排在前 5 位的省份表现比较均衡，例如，上海在三个指标方面分别排名第 2 位、第 2 位和第 3 位。北京在三个指标方面分别排名第 1 位、第 1 位和第 8 位。广东分别排在第 4 位、第 4 位和第 6 位。但是后面的省份出现了较大的波动，重庆分别排在第 6 位、第 14 位和第 4 位，差异很大。

二、宏观经济绩效指数三级指标框架及排名与分析

1. 宏观经济绩效指数三级指标框架及指数排名

（1）指标框架

宏观经济绩效指数下设三个三级指标：经济发展水平、经济增长方式转变、经济结构优化（见图 5–2、表 5–2）。

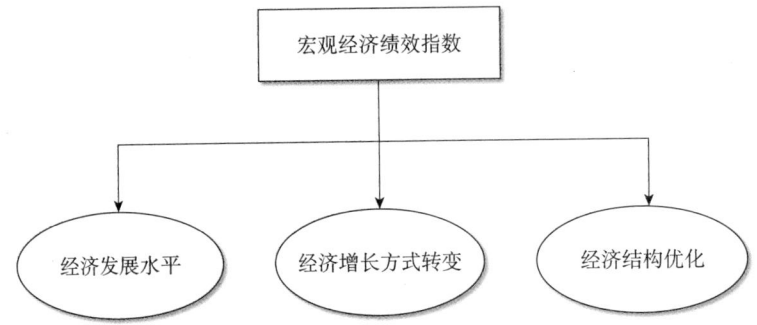

图 5–2　宏观经济绩效指数指标框架图

（2）指数及排名

表 5–2　　　　　　　　知识产权宏观经济绩效指数及排名表

省份	宏观经济绩效		经济发展水平		经济增长方式转变		经济结构优化	
	指数	排名	指数	排名	指数	排名	指数	排名
北京	0.820	1	0.994	1	0.825	1	0.640	5
上海	0.729	2	0.994	2	0.582	4	0.613	8
江苏	0.628	3	0.668	5	0.560	6	0.656	3
广东	0.621	4	0.567	6	0.547	7	0.749	1
天津	0.607	5	0.760	3	0.650	2	0.411	13
重庆	0.518	6	0.386	10	0.478	11	0.691	2
浙江	0.516	7	0.713	4	0.461	12	0.373	14
陕西	0.511	8	0.327	12	0.562	5	0.645	4
湖北	0.414	9	0.318	13	0.486	9	0.438	12
河南	0.408	10	0.256	22	0.345	19	0.623	6
福建	0.406	11	0.500	7	0.482	10	0.237	20
四川	0.397	12	0.239	24	0.330	20	0.621	7
内蒙古	0.377	13	0.447	9	0.626	3	0.056	30
山东	0.377	14	0.471	8	0.413	15	0.246	18
江西	0.373	15	0.268	19	0.397	16	0.455	11

续表 5-2

省 份	宏观经济绩效		经济发展水平		经济增长方式转变		经济结构优化	
	指数	排名	指数	排名	指数	排名	指数	排名
安 徽	0.369	16	0.266	20	0.365	17	0.476	10
湖 南	0.351	17	0.302	15	0.450	13	0.300	17
吉 林	0.346	18	0.298	16	0.541	8	0.200	23
山 西	0.338	19	0.298	17	0.225	29	0.490	9
辽 宁	0.298	20	0.358	11	0.322	23	0.215	22
广 西	0.273	21	0.183	25	0.446	14	0.191	25
贵 州	0.264	22	0.143	28	0.309	24	0.340	15
海 南	0.254	23	0.090	31	0.360	18	0.311	16
宁 夏	0.239	24	0.315	14	0.330	21	0.073	29
云 南	0.227	25	0.167	26	0.322	22	0.193	24
河 北	0.220	26	0.264	21	0.271	27	0.126	26
青 海	0.215	27	0.284	18	0.260	28	0.102	28
甘 肃	0.196	28	0.141	29	0.221	30	0.227	21
黑龙江	0.183	29	0.136	30	0.305	25	0.110	27
新 疆	0.161	30	0.167	27	0.300	26	0.016	31
西 藏	0.160	31	0.242	23	0.000	31	0.239	19

分析表 5-2 可以发现，宏观经济绩效指数排名前 10 位的省份是北京、上海、江苏、广东、天津、重庆、浙江、陕西、湖北和河南，与指数报告 2017 大致相同。排名后 10 位的省份是贵州、海南、宁夏、云南、河北、青海、甘肃、黑龙江、新疆和西藏，与指数报告 2017 也大致相同，仅在排名上有轻微的变化。

从总体来看，三个分项指标：经济发展水平、经济增长方式转变、经济结构优化这三个指标的排名一致性较强，反映出经济发展各层面的高度相关性。如北京、上海、天津、广东、江苏等宏观经济绩效指数排名前列的省市，其经济发展水平、经济增长方式转变、经济结构优化指数排名也大致位居前列。

2. 经济发展水平四级指标框架及排名与分析

（1）指标框架

经济发展水平下设三个四级指标：非农经济比重、人均 GDP、城镇居民人均可支配收入（见图 5-3）。

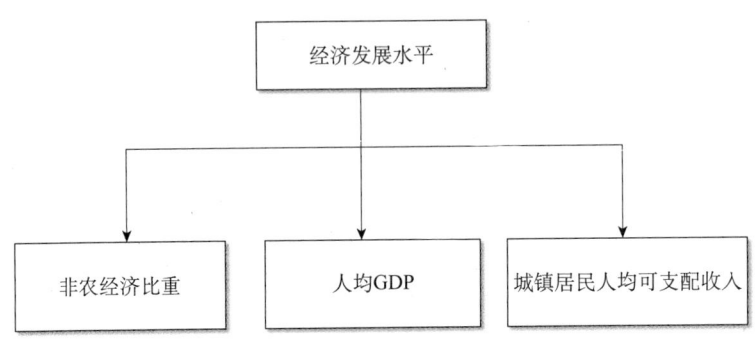

图 5-3 经济发展水平指标框架图

(2) 经济发展水平指数具体指标分析

图 5-4 显示，非农经济比重是衡量区域第二、三产业发展水平的一个重要指标。从整体来看，全国都比 2016 年有所提高，均在 75% 以上，从比例上看差距不大。但是，如果结合国内生产总值的总量来考虑，在体量上还是有相当的差距。海南—湖北是非农经济比重最低的 10 个省份，全部不足 90%；上海—宁夏是非农经济比重最高的 10 个省份，其中超过 95% 的省份共有 5 个，和 2016 年一致，包括上海（99.61%）、北京（99.49%）、天津（98.77%）、浙江（95.84%）和广东（95.43%）。

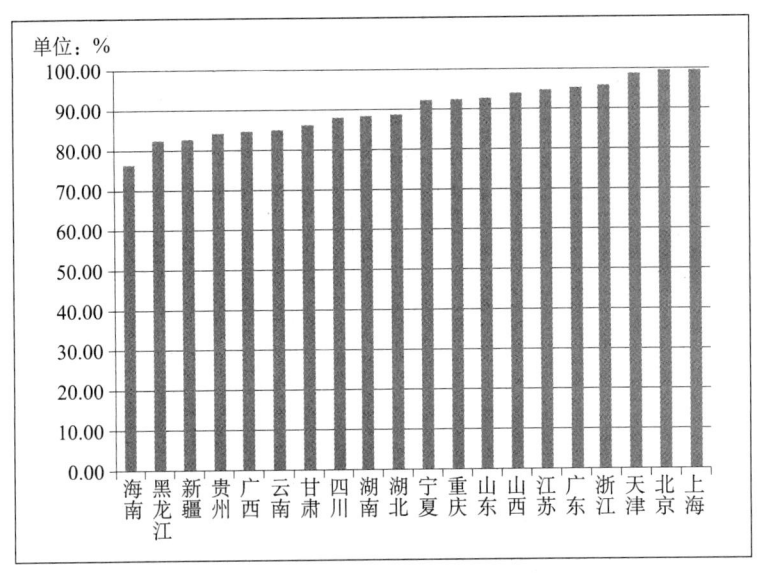

图 5-4 非农经济比重排名图

数据来源：国家统计局. 2017 中国统计年鉴 [M]. 北京：中国统计出版社，2017.

图 5-5 显示，甘肃—江西是人均 GDP 最低的 10 个省份，全部不足 5 万元，但较 2016 年已有明显增长；北京—重庆是人均 GDP 最高的 10 个省份，其中北京（11.81 万元）、上海（11.64 万元）、天津（11.45 万元）的人均 GDP 在 11 万元以上，领先于全

国其他省份。

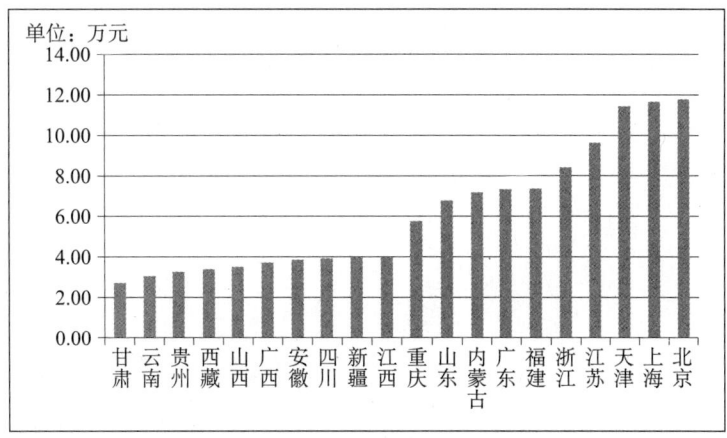

图 5-5 人均 GDP 排名图

数据来源：国家统计局.2017 中国统计年鉴 [M]. 北京：中国统计出版社，2017.

图 5-6 显示，该指标数据逐年稳定增长，甘肃—河北是城镇居民人均可支配收入最低的 10 个省份，相互之间差异不大，其中最低的甘肃城镇居民人均可支配收入为 2.6 万元；上海—辽宁是城镇居民人均可支配收入最高的 10 个省份，呈阶梯状上升，其中上海（5.77 万元）、北京（5.72 万元）超过 5 万元，领先于全国其他省份。

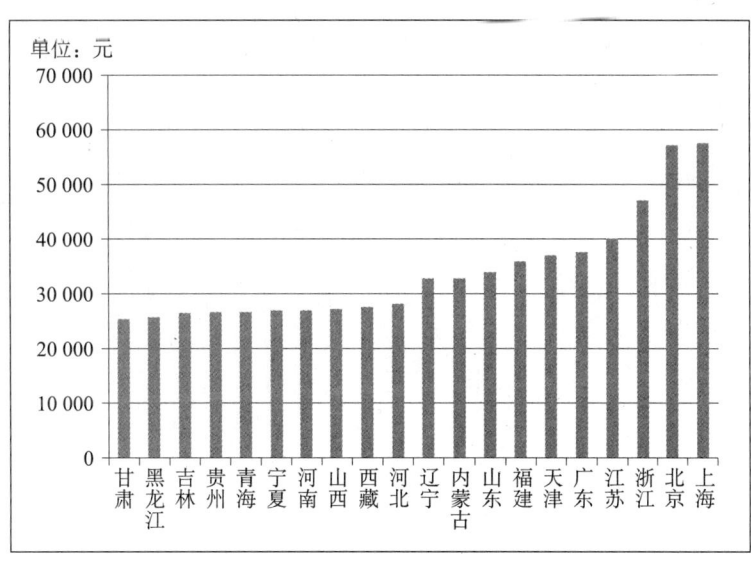

图 5-6 城镇居民人均可支配收入排名图

数据来源：国家统计局.2017 中国统计年鉴 [M]. 北京：中国统计出版社，2017.

3. 经济增长方式转变四级指标框架及排名与分析

（1）指标框架

经济增长方式转变下设两个四级指标：劳动生产率指数、综合能耗产出率（见图5-7）。

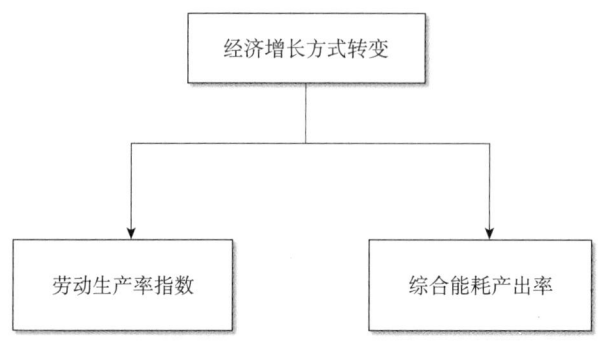

图5-7 经济增长方式转变指标框架图

（2）经济增长方式转变指数具体指标分析

图5-8显示，全国各地劳动生产率指数差距很大，西藏—云南是劳动生产率最低的10个省份，除云南（9.79万元/人）、河北（9.30万元/人）外，其余均不足9万元/人，最低的西藏只有2.07万元/人；内蒙古—新疆是劳动生产率最高的10个省份，其中内蒙古（30.95万元/人）大幅领先于全国其他省份。

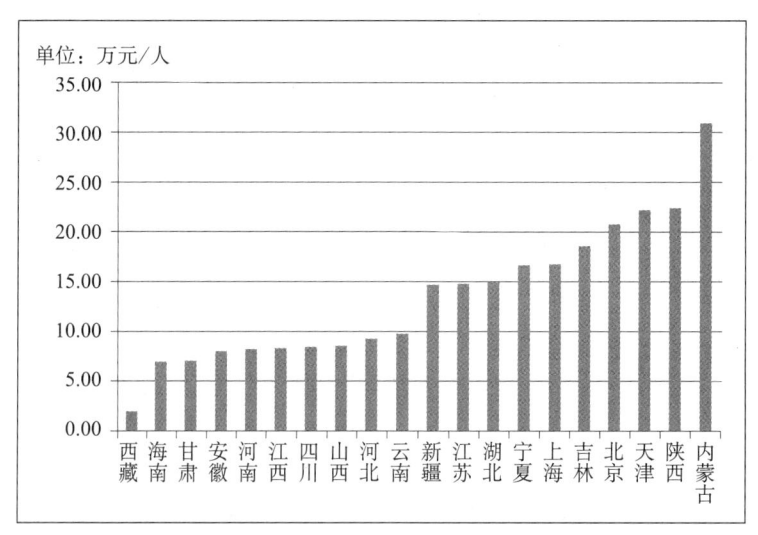

图5-8 劳动生产率指数排名图

数据来源：中国科技统计资料汇编（2016）．中国科技统计网站，http://www.sts.org.cn/zlhb/．

图5-9显示，西藏—贵州是综合能耗产出率最低的10个省份，而西藏的综合能耗

产出率为 0，北京—海南是综合能耗产出率最高的 10 个省份。

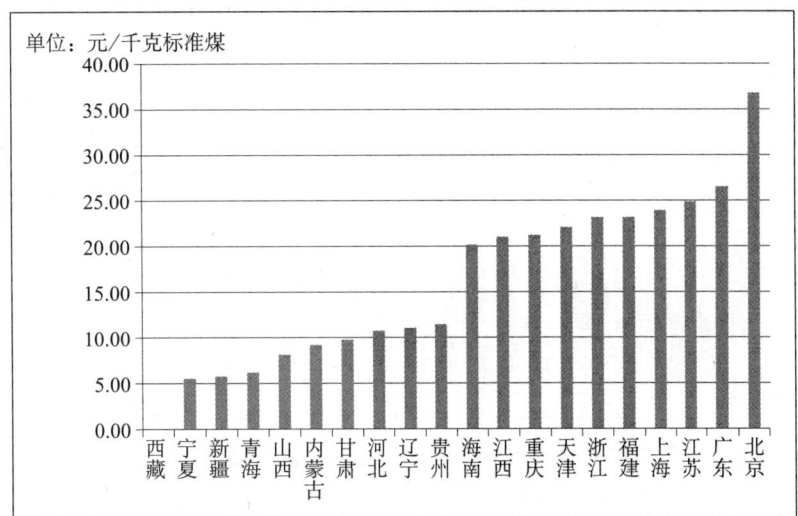

图 5 - 9　综合能耗产出率排名图

数据来源：中国科技统计资料汇编（2016）．中国科技统计网站，http：//www.sts.org.cn/zlhb/．

4. 经济结构优化四级指标框架及排名与分析

（1）指标框架

经济结构优化下设两个四级指标：高技术产业增加值占工业增加值比重、高技术产品出口额占商品出口额比重（见图 5 - 10）。

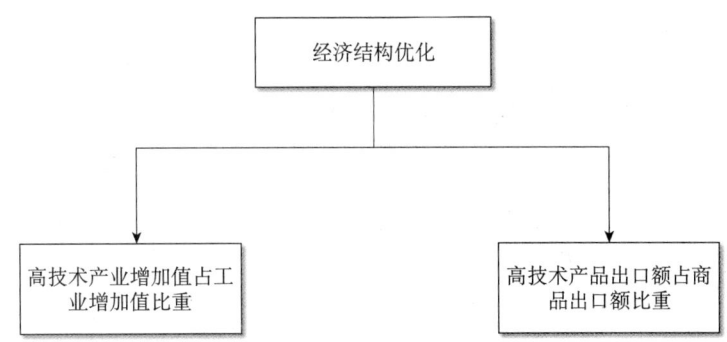

图 5 - 10　经济结构优化指标框架图

（2）经济结构优化指数具体指标分析

图 5 - 11 显示，内蒙古—辽宁是高技术产业增加值占工业增加值比重最低的 10 个省份，其中内蒙古（1.51%）、宁夏（1.79%）甚至不足 2%，但较 2015 年有明显提高。排名后 10 位的省份除云南和辽宁外，比重均不足 5%；广东—西藏是比重最高的 10 个省份，其中广东为 20.12%，是唯一超过 20% 的省份。

图 5 - 12 显示，西藏—海南是高技术产品出口额占商品出口额比重排名后 10 位的

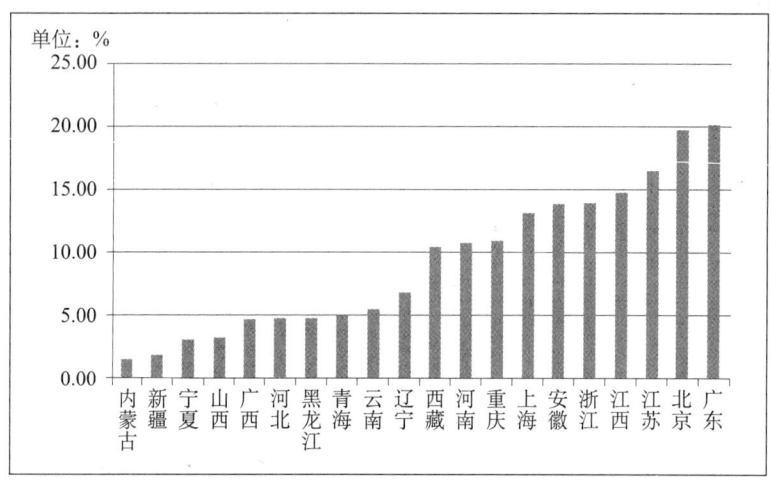

图 5-11 高技术产业增加值占工业增加值比重排名图

数据来源：中国科技统计资料汇编（2016）．中国科技统计网站，http://www.sts.org.cn/zlhb/．

省份。陕西—天津是高技术产品出口额占商品出口额比重排名前 10 位的省份，总体呈递增态势，其中陕西最高，为 71.18%，排在其后的河南（66.22%）、山西（63.36%）和重庆（62.27%）比重也超过 55%。

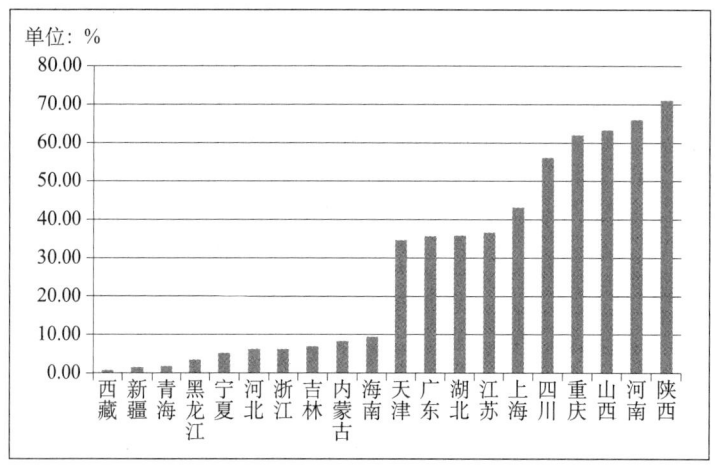

图 5-12 高技术产品出口额占商品出口额比重排名图

数据来源：中国科技统计资料汇编（2016）．中国科技统计网站，http://www.sts.org.cn/zlhb/．

三、社会进步绩效指数三级指标框架及排名与分析

1. 社会进步绩效指数三级指标框架及指数排名

（1）指标框架

社会进步绩效指数下设四个三级指标：环境改善指数、社会发展指数、社会生活信

息化指数以及文化进步指数（见图 5-13、表 5-3）。

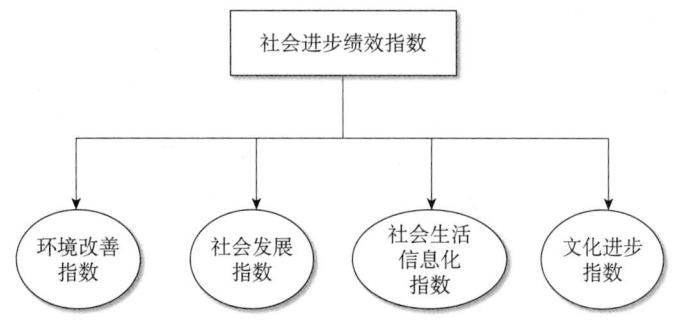

图 5-13　社会进步绩效指标框架图

（2）指数及排名

表 5-3　　　　　　　　知识产权社会进步绩效指数及排名表

省份	社会进步绩效		环境改善		社会发展		社会生活信息化		文化进步	
	指数	排名	指数	排名	指数	排名	指数	排名	指数	排名
北　京	0.807	1	0.709	1	0.993	2	1.000	1	0.525	25
上　海	0.730	2	0.592	11	1.000	1	0.734	2	0.594	16
浙　江	0.670	3	0.671	4	0.791	4	0.617	4	0.604	13
广　东	0.629	4	0.550	17	0.688	6	0.733	3	0.547	23
辽　宁	0.591	5	0.578	13	0.679	8	0.449	7	0.657	6
福　建	0.590	6	0.705	2	0.628	12	0.571	5	0.457	28
江　苏	0.573	7	0.568	15	0.700	5	0.376	8	0.648	7
湖　南	0.564	8	0.633	6	0.540	20	0.081	28	1.000	1
海　南	0.542	9	0.698	3	0.673	9	0.311	10	0.485	27
山　西	0.541	10	0.435	28	0.558	17	0.311	11	0.861	2
山　东	0.534	11	0.576	14	0.686	7	0.299	14	0.575	19
吉　林	0.532	12	0.508	23	0.662	10	0.276	18	0.682	5
陕　西	0.516	13	0.497	25	0.538	21	0.309	12	0.720	4
重　庆	0.515	14	0.639	5	0.623	13	0.273	19	0.526	24
天　津	0.508	15	0.285	31	0.887	3	0.452	6	0.411	30
湖　北	0.489	16	0.628	8	0.554	18	0.203	21	0.571	20
内蒙古	0.488	17	0.538	19	0.518	23	0.297	15	0.599	14
黑龙江	0.484	18	0.511	22	0.646	11	0.210	20	0.568	22
广　西	0.478	19	0.598	10	0.574	14	0.126	25	0.614	11
河　北	0.475	20	0.530	20	0.562	16	0.300	13	0.509	26
安　徽	0.449	21	0.565	16	0.571	15	0.066	29	0.596	15

续表 5-3

省份	社会进步绩效		环境改善		社会发展		社会生活信息化		文化进步	
	指数	排名	指数	排名	指数	排名	指数	排名	指数	排名
宁夏	0.441	22	0.380	29	0.430	25	0.315	9	0.638	10
贵州	0.434	23	0.628	7	0.242	28	0.127	24	0.739	3
河南	0.431	24	0.477	27	0.530	22	0.112	26	0.605	12
江西	0.420	25	0.540	18	0.509	24	0.062	31	0.569	21
甘肃	0.418	26	0.592	12	0.335	27	0.106	27	0.640	9
四川	0.414	27	0.526	21	0.544	19	0.140	23	0.446	29
新疆	0.387	28	0.321	30	0.345	26	0.291	17	0.590	17
青海	0.384	29	0.507	24	0.148	29	0.295	16	0.586	18
云南	0.356	30	0.603	9	0.113	30	0.065	30	0.642	8
西藏	0.163	31	0.490	26	0.000	31	0.162	22	0.000	31

观察表 5-3 可以发现，社会进步绩效指数排名前 10 的省份是北京、上海、浙江、广东、辽宁、福建、江苏、湖南、海南和山西。排名后 10 位的省份是宁夏、贵州、河南、江西、甘肃、四川、新疆、青海、云南和西藏。

从分项指标看，环境改善、社会发展、社会生活信息化、文化进步反映社会生活的方方面面，各个省份的表现并不均衡。尤其是环境改善和文化进步两个分项指数。环境改善指数方面，上海、广东、江苏等社会进步绩效指数排名前 10 位的省份表现却很差，分别为第 11、17、15 位，表明了经济发展在一定程度上以损失环境为代价。文化进步指数和当地文化环境和氛围紧密相关，除去北京、上海等省市之外，贵州、云南等省份也表现抢眼。

2. 环境改善指数四级指标框架及排名与分析

(1) 指标框架

环境改善指数下设两个四级指标：环境质量指数、环境污染治理指数。

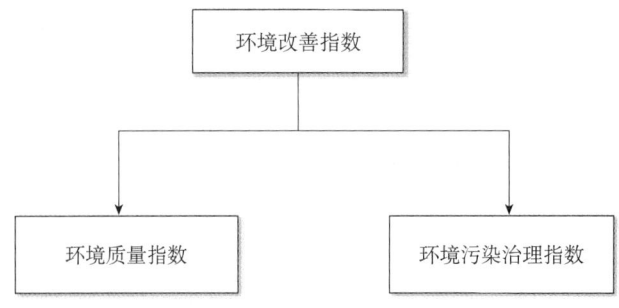

图 5-14 环境改善指数指标框架图

(2) 环境改善指数具体指标分析

环境质量指数是环境质量参数和环境质量标准的复合值，英文缩写为 EQI。环境质量指数广泛应用于污染物排放评价、污染源控制或治理效果评价、环境污染程度评价以及某些环境影响评价等方面。从图 5-15 中可以看出,天津—陕西是环境质量指数排名后 10 位的省份,其中不乏北京、河北、山东等经济大省(市);海南—湖南是环境质量指数排名前 10 位的省份。总体来看,指数变化较为平滑,广西、西藏、贵州、湖南等工业不太发达地区表现抢眼。而海南、福建、重庆的表现也不错,表明污染严重的重工业主要还是集中在北部地区。

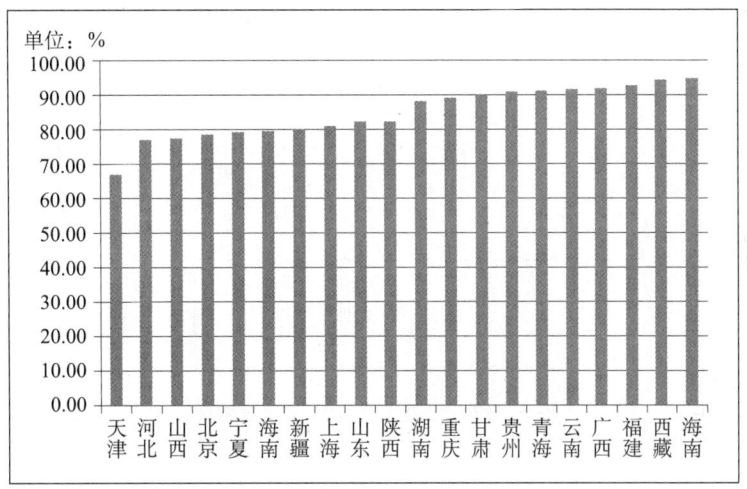

图 5-15 环境质量指数排名图

数据来源:中国科技统计资料汇编(2016). 中国科技统计网站,http://www.sts.org.cn/zlhb/.

图 5-16 显示,西藏—四川是环境污染治理指数最低的 10 个省份,大部分是中西

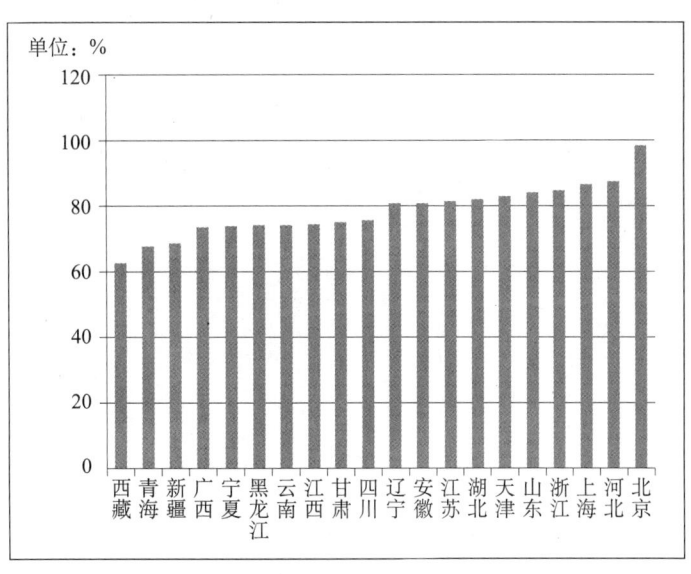

图 5-16 环境污染治理指数排名图

数据来源:中国科技统计资料汇编(2016). 中国科技统计网站,http://www.sts.org.cn/zlhb/.

部省份,包括新疆等;北京—辽宁是环境污染治理指数最高的10个省市,其中北京的环境污染治理指数最高,为98.36%,其他省份整体差异不大。环境污染治理指数可以反映各地对于环境治理和保护的重视程度,有些东部沿海经济发展较快地区着手"反哺"环境,同样也有一些传统上环境较好的省市也很重视保持,防患未然。

3. 社会发展指数四级指标框架及排名与分析

(1) 指标框架

社会发展指数用人口平均预期寿命来衡量(见图5-17)。

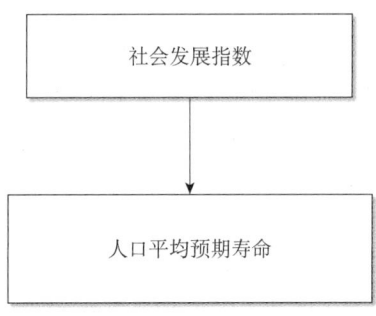

图 5-17 社会发展指数指标框架图

(2) 社会发展指数具体指标分析

图5-18显示,全国各地人口平均预期寿命还是存在较大的差异。西藏—河南是人口平均预期寿命最短的10个省份,西藏(68.17岁)、云南(69.54岁)、青海(69.96岁)人口平均预期寿命均未达到70岁。而上海—吉林是人口平均预期寿命最长的10个省市,上海的人口平均预期寿命最长,为80岁。地区经济发展程度、生态环境、物质基础、医疗设施等因素,在很大程度上影响到当地的人口寿命的长短。排名第1位的上海竟然比末位的西藏高出近12岁,令人唏嘘。

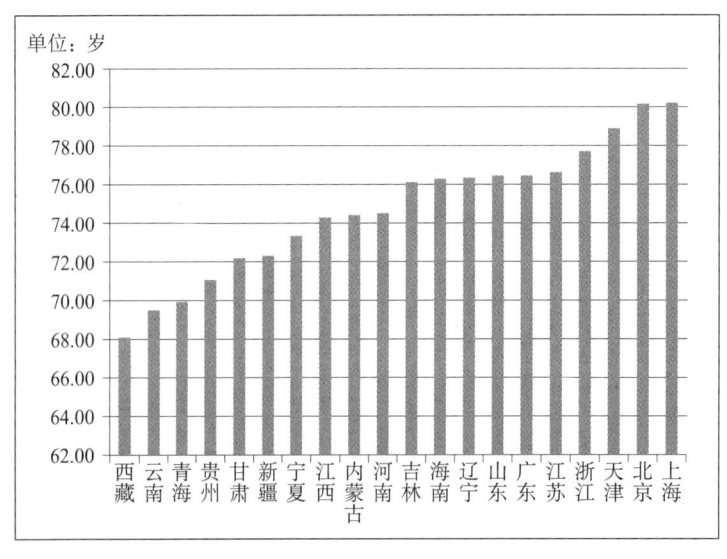

图 5-18 人口平均预期寿命排名图

数据来源:国家统计局.2017中国统计年鉴[M].北京:中国统计出版社,2017.

4. 社会生活信息化指数四级指标框架及排名与分析

（1）指标框架

社会生活信息化指数下设两个四级指标：互联网普及率和移动电话普及率（见图 5-19）。

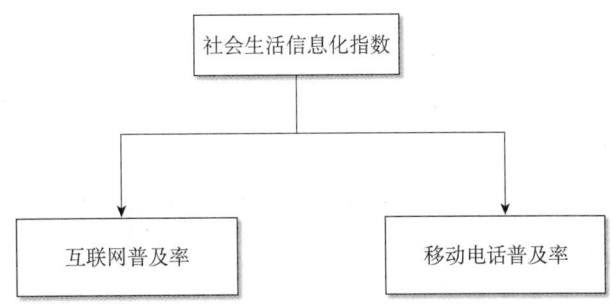

图 5-19　社会生活信息化指数指标框架图

（2）社会生活信息化指数具体指标分析

图 5-20 显示，云南—西藏是互联网普及率最低的 10 个省份，云南省互联网普及率最低，不足 39.9%，也就是说五分之三以上的家庭没有接入互联网。北京—新疆是互联网普及率最高的 10 个省份，其中位居前三位的北京（77.8%）、上海（74.1%）、广东（74.0%）的互联网普及率超过了 70%，领先于其他省份。

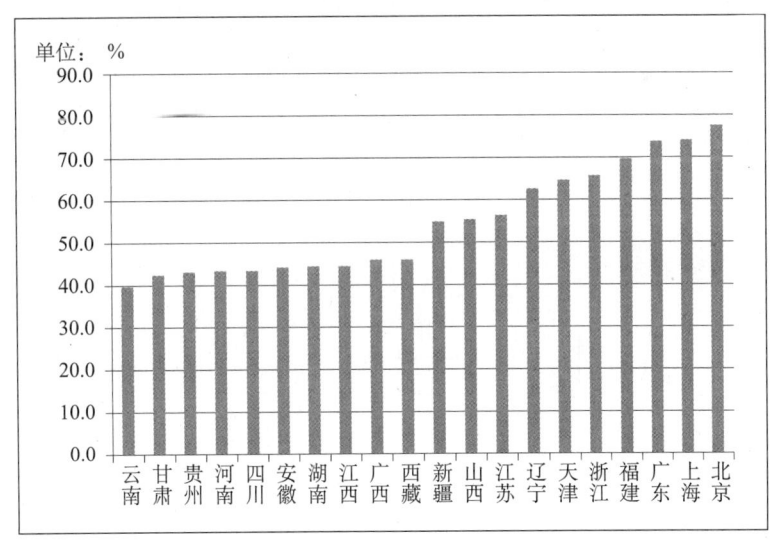

图 5-20　互联网普及率排名图

数据来源：国家统计局. 2017 中国统计年鉴 [M]. 北京：中国统计出版社, 2017.

图 5-21 显示，江西—贵州是移动电话普及率最低的 10 个省份，最低的江西为 68.4 部/百人；北京—陕西是移动电话普及率最高的 10 个省份，其中北京高达 178.1 部/百人，相当于平均每人拥有近 2 部移动电话。

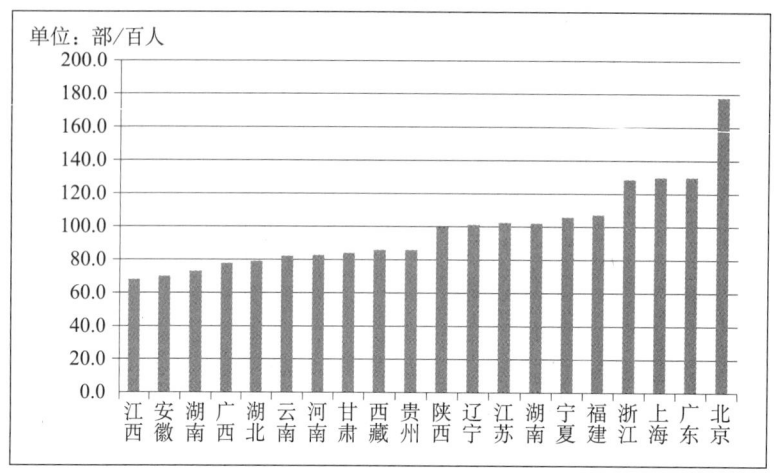

图 5 – 21　移动电话普及率排名图

数据来源：国家统计局. 2017 中国统计年鉴［M］. 北京：中国统计出版社，2017.

5. 文化进步指数四级指标框架及排名与分析

（1）指标框架

文化进步指数是新增部分，用以反映知识产权的发展对文化的促进作用，知识产权的发展促进文化的传承、传播与创新，文化进步指数用各地区城镇居民家庭每人全年消费支出中文化领域占比来衡量（见图 5 – 22）。

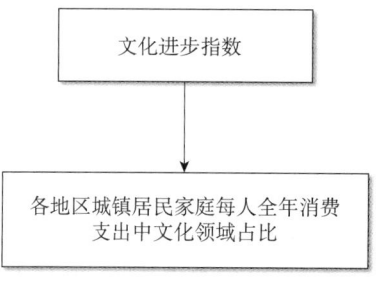

图 5 – 22　文化进步指数指标框架图

（2）文化进步指数具体指标分析

图 5 – 23 显示，各地区城镇居民家庭每人全年消费支出中文化领域占比整体呈现渐增态势，西藏最低，湖南最高，大多数省份数据较 2015 年、2016 年均有不同程度的增长，尤其是西部地区，比如西藏、青海等省，表明随着生活水准的提高以及消费观念的改变，文化消费开始成为日常消费的重要构成。

第五章　知识产权综合绩效各项指标排名与分析　　97

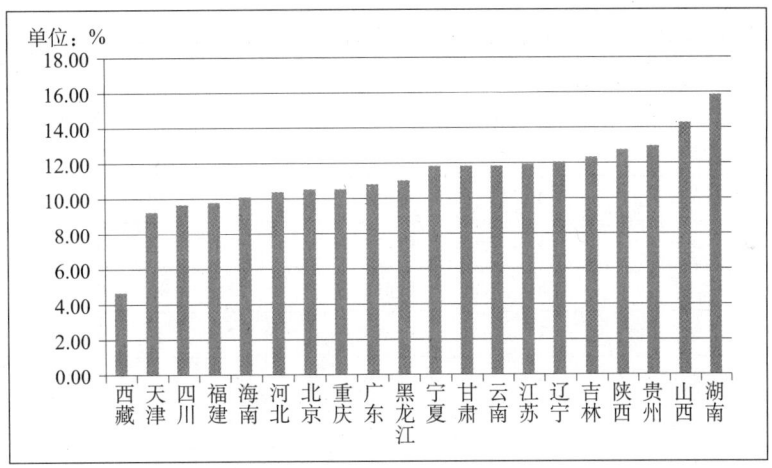

图 5-23　各地区城镇居民家庭每人全年消费支出中文化领域占比排名图

数据来源：国家统计局. 2017 中国统计年鉴 [M]. 北京：中国统计出版社，2017.

四、企业发展绩效指数三级指标框架及排名与分析

1. 企业发展绩效指数三级指标框架及指数排名

（1）指标框架

企业发展绩效指数用产品升级指数和设备更新指数来度量（见图 5-24、表 5-4）。

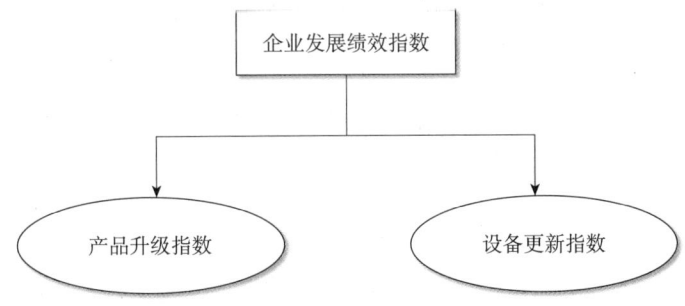

图 5-24　企业发展绩效指数指标框架图

（2）指数及排名

表 5-4　　　　　　知识产权企业发展绩效指数及排名表

省份	企业发展绩效		产品升级		设备更新	
	指数	排名	指数	排名	指数	排名
西藏	0.547	1	0.093	27	1.000	1
浙江	0.509	2	1.000	1	0.017	29

续表 5-4

省份	企业发展绩效		产品升级		设备更新	
	指数	排名	指数	排名	指数	排名
上海	0.399	3	0.795	2	0.004	30
重庆	0.368	4	0.634	5	0.102	4
天津	0.366	5	0.649	4	0.084	9
广东	0.345	6	0.662	3	0.029	26
湖南	0.322	7	0.613	7	0.032	25
北京	0.321	8	0.614	6	0.027	27
安徽	0.273	9	0.506	9	0.040	21
江苏	0.271	10	0.524	8	0.018	28
湖北	0.270	11	0.418	11	0.122	3
辽宁	0.221	12	0.442	10	0.000	31
山东	0.195	13	0.295	13	0.095	6
吉林	0.176	14	0.307	12	0.045	19
福建	0.173	15	0.253	14	0.093	7
江西	0.155	16	0.225	16	0.085	8
河南	0.147	17	0.194	18	0.100	5
河北	0.144	18	0.213	17	0.076	10
广西	0.141	19	0.234	15	0.048	18
海南	0.125	20	0.190	19	0.059	15
山西	0.112	21	0.189	20	0.035	23
内蒙古	0.111	22	0.070	30	0.152	2
四川	0.111	23	0.182	21	0.039	22
云南	0.108	24	0.146	22	0.071	12
宁夏	0.100	25	0.125	25	0.074	11
陕西	0.089	26	0.135	23	0.042	20
贵州	0.088	27	0.111	26	0.065	13
新疆	0.082	28	0.130	24	0.034	24
黑龙江	0.068	29	0.088	28	0.048	17
甘肃	0.066	30	0.071	29	0.061	14
青海	0.025	31	0.000	31	0.050	16

观察表 5-4 可以发现，企业发展绩效指数排名前 10 位的省份是西藏、浙江、上海、重庆、天津、广东、湖南、北京、安徽和江苏。除了传统的东部沿海省份外，西藏

和重庆也位列其中。这看似"出乎意料"的结果,实际上已经成为多年以来的趋势。这也客观反映了报告选取部分相对指标的结果。排名后 10 位的省份是内蒙古、四川、云南、宁夏、陕西、贵州、新疆、黑龙江、甘肃和青海。

从两个分项指数:产品升级指数和设备更新指数来看,两者之间的表现有些时候差距极大。譬如,浙江的产品升级指数排名第 1 位,而设备更新指数仅排在第 29 位,主要原因可能是设备更新存在一定的周期性。同样,西藏和内蒙古的产品升级指数分别排名第 27 和 30 位,设备更新指数却分别排在第 1、2 位。

2. 产品升级指数四级指标框架及排名与分析

(1) 指标框架

产品升级指数采用规模以上工业企业新产品销售收入占主营业务收入比重指标进行评价(见图 5-25)。

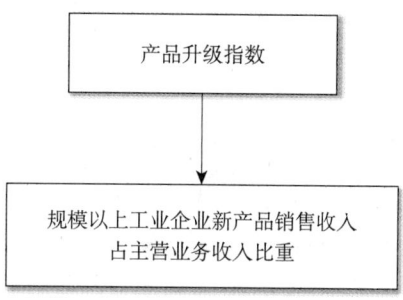

图 5-25 产品升级指数指标框架图

(2) 产品升级指数具体指标分析

图 5-26 显示,青海—云南是规模以上工业企业新产品销售收入占主营业务收入比重最低的 10 个省份,均不足 6.5%;浙江—辽宁是比重最高的 10 个省市,其中浙江(32.69%)位居第一。从总体上看,全国普遍比 2016 年提高有限,反映了企业在新产品的推出以及市场推广力度方面有待加强。

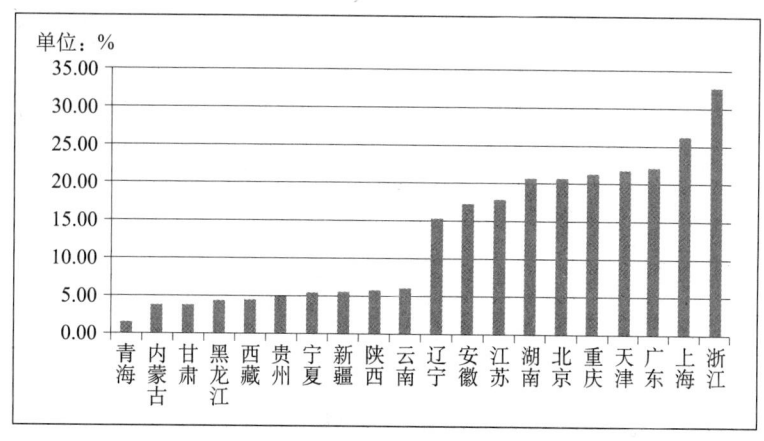

图 5-26 规模以上工业企业新产品销售收入占主营业务收入比重排名图

数据来源:国家统计局,科学技术部. 2017 中国科技统计年鉴 [M]. 北京:中国统计出版社,2017.

3. 设备更新指数四级指标框架及排名与分析

（1）指标框架

设备更新指数采用规模以上工业企业R&D仪器和设备更新情况进行评价（见图5-27）。

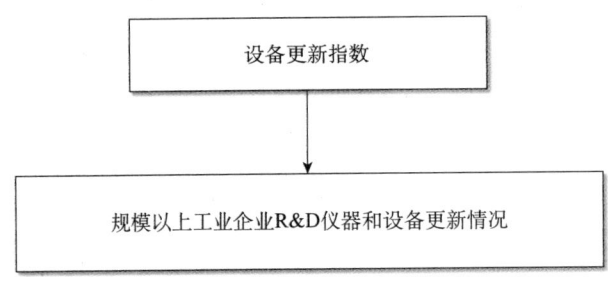

图5-27 设备更新指数指标框架图

（2）设备更新指数具体指标分析

图5-28显示，规模以上工业企业R&D仪器和设备更新情况考察规模以上工业企业R&D内部经费仪器和设备支出与规模以上工业企业R&D仪器和设备原价的比值。辽宁—四川是规模以上工业企业R&D仪器和设备更新比重最低的10个省份，均不足20%。西藏—河北是比重最高的10个省份，其中，西藏比重约为286.40%，大幅领先全国。排名靠前的省份大多为中西部地区省份，一方面是由于这几个省份加大了新技术和设备的投入力度，另一方面也体现了中西部地区省份规模以上工业企业数量较少、原技术和设备基础薄弱的局面。

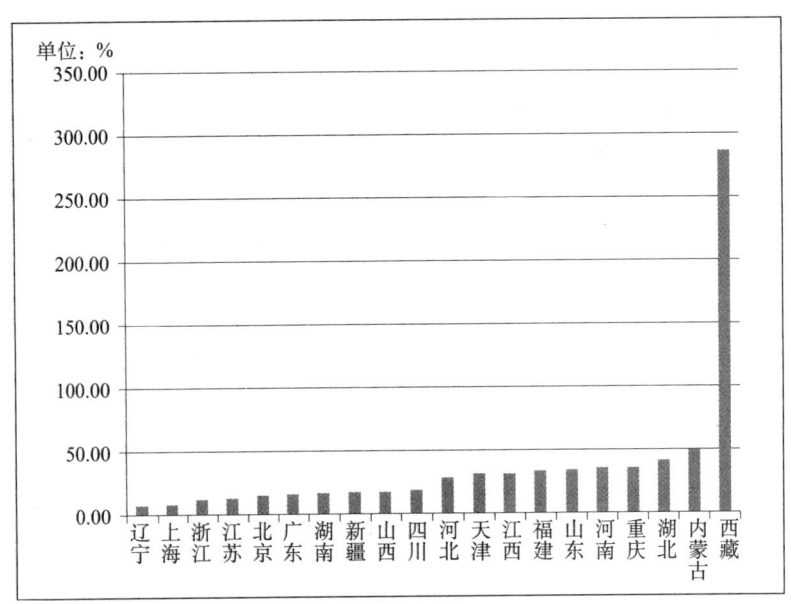

图5-28 规模以上工业企业R&D仪器和设备更新情况排名图

数据来源：国家统计局，科学技术部. 2017中国科技统计年鉴[M]. 北京：中国统计出版社，2013.

第六章 知识产权创造潜力各项指标排名与分析

一、知识产权创造潜力二级指标框架及排名与分析

1. 指标框架

知识产权创造潜力下设六个二级指标：创造投入指数、创造成果指数、创造环境指数、知识产权试点示范指数、企业创造潜力指数、知识产权保护指数（见图6-1、表6-1）。

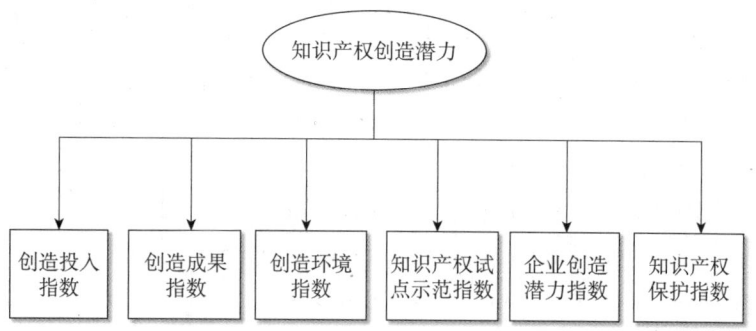

图6-1 知识产权创造潜力二级指标框架图

2. 指数及排名

表6-1　　　　　知识产权创造潜力指数及排名表

省份	知识产权创造潜力		创造投入		创造成果		创造环境		知识产权试点示范		企业创造潜力		知识产权保护	
	指数	排名	指数	排名	指数	排名	指数	排名	指数	排名	指数	排名	指数	排名
江　苏	0.644	1	0.687	2	0.353	3	0.534	3	0.875	1	0.768	1	0.649	2
广　东	0.525	2	0.449	4	0.405	2	0.516	4	0.565	2	0.749	2	0.468	3
北　京	0.497	3	0.516	3	0.731	1	0.704	1	0.357	4	0.483	4	0.190	9
浙　江	0.468	4	0.431	5	0.215	5	0.493	5	0.332	5	0.664	3	0.672	1
山　东	0.405	5	0.715	1	0.165	7	0.410	10	0.377	3	0.435	7	0.328	5
上　海	0.344	6	0.332	11	0.230	4	0.543	2	0.337	6	0.479	5	0.141	13
湖　北	0.318	7	0.366	9	0.145	8	0.478	6	0.345	5	0.312	10	0.263	6
湖　南	0.272	8	0.369	8	0.058	26	0.369	12	0.100	17	0.329	9	0.405	4
安　徽	0.262	9	0.313	14	0.086	20	0.466	7	0.205	12	0.331	8	0.170	11
天　津	0.258	10	0.346	10	0.166	6	0.425	8	0.040	23	0.464	6	0.104	15
福　建	0.246	11	0.327	12	0.088	19	0.368	13	0.179	11	0.279	12	0.235	7

续表 6 - 1

省份	知识产权创造潜力 指数	排名	创造投入 指数	排名	创造成果 指数	排名	创造环境 指数	排名	知识产权试点示范 指数	排名	企业创造潜力 指数	排名	知识产权保护 指数	排名
河南	0.236	12	0.448	5	0.049	29	0.394	11	0.126	15	0.178	21	0.222	8
四川	0.218	13	0.302	15	0.120	15	0.358	14	0.181	10	0.195	17	0.149	12
陕西	0.213	14	0.325	13	0.138	9	0.424	9	0.034	24	0.262	14	0.094	17
重庆	0.206	15	0.245	16	0.132	12	0.318	18	0.137	14	0.306	11	0.097	16
辽宁	0.183	16	0.142	26	0.097	17	0.340	16	0.151	13	0.279	13	0.089	19
河北	0.174	17	0.371	7	0.044	30	0.299	24	0.034	25	0.188	19	0.108	14
贵州	0.170	18	0.178	20	0.069	23	0.309	21	0.173	12	0.114	28	0.177	10
江西	0.165	19	0.209	18	0.064	25	0.352	15	0.111	16	0.185	20	0.071	21
甘肃	0.162	20	0.195	19	0.136	11	0.317	19	0.063	21	0.197	16	0.062	26
广西	0.157	21	0.175	21	0.052	28	0.339	17	0.204	9	0.079	31	0.093	18
云南	0.142	22	0.173	23	0.074	22	0.317	20	0.028	26	0.211	15	0.047	28
黑龙江	0.142	23	0.149	24	0.083	21	0.294	25	0.064	20	0.192	18	0.067	23
吉林	0.133	24	0.144	25	0.095	18	0.301	23	0.083	18	0.090	29	0.086	20
新疆	0.127	25	0.125	27	0.126	13	0.248	28	0.073	19	0.124	27	0.067	24
内蒙古	0.125	26	0.244	17	0.044	31	0.213	31	0.045	22	0.135	26	0.068	22
海南	0.124	27	0.075	30	0.136	10	0.302	22	0.028	26	0.178	22	0.026	30
山西	0.124	28	0.174	22	0.064	24	0.267	26	0.010	29	0.160	24	0.066	25
宁夏	0.105	29	0.096	28	0.056	27	0.245	29	0.022	28	0.171	23	0.039	29
西藏	0.090	30	0.006	31	0.097	16	0.248	27	0.000	30	0.143	25	0.048	27
青海	0.087	31	0.079	29	0.126	14	0.226	30	0.000	30	0.082	30	0.012	31

分析表 6-1 可以发现，知识产权创造潜力排名前 10 位的省份是江苏、广东、北京、浙江、山东、上海、湖北、湖南、安徽和天津，较指数报告 2017 变化不大，指数报告 2017 的陕西跌到第 14 位。排名后 10 位的省份是云南、黑龙江、吉林、新疆、内蒙古、海南、山西、宁夏、西藏和青海。

整体看来，知识产权创造潜力指数排名较为稳定，各省份之间变动不大，东部省份仍然占据一定优势，前 10 位中只有湖南、湖北两个省份是中西部省份。但是，我们在第二章的变异指数分析也表明，虽然排名落后，但是实际之间的差距并不大。

从分项指数来看，创造投入、创造成果、创造环境、知识产权试点示范、企业创造潜力、知识产权保护这六个指标是从不同维度对区域知识产权创造潜力进行度量和分析，因此其表现情况差别较大，总体不存在显著的一致性。

二、知识产权创造投入指数三级指标框架及排名与分析

1. 创造投入指数三级指标框架及指数排名

（1）指标框架

创造投入指数下设四个三级指标：人才投入指数、资本投入指数、文化投入指数和基础设施投入指数（见图6-2、表6-2）。

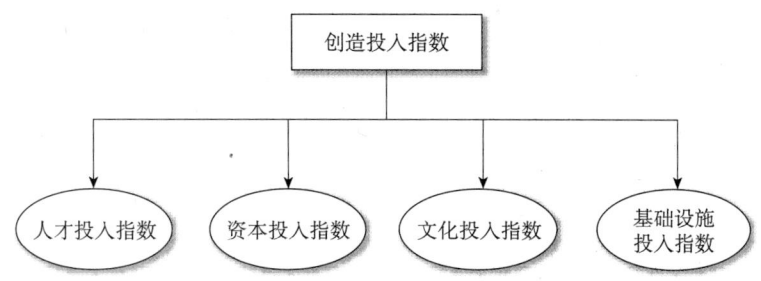

图6-2 创造投入指数指标框架图

（2）指数及排名

表6-2　　　　　　　　知识产权创造投入指数及排名表

省　份	创造投入		人才投入		资本投入		文化投入		基础设施投入	
	指数	排名	指数	排名	指数	排名	指数	排名	指数	排名
山　东	0.715	1	0.327	7	0.533	4	1.000	1	1.000	1
江　苏	0.687	2	0.608	2	0.443	5	0.769	2	0.929	2
北　京	0.516	3	0.822	1	0.961	1	0.159	20	0.123	25
广　东	0.449	4	0.510	4	0.309	11	0.366	10	0.613	4
河　南	0.448	5	0.163	16	0.228	14	0.651	3	0.750	3
浙　江	0.431	6	0.489	5	0.228	15	0.454	6	0.554	6
河　北	0.371	7	0.143	19	0.215	17	0.544	5	0.583	5
湖　南	0.369	8	0.169	13	0.185	22	0.607	4	0.517	9
湖　北	0.366	9	0.217	9	0.328	8	0.372	9	0.549	7
天　津	0.346	10	0.462	6	0.587	3	0.117	22	0.216	21
上　海	0.332	11	0.522	3	0.604	2	0.101	25	0.100	26
福　建	0.327	12	0.223	8	0.294	12	0.372	8	0.418	11
陕　西	0.325	13	0.183	11	0.341	7	0.403	7	0.372	12
安　徽	0.313	14	0.172	12	0.316	10	0.270	13	0.492	10
四　川	0.302	15	0.147	18	0.277	13	0.259	14	0.526	8
重　庆	0.245	16	0.165	14	0.429	6	0.108	23	0.279	16

续表 6-2

省份	创造投入		人才投入		资本投入		文化投入		基础设施投入	
	指数	排名	指数	排名	指数	排名	指数	排名	指数	排名
内蒙古	0.244	17	0.163	15	0.323	9	0.230	16	0.261	17
江 西	0.209	18	0.089	24	0.209	18	0.187	19	0.350	13
甘 肃	0.195	19	0.078	25	0.215	16	0.331	11	0.156	24
贵 州	0.178	20	0.040	30	0.154	24	0.294	12	0.224	20
广 西	0.175	21	0.061	27	0.070	30	0.246	15	0.322	14
山 西	0.174	22	0.121	22	0.124	28	0.208	17	0.244	18
云 南	0.173	23	0.071	26	0.140	26	0.200	18	0.281	15
黑龙江	0.149	24	0.135	20	0.135	27	0.150	21	0.175	22
吉 林	0.144	25	0.150	17	0.087	29	0.102	24	0.238	19
辽 宁	0.142	26	0.214	10	0.185	21	0.072	27	0.099	27
新 疆	0.125	27	0.089	23	0.144	25	0.098	26	0.168	23
宁 夏	0.096	28	0.123	21	0.194	20	0.024	29	0.042	29
青 海	0.079	29	0.050	29	0.204	19	0.023	30	0.037	30
海 南	0.075	30	0.056	28	0.155	23	0.046	28	0.044	28
西 藏	0.006	31	0.000	31	0.023	31	0.000	31	0.000	31

观察表 6-2 可以得出以下结论：创造投入指数排名前 10 位的省份是山东、江苏、北京、广东、河南、浙江、河北、湖南和湖北、天津。在雄安新区建设、京津冀协同发展逐渐加速的背景下，河北预计未来将持续向好。排名后 10 位的省份是山西、云南、黑龙江、吉林、辽宁、新疆、宁夏、青海、海南和西藏。

总体来看，与前几年类似，人才投入指数和资本投入指数的一致性较强，东部和中部地区相对于西部，人力资源和财力资源都更为集中，因此人才投入指数和资本投入指数较高，排名靠前，但是文化投入指数存在一定的独立性。人才和资本投入靠前的省市，文化投入排名不一定高，譬如，北京的人才投入指数和资本投入指数都处于第 1 位，但是文化投入指数却仅居于第 20 位。上海亦是如此，人才投入指数和资本投入指数分别处于第 3 和第 2 位，但是文化投入指数也仅处于第 25 位。部分是因为对于文化产业的重视程度不够，也有可能是文化产业发展的空间不够。但人才和资本投入靠后的省份，文化投入排名也相对靠后，主要是由于经济体量相对较小的省份对文化产业投入的绝对值相应受到限制。

2. 人才投入指数四级指标框架及排名与分析

（1）指标框架

人才投入指数下设三个四级指标：R&D 人员全时当量总计、万人 R&D 活动人员数、万人口大专以上学历人数（见图 6-3）。

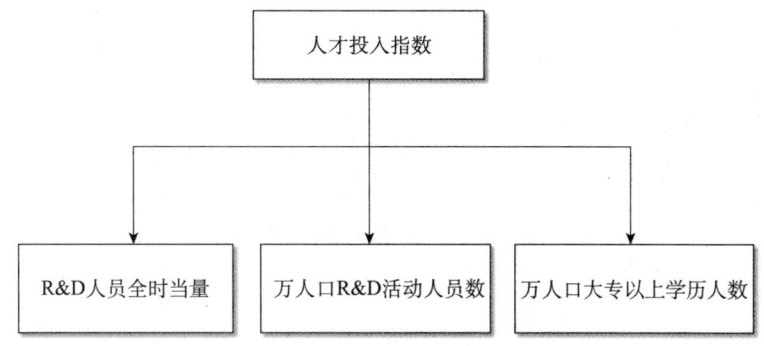

图 6-3 人才投入指数指标框架图

（2）人才投入指数具体指标分析

图 6-4 显示，西藏—云南是 R&D 人员全时当量总计最少的 10 个省份，R&D 人员全时当量均不足 50000 人年，其中西藏、青海、海南和宁夏不足 10000 人年；江苏—福建是 R&D 人员全时当量总计最多的 10 个省市，其中江苏（543438 人年）和广东（515649 人年）远高于全国其他省份，江苏更是在高基数的前提下，连年保持增长。

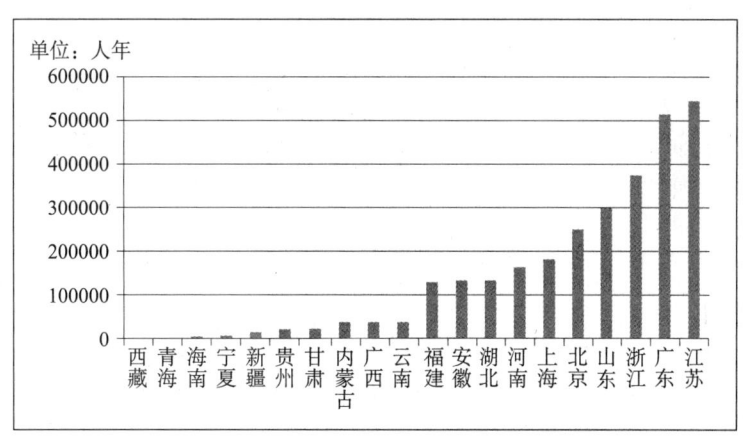

图 6-4 R&D 人员全时当量总计排名图

数据来源：国家统计局，科学技术部. 2017 中国科技统计年鉴 [M]. 北京：中国统计出版社，2017.

图 6-5 显示，西藏—江西是万人口 R&D 活动人员数最少的 10 个省份，相互之间差距不大，西藏最低，每万人口 R&D 活动人员不足 10 人；北京—湖北是该项指标最多的 10 个省市，其中北京约 172 人/万人，大幅领先。

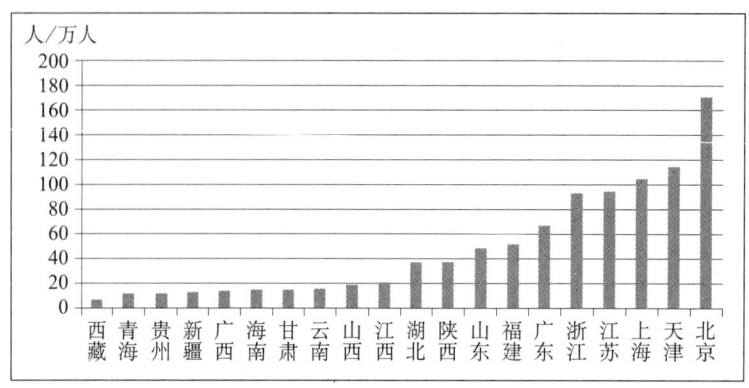

图 6-5　万人口 R&D 活动人员数排名图

数据来源：中国科技统计资料汇编（2016）．中国科技统计网站，http：//www.sts.org.cn/zlhb/．

图 6-6 显示，西藏—青海 10 个省份万人口大专以上学历人数在我国相对较低，其中西藏最低，为 399 人/万人，比 2015 年还有所提高。北京—黑龙江 10 个省份高学历人数较多，其中，北京（3557/万人）、上海（2393 人/万人）、天津（2033 人/万人）可以说是第一集团，但是三者之间也有相当差距，北京的领先优势更为明显。

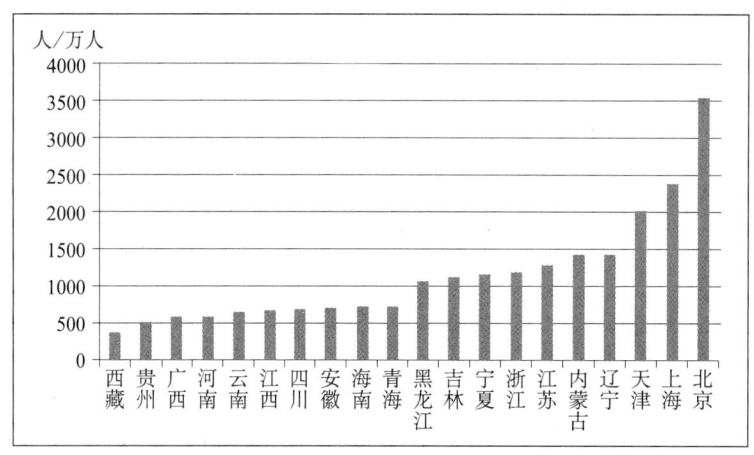

图 6-6　万人口大专以上学历人数排名图

数据来源：中国科技统计资料汇编（2016）．中国科技统计网站，http：//www.sts.org.cn/zlhb/．

3. 资本投入指数四级指标框架及排名与分析

（1）指标框架

资本投入指数下设四个四级指标：R&D 经费支出占 GDP 比重、地方财政科技拨款占地方财政支出比重、人均 R&D 经费内部支出、每名 R&D 活动人员新增仪器设备费（见图 6-7）。

第六章　知识产权创造潜力各项指标排名与分析　　107

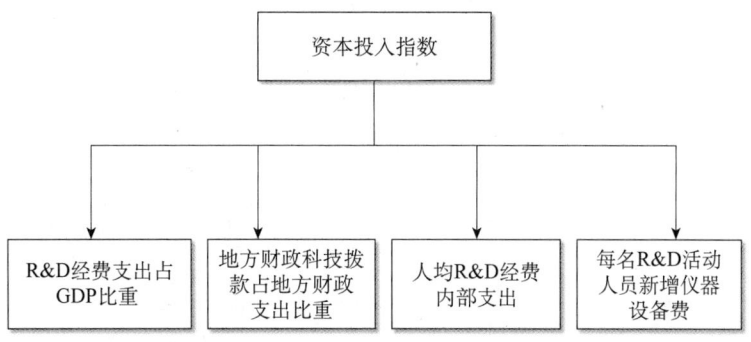

图 6-7　资本投入指数指标框架图

(2) 资本投入指数具体指标分析

图 6-8 显示，西藏—吉林是 R&D 经费支出占 GDP 比重最低的 10 个省份，均不足 1%；北京—湖北是 R&D 经费支出占 GDP 比重最高的 10 个省市，其中北京的 R&D 经费支出占 GDP 比重为 5.78%，远高于全国其他省份，看来全国科研中心的地位短期内难以被撼动。

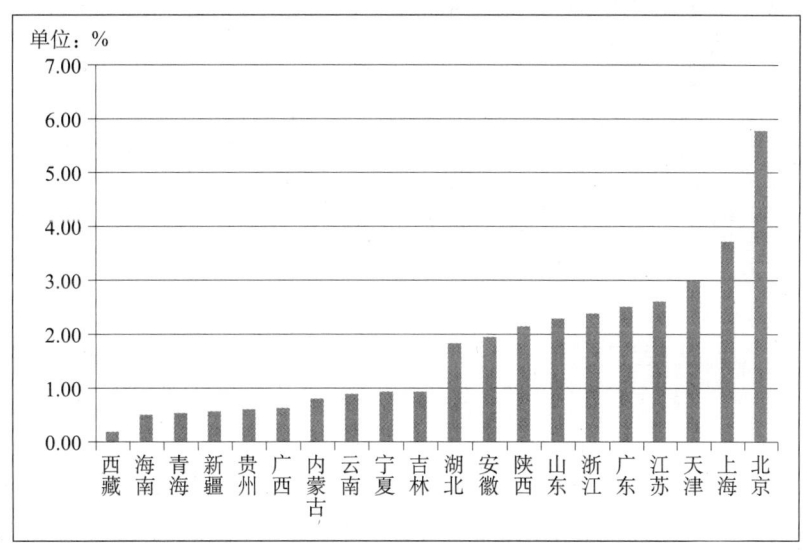

图 6-8　R&D 经费支出占 GDP 比重排名图

数据来源：中国科技统计资料汇编（2016）. 中国科技统计网站，http://www.sts.org.cn/zlhb/.

图 6-9 显示，内蒙古—广西是地方财政科技拨款占地方财政支出比重最低的 10 个省份，内蒙古的比重不足 2%；安徽—青海是地方财政科技拨款占地方财政支出比重最高的 10 个省份，其中，安徽（9.71%）、广东（7.15%）、湖北（6.13%）、北京（5.62%）、上海（5.33%）、浙江（5.07%）超过 5%，领先全国。这些地方政府对于科技的扶持力度很大。

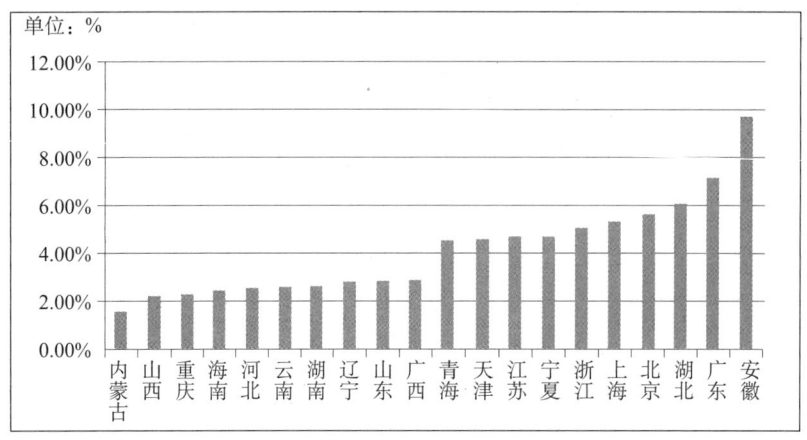

图 6-9　地方财政科技拨款占地方财政支出比重排名图

数据来源：国家统计局.2017 中国统计年鉴 [M].北京：中国统计出版社，2017.

图 6-10 显示，我国人均 R&D 经费内部支出额度不高，西藏—黑龙江是该项指标最低的 10 个省份，其中，西藏最低，为 67 元/人，比 2016 年略有下降；北京—湖北是额度最高的 10 个省份，但是相互之间差距也很大。北京居全国首位，达到 6832 元/人，遥遥领先于其他省份。

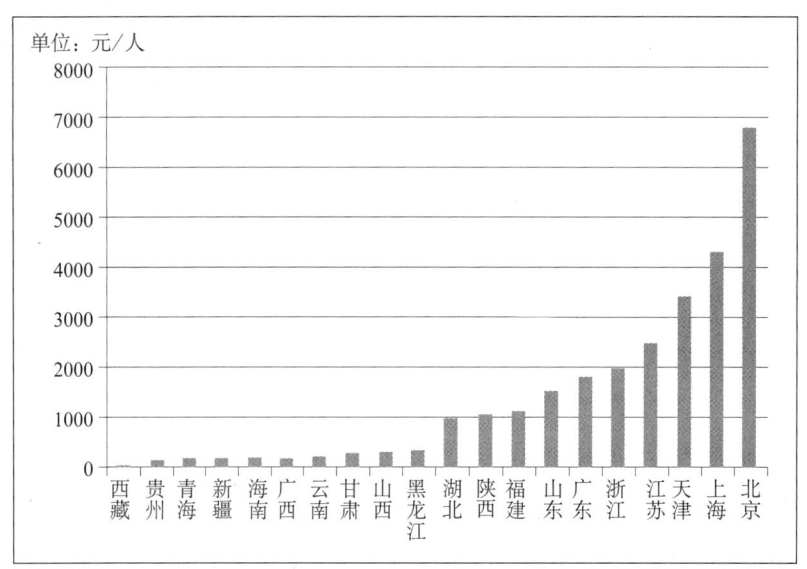

图 6-10　人均 R&D 经费内部支出排名图

数据来源：国家统计局，科学技术部.2017 中国科技统计年鉴 [M].北京：中国统计出版社，2017；国家统计局.2017 中国统计年鉴 [M].北京：中国统计出版社，2017.

图 6-11 显示，浙江—云南是企业每名 R&D 活动人员新增仪器设备费最低的 10 个省份，均不足 3 万元/人；山东—青海是该项指标最高的 10 个省份，其中，山东处于第

1位,约为4.54万元/人。

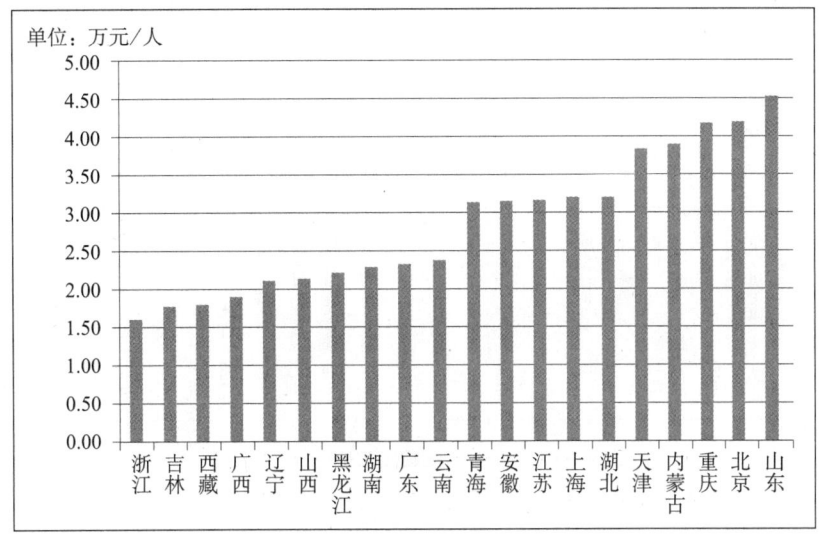

图 6 – 11　每名 R&D 活动人员新增仪器设备费排名图

数据来源:中国科技统计资料汇编(2016). 中国科技统计网站,http://www.sts.org.cn/zlhb/.

4. 文化投入指数四级指标框架及排名与分析
(1) 指标框架
文化投入指数用文化产业固定资产投入指标进行测度(见图 6 – 12)。

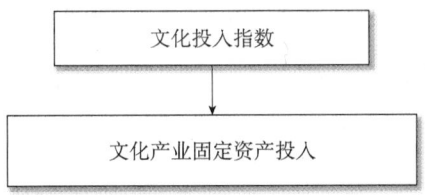

图 6 – 12　文化投入指数指标框架图

(2) 文化投入指数具体指标分析
图 6 – 13 显示,西藏—天津是文化产业固定资产投入最低的 10 个省份,均不足 130 亿元;山东—广东是该项指标最高的 10 个省份,其中,山东处于第 1 位,约为 827 亿元,远超其他省份。

5. 基础设施投入指数四级指标框架及排名与分析
(1) 指标框架
基础设施投入指数用全社会固定资产投资指标进行测度(见图 6 – 14)。
(2) 基础设施投入指数具体指标分析
图 6 – 15 显示,西藏—黑龙江是全社会固定资产投资最低的 10 个省份;山东—安徽是该项指标最高的 10 个省份,其中,山东处于第 1 位,约为 53000 亿元。

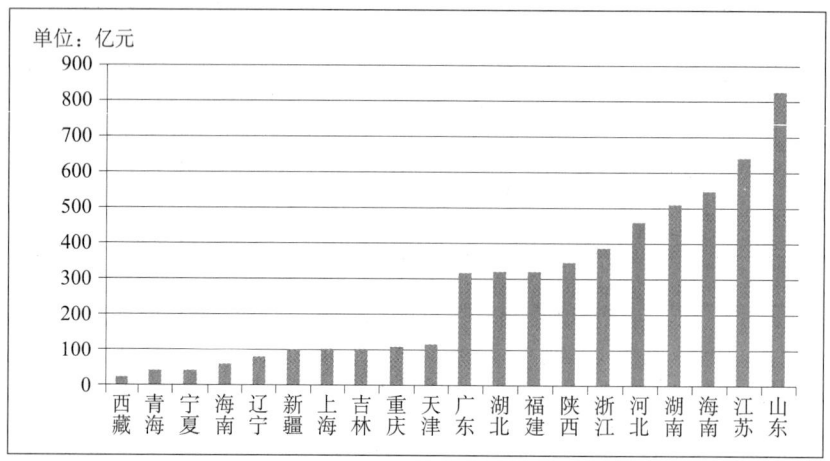

图 6-13 文化产业固定资产投入排名图

数据来源：国家统计局 . 2017 中国统计年鉴 [M]. 北京：中国统计出版社，2017.

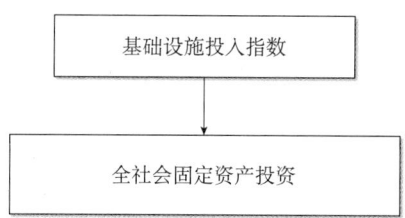

图 6-14 基础设施投入指数指标框架图

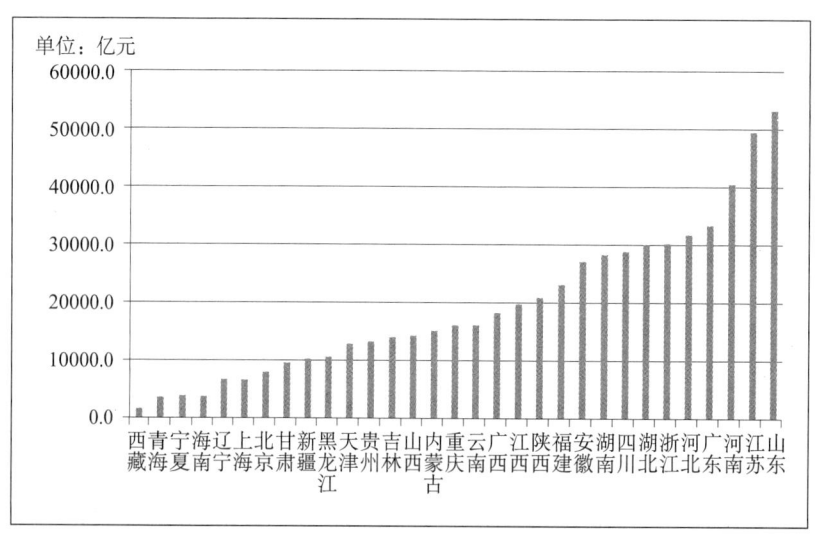

图 6-15 全社会固定资产投资排名图

数据来源：国家统计局 . 2017 中国统计年鉴 [M]. 北京：中国统计出版社，2017.

三、知识产权创造成果指数三级指标框架及排名与分析

1. 知识产权创造成果指数三级指标框架及指数排名

（1）指标框架

知识产权创造成果指数下设三个三级指标：论文指数、科技成果指数、高新技术产业科技项目指数（见图 6-16、表 6-3）。

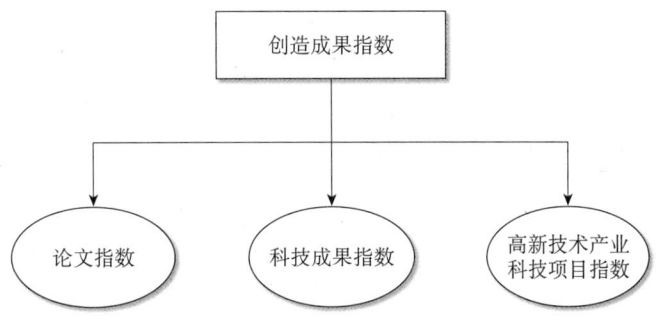

图 6-16 创造成果指数指标框架图

（2）指数及排名

表 6-3　　　　　　　知识产权创造成果指数及排名表

省份	创造成果		论文		科技成果		高新技术产业科技项目	
	指数	排名	指数	排名	指数	排名	指数	排名
北京	0.731	1	1.000	1	1.000	1	0.194	5
广东	0.405	2	0.141	16	0.073	9	1.000	1
江苏	0.353	3	0.288	6	0.125	6	0.645	2
上海	0.230	4	0.323	5	0.207	3	0.161	6
浙江	0.215	5	0.130	19	0.047	16	0.469	3
天津	0.166	6	0.101	23	0.296	2	0.101	11
山东	0.165	7	0.133	18	0.046	17	0.316	4
湖北	0.145	8	0.205	11	0.120	7	0.111	10
陕西	0.138	9	0.257	7	0.101	8	0.056	18
海南	0.136	10	0.357	2	0.037	21	0.015	25
甘肃	0.136	11	0.334	4	0.066	11	0.008	27
重庆	0.132	12	0.104	22	0.199	4	0.092	13
新疆	0.126	13	0.343	3	0.031	24	0.003	29
青海	0.126	14	0.225	10	0.151	5	0.001	30

续表 6-3

省份	创造成果		论文		科技成果		高新技术产业科技项目	
	指数	排名	指数	排名	指数	排名	指数	排名
四川	0.120	15	0.203	12	0.033	23	0.124	8
西藏	0.097	16	0.236	8	0.056	14	0.000	31
辽宁	0.097	17	0.195	13	0.040	20	0.057	17
吉林	0.095	18	0.230	9	0.025	26	0.030	21
福建	0.088	19	0.072	27	0.073	10	0.117	9
安徽	0.086	20	0.090	26	0.023	27	0.145	7
黑龙江	0.083	21	0.178	14	0.040	19	0.032	20
云南	0.074	22	0.166	15	0.027	25	0.029	22
贵州	0.069	23	0.126	20	0.041	18	0.040	19
山西	0.064	24	0.113	21	0.062	12	0.018	24
江西	0.064	25	0.062	30	0.034	22	0.097	12
湖南	0.058	26	0.098	24	0.001	30	0.077	14
宁夏	0.056	27	0.094	25	0.062	13	0.012	26
广西	0.052	28	0.136	17	0.000	31	0.020	23
河南	0.049	29	0.070	28	0.002	29	0.073	15
河北	0.044	30	0.053	31	0.013	28	0.067	16
内蒙古	0.044	31	0.069	29	0.054	15	0.008	28

分析表6-3可以发现，创造成果指数排名前10位的省份是北京、广东、江苏、上海、浙江、天津、山东、湖北、陕西和海南。排名后10位的省份是云南、贵州、山西、江西、湖南、宁夏、广西、河南、河北和内蒙古。

从分项指数来看，论文指数、科技成果指数、高新技术产业科技项目指数等各项指标之间表现颇不均衡，很多省份在几项分项指标的表现差异很大，譬如：北京的论文指数和科技成果指数位列第1位，高新技术产业科技项目指数位列第5位。同样，山东的论文指数、科技成果指数分别位列第18和17位，但是高新技术产业科技项目指数却高居第4位。主要原因可能是国家产业化项目实际上数量并不多，因此分布也有很强的政策性和布局考虑。

2. 论文指数四级指标框架及排名与分析

（1）指标框架

论文指数用万名R&D活动人员科技论文数、国外主要检索工具收录我国科技论文数两个指标进行评价（见图6-17）。

第六章　知识产权创造潜力各项指标排名与分析

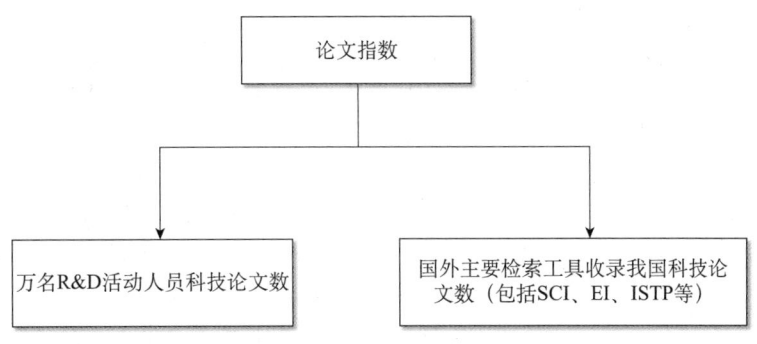

图 6-17　论文指数指标框架图

（2）论文指数具体指标分析

图 6-18 显示，浙江—福建是万名 R&D 活动人员科技论文数最低的 10 个省份，北京—广西是万名 R&D 活动人员科技论文数最高的 10 个省份，其中，北京约为 1545 篇/万人，排名第 1 位。

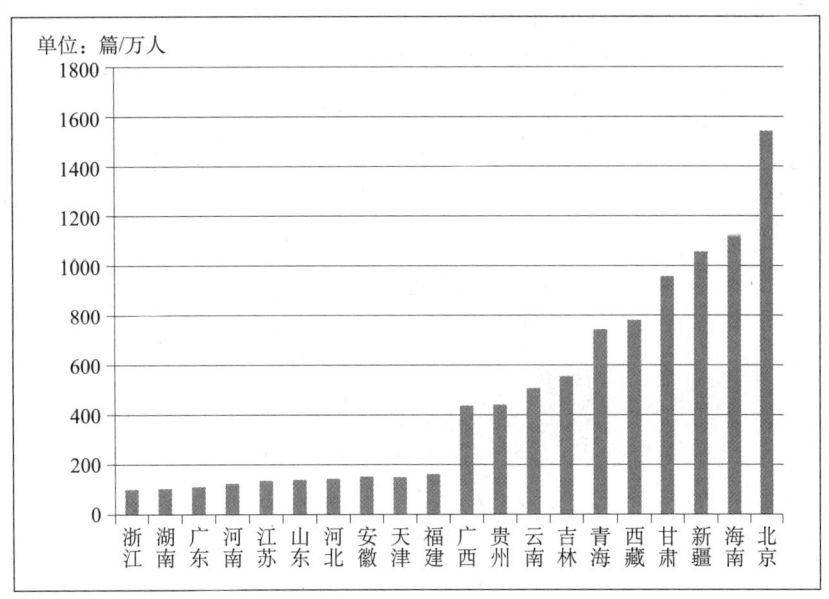

图 6-18　万名 R&D 活动人员科技论文数排名图

数据来源：中国科技统计资料汇编（2016）．中国科技统计网站，http://www.sts.org.cn/zlhb/．

图 6-19 显示，西藏—山西是国外主要检索工具收录我国科技论文数最少的 10 个省份，其中西藏（44 篇）不足 50 篇，青海不到 310 篇；北京—辽宁是国外主要检索工具收录我国科技论文数最多的 10 个省市，其中北京 93502 篇，是排在第 2 位的江苏近 2 倍，数量远远超于其他省份。

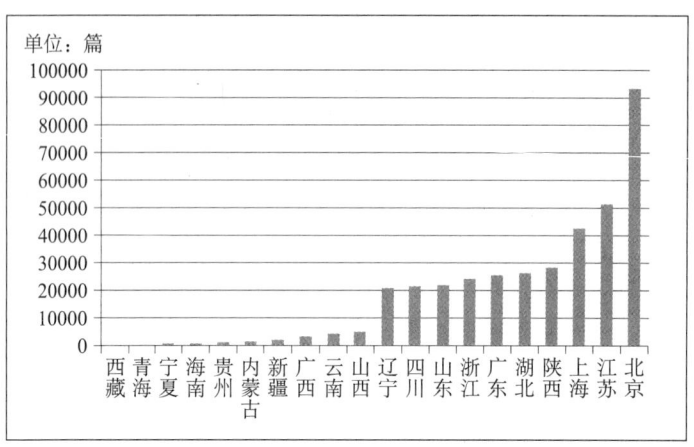

图 6 – 19　国外主要检索工具收录我国科技论文数排名图

数据来源：国家统计局，科学技术部.2017 中国科技统计年鉴［M］.北京：中国统计出版社，2017.

图 6 – 20 显示，北京的国外主要检索工具收录我国科技论文数占全国比重最高，约为 18.45%，北京、江苏、上海三省市论文数之和超过全国总量的三分之一，排名前 10 位的省市该项指标之和占全国比重超过 70%。

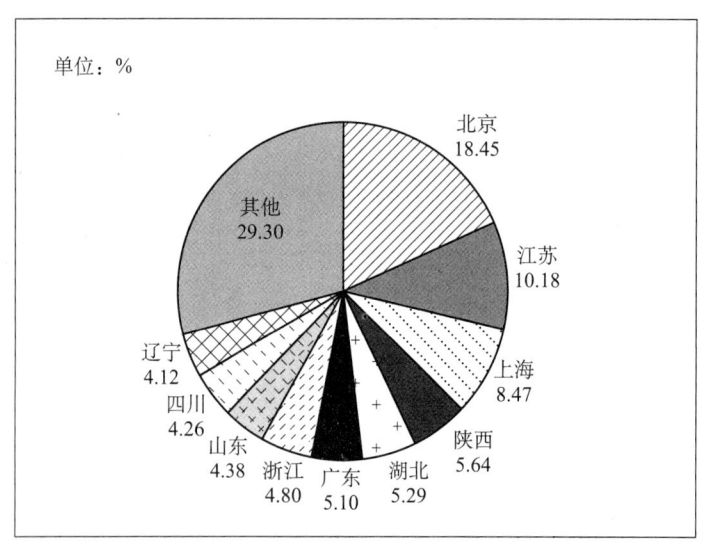

图 6 – 20　国外主要检索工具收录我国科技论文数占全国比重图

数据来源：国家统计局，科学技术部.2017 中国科技统计年鉴［M］.北京：中国统计出版社，2017.

3. 科技成果指数四级指标框架及排名与分析

（1）指标框架

科技成果指数用万人吸纳技术成果金额、获国家级科技成果奖系数两个指标进行测度(见图6-21)。

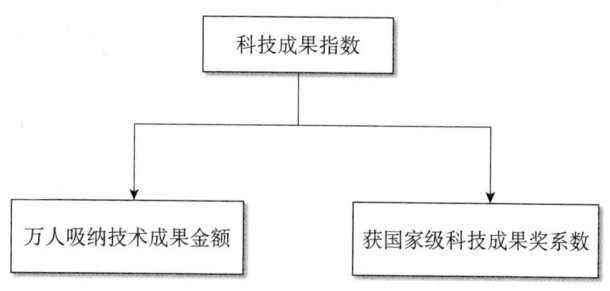

图6-21 科技成果指数指标框架图

(2)科技成果指数具体指标分析

图6-22显示,各省份在万人吸纳技术成果金额上面差距很大。广西—江西为万人吸纳技术成果金额最少的10个省份,广西、湖南和河南均不足200万元/万人;北京—福建为万人吸纳技术成果金额最多的10个省份,其中北京领先优势较大,为8068万元/万人,较2015年有所增长,是第2名的天津(2492万元/万人)的3.2倍。

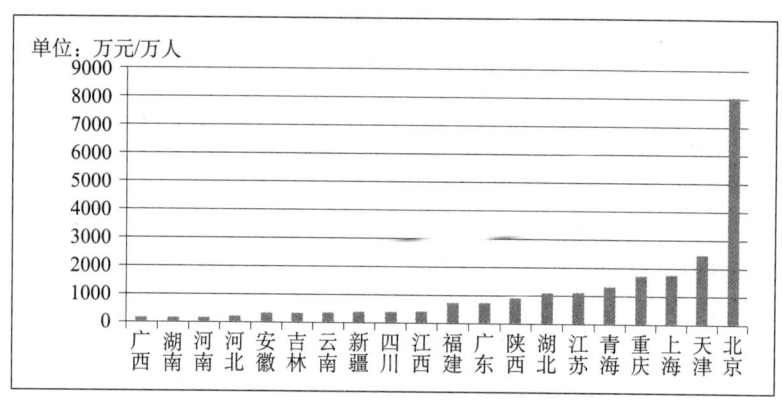

图6-22 万人吸纳技术成果金额排名图

数据来源:中国科技统计资料汇编(2016). 中国科技统计网站,http://www.sts.org.cn/zlhb/.

4. 高新技术产业科技项目指数四级指标框架及排名与分析

(1)指标框架

高新技术产业科技项目指数用高新技术产业新产品开发项目数指标进行测度(见图6-23)。

(2)高新技术产业科技项目指数具体指标分析

图6-24显示,高新技术产业新产品开发项目数排名中,西藏—云南这10个省份都很低,均不超过500(含)项。广东—湖北为排

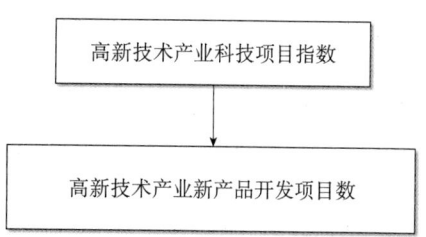

图6-23 高新技术产业科技项目指数指标框架图

名靠前的 10 个省份,其中,广东最高,为 22541 项,大幅领先于其他省份。

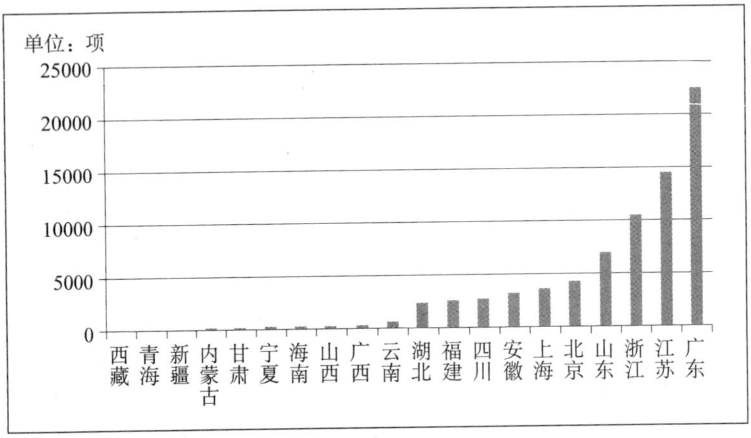

图 6-24 高新技术产业新产品开发项目数排名图

数据来源:国家统计局,科学技术部.2017 中国科技统计年鉴[M].北京:中国统计出版社,2017;国家统计局.2017 中国统计年鉴[M].北京:中国统计出版社,2017.

图 6-25 显示,高新技术产业新产品开发项目数分布相对集中,广东所占比重高达 24.2%,与 2016 年基本持平略有上升。排名第 2 位的江苏约占 15.62%,两省合计超过全国的三分之一。除去排名前 10 位的省份,其余 21 个省份合计占 20.48%,省份之间的差距非常大。

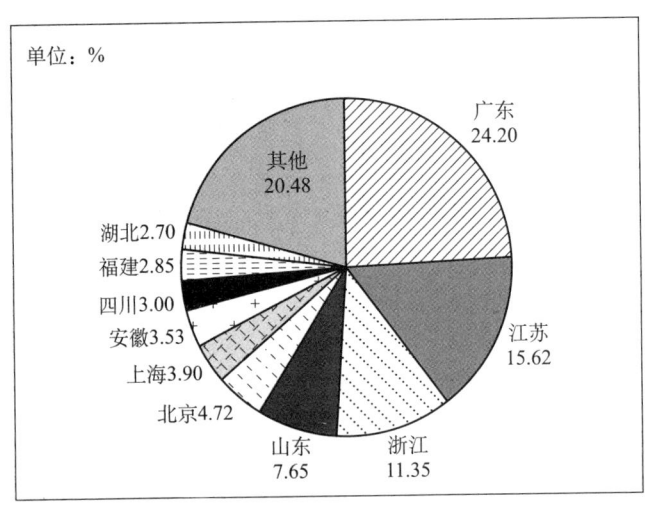

图 6-25 高新技术产业新产品开发项目数占全国比重排名图

数据来源:国家统计局,科学技术部.2017 中国科技统计年鉴[M].北京:中国统计出版社,2017;国家统计局.2017 中国统计年鉴[M].北京:中国统计出版社,2017.

四、知识产权创造环境指数三级指标框架及排名与分析

1. 知识产权创造环境指数三级指标框架及指数排名

（1）指标框架

知识产权创造环境指数下设八个三级指标：财政支持指数、金融环境指数、营商环境指数、生态环境指数、教育环境指数、文化环境指数、高新技术开发区指数以及科普指数（见图6-26、表6-4）。

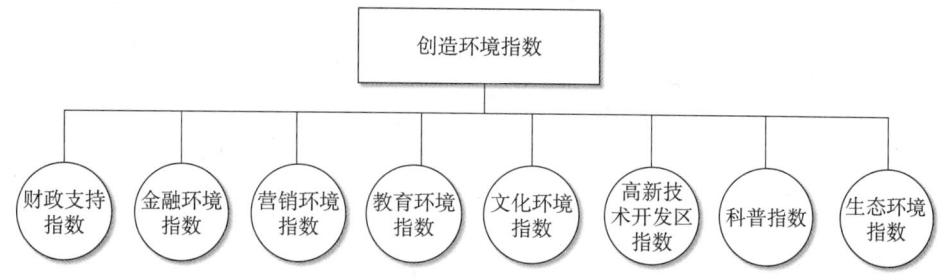

图6-26 知识产权创造环境指数指标框架图

（2）指数及排名

表6-4 知识产权创造环境指数及排名表

省份	创造环境		财政支持		金融环境		营商环境		生态环境		教育环境		文化环境		高新技术开发区		科普	
	指数	排名	指数	排名	指数	排名	指数	排名	指数	排名	指数	排名	指数	排名	指数	排名	指数	排名
北京	0.704	1	0.496	4	1.000	1	0.394	11	0.949	3	0.537	13	0.443	10	1.000	1	0.812	1
上海	0.543	2	0.460	5	0.833	2	0.500	3	0.903	5	0.313	27	0.408	12	0.320	6	0.602	4
江苏	0.534	3	0.381	8	0.343	5	0.478	4	0.593	27	0.636	5	0.782	1	0.424	3	0.636	3
广东	0.516	4	0.684	2	0.295	6	0.408	8	0.602	25	0.473	17	0.566	5	0.613	2	0.484	8
浙江	0.493	5	0.428	6	0.462	4	0.379	14	0.754	16	0.555	12	0.658	3	0.271	7	0.438	12
湖北	0.478	6	0.558	3	0.140	20	0.359	21	0.791	13	0.574	8	0.391	13	0.423	4	0.583	5
安徽	0.466	7	1.000	1	0.109	24	0.342	25	0.747	17	0.465	18	0.488	8	0.125	14	0.453	9
天津	0.425	8	0.369	9	0.600	3	0.398	10	0.948	4	0.643	4	0.235	20	0.104	17	0.107	26
陕西	0.424	9	0.219	15	0.158	16	0.371	17	0.793	12	0.742	1	0.459	9	0.201	9	0.452	10
山东	0.410	10	0.154	23	0.166	15	0.373	16	0.406	31	0.714	2	0.691	2	0.326	5	0.448	11
河南	0.394	11	0.178	19	0.066	30	0.376	15	0.662	22	0.567	10	0.589	4	0.156	10	0.557	6
湖南	0.369	12	0.129	25	0.000	31	0.351	22	0.800	11	0.443	21	0.518	6	0.156	11	0.554	7
福建	0.368	13	0.175	20	0.283	7	0.443	7	0.836	8	0.584	6	0.297	16	0.116	15	0.211	22

续表 6-4

省份	创造环境 指数	创造环境 排名	财政支持 指数	财政支持 排名	金融环境 指数	金融环境 排名	营商环境 指数	营商环境 排名	生态环境 指数	生态环境 排名	教育环境 指数	教育环境 排名	文化环境 指数	文化环境 排名	高新技术开发区 指数	高新技术开发区 排名	科普 指数	科普 排名
四川	0.358	14	0.170	21	0.115	22	0.348	23	0.688	19	0.431	22	0.506	7	0.222	8	0.388	14
江西	0.352	15	0.279	13	0.099	27	0.360	20	0.763	15	0.650	3	0.326	14	0.085	18	0.258	19
辽宁	0.340	16	0.147	24	0.249	10	0.464	5	0.604	24	0.431	23	0.299	15	0.136	12	0.390	13
广西	0.339	17	0.160	22	0.082	29	0.399	9	0.820	10	0.561	11	0.296	17	0.127	13	0.271	17
重庆	0.318	18	0.088	29	0.232	13	0.315	29	0.857	7	0.484	16	0.259	18	0.072	21	0.235	21
甘肃	0.317	19	0.213	16	0.149	18	0.388	13	0.776	14	0.489	15	0.170	24	0.045	23	0.307	16
云南	0.317	20	0.121	26	0.103	26	0.335	26	0.683	20	0.402	24	0.224	21	0.029	27	0.638	2
贵州	0.309	21	0.350	11	0.110	23	0.344	24	0.708	18	0.575	7	0.165	25	0.066	22	0.155	24
海南	0.302	22	0.106	28	0.233	12	0.565	1	0.955	2	0.456	19	0.074	29	0.008	28	0.018	29
吉林	0.301	23	0.202	17	0.156	17	0.367	18	0.902	6	0.451	20	0.211	23	0.111	16	0.006	30
河北	0.299	24	0.119	27	0.109	25	0.366	19	0.436	30	0.527	14	0.414	11	0.085	19	0.338	15
黑龙江	0.294	25	0.285	12	0.096	28	0.389	12	0.821	9	0.324	26	0.222	22	0.077	20	0.135	25
山西	0.267	26	0.076	30	0.128	21	0.331	27	0.495	29	0.570	9	0.251	19	0.040	24	0.249	20
西藏	0.248	27	0.182	18	0.263	9	0.519	2	0.996	1	0.003	31	0.024	31	0.000	31	0.000	31
新疆	0.248	28	0.229	14	0.148	19	0.309	30	0.600	26	0.329	25	0.159	26	0.034	25	0.174	23
宁夏	0.245	29	0.383	7	0.235	11	0.325	28	0.666	21	0.227	29	0.078	28	0.007	29	0.041	27
青海	0.226	30	0.366	10	0.270	8	0.444	6	0.645	23	0.027	30	0.024	30	0.003	30	0.027	28
内蒙古	0.213	31	0.000	31	0.207	14	0.290	31	0.542	28	0.233	28	0.141	27	0.031	26	0.258	18

分析表 6-4 可以发现，创造环境指数排名前 10 位的省份是北京、上海、江苏、广东、浙江、湖北、安徽、天津、陕西和山东。与指数报告 2017 年基本一致，只是个别名次发生变化。排名后 10 位的省份是海南、吉林、河北、黑龙江、山西、西藏、新疆、宁夏、青海和内蒙古。

创造环境指数主要从财政、金融、营商环境、教育环境、文化环境、生态环境和高新技术开发区等方面来观测。财政支持指数和金融环境指数的排名一致性较强，不出意外，仍以东部省份占优势。值得警惕的是，很多创造环境指数排名靠前的省份在教育环境指数方面表现很差，比如创造环境指数排名第 2 位的上海仅排在 27 位，同样，创造环境指数排名第 4 位的广东的教育环境指数仅排在第 17 位。同样生态环境指数也值得注意。江苏和广东整体环境较好，但是生态环境指数表现不如人意，表明经济发展方式仍然较为粗放。

2. 财政支持指数四级指标框架及排名与分析

(1) 指标框架

财政支持指数用地方政府科技支出占比来测度（见图6-27）。

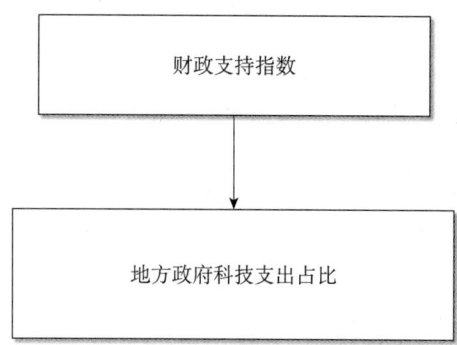

图6-27　财政支持指数指标框架图

(2) 财政支持指数具体指标分析

图6-28显示，内蒙古—广西是地方政府科技支出占比最低的10个省份，均不足3%；安徽—青海是地方政府科技支出占比最高的10个省份，其中安徽省远高于其他各省份，超过9%。

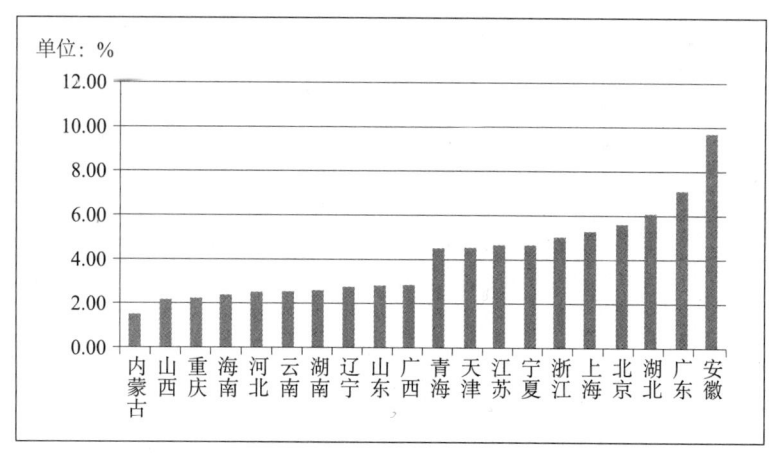

图6-28　地方政府科技支出占比排名图

数据来源：国家统计局，科学技术部. 2017中国科技统计年鉴［M］. 北京：中国统计出版社，2017；国家统计局. 2017中国统计年鉴［M］. 北京：中国统计出版社，2017.

3. 金融环境指数四级指标框架及排名与分析

(1) 指标框架

金融环境指数用人均年末金融机构贷款余额进行评价（见图6-29）。

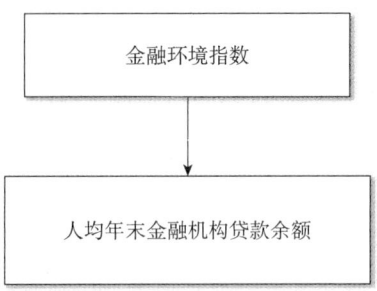

图 6-29　金融环境指数指标框架图

（2）金融环境指数具体指标分析

图 6-30 显示，湖南—四川是人均年末金融机构贷款余额最少的 10 个省份；北京—辽宁是人均年末金融机构贷款余额最多的 10 个省份，其中北京、上海、天津和浙江属于第一集团，远远高于全国其他各省份。

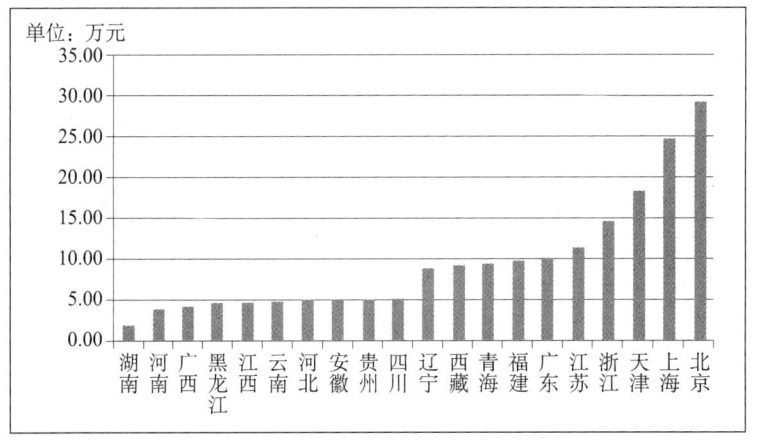

图 6-30　人均年末金融机构贷款余额排名图

数据来源：2016 年各省统计公报．

4. 营商环境指数四级指标框架及排名与分析

营商环境指数用外商投资总额占 GDP 比重和宏观税负指标进行评价（见图 6-31）。

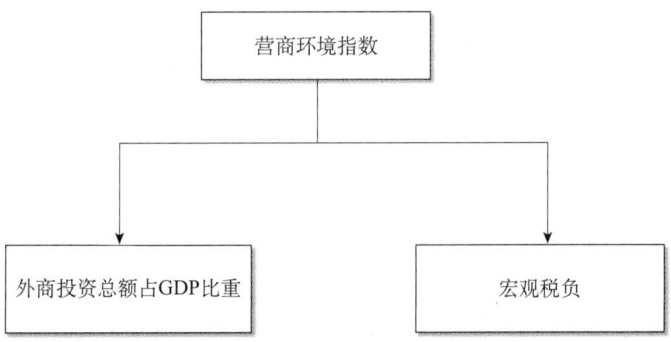

图 6-31　营商环境指数指标框架图

图 6-32 显示，新疆—广西是外商投资总额占 GDP 比重最低的 10 个省份，大部分是中西部地区。除广西（15.91%）和内蒙古（15.10%）外，均不足 15%，其中新疆（6.68%）外商投资总额占 GDP 比重甚至不足 7%；上海—重庆是外商投资总额占 GDP 比重最高的 10 个省市，其中上海的外商投资总额占 GDP 比重高达 173.65%，与 2016 年相比有较大提高，连续多年蝉联第一。从该指标可以看出，外商投资在地区布局上的分化更加明显，东部沿海经济发达省份具备引进外资的优越条件，是外商投资的热土。

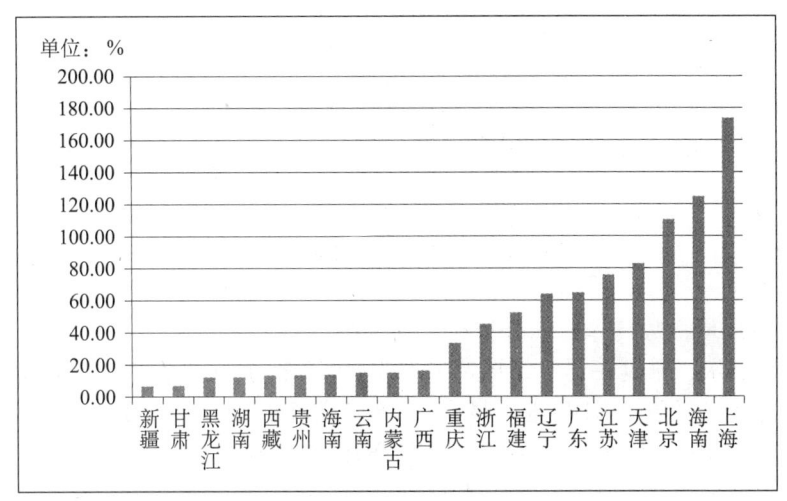

图 6-32 外商投资总额占 GDP 比重排名图

数据来源：国家统计局. 2017 中国统计年鉴 [M]. 北京：中国统计出版社，2017.

图 6-33 显示，宏观税负是负向指标，上海—山西是宏观税负最低的 10 个省份，上海的宏观税负最低，为 0.19%；西藏—陕西是宏观税负排名前 10 位的省份。

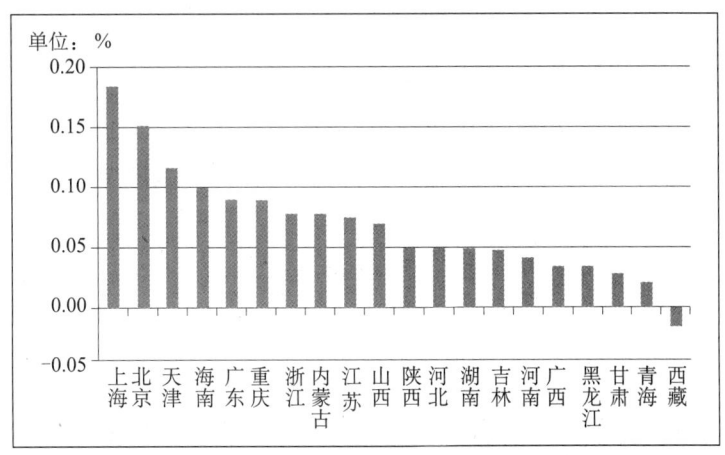

图 6-33 各省份宏观税负排名图

数据来源：国家统计局. 2017 中国统计年鉴 [M]. 北京：中国统计出版社，2017.

5. 生态环境指数四级指标框架及排名与分析

（1）指标框架

生态环境指数用单位 GDP 电耗、单位 GDP 二氧化硫排放和单位 GDP 废水排放和单位 GDP 一般固体废弃物排放来衡量（见图 6-34）。

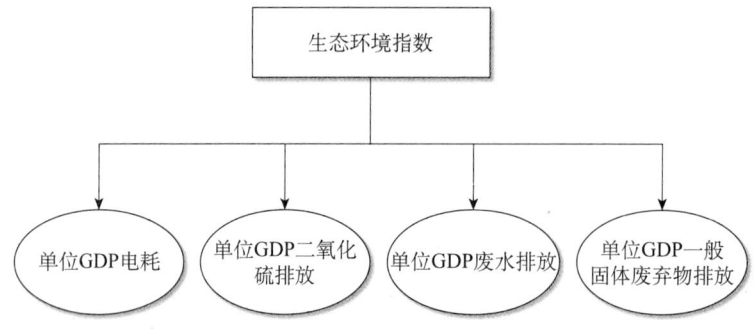

图 6-34 生态环境指数指标框架图

（2）生态环境指数具体指标分析

图 6-35 显示，宁夏—辽宁是单位 GDP 电耗最多的 10 个省份，大部分为中西部地区省份。其中，宁夏单位 GDP 电耗最高，为 28 亿千瓦时/百亿元。北京—四川是单位 GDP 电耗最少的 10 个省份，且均小于 10 亿千瓦时/百亿元。

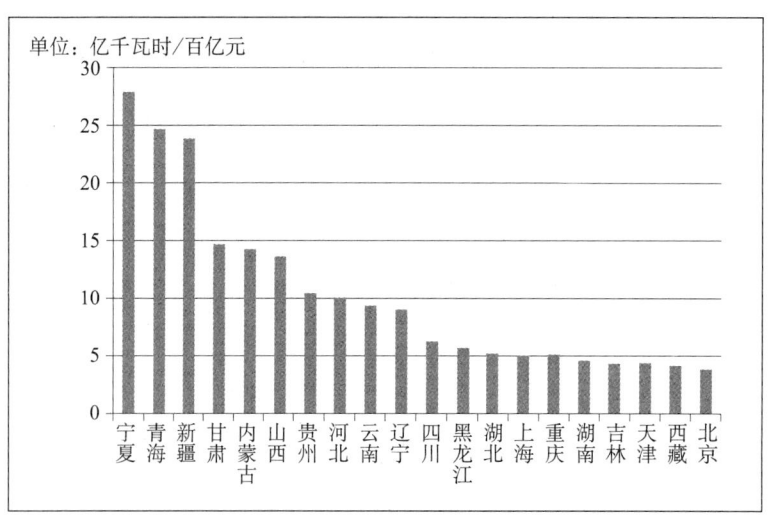

图 6-35 单位 GDP 电耗排名图

数据来源：国家统计局.2017 中国统计年鉴 [M]. 北京：中国统计出版社，2017.

图 6-36 显示，山东—新疆是单位 GDP 二氧化硫排放最多的 10 个省份，其中山东省达到 44 吨/亿元排名最后。西藏—宁夏是单位 GDP 二氧化硫排放最低的 10 个省份，其中，北京、天津、上海等经济发展水平较高的省份排名靠前，这说明了经济发达地区

在经济发展的同时高度重视生态环境的改善。

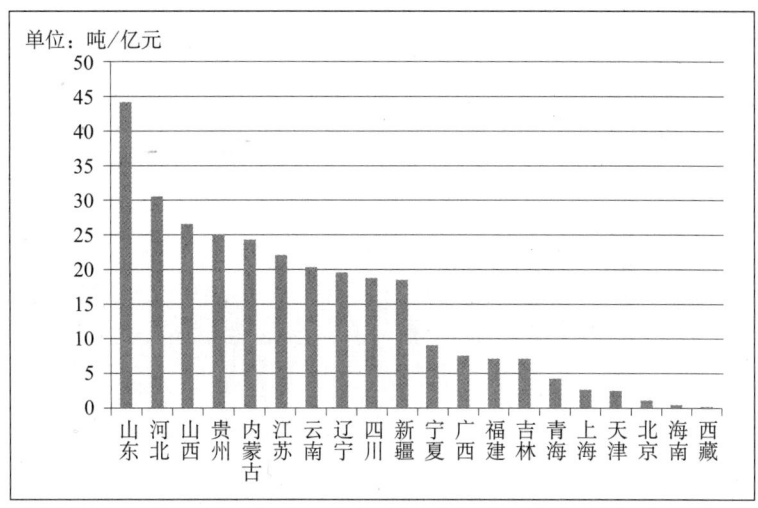

图 6-36 单位 GDP 二氧化硫排放排名图

数据来源：国家统计局.2017 中国统计年鉴［M］.北京：中国统计出版社，2017.

图 6-37 显示，广东—安徽是单位 GDP 废水排放最多的 10 个省份，其中广东省单位 GDP 废水排放最多。西藏—内蒙古是单位 GDP 废水排放最低的 10 个省份。

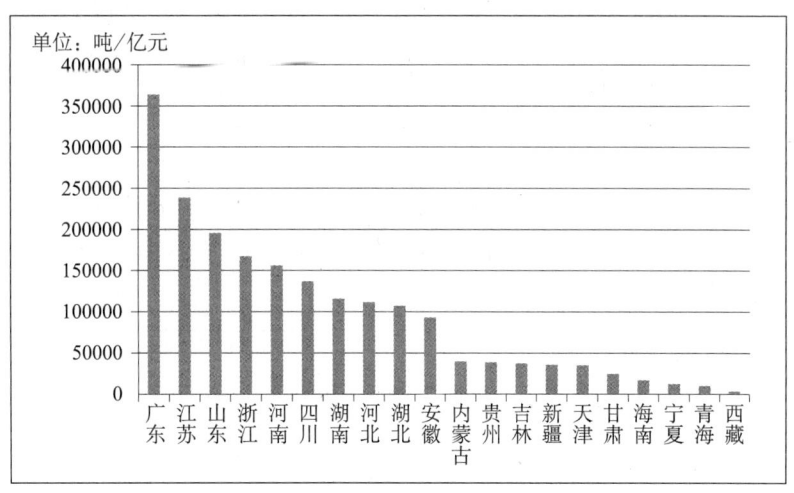

图 6-37 单位 GDP 废水排放排名图

数据来源：国家统计局.2017 中国统计年鉴［M］.北京：中国统计出版社，2017.

图 6-38 显示，河北—安徽是单位 GDP 一般固体废弃物排放最多的 10 个省份，多为重工业发达的省份。海南—福建是单位 GDP 一般固体废弃物排放最低的 10 个省份。

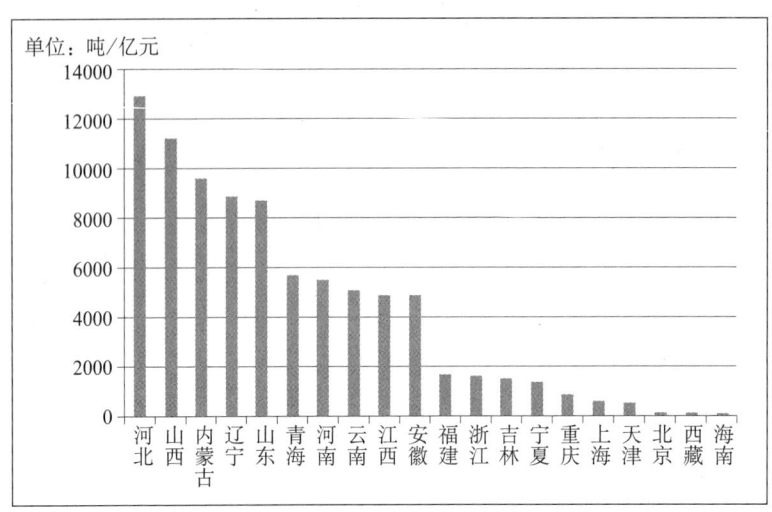

图 6-38 单位 GDP 一般固体废弃物排放排名图

数据来源：国家统计局.2017 中国统计年鉴［M］.北京：中国统计出版社，2017.

6. 教育环境指数四级指标框架及排名与分析

（1）指标框架

教育环境指数下设两个四级指标：地方政府财政支出中教育支出比重、每十万人口高等学校在校生数（见图 6-39）。

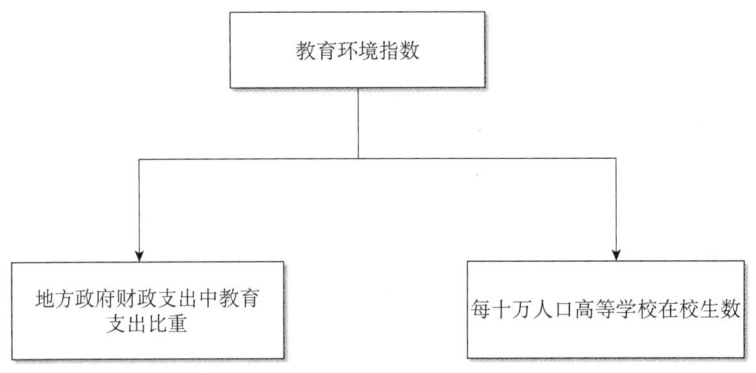

图 6-39 教育环境指数指标框架图

（2）教育环境指数具体指标分析

图 6-40 显示，地方政府财政支出中教育支出比重指标分布较为均衡，相互之间差距不大，西藏—吉林是地方政府财政支出中教育支出比重最低的 10 个省份。山东—陕西是地方政府财政支出中教育支出比重最高的 10 个省份，超过 20% 的省份仅有山东（20.49%）。整体来看，教育支出占比较 2016 年基本持平，表明了在地方财政支出增加的情况下，教育支出相应得到保证，也体现了教育的重要性深入人心。

第六章　知识产权创造潜力各项指标排名与分析

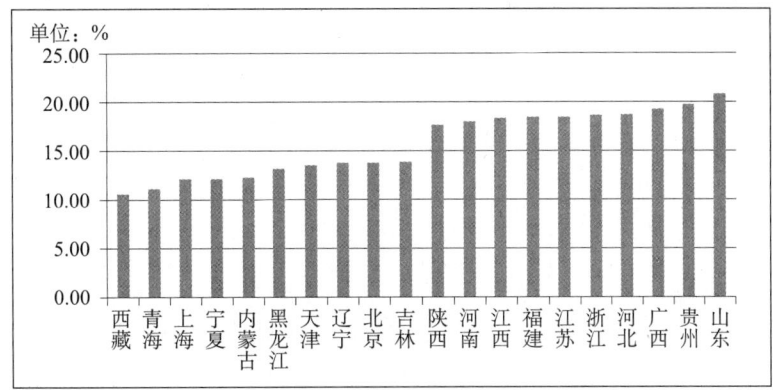

图 6-40　地方政府财政支出中教育支出比重排名图

数据来源：国家统计局.2017 中国统计年鉴［M］.北京：中国统计出版社，2017.

图 6-41 显示，青海—宁夏是每十万人口高等学校在校生数最少的 10 个省份，均不足 2000 人，其中青海（1044 人）的每十万人口高等学校在校生数排名最后；天津—上海是每十万人口高等学校在校生数最多的 10 个省市，其中天津（3289 人）、陕西（2823 人）北京（2757 人）的每十万人口高等学校在校生数约 3000 人上下，处于领先位置。

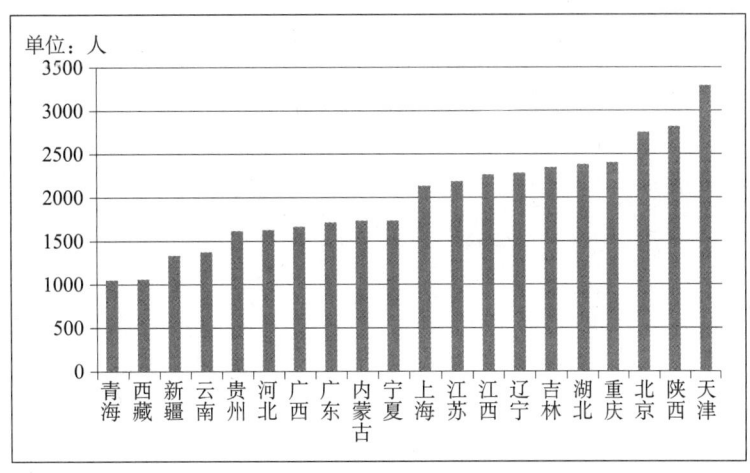

图 6-41　每十万人口高等学校在校生数排名图

数据来源：国家统计局.2017 中国统计年鉴［M］.北京：中国统计出版社，2017.

7. 文化环境指数四级指标框架及排名与分析
（1）指标框架
文化环境指数下设六个四级指标：文化产业法人单位数、文化产业从业人员数、图书出版量、录像、录音、电子出版物出版数量、出版发行机构数量、有线广播电视入户率（见图6-42）。

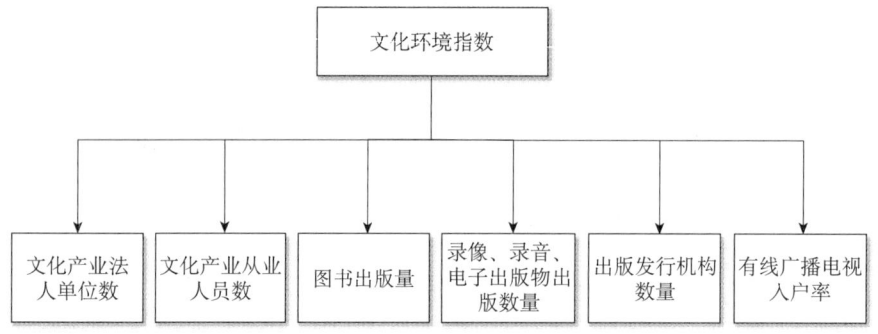

图6-42 文化环境指数指标框架图

(2) 文化环境指数具体指标分析

图6-43显示，宁夏—广西是文化产业法人单位数排名最低的10个省份，其中宁夏（73个）远低于100个；安徽—湖南是排名最高的10个省市，其中安徽以2173个排名第1位，相对其他省份的领先优势比较明显。

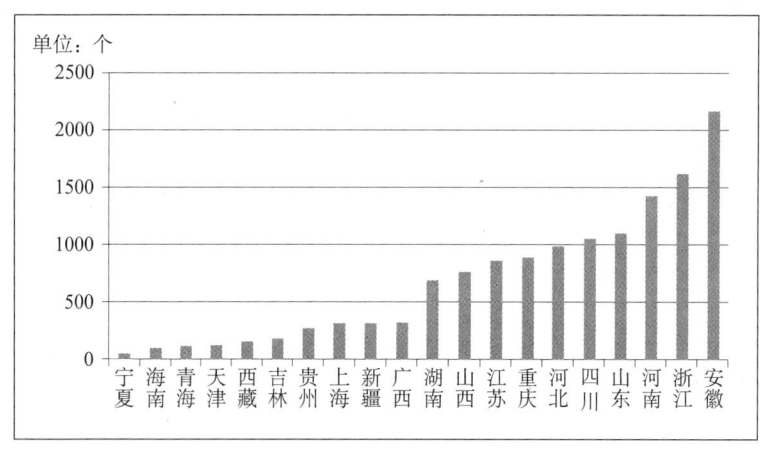

图6-43 文化产业法人单位数排名图

数据来源：国家统计局.2017中国统计年鉴［M］.北京：中国统计出版社，2017.

图6-44显示，西藏—贵州是文化产业从业人员数排名后10位的省份，均不足1500人。陕西—甘肃是排名前10位的省市，其中，陕西（8947人）、山东（7152人）、江苏（6524人）、四川（6452人）、河南（6209人）四省超过6000人。

图6-45显示，西藏—山西为图书出版量最低的10个省份，均不超过1（含）亿册。江苏—河北是排名前10位的省份，其中，江苏以6.3亿册排名第1位。

第六章 知识产权创造潜力各项指标排名与分析　　127

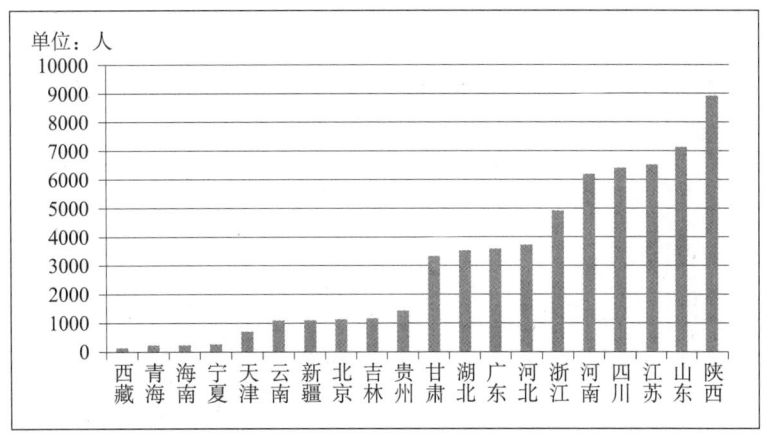

图 6 – 44　文化产业从业人员数排名图

数据来源：国家统计局，2017 中国统计年鉴 [M]．北京：中国统计出版社，2017．

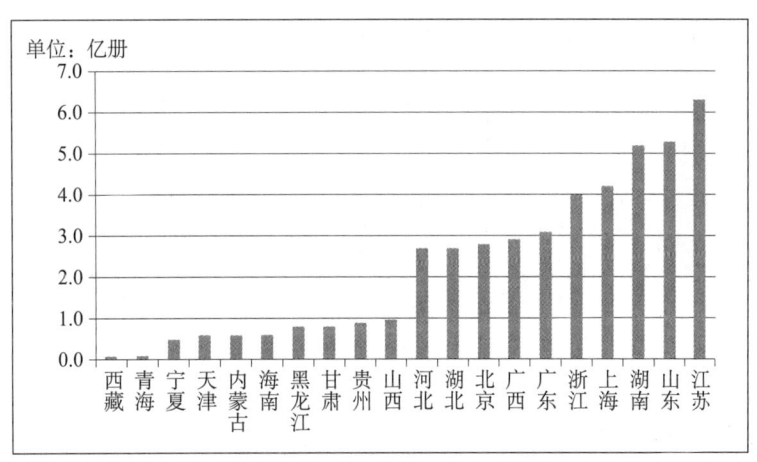

图 6 – 45　图书出版量排名图

数据来源：国家统计局，2017 中国统计年鉴 [M]．北京：中国统计出版社，2017．

图 6 – 46 显示，西藏—贵州是录像、录音、电子出版物出版数量最低的 10 个省份，其中，西藏不足 5 万张。山东—陕西是录像、录音、电子出版物出版数量最高的 10 个省份，山东的出版量高达 205 万张。

图 6 – 47 显示，西藏—山西是出版发行机构数量排名最后的 10 个省份，其中，西藏、青海、贵州、宁夏四省份甚至不足 1000 处；江苏—河北是排名前 10 位的省份，其中，江苏（15101 处）、河南（11992 处）、浙江（11244 处）三省超过 10000 处，位列前三，领先于其他省份。

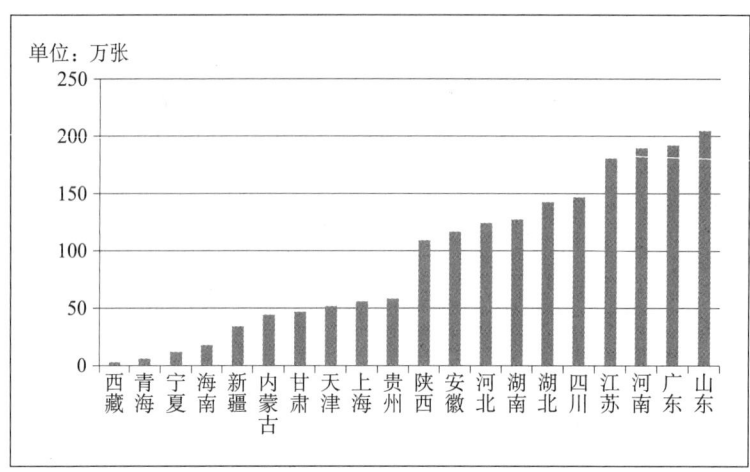

图 6-46　录像、录音、电子出版物出版数量排名图

数据来源：国家统计局，2017 中国统计年鉴［M］．北京：中国统计出版社，2017．

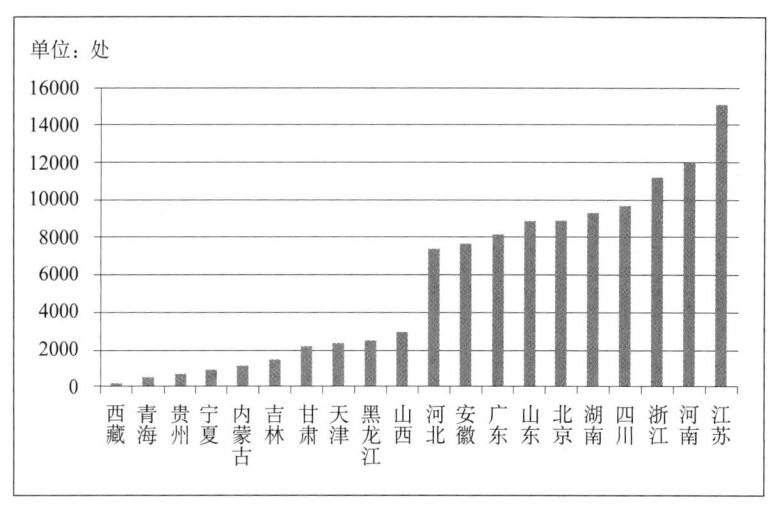

图 6-47　出版发行机构数量排名图

数据来源：国家统计局．2017 中国统计年鉴［M］．北京：中国统计出版社，2017．

图 6-48 显示，甘肃—四川是有线广播电视入户率排名后 10 位的省份，相互之间差距不大，排名最后一位的甘肃为 24.7%；北京—陕西是排名前 10 位的省份，基本呈阶梯状上升，上海和北京入户率超过 100%。该指标近年来呈现较为稳定并小幅增长的态势。

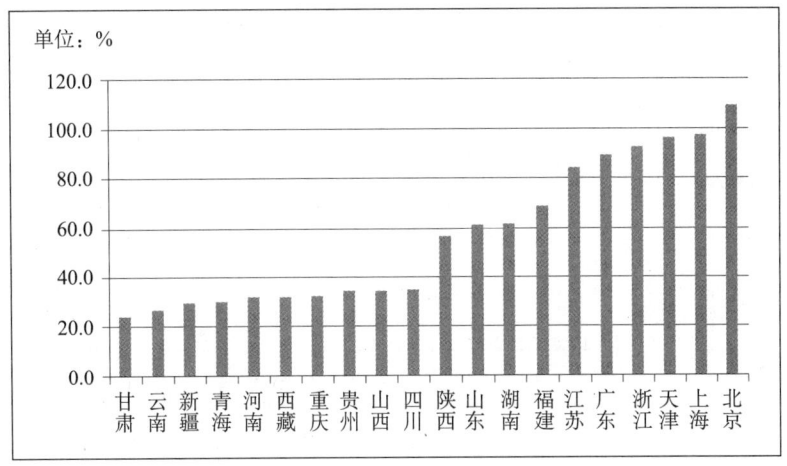

图 6-48 有线广播电视入户率排名图

数据来源：国家统计局. 2017 中国统计年鉴 [M]. 北京：中国统计出版社，2017.

8. 高新技术开发区指数四级指标框架及排名与分析

(1) 指标框架

高新技术开发区指数下设两个四级指标：高新技术开发区从业人员数、高新技术开发区技术性收入（见图 6-49）。

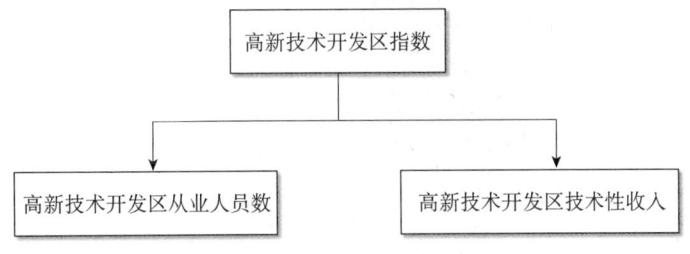

图 6-49 高新技术开发区指数指标框架图

(2) 高新技术开发区指数具体指标分析

图 6-50 显示，高新技术开发区从业人员数指标差异较大。西藏—黑龙江是高新技术开发区从业人员数排名最低的 10 个省份，西藏至今没有高新技术开发区，从业人员为 0；北京—河南是高新技术开发区从业人员数排名最高的 10 个省份，其中北京、广东、江苏三省市的高新技术开发区从业人员超过 150 万人，并且较 2016 年的增长明显。

图 6-51 显示，北京（13.75%）、广东（11.67%）两省市该项指标所占比重均超过 10%，是高新技术开发的龙头和重镇。除去排名靠前的 10 个省份，其他各省份之和所占比重略超 30%。

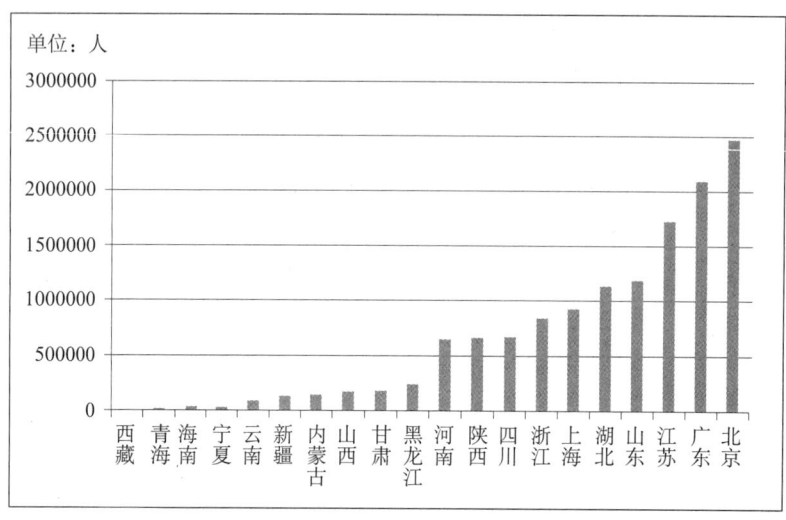

图 6-50　高新技术开发区从业人员数排名图

数据来源：国家统计局，科学技术部．2017 中国科技统计年鉴［M］．北京：中国统计出版社，2017．

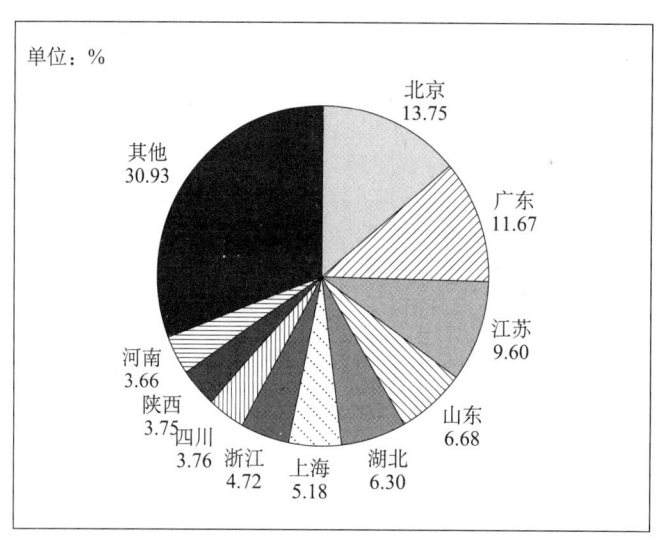

图 6-51　高新技术开发区从业人员数占全国比重图

数据来源：国家统计局，科学技术部．2017 中国科技统计年鉴［M］．北京：中国统计出版社，2017．

图 6-52 显示，西藏—福建为高新技术开发区技术性收入最低的 10 个省份，其中，西藏、青海、宁夏三省份不足 500 万元。北京—辽宁是该项指标排名前 10 位的省份，其中，北京约为 7580 亿元，占据绝对优势，是第 2 名广东（2941 亿元）的 2 倍还多。

第六章　知识产权创造潜力各项指标排名与分析

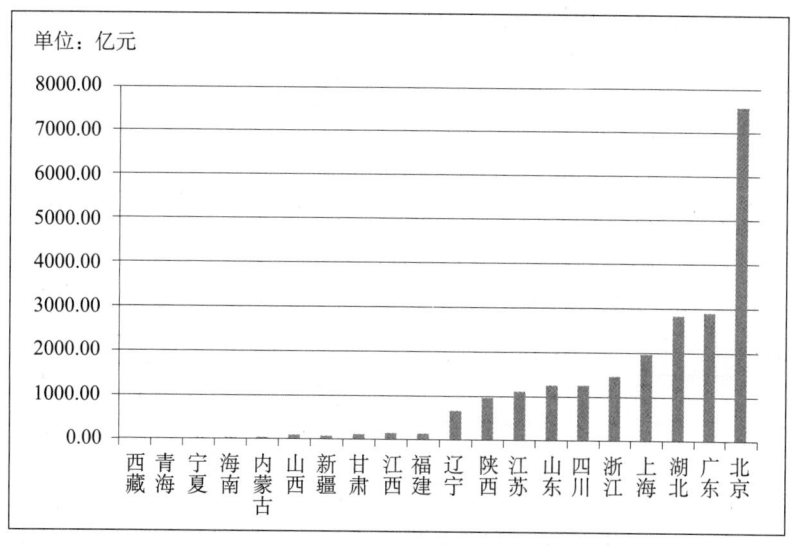

图 6-52　高新技术开发区技术性收入排名图

数据来源：国家统计局，科学技术部 . 2017 中国科技统计年鉴［M］. 北京：中国统计出版社，2017.

图 6-53 显示，高新技术开发区技术性收入指标分布很不均衡，但较前几年，该指标的集中程度一直在降低。北京高新技术开发区技术性收入占全国的比重达到 28.15%，较 2016 年又稍微提高了。除去排名靠前的 10 个省份，其余 21 个省份合计比重只占到 17.40%，较 2016 年下降了近 3 个百分点。

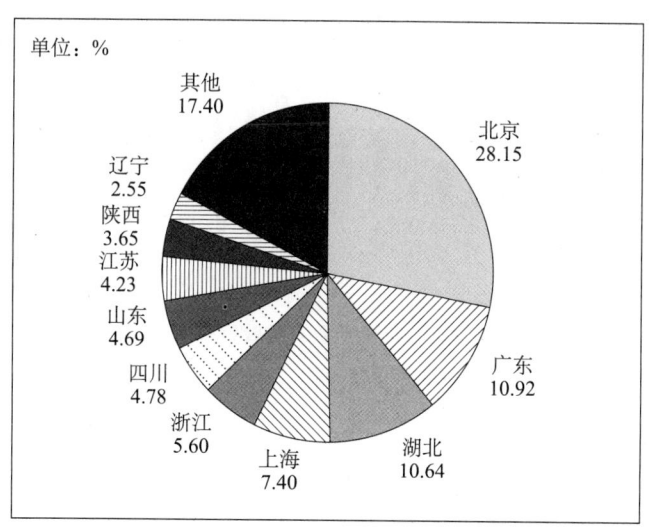

图 6-53　高新技术开发区技术性收入占全国比重图

数据来源：国家统计局，科学技术部 . 2017 中国科技统计年鉴［M］. 北京：中国统计出版社，2017.

9. 科普指数四级指标框架及排名与分析

（1）指标框架

科普指数下设两个四级指标：科普专职人员数量、科普年度筹集经费（见图6-54）。

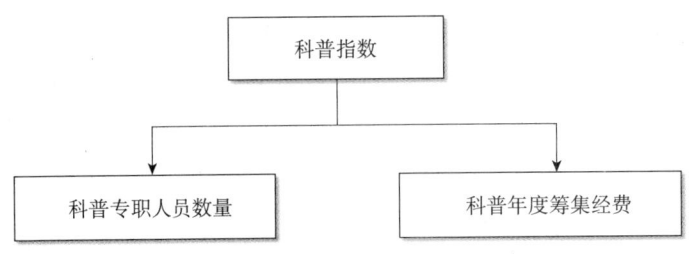

图6-54 科普指数指标框架图

（2）科普指数具体指标分析

图6-55显示，全国科普专职人员数量指标对于反映当前和未来的科学技术发展情况有很强的指示作用。海南—福建是科普专职人员数量排名最低的10个省份，均不到5000人，海南最低，为665人；河南—辽宁是科普专职人员数量排名最高的10个省份，其中河南以14499人列第1位。

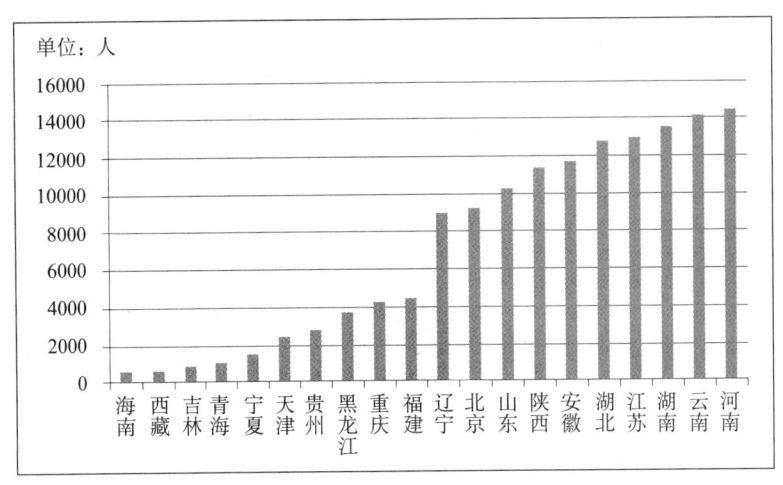

图6-55 科普专职人员数量排名图

数据来源：国家统计局，科学技术部.2017中国科技统计年鉴［M］.北京：中国统计出版社，2017.

图6-56显示，西藏—内蒙古为科普年度筹集经费最低的10个省份，其中，西藏、吉林、宁夏、山西和青海五省份不足1亿元。北京—四川是该项指标排名前10位的省份，其中，北京约为25.1亿元，占据绝对优势，是第2名上海（16.0亿元）的近1.6倍。

第六章 知识产权创造潜力各项指标排名与分析

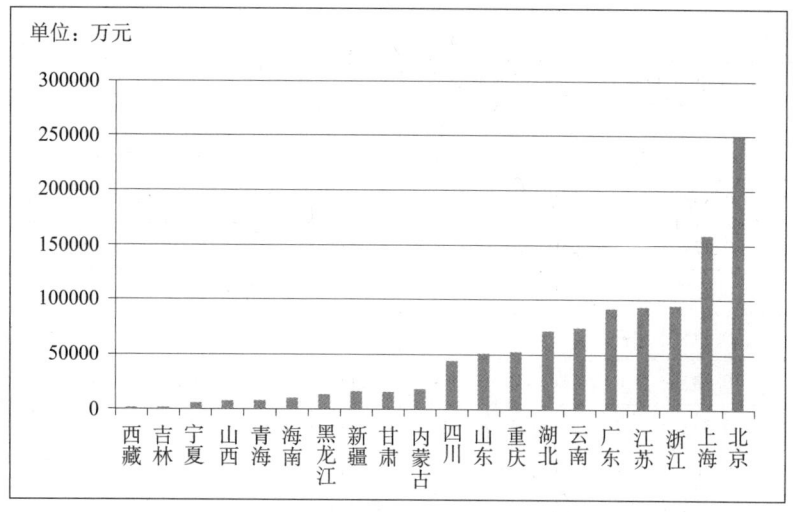

图 6-56 科普年度筹集经费排名图

数据来源：国家统计局，科学技术部．2017 中国科技统计年鉴［M］．北京：中国统计出版社，2017．

五、知识产权试点示范指数三级指标框架及排名与分析

1．知识产权试点示范指数三级指标框架及指数排名

（1）指标框架

知识产权试点示范指数下设四个三级指标：知识产权试点示范城市指数、知识产权试点示范园区指数、知识产权试点单位指数、文化产业示范指数（见图 6-57、表 6-5）。

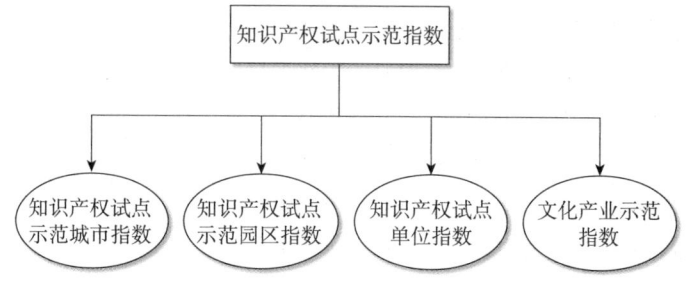

图 6-57 知识产权试点示范指数指标框架图

（2）指数及排名

表 6-5　　　　　　　　知识产权试点示范指数及排名表

省 份	知识产权试点示范		知识产权试点示范城市		知识产权试点示范园区		知识产权试点单位		文化产业示范	
	指数	排名	指数	排名	指数	排名	指数	排名	指数	排名
江 苏	0.875	1	1.000	1	0.500	2	1.000	1	1.000	1

续表 6-5

省 份	知识产权试点示范		知识产权试点示范城市		知识产权试点示范园区		知识产权试点单位		文化产业示范	
	指数	排名	指数	排名	指数	排名	指数	排名	指数	排名
广 东	0.565	2	0.500	2	0.500	2	0.774	2	0.488	3
山 东	0.377	3	0.500	2	0.000	8	0.032	23	0.976	2
北 京	0.357	4	0.143	10	0.500	2	0.613	3	0.171	15
湖 北	0.345	5	0.143	10	0.500	2	0.355	6	0.382	5
上 海	0.337	6	0.071	14	1.000	1	0.194	8	0.081	20
浙 江	0.332	7	0.429	4	0.000	8	0.484	4	0.415	4
安 徽	0.205	8	0.286	6	0.000	8	0.387	5	0.146	16
广 西	0.204	9	0.000	23	0.500	2	0.065	14	0.252	9
四 川	0.181	10	0.286	6	0.000	8	0.065	14	0.374	6
福 建	0.179	11	0.214	8	0.000	8	0.323	7	0.179	14
贵 州	0.173	12	0.071	14	0.500	2	0.065	14	0.057	21
辽 宁	0.151	13	0.143	10	0.000	8	0.194	8	0.268	8
重 庆	0.137	14	0.143	10	0.000	8	0.129	11	0.276	7
河 南	0.126	15	0.357	5	0.000	8	0.097	12	0.049	24
江 西	0.111	15	0.071	14	0.000	8	0.161	10	0.211	11
湖 南	0.100	17	0.214	8	0.000	8	0.065	14	0.122	17
吉 林	0.083	18	0.071	14	0.000	8	0.032	23	0.228	10
新 疆	0.073	19	0.071	14	0.000	8	0.032	23	0.187	12
黑龙江	0.064	20	0.071	14	0.000	8	0.097	12	0.089	19
甘 肃	0.063	21	0.000	23	0.000	8	0.065	14	0.187	12
内蒙古	0.045	22	0.000	23	0.000	8	0.065	14	0.114	18
天 津	0.040	23	0.071	14	0.000	8	0.032	23	0.057	21
陕 西	0.034	24	0.071	14	0.000	8	0.032	23	0.033	28
河 北	0.034	25	0.071	14	0.000	8	0.065	14	0.000	29
海 南	0.028	25	0.000	23	0.000	8	0.065	14	0.049	24
云 南	0.028	27	0.000	23	0.000	8	0.065	14	0.049	24
宁 夏	0.022	28	0.000	23	0.000	8	0.032	23	0.057	21
山 西	0.010	28	0.000	23	0.000	8	0.000	29	0.041	27
西 藏	0.000	30	0.000	23	0.000	8	0.000	29	0.000	29
青 海	0.000	31	0.000	23	0.000	8	0.000	29	0.000	29

知识产权试点示范指数排名与各地的国家知识产权试点示范城市、知识产权试点示范园区、知识产权试点单位以及文化产业示范等指标相关。分析表6-5可以发现，知识产权试点示范指数排名前10位的省份是江苏、广东、山东、北京、湖北、上海、浙江、安徽、广西和四川。排名后10位的省份是内蒙古、天津、陕西、河北、海南、云南、宁夏、山西、西藏和青海。具体详见下文各指标分析。

2. 知识产权试点示范城市指数四级指标框架及排名与分析

（1）指标框架

知识产权试点示范城市指数用国家知识产权试点示范城市数来度量（见图6-58、表6-6）。

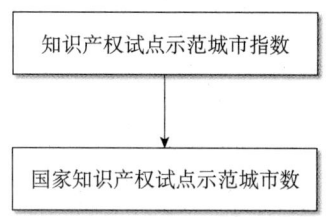

图6-58　知识产权试点示范城市指数指标框架图

（2）知识产权试点示范城市指数具体指标分析

表6-6　　　　　　　　　国家知识产权试点示范城市表

副省级	湖北武汉、江苏南京、广东广州、广东深圳、浙江杭州、山东济南、四川成都、黑龙江哈尔滨、山东青岛、陕西西安、辽宁大连、福建厦门、浙江宁波、吉林长春、辽宁沈阳
地级	山东东营、河南郑州、河南洛阳、江苏镇江、浙江温州、江苏苏州、福建泉州、福建福州、安徽芜湖、湖南长沙、山东烟台、江苏南通、广东东莞、江苏无锡、湖南株洲、江苏泰州、山东潍坊、山东淄博、安徽合肥、浙江嘉兴、河南南阳、浙江湖州、新疆昌吉州、河南新乡、贵州贵阳、广东佛山、江苏常州、湖北宜昌、河南安阳、广东中山、北京朝阳区、湖南湘潭、四川攀枝花、江西南昌、四川绵阳、广东惠州、四川德阳、北京海淀区、上海闵行区、天津西青区、重庆江北区、安徽马鞍山、广东汕头、河北石家庄、江苏徐州、重庆九龙坡区
县级	江苏常熟、江苏昆山、江苏江阴、江苏丹阳、江苏张家港、山东即墨、江苏海门、安徽宁国、浙江义乌

资料来源：国家知识产权试点城市、国家知识产权示范城市、国家知识产权示范城市创建市，国家知识产权局网站，http://www.sipo.gov.cn/zlgls/zhc/cs/cssdzcwj/201104/t20110425_600890.html. http://www.sipo.gov.cn/ztzl/ywzt/zscqsfszl/.

3. 知识产权试点示范园区指数四级指标框架及排名与分析

（1）指标框架

知识产权试点示范园区指数用国家知识产权试点园区示范园区数来度量（见图6-59、表6-7）。

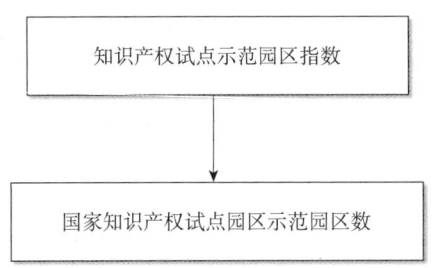

图 6-59 知识产权试点示范园区指数指标框架图

(2) 知识产权试点示范园区指数具体指标分析

表 6-7　　　　　　　　国家知识产权试点示范园区表

国家知识产权示范（创建）园区	武汉东湖新技术开发区、长春高新技术产业开发区、天津滨海高新技术产业园区、青岛市崂山区、张江高科技园区、苏州工业园区、成都高新技术产业开发区、中关村科技园区、苏州高新区、杭州高新技术产业开发区、江苏昆山经济技术开发区、深圳市高新技术产业园区、洛阳高新技术产业开发区、广州开发区、长沙经济技术开发区、西安高新技术产业开发区、无锡高新技术产业开发区、石家庄高新技术产业开发区、包头稀土高新技术产业开发区、惠州仲恺高新技术产业开发区、烟台经济技术开发区、青岛西海岸新区（原经济技术开发区）、威海火炬高技术产业开发区、淄博高新技术产业开发区、沈阳高新技术产业开发区、张家港经济技术开发区、昆山高新技术产业开发区、江苏省张家港保税区、宁波国家高新技术产业开发区、合肥高新技术产业开发区、烟台高新技术产业开发区、东营经济技术开发区、潍坊高新技术产业开发区、郑州高新技术产业开发区、重庆高新技术产业开发区、长寿经济技术开发区、自贡高新技术产业开发区、杨凌农业高新技术产业示范区、宝鸡高新技术产业开发区、乌鲁木齐经济技术开发区
国家知识产权试点园区	襄阳高新区、无锡工业设计园、湘潭高新技术产业开发区、国家知识产权创意产业园区、广东肇庆高新区、海口国家高新技术产业开发区、湖南望城经济开发区、泉州高新技术产业开发区、厦门火炬高技术产业开发区、北京经济技术开发区、南宁高新技术产业开发区、柳州高新技术产业开发区、绵阳高新技术产业开发区、贵州国家高新技术产业开发区、上海紫竹高新技术产业开发区、上海漕河泾新兴技术开发区、江苏新沂经济开发区、海安经济开发区、锡山经济技术开发区、芜湖经济技术开发区、温州高新区技术产业开发区、金华经济技术开发区、南京高新技术产业开发区、南通高新技术产业开发区、武汉经济技术开发区、江阴高新技术产业开发区、武进高新技术产业开发区、徐州经济技术开发区、连云港经济技术开发区、南京江宁经济技术开发区、泰兴经济开发区、南通经济技术开发区、靖江经济技术开发区、邳州经济开发区、萍乡经济技术开发区、德州经济技术开发区、东莞松山湖（生态园）高新区、重庆空港工业园区、重庆两江新区、天津市东丽区华明高新技术产业区、天津新技术产业园区武清开发区、上海临港松江科技城、南京经济技术开发区、江苏省盐城高新技术产业开发区、江苏泰州高港高新技术产业园区

资料来源：国家知识产权试点园区、示范园区创建，国家知识产权局网站，http://www.sipo.gov.cn/zlgls/zhc/yq/yqzcwj/201104/t20110425_600895.html.

4. 知识产权试点单位指数四级指标框架及排名与分析

(1) 指标框架

知识产权试点单位指数用企事业知识产权试点单位数来度量（见图 6-60）。

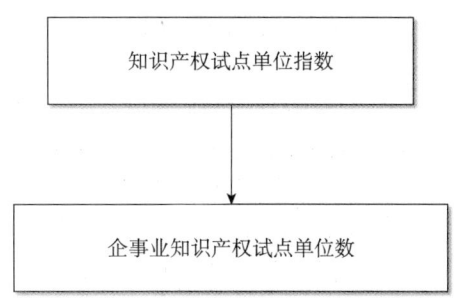

图 6-60 知识产权试点单位指数指标框架图

（2）知识产权试点单位指数具体指标分析

图 6-61 显示，山西—河北 10 个省份企事业知识产权试点单位数都较少，是排名后 10 位的省份。江苏和广东超过 20 个试点单位，分列第 1 位和第 2 位。

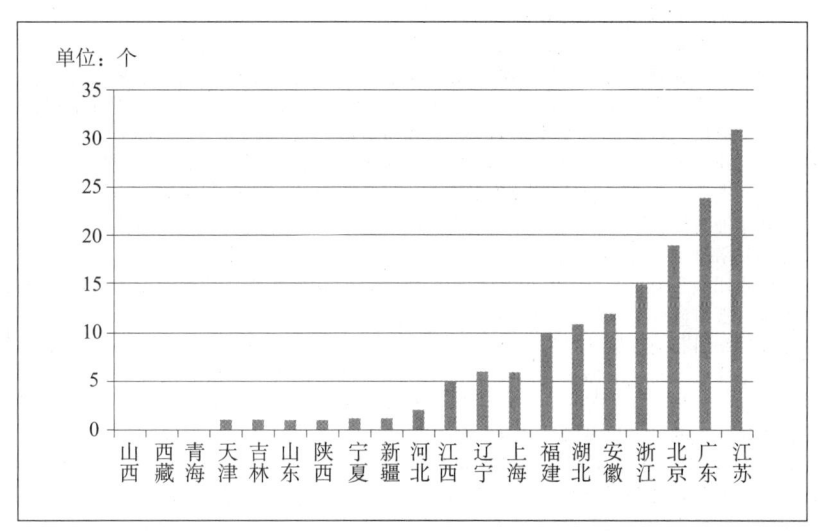

图 6-61 企事业知识产权试点单位数排名图

数据来源：全国企事业知识产权试点单位（第四批），国家知识产权局网站，http://www.sipo.gov.cn/sipo2010/zlgls/zxdt/zxgzdt/201101/t20110126_488595.html。

5. 文化产业示范指数四级指标框架及排名与分析

（1）指标框架

文化产业示范指数用国家文化产业示范基地数来度量（见图 6-62、表 6-8）。

（2）文化产业示范指数具体指标分析

表 6-8 为第四批国家文化产业示范基地名单，各省份分布较为均衡。经过四批的积累，广

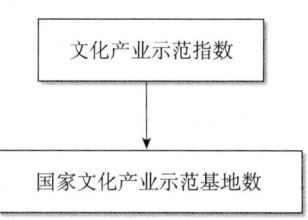

图 6-62 文化产业示范指数指标框架图

东拥有国家文化产业示范基地 17 个,排名第 1 位。除广东外,超过 10 个省份还有北京(16 个)、四川(12 个)、辽宁(10 个)、上海(10 个)、江苏(10 个)和浙江(10 个)等六省份。

表 6-8　　　　　　　　　　国家文化产业示范基地表(第四批)　　　　　　　　单位:个

1. 北京数字娱乐发展有限公司、2. 北京京都文化投资管理公司、3. 北京贯辰传媒有限公司
4. 北京人大文化科技园建设发展有限公司、5. 北京钧天坊古琴文化艺术传播有限公司
6. 中央新闻纪录电影制片厂(动漫)、7. 北京中外名人文化产业集团有限公司、8. 天津神界漫画有限公司
9. 天津市猛犸科技有限公司、10. 天津市津宝乐器有限公司、11. 大厂评剧歌舞团演艺有限责任公司
12. 河北金音乐器集团有限公司、13. 蔚县圆通文化创意有限责任公司、
14. 阳城县皇城相府(集团)实业有限公司、15. 山西晋阳嫦娥文化艺术有限公司
16. 内蒙古鄂尔多斯市达拉特旗响沙湾旅游有限公司(文化旅游)、17. 内蒙古力王工艺美术有限公司
18. 大连圣亚旅游控股股份有限公司(文化旅游)、19. 沈阳三农博览园有限公司
20. 吉林省宇平工艺品制造有限公司、21. 吉林禹硕动漫游戏科技股份有限公司
22. 黑龙江冰尚杂技舞蹈演艺制作有限公司、23. 哈尔滨太阳岛风景区资产经营有限公司
24. 上海天地软件创业园有限公司、25. 上海今日动画影视文化有限公司、26. 扬州智谷投资管理有限公司
27. 江苏周庄文化创意产业投资发展有限公司、28. 江苏金一文化发展有限公司、
29. 杭州神采飞扬娱乐有限公司、30. 宁波音王集团有限公司、31. 衢州醉根艺品有限公司
32. 桐城市佛光铜质工艺品有限公司、33. 蚌埠光彩投资有限责任公司、34. 中国宣纸集团公司
35. 艾派集团(中国)有限公司、36. 莆田市集友艺术框业有限公司、37. 福安市珍华工艺品有限公司
38. 萍乡市升华实业有限公司、39. 同方泰豪动漫产业投资有限公司、
40. 山东周村古商城旅游发展有限公司(文化旅游)、41. 威海刘公岛实业发展有限公司
42. 潍坊杨家埠民俗艺术有限公司、43. 开封清明上河园股份有限公司、44. 镇平石佛寺珠宝玉雕有限公司
45. 项城市汝阳刘笔业有限公司、46. 海豚传媒股份有限公司、47. 武汉艾立卡电子有限公司
48. 湖南大剧院、49. 拓维信息系统股份有限公司、50. 广东中凯文化传媒有限公司
51. 广州珠江钢琴集团股份有限公司、52. 羊城创意产业园、53. 深圳华强文化科技集团股份有限公司
54. 深圳市永丰源实业有限公司、55. 深圳市同源南岭文化创意园有限公司、
56. 海南天涯在线网络科技有限公司、57. 广西钦州坭兴陶艺有限公司、58. 重庆商界传媒有限公司、
59. 凉山文化广播电影电视传媒有限公司、60. 贵州平坝县天龙旅游投资开发有限公司(文化旅游)
61. 大理风花雪月文化传播有限责任公司、62. 拉萨市城关区古艺建筑美术公司
63. 宝鸡市文化旅游产业开发建设有限公司、64. 西安大唐西市文化产业投资有限公司
65. 陕西富平陶艺村有限责任公司、66. 敦煌飞天文化产业发展有限公司、67. 青海藏羊地毯集团有限公司
68. 青海工艺美术厂有限责任公司、69. 宁夏华夏西部影视城有限公司(文化旅游)、
70. 新疆国际大巴扎开发有限公司

数据来源:国家文化产业示范基地(第四批),国家文化部网站,http://www.mcprc.gov.cn/sjzz/whcys_4769/cys_gjwhcysfjdm/201112/t20111207_351235.htm。

六、企业创造潜力指数三级指标框架及排名与分析

1. 企业创造潜力指数三级指标框架及指数排名

(1) 指标框架

企业创造潜力指数下设四个三级指标:企业科研基础指数、企业人才投入指数、企业资本投入指数、企业新产品开发指数(见图 6-63、表 6-9)。

第六章 知识产权创造潜力各项指标排名与分析

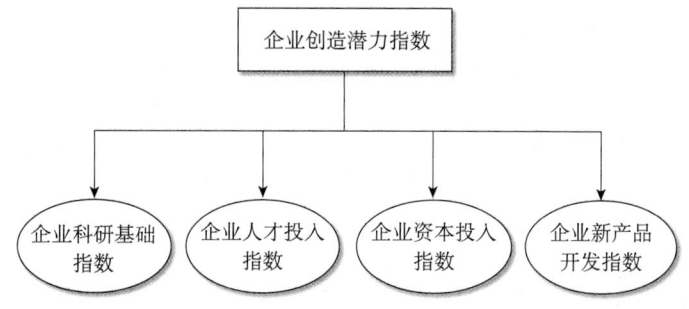

图 6-63　企业创造指数指标框架图

(2) 指数及排名

表 6-9　　　　　　　　　　企业创造潜力指数及排名表

省份	企业创造潜力		企业科研基础		企业人才投入		企业资本投入		企业新产品开发	
	指数	排名	指数	排名	指数	排名	指数	排名	指数	排名
江　苏	0.768	1	1.000	1	0.544	2	0.636	7	0.892	2
广　东	0.749	2	0.532	5	0.582	1	0.884	5	1.000	1
浙　江	0.664	3	0.695	2	0.340	6	0.931	2	0.690	3
北　京	0.483	4	0.608	4	0.290	7	0.886	3	0.147	10
上　海	0.479	5	0.314	10	0.356	5	1.000	1	0.247	5
天　津	0.464	6	0.649	3	0.180	18	0.884	4	0.142	11
山　东	0.435	7	0.243	16	0.430	4	0.549	11	0.517	4
安　徽	0.331	8	0.378	6	0.191	15	0.509	13	0.245	6
湖　南	0.329	9	0.335	8	0.250	9	0.598	9	0.134	12
湖　北	0.312	10	0.222	18	0.284	8	0.575	10	0.166	7
重　庆	0.306	11	0.336	7	0.147	21	0.607	8	0.134	13
福　建	0.279	12	0.274	15	0.157	20	0.522	12	0.164	8
辽　宁	0.279	13	0.138	22	0.185	16	0.690	6	0.103	17
陕　西	0.262	14	0.238	17	0.229	10	0.508	14	0.075	18
云　南	0.211	15	0.322	9	0.085	29	0.391	16	0.048	19
甘　肃	0.197	16	0.303	12	0.135	22	0.332	18	0.017	27
四　川	0.195	17	0.145	20	0.205	12	0.309	22	0.121	14
黑龙江	0.192	18	0.075	27	0.193	14	0.465	15	0.035	22
河　北	0.188	19	0.140	21	0.167	19	0.325	20	0.120	15
江　西	0.185	20	0.300	13	0.131	24	0.197	26	0.111	16

续表 6-9

省份	企业创造潜力		企业科研基础		企业人才投入		企业资本投入		企业新产品开发	
	指数	排名	指数	排名	指数	排名	指数	排名	指数	排名
河南	0.178	21	0.133	23	0.216	11	0.211	24	0.150	9
海南	0.178	22	0.291	14	0.097	28	0.317	21	0.006	29
宁夏	0.171	23	0.306	11	0.040	31	0.326	19	0.012	28
山西	0.160	24	0.127	24	0.127	26	0.355	17	0.031	23
西藏	0.143	25	0.071	28	0.500	3	0.000	31	0.000	31
内蒙古	0.135	26	0.069	29	0.135	23	0.308	23	0.027	25
新疆	0.124	27	0.089	26	0.200	13	0.189	27	0.018	26
贵州	0.114	28	0.153	19	0.067	30	0.206	25	0.028	24
吉林	0.090	29	0.000	31	0.185	17	0.129	28	0.045	20
青海	0.082	30	0.100	25	0.130	25	0.096	30	0.002	30
广西	0.079	31	0.068	30	0.097	27	0.107	29	0.043	21

分析表 6-9 可以发现，企业创造潜力指数排名前 10 位的省份是江苏、广东、浙江、北京、上海、天津、山东、安徽、湖南和湖北；排名后 10 位的省份是海南、宁夏、山西、西藏、内蒙古、新疆、贵州、吉林、青海和广西。

在两个最基本的投入指标：企业人才投入指数方面和新产品开发指数排名第 1 位的都是广东。在企业资本投入指数方面，排名第 1 位的是上海；企业科研基础指数排名第 1 位的是江苏。

2. 企业科研基础指数四级指标框架及排名与分析

（1）指标框架

企业科研基础指数用规模以上工业企业中有科技机构的企业占全部企业比重、规模以上工业企业中有 R&D 活动的企业占全部企业比重两个指标来度量（见图 6-64）。

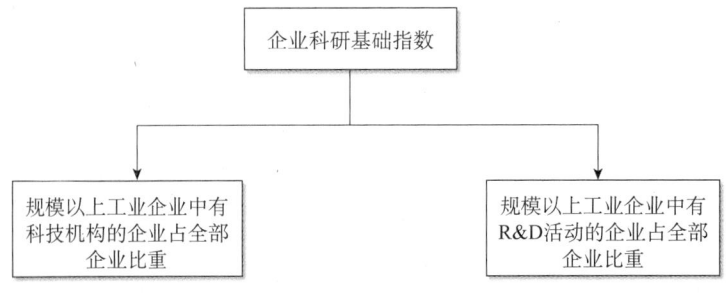

图 6-64 企业科研基础指数指标框架图

(2) 企业科研基础指数具体指标分析

图 6-65 显示，吉林—青海是规模以上工业企业中有科技机构的企业占全部企业比重较低的 10 个省份，均不超过 7%。江苏—湖南是规模以上工业企业中有科技机构的企业占全部企业比重较高的 10 个省份，除江苏（43.65%）、浙江（23.39%）、广东（22.71%）外，各省份之间的差距并不明显。

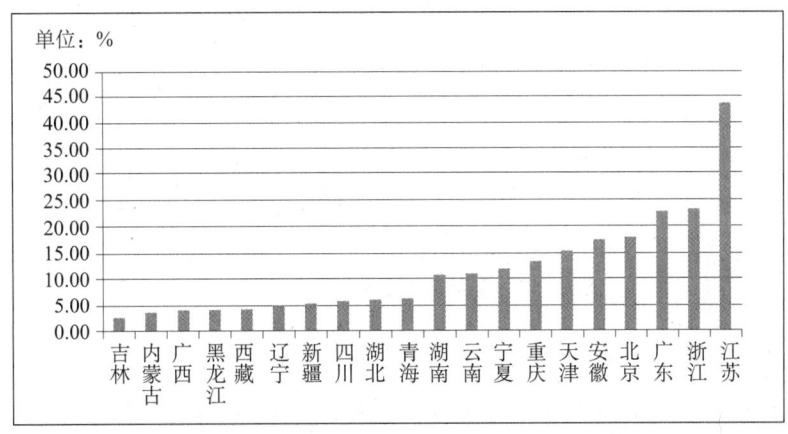

图 6-65　规模以上工业企业中有科技机构的企业占全部企业比重图

数据来源：国家统计局，科学技术部. 2017 中国科技统计年鉴［M］. 北京：中国统计出版社，2017.

图 6-66 显示，吉林—河北是规模以上工业企业中有 R&D 活动的企业占全部企业比重最低的 10 个省份，均不足 12%。江苏—云南则是排名最高的 10 个省份，其中，江苏比重最高，约为 40.06%。此外，天津、浙江和北京三省市的比重也超过 30%。

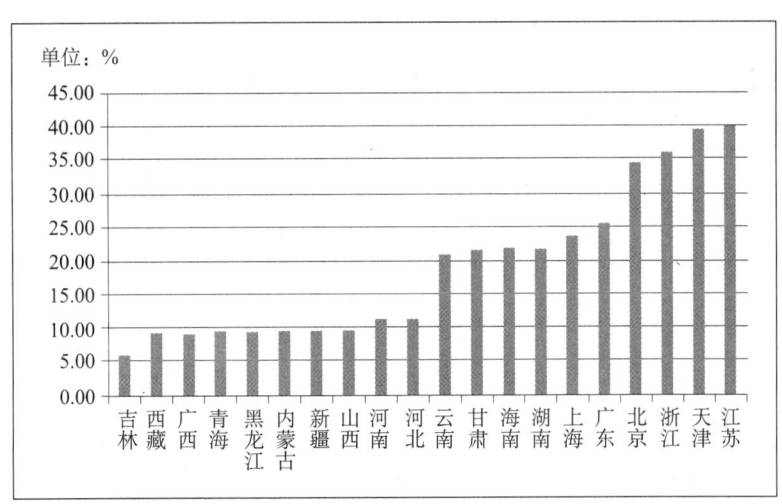

图 6-66　规模以上工业企业中有 R&D 活动的企业占全部企业比重排名图

数据来源：国家统计局，科学技术部. 2017 中国科技统计年鉴［M］. 北京：中国统计出版社，2017.

3. 企业人才投入指数四级指标框架及排名与分析

（1）指标框架

企业人才投入指数用规模以上工业企业R&D人员数量、规模以上工业企业研发机构硕士以上学历人员比重两个指标衡量（见图6-67）。

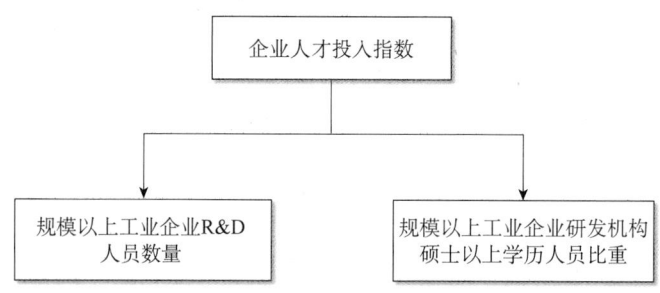

图6-67 企业人才投入指数指标框架图

（2）企业人才投入指数具体指标分析

图6-68显示，西藏—吉林是规模以上工业企业R&D人员数量排名最低的10个省份，除吉林（33889人）和云南（31321人）外均不足30000人。江苏—河北则是排名最高的10个省份，其中，江苏（60.9万人）和广东（58.5万人）超过50万人，分列第1、2位。

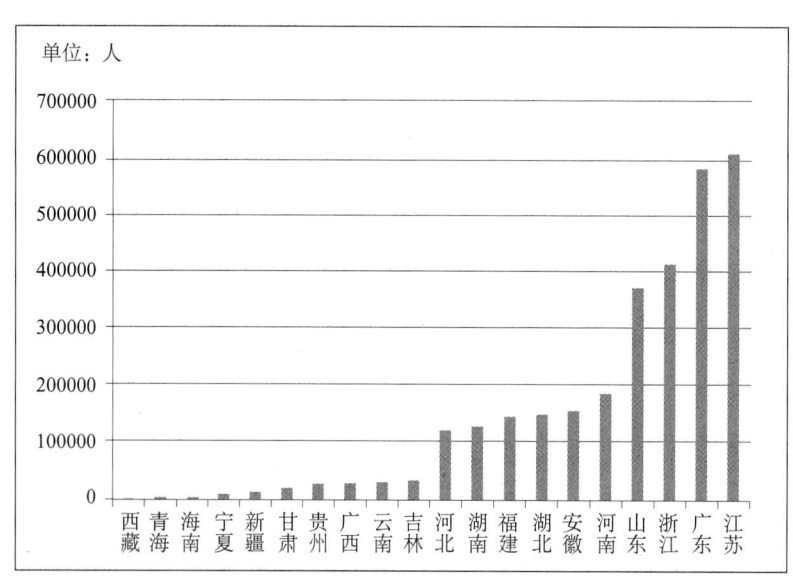

图6-68 规模以上工业企业R&D人员数量排名图

数据来源：国家统计局，科学技术部.2017中国科技统计年鉴[M].北京：中国统计出版社，2017.

图6-69显示，浙江—广西是规模以上工业企业研发机构硕士以上学历人员比重最低的，其中浙江、宁夏最低，分别为7.66%和10.14%。西藏—青海是比重最高的10

个省份，西藏最高，达到46%。

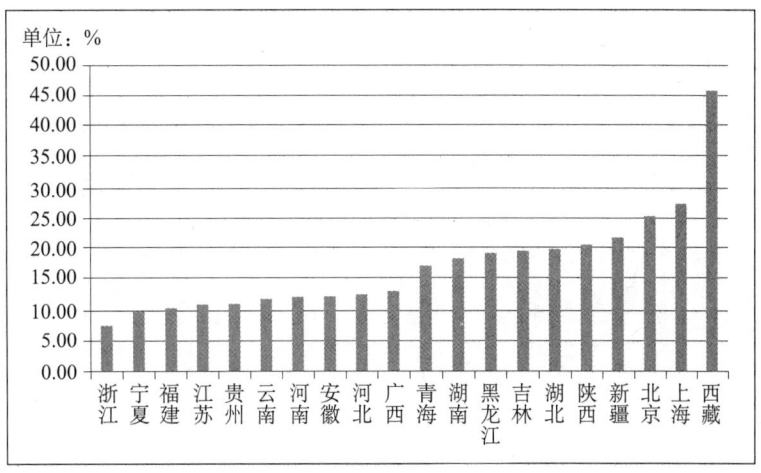

图 6-69　规模以上工业企业研发机构硕士以上学历人员比重排名图

数据来源：国家统计局，科学技术部.2017中国科技统计年鉴［M］.
北京：中国统计出版社，2017.

4. 企业资本投入指数四级指标框架及排名与分析

（1）指标框架

企业资本投入指数用规模以上工业企业 R&D 经费占主营业务收入比重指标衡量（见图 6-70）。

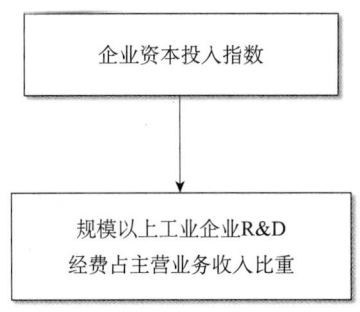

图 6-70　企业资本投入指数指标框架图

（2）企业资本投入指数具体指标分析

图 6-71 显示，上海—河北是规模以上工业企业 R&D 经费占主营业务收入比重排名靠前的 20 个省份，其中上海（1.58%）排名第 1 位。除上海外，还有浙江（1.48%）、北京（1.42%）、天津（1.42%）、广东（1.42%）、辽宁（1.17%）、江苏（1.09%）、重庆（1.06%）、湖南（1.04%）、湖北（1.01%）超过1%。

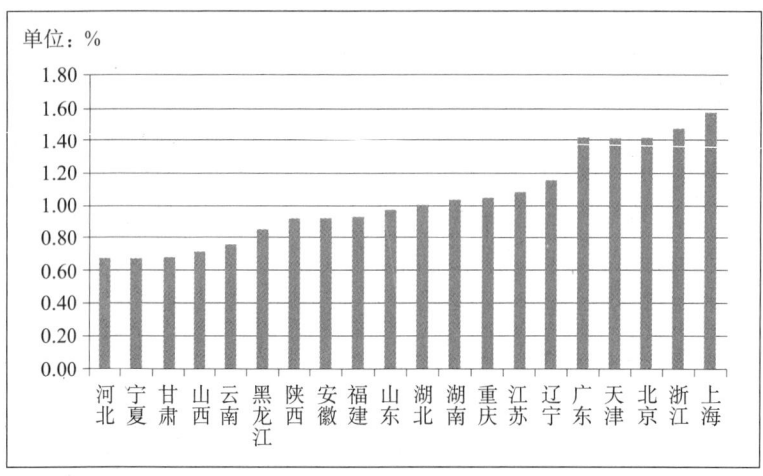

图 6-71 规模以上工业企业 R&D 经费占主营业务收入比重排名图

数据来源：国家统计局，科学技术部. 2017 中国科技统计年鉴 [M]. 北京：中国统计出版社，2017.

5. 企业新产品开发指数四级指标框架及排名与分析

（1）指标框架

企业新产品开发指数用规模以上工业企业开发新产品经费、规模以上工业企业新产品开发项目数两个指标衡量（见图 6-72）。

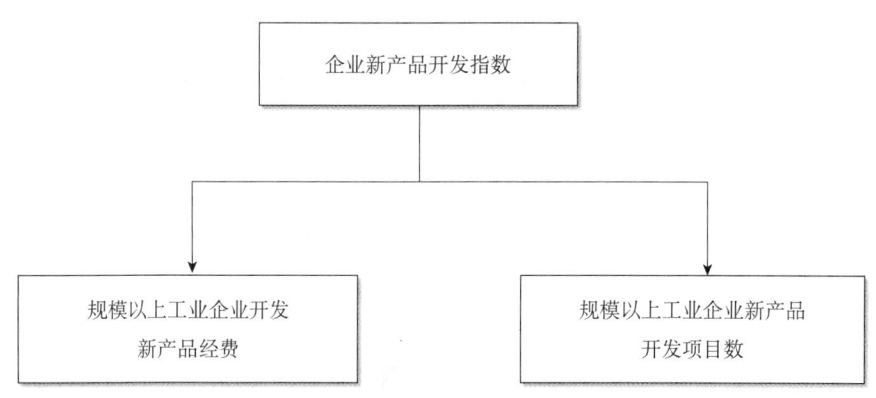

图 6-72 企业新产品开发指数指标框架图

（2）企业新产品开发指数具体指标分析

图 6-73 显示，西藏—内蒙古是我国规模以上工业企业开发新产品经费排名最靠后的 10 个省份，西藏和青海的经费都不到 10 亿元。广东—河南是规模以上工业企业开发新产品经费排名最靠前的 10 个省份，均在 300 亿元以上，其中，广东（2309 亿元）、江苏（1909 亿元）、山东（1252 亿元）和浙江（1004 亿元）4 个省超过 1000 亿元。与 2016 年相比，广东有大幅增长，江苏和山东基本持平。

第六章 知识产权创造潜力各项指标排名与分析　　145

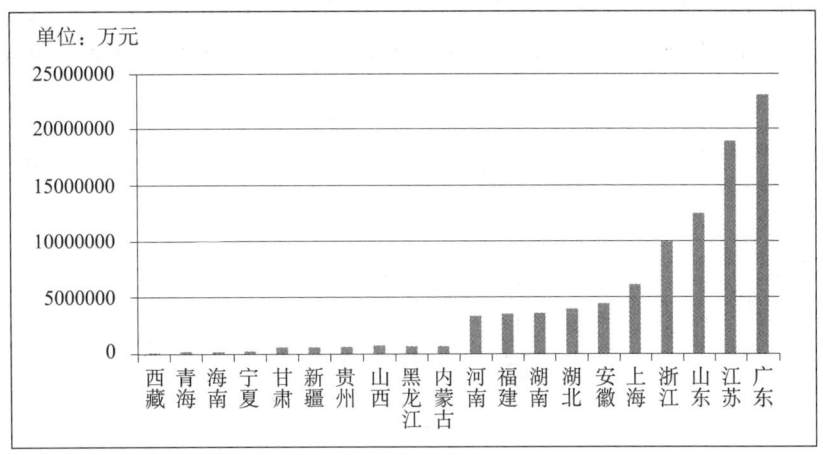

图 6 – 73　规模以上工业企业开发新产品经费排名图

数据来源：国家统计局，科学技术部. 2017 中国科技统计年鉴［M］. 北京：中国统计出版社，2017.

通过图 6 – 74 可以看出，广东、江苏、山东、浙江这 4 个省是我国规模以上工业企业开发新产品经费占全国比重最高的 4 个省，4 个省总和超过 50%。

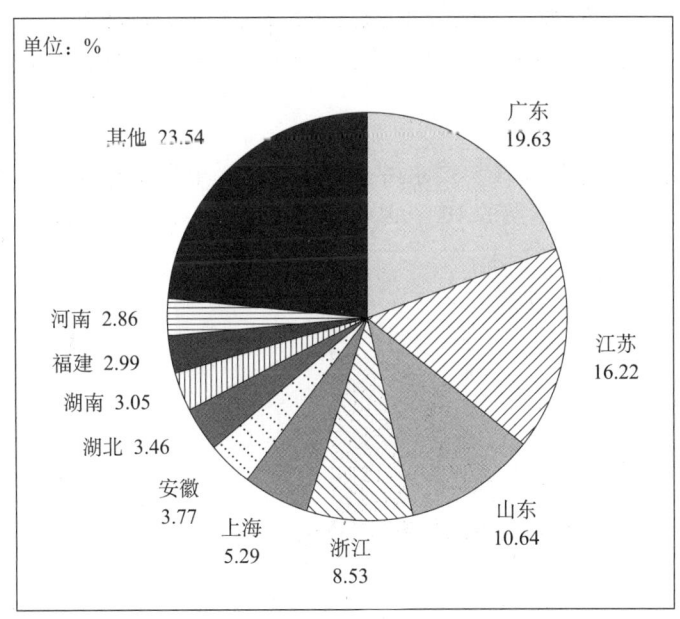

图 6 – 74　规模以上工业企业开发新产品经费占全国比重图

数据来源：国家统计局，科学技术部. 2017 中国科技统计年鉴［M］. 北京：中国统计出版社，2017.

图 6 – 75 显示，规模以上工业企业新产品开发项目数各省份差异非常大，西藏—吉

林是排名后 10 位的省份,西藏、青海、海南项目数不足 1000 项。广东—河南则是排名靠前的 10 个省份,广东、江苏和浙江分别以 6.7 万项、6.4 万项和 6.3 万项,领先于其他省份。

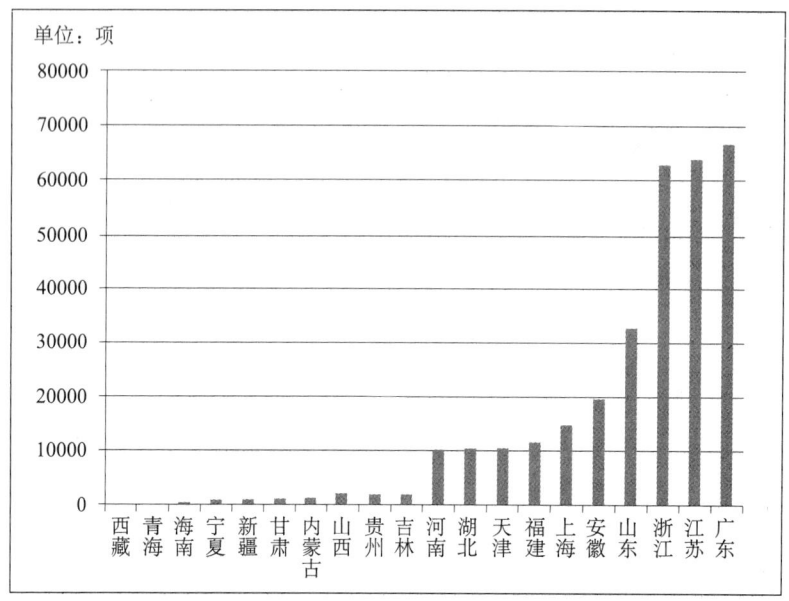

图 6-75 规模以上工业企业新产品开发项目数排名图

数据来源:国家统计局,科学技术部.2017 中国科技统计年鉴 [M]. 北京:中国统计出版社,2017.

图 6-76 显示,江苏、浙江、广东所占比重较大 3 个省总和为 49.51%,将近一半,比 2016 年略有下降。排名靠前的 10 个省市的总和超过 77%。

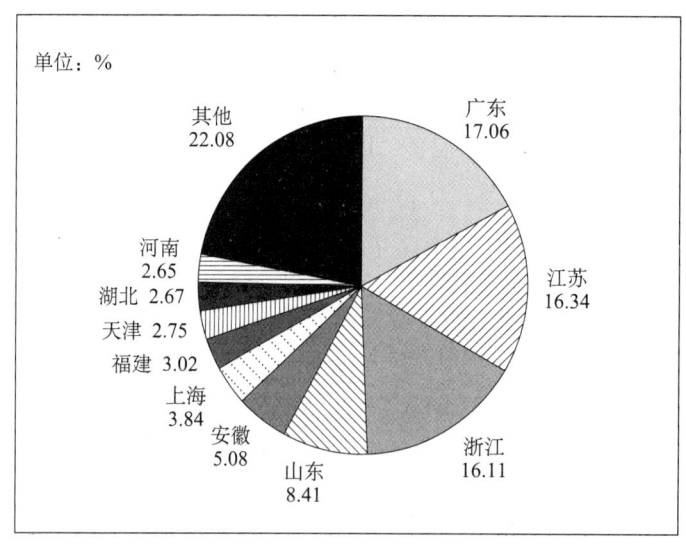

图 6-76 规模以上工业企业新产品开发项目数占全国比重图

数据来源:国家统计局,科学技术部.2017 中国科技统计年鉴 [M]. 北京:中国统计出版社,2017.

七、知识产权保护指数三级指标框架及排名与分析

1. 知识产权保护指数三级指标框架及指数排名

（1）指标框架

知识产权保护指数下设四个四级指标：专利行政执法指数、商标行政执法指数、行政执法服务能力指数以及司法保护能力指数（见图 6 - 77、表 6 - 10）。

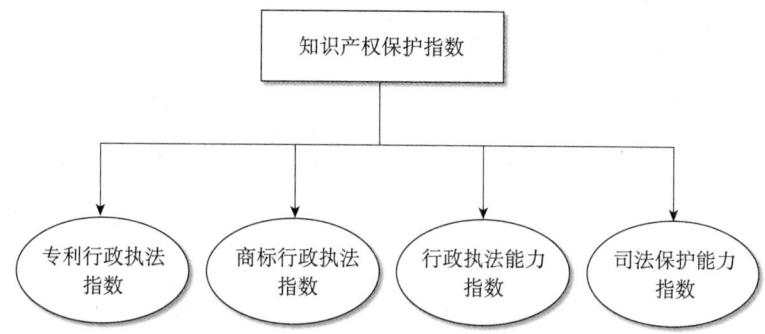

图 6 - 77　知识产权保护指数指标框架图

（2）指数及排名

表 6 - 10　　　　　　　知识产权保护指数及排名表

省 份	知识产权保护		专利行政执法		商标行政执法		行政执法服务能力		司法保护能力	
	指数	排名	指数	排名	指数	排名	指数	排名	指数	排名
浙 江	0.672	1	0.637	1	0.971	1	0.120	21	0.961	2
江 苏	0.649	2	0.556	2	0.347	5	0.694	1	1.000	1
广 东	0.468	3	0.250	6	0.635	2	0.299	6	0.687	4
湖 南	0.405	4	0.325	3	0.106	13	0.433	2	0.756	3
山 东	0.328	5	0.313	4	0.168	9	0.157	15	0.674	5
湖 北	0.263	6	0.183	7	0.391	4	0.228	11	0.248	7
福 建	0.235	7	0.132	9	0.191	7	0.371	4	0.244	8
河 南	0.222	8	0.162	8	0.293	6	0.111	22	0.322	6
北 京	0.190	9	0.070	13	0.176	8	0.420	3	0.094	17
贵 州	0.177	10	0.270	5	0.099	16	0.131	18	0.207	9
安 徽	0.170	11	0.088	11	0.398	3	0.105	24	0.091	18
四 川	0.149	12	0.097	10	0.124	11	0.190	12	0.185	10
上 海	0.141	13	0.015	25	0.162	10	0.348	5	0.038	25
河 北	0.108	14	0.070	14	0.117	12	0.143	17	0.102	13
天 津	0.104	15	0.050	18	0.049	19	0.231	9	0.088	19

续表 6-10

省份	知识产权保护		专利行政执法		商标行政执法		行政执法服务能力		司法保护能力	
	指数	排名	指数	排名	指数	排名	指数	排名	指数	排名
重庆	0.097	16	0.037	22	0.030	24	0.252	8	0.070	22
陕西	0.094	17	0.066	15	0.066	17	0.178	13	0.067	23
广西	0.093	18	0.053	17	0.099	15	0.147	16	0.072	21
辽宁	0.089	19	0.073	12	0.037	22	0.129	19	0.117	11
吉林	0.086	20	0.005	28	0.042	21	0.268	7	0.029	26
江西	0.071	21	0.047	19	0.034	23	0.102	25	0.100	15
内蒙古	0.068	22	0.034	23	0.014	28	0.120	20	0.102	14
黑龙江	0.067	23	0.040	21	0.020	27	0.110	23	0.096	16
新疆	0.067	24	0.066	16	0.104	14	0.096	26	0.000	31
山西	0.066	25	0.007	27	0.025	25	0.231	10	0.003	29
甘肃	0.062	26	0.045	20	0.042	20	0.160	14	0.002	30
西藏	0.048	27	0.000	31	0.002	31	0.079	27	0.112	12
云南	0.047	28	0.028	24	0.059	18	0.061	28	0.041	24
宁夏	0.039	29	0.003	29	0.005	29	0.059	30	0.087	20
海南	0.026	30	0.011	26	0.024	26	0.061	29	0.009	27
青海	0.012	31	0.000	30	0.002	30	0.036	31	0.008	28

分析表 6-10 可以发现，知识产权保护指数排名前 10 位的省份是浙江、江苏、广东、湖南、山东、湖北、福建、河南、北京和贵州；排名后 10 位的省份是内蒙古、黑龙江、新疆、山西、甘肃、西藏、云南、宁夏、海南和青海。总体来看，经济发展越好的地区对知识产权保护的重视程度越高，这也符合知识产权保护的一般规律。

2. 专利行政执法指数四级指标框架及排名与分析

（1）指标框架

专利行政执法指数下设两个四级指标：专利侵权和其他纠纷结案量、查处专利假冒案件结案量（见图 6-78）。

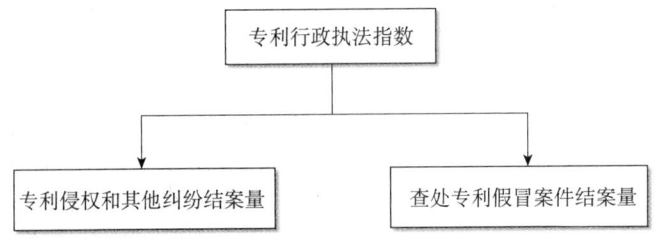

图 6-78 专利行政执法指数指标框架图

（2）专利行政执法指数具体指标分析

图 6-79 显示，西藏—吉林是专利侵权和其他纠纷结案量排名最靠后的 10 个省份，其中，西藏为 0。浙江—山东是排名靠前的 10 个省市，其中，浙江排名第 1 位，约为 10107 项。

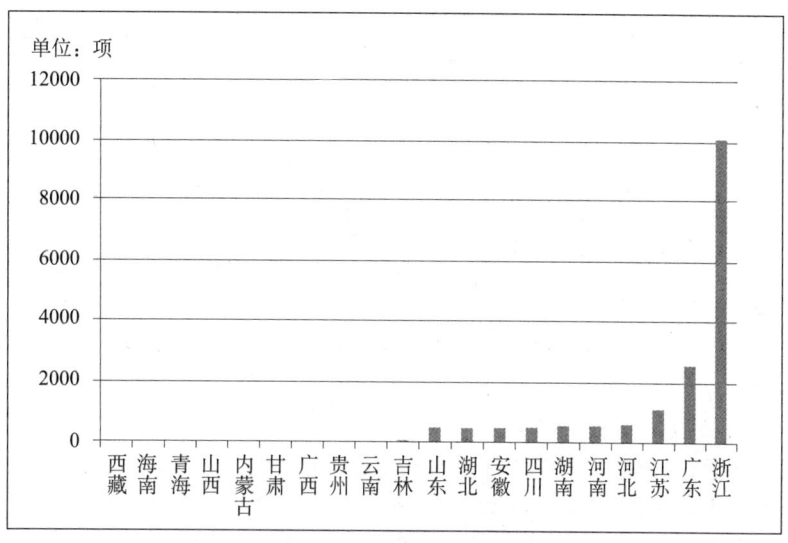

图 6-79　专利侵权和其他纠纷结案量排名图

数据来源：国家知识产权局. 2016 专利统计年报.

图 6-80 显示，西藏—黑龙江是查处专利假冒案件结案量排名靠后的 10 个省份，其中西藏和青海为 0。江苏—四川是排名靠前的 10 个省份，其中，江苏排名第 1 位，约为 5078 项；湖南排名第 2 位，约为 3036 项，都较 2015 年有大幅增长。

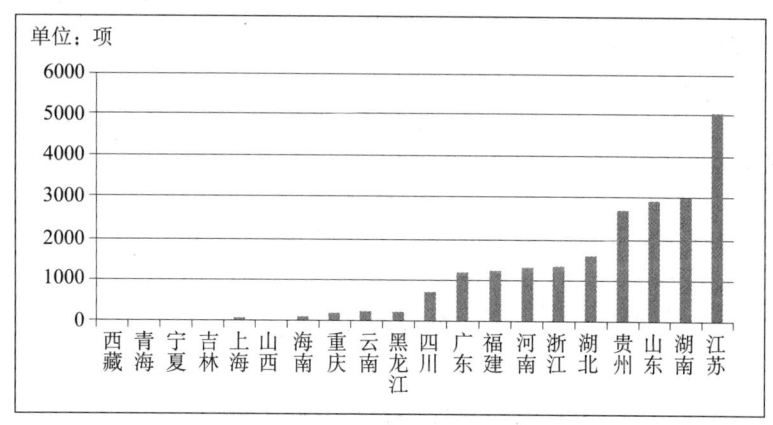

图 6-80　查处专利假冒案件结案量排名图

数据来源：国家知识产权局. 2016 专利统计年报.

3. 商标行政执法指数四级指标框架及排名与分析

(1) 指标框架

商标行政执法指数下设两个四级指标：查处商标违法案件总数、查处商标违法案件案值（见图6-81）。

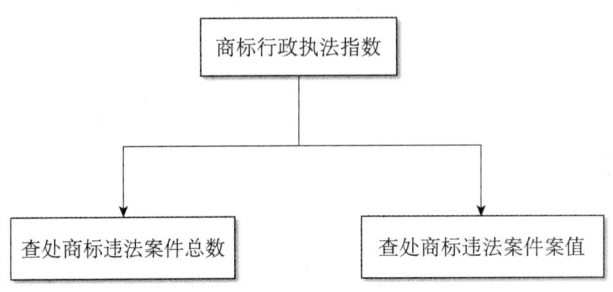

图6-81 商标行政执法指数指标框架图

(2) 商标行政执法指数具体指标分析

图6-82显示，西藏—江西是查处商标违法案件总数最少的10个省份，均不超过300件，其中，西藏最低，约为91件；广东—上海是查处商标违法案件总数最多的10个省份，其中广东（4161件）、浙江（3927件）领先于国内其他各省份。

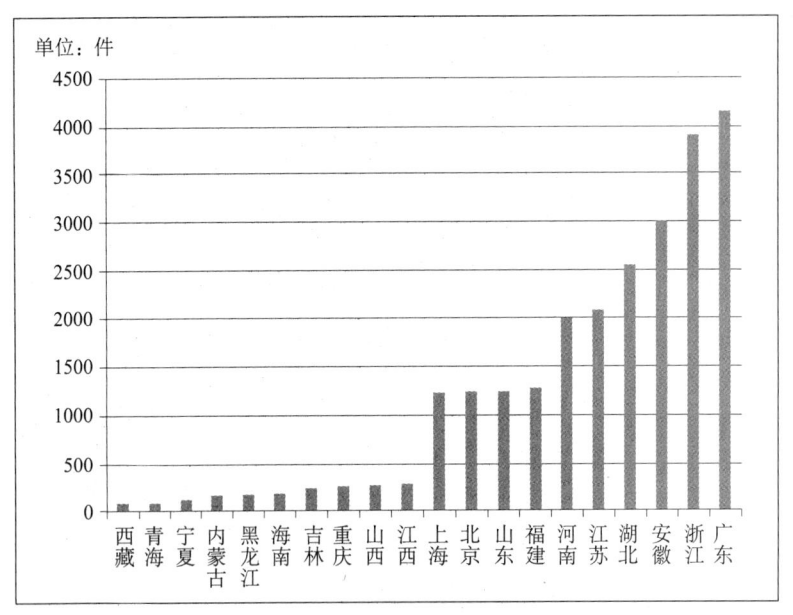

图6-82 查处商标违法案件总数排名图

数据来源：国家统计局. 2016中国知识产权统计年报 [M]. 北京：知识产权出版社，2017.

图6-83显示，宁夏—海南是查处商标违法案件案值最少的10个省份，均不足500万元；浙江—山东是查处商标违法案件案值最多的10个省份，其中，浙江的查处力度远

远超过全国其他省份，总额高达 1.7 亿元，排名第 2 位的广东也超过了 4500 万元。

图 6 – 83　查处商标违法案件案值排名图

数据来源：国家统计局. 2016 中国知识产权统计年报 [M]. 北京：知识产权出版社，2017.

4. 行政执法服务能力指数四级指标框架及排名与分析

（1）指标框架

行政执法服务能力指数下设四个四级指标：执法人员素质、执法人员数量、执法经费支持以及接听咨询投诉电话量（见图 6 – 84）。

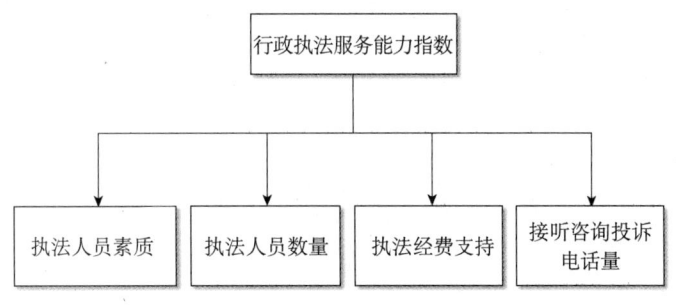

图 6 – 84　行政执法服务能力指数指标框架图

（2）行政执法服务能力指数具体指标分析

图 6 – 85 显示，根据课题组所做研究，执法人员素质相对较高的省份是重庆、北京、山东、江苏、广东、上海、江西、陕西、福建和甘肃。

图 6 – 86 显示，湖南—云南为执法人员数量最多的 20 个省份。全国所有省份都有专门的执法人员，超过（含）10 人的省份有 6 个，其中，湖南最多，达到 49 人。

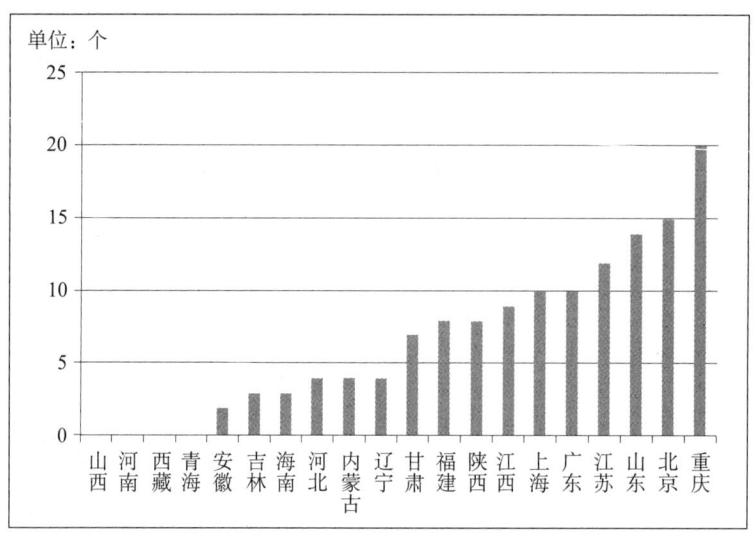

图 6-85　执法人员素质排名图

数据来源：国家知识产权局.

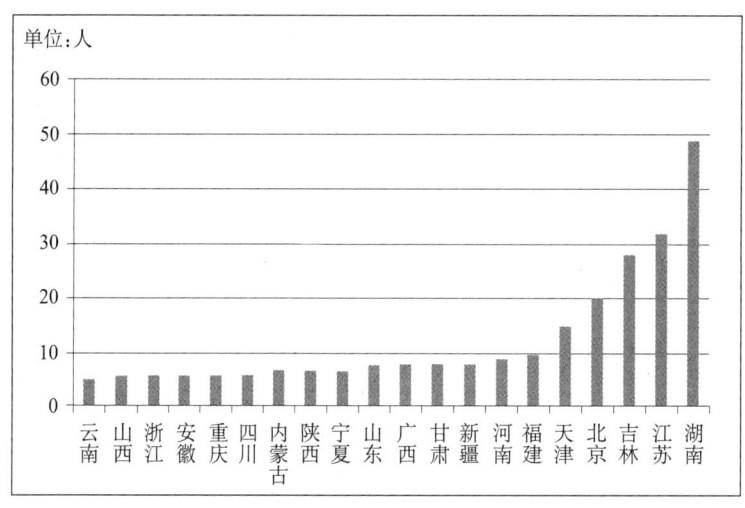

图 6-86　执法人员数量排名图

数据来源：国家知识产权局.

图 6-87 显示，江苏—宁夏为执法经费支持最多的 20 个省份，江苏（1300 万元）最高，超过 1000 万元，遥遥领先于其他省份。

图 6-88 显示，海南—河北是接听咨询投诉电话量最少的 10 个省份，其中，海南、西藏和青海 3 个省份未开通，咨询投诉电话接听量为 0；上海—福建是接听咨询投诉电话量最多的 10 个省份，其中，上海最多，高达 9308 个。

第六章 知识产权创造潜力各项指标排名与分析

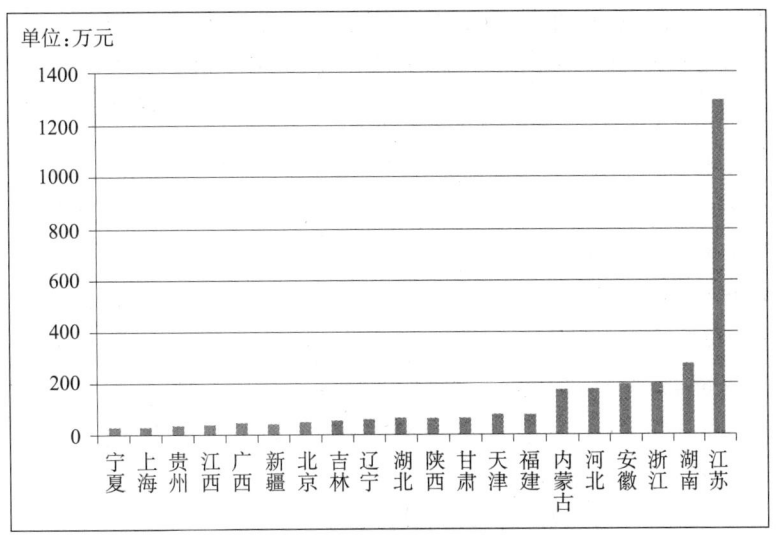

图 6-87　执法经费支持排名图

数据来源：国家知识产权局.

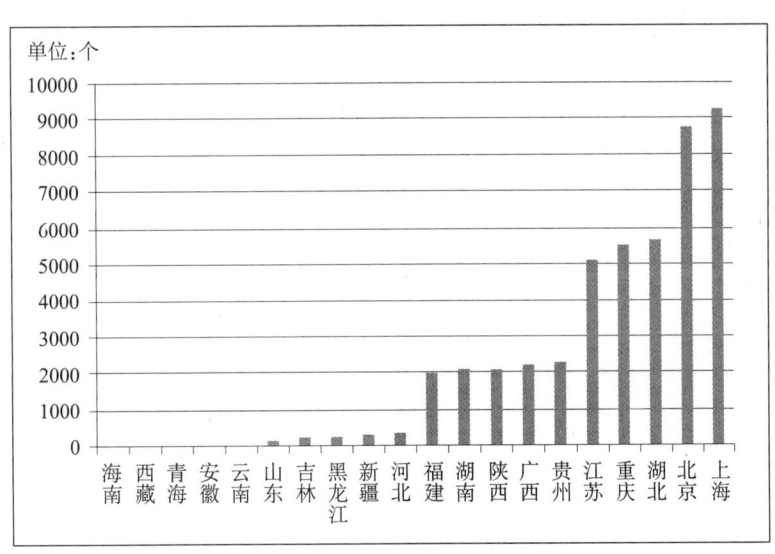

图 6-88　接听咨询投诉电话量排名图

数据来源：国家知识产权局.

5. 司法保护能力指数四级指标框架及排名与分析

（1）指标框架

司法保护能力指数由知识产权一审结案量指标来衡量（见图 6-89）。

（2）司法保护能力指数具体指标分析

图 6-90 显示，新疆—重庆是知识产权一审结案量最少的

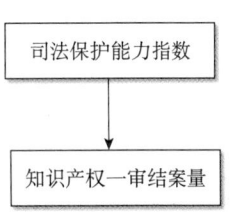

图 6-89　司法保护能力指数指标框架图

10个省份,其中,新疆和甘肃甚至低于10件;江苏—四川是该项指标最多的10个省份,其中,江苏(3697件)和浙江(3551件)超过3000件,领先于全国其他省份。

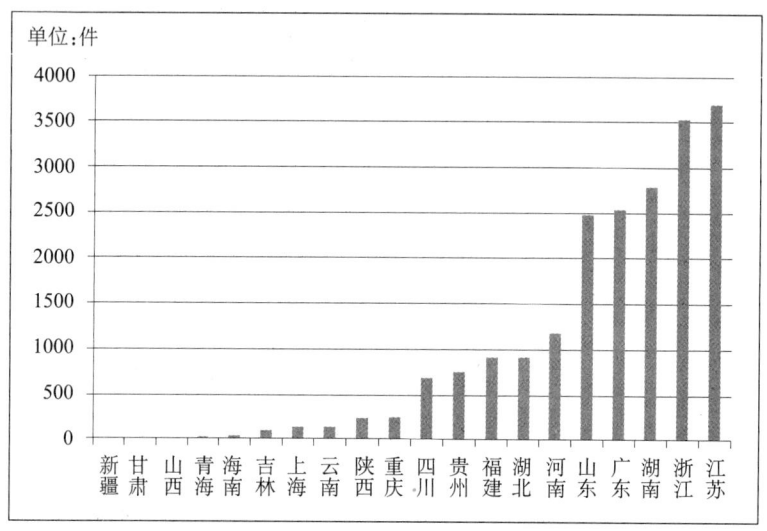

图6-90 知识产权一审结案量排名图

数据来源:国家知识产权局.

第七章　知识产权综合实力进步指数2018排名与分析

一、知识产权综合实力进步指数指标框架

与知识产权指数相比，知识产权综合实力进步指数❶侧重于考察增量，关注各省份知识产权的进步情况。本报告前六章对中国区域知识产权综合实力各项指标的指数与排名作了较为全面细致的分析，基本完成了对中国区域知识产权发展现状的考察。第七章重点阐述知识产权综合实力进步指数情况。知识产权综合实力进步指数的指标框架如表7-1所示，评价方法同样为综合指数法。

表7-1　知识产权综合实力进步指数指标框架

知识产权综合实力进步指数	产出水平进步指数	百万人口年度专利申请量增幅 百万人口年度商标申请量增幅
	流动水平进步指数	技术市场成交合同金额与GDP比例增幅 年度专利申请代理量增幅
	促进经济社会发展进步指数	人均GDP增幅 单位地区生产总值能耗
	创造潜力进步指数	R&D人员全时当量总计增幅 人均R&D经费内部支出

下面对知识产权综合实力进步指数的计算结果作详细分析（见表7-2）。

二、知识产权综合实力进步指数排名与分析

表7-2　中国区域知识产权综合实力进步指数2018排名

省　份	知识产权综合实力进步指数		产出水平		流动水平		促进经济社会发展		创造潜力	
	指数	排名	指数	排名	指数	排名	指数	排名	指数	排名
江　西	0.639	1	0.649	2	0.447	5	0.624	19	0.838	2
云　南	0.575	2	0.387	14	0.390	9	0.750	6	0.773	3
福　建	0.541	3	0.554	5	0.303	21	0.691	12	0.616	9
西　藏	0.532	4	1.000	1	0.532	3	0.469	28	0.126	31
河　北	0.530	5	0.445	9	0.391	8	0.601	20	0.682	5

---

❶ 与2017年相比，由于部分数据2018年并未公布，因此课题组对个别指标进行替换。

续表 7-2

省　份	知识产权综合实力进步指数		产出水平		流动水平		促进经济社会发展		创造潜力	
	指数	排名	指数	排名	指数	排名	指数	排名	指数	排名
四　川	0.525	6	0.362	19	0.277	22	0.747	7	0.712	4
吉　林	0.521	7	0.369	17	0.672	2	0.702	11	0.342	28
贵　州	0.521	8	0.248	26	0.322	18	0.991	1	0.520	15
河　南	0.516	9	0.379	16	0.326	16	0.730	8	0.628	7
湖　南	0.512	10	0.360	20	0.268	24	0.806	5	0.615	10
广　东	0.509	11	0.393	13	0.414	7	0.678	16	0.552	14
广　西	0.506	12	0.500	7	0.510	4	0.584	21	0.429	24
上　海	0.504	13	0.414	11	0.251	25	0.690	13	0.660	6
海　南	0.499	14	0.135	30	0.676	1	0.632	17	0.555	13
重　庆	0.497	15	0.081	31	0.000	31	0.982	2	0.928	1
湖　北	0.497	16	0.386	15	0.324	17	0.847	3	0.432	23
安　徽	0.495	17	0.467	8	0.343	12	0.682	15	0.490	17
宁　夏	0.488	18	0.542	6	0.419	6	0.563	23	0.429	25
甘　肃	0.488	19	0.575	4	0.328	15	0.571	22	0.477	20
北　京	0.483	20	0.405	12	0.248	26	0.816	4	0.461	21
浙　江	0.475	21	0.309	22	0.386	10	0.628	18	0.578	11
青　海	0.475	22	0.622	3	0.328	14	0.546	26	0.403	26
山　东	0.453	23	0.318	21	0.321	19	0.683	14	0.488	18
江　苏	0.441	24	0.263	25	0.220	27	0.705	9	0.577	12
内蒙古	0.439	25	0.366	18	0.308	20	0.456	29	0.626	8
新　疆	0.377	26	0.416	10	0.276	23	0.360	30	0.457	22
天　津	0.376	27	0.208	27	0.331	13	0.703	10	0.262	29
山　西	0.332	28	0.196	28	0.207	28	0.563	24	0.361	27
陕　西	0.327	29	0.177	29	0.093	30	0.560	25	0.479	19
辽　宁	0.306	30	0.281	23	0.361	11	0.077	31	0.503	16
黑龙江	0.275	31	0.281	24	0.149	29	0.485	27	0.186	30

中国区域知识产权综合实力进步指数最高的10个省份是江西、云南、福建、西藏、河北、四川、吉林、贵州、河南和湖南。最低的10个省份是青海、山东、江苏、内蒙古、新疆、天津、山西、陕西、辽宁和黑龙江。

纵览历史数据，不难发现，排名前10位的一直主要是中西部省份，表明了部分中西部省份起步虽然较晚，但是具备后发优势，正在缩短与发达地区的差距。

同时，这些指数也反映了另外一个现象，即同区域内省份逐渐出现分化的趋势，部分西部省份进步显著，也有部分原地踏步，甚至倒退，东部地区也有部分省份呈现疲态。

三、知识产权产出水平进步指数指标与排名

1. 知识产权产出水平进步指数排名与分析（见表7-3）

表7-3　　　　　　　　知识产权产出水平进步指数及排名

省　份	产出水平进步指数		百万人口年度专利申请量增幅		百万人口年度商标申请量增幅	
	指数	排名	指数	排名	指数	排名
西　藏	1.000	1	1.000	1	1.000	1
江　西	0.649	2	0.776	2	0.521	10
青　海	0.622	3	0.639	4	0.606	6
甘　肃	0.575	4	0.376	12	0.773	2
福　建	0.554	5	0.692	3	0.416	17
宁　夏	0.542	6	0.408	9	0.676	3
广　西	0.500	7	0.450	6	0.550	8
安　徽	0.467	8	0.392	10	0.542	9
河　北	0.445	9	0.452	5	0.437	14
新　疆	0.416	10	0.206	24	0.626	5
上　海	0.414	11	0.241	21	0.586	7
北　京	0.405	12	0.175	25	0.636	4
广　东	0.393	13	0.411	8	0.375	21
云　南	0.387	14	0.412	7	0.362	23
湖　北	0.386	15	0.357	14	0.416	16
河　南	0.379	16	0.298	18	0.459	12
吉　林	0.369	17	0.370	13	0.369	22
内蒙古	0.366	18	0.382	11	0.350	25
四　川	0.362	19	0.320	16	0.404	20
湖　南	0.360	20	0.307	17	0.414	18
山　东	0.318	21	0.230	22	0.406	19
浙　江	0.309	22	0.258	20	0.360	24
辽　宁	0.281	23	0.222	23	0.341	26
黑龙江	0.281	24	0.053	29	0.508	11
江　苏	0.263	25	0.108	28	0.419	15

续表 7–3

省 份	产出水平进步指数		百万人口年度专利申请量增幅		百万人口年度商标申请量增幅	
	指数	排名	指数	排名	指数	排名
贵 州	0.248	26	0.045	30	0.451	13
天 津	0.208	27	0.334	15	0.082	30
山 西	0.196	28	0.137	26	0.254	27
陕 西	0.177	29	0.116	27	0.239	28
海 南	0.135	30	0.269	19	0.000	31
重 庆	0.081	31	0.000	31	0.161	29

分析表 7–3 可以发现，中国区域知识产权产出水平进步指数排名前 10 位的省份是西藏、江西、青海、甘肃、福建、宁夏、广西、安徽、河北和新疆。排名后 10 位的省份是浙江、辽宁、黑龙江、江苏、贵州、天津、山西、陕西、海南和重庆。与综合实力进步指数趋势类似，仍然是中西部省份靠前，东部省份稍靠后。

2. 知识产权产出水平进步指数具体指标分析

（1）百万人口年度专利申请量增幅指标分析

图 7–1 表明，西藏—安徽是 2016 年百万人口年度专利申请量增幅最高的 10 个省份，西藏领先于其他省份，增幅接近 200%，增幅巨大。重庆—山东是 2015 年百万人口年度专利申请量增幅最低的 10 个省份。

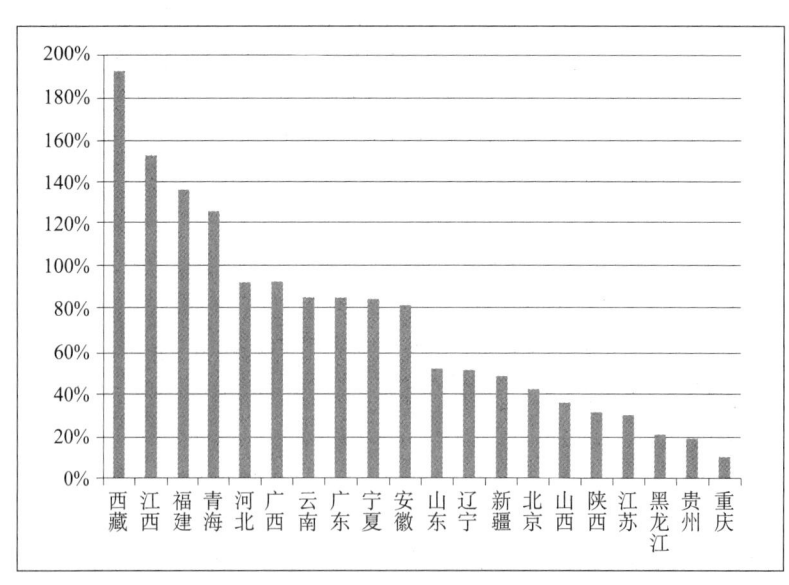

图 7–1　百万人口年度专利申请量增幅排名图

数据来源：2016 专利统计年报，2017 中国统计年鉴．数据年代：2016．

（2）百万人口年度商标申请量增幅指标分析

图 7-2 表明，西藏—江西是 2016 年百万人口年度商标申请量增幅最高的 10 个省份，其中，西藏增长近 132%，领先于其他省份。海南—吉林是增幅最低的 10 个省份。

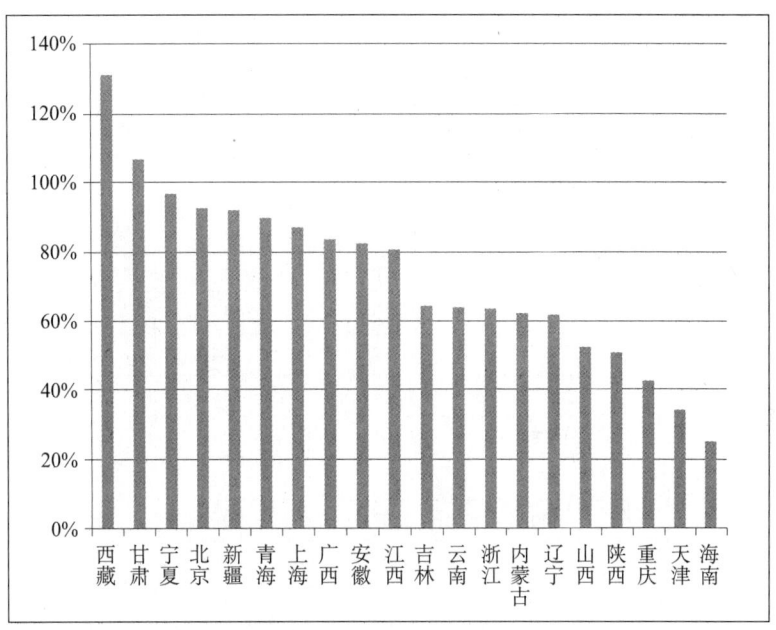

图 7-2　百万人口年度商标申请量增幅排名图

数据来源：2016 中国知识产权年报；2017 中国统计年鉴．数据年代：2016.

四、知识产权流动水平进步指数指标与排名

1. 知识产权流动水平进步指数排名与分析（见表 7-4）

表 7-4　　　　　　　　知识产权流动水平进步指数及排名

省 份	流动水平进步指数		技术市场成交合同金额与 GDP 比例增幅		年度专利申请代理量增幅	
	指数	排名	指数	排名	指数	排名
海 南	0.676	1	1.000	1	0.352	28
吉 林	0.672	2	0.803	2	0.542	11
西 藏	0.532	3	0.064	24	1.000	1
广 西	0.510	4	0.462	3	0.559	10
江 西	0.447	5	0.149	11	0.745	3
宁 夏	0.419	6	0.092	18	0.747	2
广 东	0.414	7	0.206	8	0.622	6
河 北	0.391	8	0.288	6	0.493	16

续表 7-4

省份	流动水平进步指数		技术市场成交合同金额与GDP比例增幅		年度专利申请代理量增幅	
	指数	排名	指数	排名	指数	排名
云南	0.390	9	0.078	21	0.703	4
浙江	0.386	10	0.310	4	0.462	19
辽宁	0.361	11	0.304	5	0.418	21
安徽	0.343	12	0.088	20	0.597	7
天津	0.331	13	0.130	14	0.533	12
青海	0.328	14	0.262	7	0.394	24
甘肃	0.328	15	0.130	15	0.526	13
河南	0.326	16	0.128	16	0.524	14
湖北	0.324	17	0.144	12	0.504	15
贵州	0.322	18	0.012	30	0.632	5
山东	0.321	19	0.166	10	0.477	18
内蒙古	0.308	20	0.024	29	0.592	8
福建	0.303	21	0.043	27	0.564	9
四川	0.277	22	0.144	13	0.411	22
新疆	0.276	23	0.184	9	0.367	27
湖南	0.268	24	0.044	26	0.492	17
上海	0.251	25	0.091	19	0.411	23
北京	0.248	26	0.075	22	0.421	20
江苏	0.220	27	0.060	25	0.380	26
山西	0.207	28	0.027	28	0.387	25
黑龙江	0.149	29	0.070	23	0.229	29
陕西	0.093	30	0.102	17	0.083	30
重庆	0.000	31	0.000	31	0.000	31

分析表 7-4 可以发现，中国区域知识产权流动水平进步指数排名靠前的 10 个省份是海南、吉林、西藏、广西、江西、宁夏、广东、河北、云南和浙江。排名后 10 位的省份是四川、新疆、湖南、上海、北京、江苏、山西、黑龙江、陕西和重庆。

总体来看，技术市场成交合同金额与 GDP 比例增幅与年度专利申请代理量增幅两个指标没有表现出较大的一致性，譬如：海南两项指标的排名分别是第 1 位和第 28 位，两者相差非常大。

2. 知识产权流动水平进步指数具体指标分析

（1）技术市场成交合同金额与 GDP 比例增幅指标分析

图 7-3 显示，海南—山东是 2016 年技术市场成交合同金额与 GDP 比例增幅排名前 10 位的省份，其中，海南增幅更是超过 300%，这与海南 2015 年基数太低有关系。

重庆—北京是增幅后10位的省份,后5名全部为负,其中重庆降幅超过20%。

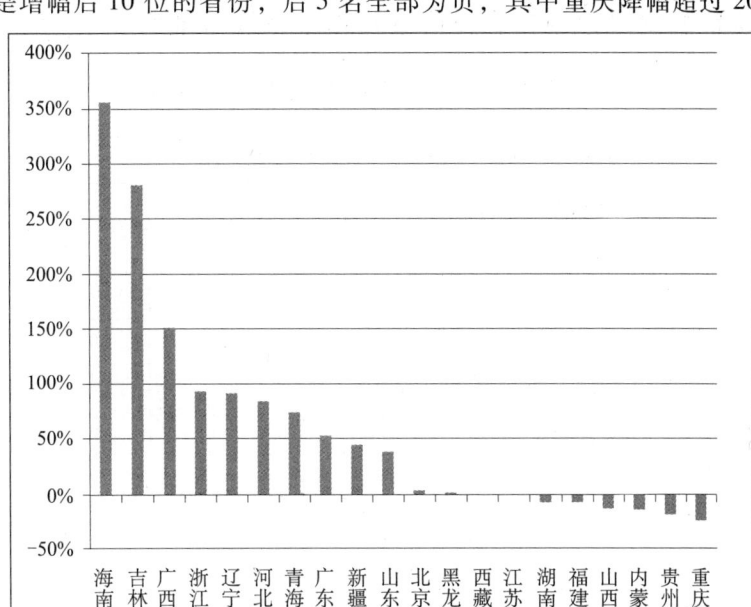

图7-3 技术市场成交合同金额与GDP比例增幅排名图

数据来源:科技部,2017中国统计年鉴. 数据年代:2016.

(2) 年度专利申请代理量增幅指标分析

图7-4显示,西藏—广西是2016年年度专利申请代理量增幅排名前10位的省份,排名第1位的西藏增幅接近90%,其他省份总体上呈现阶梯状分布。重庆—四川是增幅排名后10位的省份。

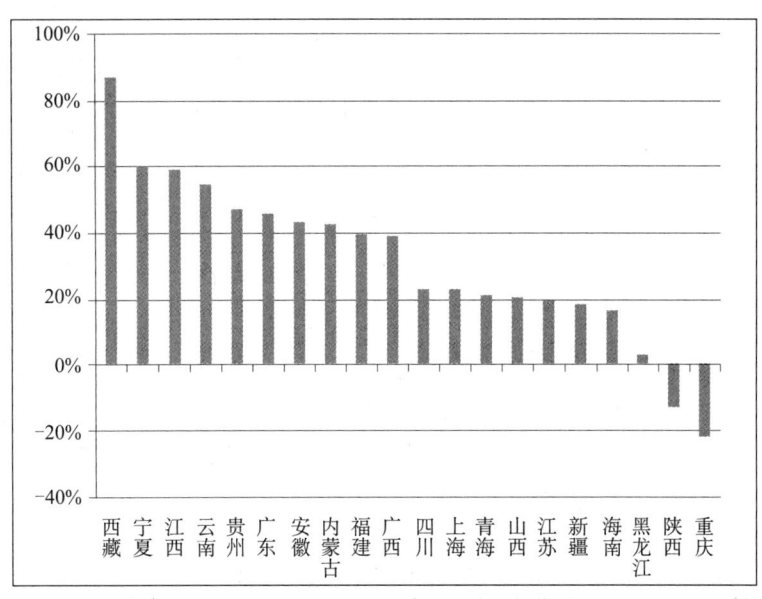

图7-4 年度专利申请代理量增幅排名图

数据来源:2016专利统计年报. 数据年代:2016.

五、知识产权促进经济社会发展进步指数指标与排名

1. 知识产权促进经济社会发展进步指数排名与分析（见表7-5）

表7-5　　　　　　知识产权促进经济社会发展进步指数及排名

省　份	促进经济社会发展进步指数		人均GDP增幅		综合能耗产出率增幅	
	指数	排名	指数	排名	指数	排名
贵　州	0.991	1	0.983	4	1.000	1
重　庆	0.982	2	0.994	2	0.969	2
湖　北	0.847	3	0.941	8	0.753	3
北　京	0.816	4	0.985	3	0.646	5
湖　南	0.806	5	0.901	16	0.711	4
云　南	0.750	6	0.883	18	0.617	6
四　川	0.747	7	0.909	13	0.584	7
河　南	0.730	8	0.908	14	0.552	9
江　苏	0.705	9	0.945	5	0.466	12
天　津	0.703	10	0.859	20	0.546	10
吉　林	0.702	11	0.822	24	0.582	8
福　建	0.691	12	0.941	9	0.441	13
上　海	0.690	13	1.000	1	0.380	17
山　东	0.683	14	0.853	23	0.514	11
安　徽	0.682	15	0.943	7	0.421	16
广　东	0.678	16	0.930	11	0.426	14
海　南	0.632	17	0.907	15	0.357	18
浙　江	0.628	18	0.920	12	0.336	20
江　西	0.624	19	0.943	6	0.305	22
河　北	0.601	20	0.855	22	0.347	19
广　西	0.584	21	0.887	17	0.281	23
甘　肃	0.571	22	0.816	25	0.326	21
宁　夏	0.563	23	0.876	19	0.250	26
山　西	0.563	24	0.702	29	0.424	15
陕　西	0.560	25	0.858	21	0.261	25
青　海	0.546	26	0.813	26	0.278	24
黑龙江	0.485	27	0.721	27	0.249	27
西　藏	0.469	28	0.938	10	0.000	31

续表 7-5

省 份	促进经济社会发展进步指数		人均 GDP 增幅		综合能耗产出率增幅	
	指数	排名	指数	排名	指数	排名
内蒙古	0.456	29	0.690	30	0.223	28
新 疆	0.360	30	0.706	28	0.014	30
辽 宁	0.077	31	0.000	31	0.155	29

分析表 7-5 可以发现，2018 中国区域知识产权促进经济社会发展进步指数排名前 10 位的省份是贵州、重庆、湖北、北京、湖南、云南、四川、河南、江苏和天津。排名后 10 位的省份是甘肃、宁夏、山西、陕西、青海、黑龙江、西藏、内蒙古、新疆、辽宁。

2. 知识产权促进经济社会发展进步指数具体指标分析

(1) 人均 GDP 增幅指标分析

图 7-5 显示，上海—西藏是 2016 年人均 GDP 增幅最高的 10 个省份，其中上海达到近 12%。辽宁—河北是人均 GDP 增幅最低的 10 个省份，其中，辽宁增幅小于 0。

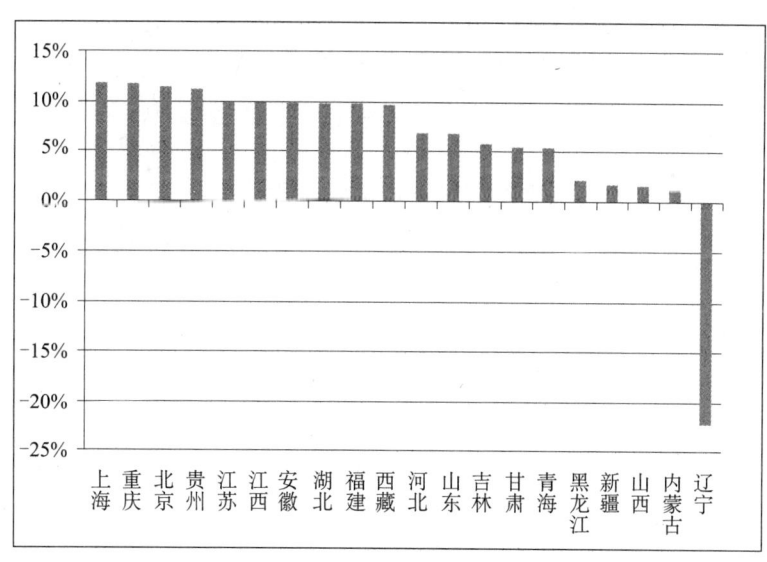

图 7-5　人均 GDP 增幅排名图

数据来源：2017 中国统计年鉴．数据年代：2016．

(2) 综合能耗产出率增幅指标分析

图 7-6 显示，2016 年全国综合能耗产出率有所提高。贵州—天津是综合能耗产出率增幅最高的 10 个省份，其中贵州最高，约为 82%。西藏—江西是增幅最低的 10 个省份，西藏由于数据没有进行统计，因此显示为 0。

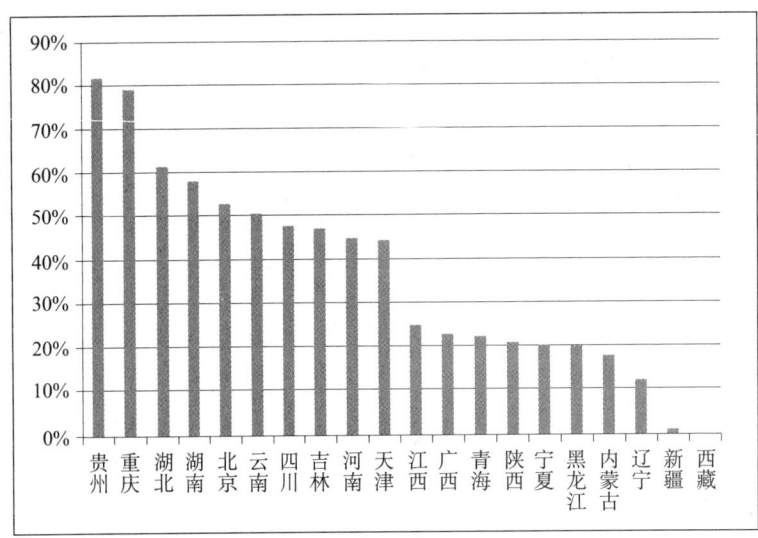

图 7-6　综合能耗产出率增幅排名图

数据来源：2017 中国统计年鉴．数据年代：2016．

六、知识产权创造潜力进步指数指标与排名

1. 知识产权创造潜力进步指数排名与分析（见表 7-6）

表 7-6　　　　　　　　　知识产权创造潜力进步指数及排名

省 份	创造潜力进步指数		R&D 人员全时当量总计增幅		R&D 支出占 GDP 比重增幅	
	指数	排名	指数	排名	指数	排名
重　庆	0.928	1	1.000	1	0.855	2
江　西	0.838	2	0.872	2	0.805	4
云　南	0.773	3	0.546	10	1.000	1
四　川	0.712	4	0.728	4	0.697	9
河　北	0.682	5	0.555	9	0.810	3
上　海	0.660	6	0.756	3	0.564	20
河　南	0.628	7	0.592	5	0.664	11
内蒙古	0.626	8	0.493	14	0.759	6
福　建	0.616	9	0.574	7	0.657	13
湖　南	0.615	10	0.539	12	0.691	10
浙　江	0.578	11	0.495	13	0.661	12
江　苏	0.577	12	0.577	6	0.578	19
海　南	0.555	13	0.385	22	0.725	7

续表 7-6

省份	创造潜力进步指数		R&D 人员全时当量总计增幅		R&D 支出占 GDP 比重增幅	
	指数	排名	指数	排名	指数	排名
广 东	0.552	14	0.463	18	0.641	15
贵 州	0.520	15	0.443	19	0.598	17
辽 宁	0.503	16	0.471	17	0.535	22
安 徽	0.490	17	0.389	21	0.591	18
山 东	0.488	18	0.356	23	0.620	16
陕 西	0.479	19	0.430	20	0.528	24
甘 肃	0.477	20	0.246	27	0.709	8
北 京	0.461	21	0.484	15	0.437	26
新 疆	0.457	22	0.270	25	0.644	14
湖 北	0.432	23	0.329	24	0.534	23
广 西	0.429	24	0.565	8	0.294	28
宁 夏	0.429	25	0.092	29	0.765	5
青 海	0.403	26	0.542	11	0.263	29
山 西	0.361	27	0.476	16	0.247	30
吉 林	0.342	28	0.130	28	0.553	21
天 津	0.262	29	0.000	31	0.524	25
黑龙江	0.186	30	0.072	30	0.301	27
西 藏	0.126	31	0.252	26	0.000	31

分析表 7-6 可以发现，中国区域知识产权创造潜力进步指数排名前 10 位的省份是重庆、江西、云南、四川、河北、上海、河南、内蒙古和福建、湖南。排名后 10 位的省份是新疆、湖北、广西、宁夏、青海、山西、吉林、天津、黑龙江和西藏，除吉林、天津和黑龙江外，均为中西部省份。

2. 知识产权创造潜力进步指数具体指标分析

（1）R&D 人员全时当量总计增幅指标分析

图 7-7 显示，重庆—云南是 2016 年 R&D 人员全时当量总计增幅最高的 10 个省份，其中重庆增幅超过 10%；天津—海南是 R&D 人员全时当量总计增幅最低的 10 个省份，除海南、山东和湖北外，其余各省份均出现负增长，黑龙江已经连续四年负增长。

（2）R&D 支出占 GDP 比重增幅指标分析

图 7-8 显示，云南—湖南是 2016 年 R&D 支出占 GDP 比重增幅排名全国前 10 位的省份，其中，云南增幅超过了 30%，领先于其他省份。西藏—辽宁是排名后 10 位的省份，其中西藏下滑到 -30% 以下。

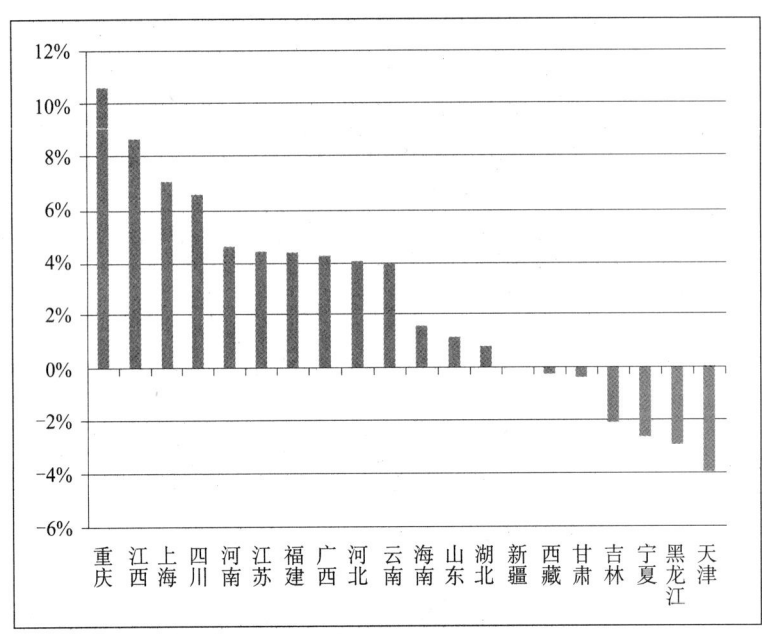

图 7-7　R&D 人员全时当量总计增幅排名图

数据来源：2017 中国统计年鉴. 数据年代：2016.

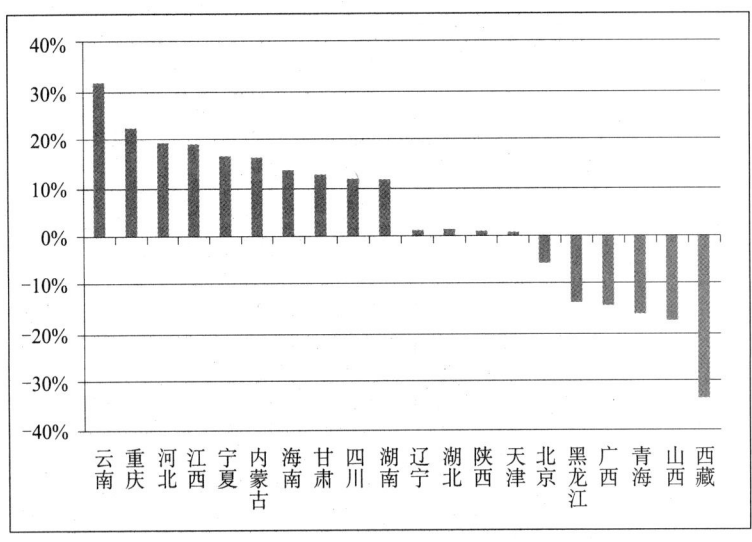

图 7-8　R&D 支出占 GDP 比重增幅排名图

数据来源：2017 中国统计年鉴. 数据年代：2016.

第八章 中国区域专利指数 2018 排名与分析

一、中国区域专利指数 2018 指标框架

从某种意义上讲,专利是知识产权的核心。专利的规模、效率、效益和增长速度可以作为一个地区知识产权总体情况的核心指示。透过专利发展情况,可以知道地区知识产权的核心情况。

基于此,我们构建了中国区域专利指数 2018。指数一共分为 3 层指标,其中,一级指标有 5 个,分别是:专利规模指数、专利效率指数、专利效益指数、专利发展速度指数以及专利保护指数,力图全面反映各地区专利发展的情况。具体指标框架见表 8-1。

表 8-1　　　　　　　　　　专利指数 2018 指标框架

	一级指标	二级指标	三级指标
专利指数	专利规模指数	专利申请情况	百万人口年度国内专利申请量 百万人口年度 PCT 专利申请量
	专利效率指数	产出效率	(人才产出效率)万名专业技术人员年度职务发明专利申请量 (资本产出效率)亿元 R&D 经费内部支出年度发明专利申请量
		流动效率	年度专利申请代理量
	专利效益指数	专利有效性 专利金奖 技术国际竞争力	百万人口国内专利有效量 专利金奖拥有量 万元生产总值技术国际收入
	专利发展速度指数	专利规模增幅 专利效益增幅	百万人口年度国内专利申请量增幅 百万人口年度国内专利有效量增幅
	专利保护指数	专利执法	专利侵权和其他纠纷结案量 查处专利假冒案件结案量

下面对专利指数 2018 的计算结果作详细分析(见表 8-2)。

二、专利指数 2018 及排名

表 8-2　　　　　　　　　　专利指数 2018 及排名表

省 份	专利指数		专利规模		专利效率		专利效益		专利发展速度		专利保护	
	指数	排名	指数	排名	指数	排名	指数	排名	指数	排名	指数	排名
北 京	0.551	1	1.000	1	0.397	6	1.000	1	0.288	20	0.070	13
广 东	0.471	2	0.608	2	0.648	1	0.508	2	0.339	13	0.250	6

续表 8-2

省份	专利指数		专利规模		专利效率		专利效益		专利发展速度		专利保护	
	指数	排名	指数	排名	指数	排名	指数	排名	指数	排名	指数	排名
浙江	0.418	3	0.437	3	0.438	5	0.396	4	0.185	27	0.637	1
江苏	0.417	4	0.430	4	0.606	2	0.367	5	0.125	30	0.556	2
上海	0.265	5	0.384	6	0.269	8	0.427	3	0.228	24	0.015	25
天津	0.255	6	0.405	5	0.236	11	0.246	6	0.338	14	0.050	18
福建	0.241	7	0.208	7	0.163	15	0.141	9	0.562	4	0.132	9
安徽	0.236	8	0.156	8	0.493	4	0.116	14	0.327	17	0.088	11
广西	0.233	9	0.061	16	0.559	3	0.024	25	0.469	6	0.053	17
江西	0.227	10	0.067	14	0.092	25	0.042	20	0.888	1	0.047	19
山东	0.226	11	0.136	9	0.253	9	0.184	7	0.245	23	0.313	4
湖北	0.197	12	0.103	11	0.215	12	0.122	13	0.362	12	0.183	7
青海	0.192	13	0.020	27	0.158	18	0.017	29	0.763	2	0.000	30
湖南	0.187	14	0.050	17	0.142	20	0.134	11	0.285	21	0.325	3
四川	0.179	15	0.099	13	0.288	7	0.098	15	0.315	18	0.097	10
陕西	0.177	16	0.101	12	0.175	14	0.174	8	0.368	10	0.066	15
西藏	0.167	17	0.000	31	0.081	29	0.000	31	0.755	3	0.000	31
河南	0.157	18	0.047	18	0.153	19	0.084	16	0.337	15	0.162	8
贵州	0.144	19	0.030	24	0.248	10	0.035	23	0.136	29	0.270	5
河北	0.141	20	0.033	22	0.081	28	0.066	17	0.457	7	0.070	14
宁夏	0.139	21	0.044	20	0.129	21	0.028	24	0.489	5	0.003	29
重庆	0.135	22	0.111	10	0.178	13	0.129	12	0.221	25	0.037	22
辽宁	0.128	23	0.065	15	0.160	16	0.140	10	0.198	26	0.073	12
云南	0.118	24	0.017	28	0.103	22	0.036	22	0.404	8	0.028	24
甘肃	0.116	25	0.033	21	0.098	23	0.022	26	0.380	9	0.045	20
吉林	0.099	26	0.032	23	0.087	26	0.040	21	0.330	16	0.005	28
新疆	0.093	27	0.023	25	0.092	24	0.019	28	0.266	22	0.066	16
内蒙古	0.090	28	0.013	30	0.028	31	0.013	30	0.364	11	0.034	23
海南	0.080	29	0.013	29	0.031	30	0.042	19	0.301	19	0.011	26
黑龙江	0.067	30	0.044	19	0.158	17	0.064	18	0.027	31	0.040	21
山西	0.062	31	0.021	26	0.084	27	0.020	27	0.178	28	0.007	27

从表8-2可以发现，专利指数2018排名前10位的省份是北京、广东、浙江、江苏、上海、天津、福建、安徽、广西和江西。排名后10位的省份是重庆、辽宁、云南、

甘肃、吉林、新疆、内蒙古、海南、黑龙江和山西。

从一级指标的表现来看,在专利规模、专利效率和专利效益指数方面,各省市表现基本一致,但是在专利发展速度和专利保护指数上,波动较大。江苏、广东、浙江、上海等4个省份在专利发展速度排名严重落后,不仅落后于中西部后发省份,也落后于北京、天津等省份。

三、专利规模指数及排名

从表8-3专利规模指数及排名表可以看出,专利规模指数排名前10位的省份是北京、广东、浙江、江苏、天津、上海、福建、安徽、山东和重庆。排名后10位的省份是河北、吉林、贵州、新疆、山西、青海、云南、海南、内蒙古和西藏。

表8-3 专利规模指数及排名表

省份	专利规模		省份	专利规模	
	指数	排名		指数	排名
北京	1.000	1	湖南	0.050	17
广东	0.608	2	河南	0.047	18
浙江	0.437	3	黑龙江	0.044	19
江苏	0.430	4	宁夏	0.044	20
天津	0.405	5	甘肃	0.033	21
上海	0.384	6	河北	0.033	22
福建	0.208	7	吉林	0.032	23
安徽	0.156	8	贵州	0.030	24
山东	0.136	9	新疆	0.023	25
重庆	0.111	10	山西	0.021	26
湖北	0.103	11	青海	0.020	27
陕西	0.101	12	云南	0.017	28
四川	0.099	13	海南	0.013	29
江西	0.067	14	内蒙古	0.013	30
辽宁	0.065	15	西藏	0.000	31
广西	0.061	16			

四、专利效率指数及排名

从表8-4专利效率指数及排名表可以看出,专利效率指数排名前10位的省份是广东、江苏、广西、安徽、浙江、北京、四川、上海、山东和贵州。基本上以东部省份为主,但中西部安徽、广西和贵州排名前10名,表明了中西部一些省份的专利效率同样较高。排名后10位的省份是云南、甘肃、新疆、江西、吉林、山西、河北、西藏、海南和内蒙古，主要以中西部省份为主，表明专利效率还是存在一定的地域特征。

表 8-4　　　　　　　　　　专利效率指数及排名表

省份	专利效率		产出效率		流动效率	
	指数	排名	指数	排名	指数	排名
广东	0.648	1	0.296	9	1.000	1
江苏	0.606	2	0.357	6	0.855	2
广西	0.559	3	1.000	1	0.118	14
安徽	0.493	4	0.712	2	0.274	6
浙江	0.438	5	0.254	13	0.622	3
北京	0.397	6	0.399	4	0.394	4
四川	0.288	7	0.372	5	0.205	8
上海	0.269	8	0.291	10	0.246	7
山东	0.253	9	0.202	18	0.303	5
贵州	0.248	10	0.439	3	0.056	20
天津	0.236	11	0.331	7	0.141	12
湖北	0.215	12	0.268	12	0.162	9
重庆	0.178	13	0.248	15	0.107	15
陕西	0.175	14	0.215	17	0.136	13
福建	0.163	15	0.171	21	0.156	10
辽宁	0.160	16	0.227	16	0.094	17
黑龙江	0.158	17	0.273	11	0.043	21
青海	0.158	18	0.311	8	0.004	30
河南	0.153	19	0.159	25	0.147	11
湖南	0.142	20	0.179	19	0.106	16
宁夏	0.129	21	0.251	14	0.007	28
云南	0.103	22	0.165	22	0.042	22
甘肃	0.098	23	0.174	20	0.022	25
新疆	0.092	24	0.164	23	0.021	26
江西	0.092	25	0.102	28	0.082	18
吉林	0.087	26	0.140	26	0.035	23
山西	0.084	27	0.138	27	0.030	24
河北	0.081	28	0.086	29	0.077	19
西藏	0.081	29	0.161	24	0.000	31

续表 8-4

省 份	专利效率		产出效率		流动效率	
	指数	排名	指数	排名	指数	排名
海 南	0.031	30	0.057	30	0.005	29
内蒙古	0.028	31	0.042	31	0.014	27

五、专利效益指数及排名

从表 8-5 专利效益指数及排名表可以看出，专利效益指数排名前 10 位的省份是北京、广东、上海、浙江、江苏、天津、山东、陕西、福建和辽宁，与专利指数 2017 基本一致。排名后 10 位的省份是云南、贵州、宁夏、广西、甘肃、山西、新疆、青海、内蒙古和西藏。

表 8-5　　　　　　　　　　专利效益指数及排名表

省 份	专利效益		专利有效性		专利金奖	
	指数	排名	指数	排名	指数	排名
北 京	1.000	1	1.000	1	1.000	1
广 东	0.508	2	0.436	5	0.580	2
上 海	0.427	3	0.609	3	0.246	4
浙 江	0.396	4	0.677	2	0.116	10
江 苏	0.367	5	0.473	4	0.261	3
天 津	0.246	6	0.405	6	0.087	12
山 东	0.184	7	0.150	9	0.217	5
陕 西	0.174	8	0.145	10	0.203	6
福 建	0.141	9	0.253	7	0.029	20
辽 宁	0.140	10	0.107	14	0.174	8
湖 南	0.134	11	0.079	15	0.188	7
重 庆	0.129	12	0.186	8	0.072	15
湖 北	0.122	13	0.113	12	0.130	9
安 徽	0.116	14	0.145	11	0.087	12
四 川	0.098	15	0.108	13	0.087	12
河 南	0.084	16	0.067	18	0.101	11
河 北	0.066	17	0.059	19	0.072	15
黑龙江	0.064	18	0.069	16	0.058	17
海 南	0.042	19	0.027	28	0.058	17

续表 8-5

省 份	专利效益		专利有效性		专利金奖	
	指数	排名	指数	排名	指数	排名
江 西	0.042	20	0.069	17	0.014	23
吉 林	0.040	21	0.050	20	0.029	20
云 南	0.036	22	0.029	27	0.043	19
贵 州	0.035	23	0.040	22	0.029	20
宁 夏	0.028	24	0.041	21	0.014	23
广 西	0.024	25	0.034	25	0.014	23
甘 肃	0.022	26	0.030	26	0.014	23
山 西	0.020	27	0.040	23	0.000	28
新 疆	0.019	28	0.038	24	0.000	28
青 海	0.017	29	0.020	30	0.014	23
内蒙古	0.013	30	0.026	29	0.000	28
西 藏	0.000	31	0.000	31	0.000	28

专利效益指数继续维持经济发达地区占优的局面，在分项指标（指标层）专利有效性和专利金奖，大部分省份表现有较高的一致性，波动较小，个别省市有一定的波动。

六、专利发展速度指数及排名

从表 8-6 专利发展速度指数及排名表上，我们可以看出，发展速度指数排名前 10 位的省份是江西、青海、西藏、福建、宁夏、广西、河北、云南、甘肃和陕西。排名后 10 位的省份是新疆、山东、上海、重庆、辽宁、浙江、山西、贵州、江苏和黑龙江。

表 8-6　　　　　　　　　　专利发展速度指数及排名表

省 份	专利发展速度		专利规模发展		专利效益发展	
	指数	排名	指数	排名	指数	排名
江 西	0.888	1	0.776	2	1.000	1
青 海	0.763	2	0.639	4	0.887	2
西 藏	0.755	3	1.000	1	0.510	5
福 建	0.562	4	0.692	3	0.432	9
宁 夏	0.489	5	0.408	9	0.570	4
广 西	0.469	6	0.450	6	0.489	6
河 北	0.457	7	0.452	5	0.462	7

续表 8-6

省份	专利发展速度 指数	专利发展速度 排名	专利规模发展 指数	专利规模发展 排名	专利效益发展 指数	专利效益发展 排名
云南	0.404	8	0.412	7	0.396	11
甘肃	0.380	9	0.376	12	0.384	12
陕西	0.368	10	0.116	27	0.621	3
内蒙古	0.364	11	0.382	11	0.346	15
湖北	0.362	12	0.357	14	0.367	14
广东	0.339	13	0.411	8	0.267	21
天津	0.338	14	0.334	15	0.343	16
河南	0.337	15	0.298	18	0.377	13
吉林	0.330	16	0.370	13	0.291	20
安徽	0.327	17	0.392	10	0.261	23
四川	0.315	18	0.320	16	0.310	19
海南	0.301	19	0.269	19	0.332	17
北京	0.288	20	0.175	25	0.402	10
湖南	0.285	21	0.307	17	0.263	22
新疆	0.266	22	0.206	24	0.326	18
山东	0.245	23	0.230	22	0.260	24
上海	0.228	24	0.241	21	0.214	27
重庆	0.221	25	0.000	31	0.441	8
辽宁	0.198	26	0.222	23	0.175	28
浙江	0.185	27	0.258	20	0.112	30
山西	0.178	28	0.137	26	0.219	26
贵州	0.136	29	0.045	30	0.226	25
江苏	0.125	30	0.108	28	0.142	29
黑龙江	0.027	31	0.053	29	0.000	31

与前些年一样，专利发展速度指数排名靠前的主要以中西部省份为主，部分原因是基数较小，因此虽然绝对增长值尽管可能不大，但是相对的发展速度指标就会较为靠前。但也有部分东部省份表现突出，比如福建位于第 4 位，河北位于第 7 位，走出了"独立行情"，发展态势十分看好。

而排名靠后的省份则既有东部省份，如上海、辽宁、浙江和江苏等，也有黑龙江、新疆等专利规模较小的省份。专利规模小，如果发展速度又缓慢的话，前景堪忧。

七、专利保护指数及排名

从表8-7专利保护指数及排名表上，我们可以看出，专利保护指数排名前10位的省份是浙江、江苏、湖南、山东、贵州、广东、湖北、河南、福建、四川。与专利指数2017相比，仅仅是是在排名上出现微小变化，都是2016年专利保护工作做得较好的省份。排名后10位的省份是重庆、内蒙古、云南、上海、海南、山西、吉林、宁夏、青海和西藏。

表8-7　　　　　　　　　　专利保护指数及排名表

省　份	专利保护		省　份	专利保护	
	指数	排名		指数	排名
浙　江	0.637	1	广　西	0.053	17
江　苏	0.556	2	天　津	0.050	18
湖　南	0.325	3	江　西	0.047	19
山　东	0.313	4	甘　肃	0.045	20
贵　州	0.270	5	黑龙江	0.040	21
广　东	0.250	6	重　庆	0.037	22
湖　北	0.183	7	内蒙古	0.034	23
河　南	0.162	8	云　南	0.028	24
福　建	0.132	9	上　海	0.015	25
四　川	0.097	10	海　南	0.011	26
安　徽	0.088	11	山　西	0.007	27
辽　宁	0.073	12	吉　林	0.005	28
北　京	0.070	13	宁　夏	0.003	29
河　北	0.070	14	青　海	0.000	30
陕　西	0.066	15	西　藏	0.000	31
新　疆	0.066	16			

整体上来看，不论是前10位，还是后10位，都缺乏明显的区域特点。而且多年以来，排名变化不大。大致上可以反映专利保护和地区经济关联度并不大，主要还是看对知识产权保护的重视程度。

第九章 中国区域商标指数 2018 排名与分析

一、中国区域商标指数 2018 指标框架

商标是知识产权的重要组成部分。商标经常是品牌和商誉的载体,承载着组织、企业以及个人所构建的品牌的内涵和权益,以及长期经营所凝聚的声誉,是重要的无形资产。商标的申请、注册、保护状况是知识产权发展水平的重要体现。

因此,构建单独的商标指数十分有必要。商标指数一共由 3 层指标构成,其中,一级指标有 5 个,分别是:商标规模指数、商标活跃指数、商标效益指数、商标发展速度指数、商标保护指数,一级指标又由若干个二三级指标构成。具体指标框架见表 9-1。

表 9-1　　　　　　　　商标指数 2018 指标框架

	一级指标	二级指标	三级指标
商标指数	商标规模指数	商标申请情况	百万人口年度商标申请量
	商标活跃指数	商标申请代理情况	商标代理机构(含律师事务所)数
	商标效益指数	商标有效性	百万人口有效商标量
		中华老字号	中华老字号商标拥有量
	商标发展速度指数	商标规模发展情况	百万人口年度商标申请量增幅
		商标效益发展情况	百万人口有效商标量增幅
	商标保护指数	商标执法	查处商标一般违法案件量
			查处商标侵权假冒案件量

下面对商标指数 2018 的计算结果作详细分析(见表 9-2)。

二、商标指数 2018 及排名

表 9-2　　　　　　　　商标指数 2018 及排名

省份	商标指数		商标规模		商标活跃		商标效益		商标发展速度		商标保护	
	指数	排名	指数	排名	指数	排名	指数	排名	指数	排名	指数	排名
北京	0.673	1	1.000	1	0.775	2	0.825	2	0.589	3	0.176	8
广东	0.540	2	0.339	3	1.000	1	0.373	4	0.355	18	0.635	2
上海	0.483	3	0.605	2	0.243	5	0.844	1	0.560	5	0.162	10
浙江	0.461	4	0.314	4	0.311	3	0.530	3	0.180	30	0.971	1
江苏	0.280	5	0.118	6	0.275	4	0.364	5	0.297	25	0.347	5

续表 9-2

省 份	商标指数		商标规模		商标活跃		商标效益		商标发展速度		商标保护	
	指数	排名	指数	排名	指数	排名	指数	排名	指数	排名	指数	排名
安 徽	0.224	6	0.045	14	0.088	12	0.098	16	0.491	9	0.398	3
福 建	0.222	7	0.233	5	0.142	7	0.276	6	0.268	26	0.191	7
西 藏	0.211	8	0.039	19	0.000	31	0.014	31	1.000	1	0.002	31
山 东	0.207	9	0.071	9	0.222	6	0.239	8	0.335	20	0.168	9
河 南	0.205	10	0.041	17	0.112	9	0.088	18	0.491	8	0.293	6
湖 北	0.198	11	0.040	18	0.071	14	0.103	15	0.387	15	0.391	4
四 川	0.162	12	0.051	11	0.114	8	0.176	9	0.344	19	0.124	11
湖 南	0.147	13	0.036	21	0.082	13	0.083	22	0.429	13	0.106	13
河 北	0.144	14	0.037	20	0.093	10	0.104	14	0.370	16	0.117	12
新 疆	0.138	15	0.045	13	0.028	23	0.042	25	0.473	10	0.104	14
青 海	0.137	16	0.027	25	0.001	30	0.022	30	0.633	2	0.002	30
贵 州	0.137	17	0.015	28	0.028	23	0.037	27	0.504	7	0.099	16
云 南	0.136	18	0.028	23	0.052	18	0.098	17	0.445	12	0.059	18
宁 夏	0.135	19	0.043	15	0.008	29	0.033	28	0.584	4	0.005	29
重 庆	0.134	20	0.092	8	0.090	11	0.132	11	0.323	22	0.030	24
江 西	0.129	21	0.035	22	0.046	19	0.086	20	0.446	11	0.034	23
甘 肃	0.125	22	0.000	31	0.012	27	0.039	26	0.530	6	0.042	20
陕 西	0.120	23	0.053	10	0.053	17	0.122	12	0.307	23	0.066	17
天 津	0.119	24	0.094	7	0.055	16	0.272	7	0.125	31	0.049	19
广 西	0.114	25	0.002	29	0.026	25	0.032	29	0.412	14	0.099	15
黑龙江	0.110	26	0.026	27	0.033	22	0.114	13	0.357	17	0.020	27
吉 林	0.103	27	0.027	26	0.035	20	0.084	21	0.329	21	0.042	21
辽 宁	0.102	28	0.041	16	0.070	15	0.135	10	0.226	28	0.037	22
内蒙古	0.082	29	0.028	24	0.020	26	0.047	24	0.301	24	0.014	28
山 西	0.078	30	0.001	30	0.034	21	0.086	19	0.245	27	0.025	25
海 南	0.067	31	0.047	12	0.008	28	0.049	23	0.208	29	0.024	26

商标指数2018排名前10位的省份是北京、广东、上海、浙江、江苏、安徽、福建、西藏、山东和河南。排名后10位的省份是甘肃、陕西、天津、广西、黑龙江、吉林、辽宁、内蒙古、山西、海南。与商标指数2017相比，陕西、天津、吉林都是新面孔。

商标指数与当地经济发展水平有较强的关联关系。经济发达地区经常有更多的企业和产品,因此对应有更多的商标;同时,这些地区的市场竞争水平因此往往较高,因此品牌意识和商标保护意识也很强。

三、商标规模指数及排名

从表9-3商标规模指数及排名表可以看出,商标规模指数排名前10位的省份是北京、上海、广东、浙江、福建、江苏、天津、重庆、山东和陕西,和商标指数2017一致。排名后10位的省份是河北、吉林、江西、内蒙古、黑龙江、青海、贵州、山西、广西和甘肃。

整体来看,商标规模的区域特征较为明显,排名前10位中主要以东部经济发达地区为主,只有重庆和陕西两个中西部省份。商标规模从一个角度说明经济的活跃度,因此经济发达地区商标规模指数表现更好。

表9-3　　　　　　　　　　商标规模指数及排名

省　份	商标规模		省　份	商标规模	
	指数	排名		指数	排名
北　京	1.000	1	河　南	0.041	17
上　海	0.605	2	湖　北	0.040	18
广　东	0.339	3	西　藏	0.039	19
浙　江	0.314	4	河　北	0.037	20
福　建	0.233	5	湖　南	0.036	21
江　苏	0.118	6	江　西	0.035	22
天　津	0.094	7	云　南	0.028	23
重　庆	0.092	8	内蒙古	0.028	24
山　东	0.071	9	青　海	0.027	25
陕　西	0.053	10	吉　林	0.027	26
四　川	0.051	11	黑龙江	0.026	27
海　南	0.047	12	贵　州	0.015	28
新　疆	0.045	13	广　西	0.002	29
安　徽	0.045	14	山　西	0.001	30
宁　夏	0.043	15	甘　肃	0.000	31
辽　宁	0.041	16			

四、商标活跃指数及排名

从表9-4商标活跃指数及排名表可以看出,商标活跃指数排名前10位的省份是广东、北京、浙江、江苏、上海、山东、福建、四川、河南和河北。与商标指数

2017 相比,只是河北取代了安徽位置。排名后 10 位的是黑龙江、贵州、新疆、广西、内蒙古、甘肃、海南、宁夏、青海和西藏。商标活跃指数同样体现了较为明显的东强西弱的趋势,经济发达地区占优,商标规模较大的地区,必然伴随着中介市场的活跃,符合常识逻辑。

表 9 - 4　　　　　　　　　商标活跃指数及排名

省份	商标活跃指数	排名	省份	商标活跃指数	排名
广 东	1.000	1	陕 西	0.053	17
北 京	0.775	2	云 南	0.052	18
浙 江	0.311	3	江 西	0.046	19
江 苏	0.275	4	吉 林	0.035	20
上 海	0.243	5	山 西	0.034	21
山 东	0.222	6	黑龙江	0.033	22
福 建	0.142	7	贵 州	0.028	23
四 川	0.114	8	新 疆	0.028	24
河 南	0.112	9	广 西	0.026	25
河 北	0.093	10	内蒙古	0.020	26
重 庆	0.090	11	甘 肃	0.012	27
安 徽	0.088	12	海 南	0.008	28
湖 南	0.082	13	宁 夏	0.008	29
湖 北	0.071	14	青 海	0.001	30
辽 宁	0.070	15	西 藏	0.000	31
天 津	0.055	16			

五、商标效益指数及排名

从表 9-5 商标效益指数及排名表可以看出,商标效益指数排名前 10 位的省份是上海、北京、浙江、广东、江苏、福建、天津、山东、四川和辽宁,与商标指数 2017 一致。排名后 10 位的省份是湖南、海南、内蒙古、新疆、甘肃、贵州、宁夏、广西、青海和西藏。

商标效益指数仍然维持经济发达地区占优的局面,在商标有效性和"中华老字号"商标上,各省份有一定的一致性。排名靠前的省份历史上大都积淀深厚,经济富饶,文化灿烂。

表 9-5 商标效益指数及排名

省份	商标效益		商标有效性		"中华老字号"商标	
	指数	排名	指数	排名	指数	排名
上海	0.844	1	0.688	2	1.000	1
北京	0.825	2	1.000	1	0.650	2
浙江	0.530	3	0.555	3	0.506	4
广东	0.373	4	0.430	4	0.317	7
江苏	0.364	5	0.195	6	0.533	3
福建	0.276	6	0.362	5	0.189	9
天津	0.272	7	0.177	7	0.367	5
山东	0.239	8	0.110	9	0.367	5
四川	0.176	9	0.080	13	0.272	8
辽宁	0.135	10	0.082	12	0.189	9
重庆	0.132	11	0.159	8	0.106	22
陕西	0.122	12	0.094	11	0.150	12
黑龙江	0.114	13	0.050	24	0.178	11
河北	0.104	14	0.058	16	0.150	12
湖北	0.103	15	0.062	15	0.144	15
安徽	0.098	16	0.058	17	0.139	17
云南	0.098	17	0.052	23	0.144	15
河南	0.088	18	0.054	22	0.122	18
山西	0.086	19	0.022	29	0.150	12
江西	0.086	20	0.049	25	0.122	18
吉林	0.084	21	0.057	18	0.111	20
湖南	0.083	22	0.055	21	0.111	20
海南	0.049	23	0.098	10	0.000	30
内蒙古	0.047	24	0.056	19	0.039	26
新疆	0.042	25	0.066	14	0.017	27
甘肃	0.039	26	0.000	31	0.078	23
贵州	0.037	27	0.024	28	0.050	24
宁夏	0.033	28	0.056	20	0.011	28
广西	0.032	29	0.014	30	0.050	24
青海	0.022	30	0.039	26	0.006	29
西藏	0.014	31	0.027	27	0.000	30

六、商标发展速度指数及排名

从表9-6商标发展速度指数及排名表上,商标发展速度指数排名前10位的省份是西藏、青海、北京、宁夏、上海、甘肃、贵州、河南、安徽和新疆。江西、云南、湖南等省商标发展速度指数居中。排名后10位的省份是重庆、陕西、内蒙古、江苏、福建、山西、辽宁、海南、浙江和天津。

商标发展速度指数与之前几个指数完全相反,排名靠前的大都是中西部地区,这些地区由于发展较晚,基数较小,相对速度较快。东部地区由于基数较大,因此增速相对较慢。但是,值得注意的是,黑龙江、内蒙古等省份商标规模并不大,但是增速却较慢,表明当地经济活跃度堪忧。

表9-6 商标发展速度指数及排名

省 份	商标发展速度		商标规模发展		商标效益发展	
	指数	排名	指数	排名	指数	排名
西 藏	1.000	1	1.000	1	1.000	1
青 海	0.633	2	0.606	6	0.659	2
北 京	0.589	3	0.636	4	0.541	4
宁 夏	0.584	4	0.676	3	0.492	8
上 海	0.560	5	0.586	7	0.534	5
甘 肃	0.530	6	0.773	2	0.288	20
贵 州	0.504	7	0.451	13	0.556	3
河 南	0.491	8	0.459	12	0.523	7
安 徽	0.491	9	0.542	9	0.440	11
新 疆	0.473	10	0.626	5	0.319	17
江 西	0.446	11	0.521	10	0.371	14
云 南	0.445	12	0.362	23	0.529	6
湖 南	0.429	13	0.414	18	0.444	10
广 西	0.412	14	0.550	8	0.275	22
湖 北	0.387	15	0.416	16	0.358	15
河 北	0.370	16	0.437	14	0.303	18
黑龙江	0.357	17	0.508	11	0.205	26
广 东	0.355	18	0.375	21	0.336	16
四 川	0.344	19	0.404	20	0.284	21
山 东	0.335	20	0.406	19	0.264	23

续表 9-6

省　份	商标发展速度		商标规模发展		商标效益发展	
	指数	排名	指数	排名	指数	排名
吉　林	0.329	21	0.369	22	0.289	19
重　庆	0.323	22	0.161	29	0.485	9
陕　西	0.307	23	0.239	28	0.375	13
内蒙古	0.301	24	0.350	25	0.251	24
江　苏	0.297	25	0.419	15	0.175	27
福　建	0.268	26	0.416	17	0.120	29
山　西	0.245	27	0.254	27	0.237	25
辽　宁	0.226	28	0.341	26	0.112	30
海　南	0.208	29	0.000	31	0.416	12
浙　江	0.180	30	0.360	24	0.000	31
天　津	0.125	31	0.082	30	0.168	28

七、商标保护指数及排名

从表 9-7 商标保护指数及排名表上，我们可以看出，商标保护指数排名前 10 位的省份是浙江、广东、安徽、湖北、江苏、河南、福建、北京、山东和上海。排名后 10 位的省份是辽宁、江西、重庆、山西、海南、黑龙江、内蒙古、宁夏、青海和西藏。商标保护指数的高低反映了当地执法机构的重视程度、能力和效果。从排名上来看，重庆、天津等商标指数排名靠前的省份在商标保护方面的表现很不理想，不利于当地营商环境的完善和发展。

表 9-7　　　　　　商标保护指数及排名

省　份	商标保护		查处商标违法案件总数		查处商标违法案件案值	
	指数	排名	指数	排名	指数	排名
浙　江	0.971	1	0.943	2	1.000	1
广　东	0.635	2	1.000	1	0.269	2
安　徽	0.398	3	0.721	3	0.076	7
湖　北	0.391	4	0.610	4	0.172	4
江　苏	0.347	5	0.494	5	0.200	3
河　南	0.293	6	0.479	6	0.107	5
福　建	0.191	7	0.298	7	0.085	6
北　京	0.176	8	0.286	9	0.065	9

续表 9-7

省　份	商标保护		查处商标违法案件总数		查处商标违法案件案值	
	指数	排名	指数	排名	指数	排名
山　东	0.168	9	0.287	8	0.049	10
上　海	0.162	10	0.286	10	0.038	13
四　川	0.124	11	0.200	12	0.048	11
河　北	0.117	12	0.202	11	0.033	17
湖　南	0.106	13	0.145	16	0.067	8
新　疆	0.104	14	0.172	13	0.036	14
广　西	0.099	15	0.164	15	0.034	15
贵　州	0.099	16	0.164	14	0.034	16
陕　西	0.066	17	0.126	17	0.006	27
云　南	0.059	18	0.094	18	0.024	20
天　津	0.049	19	0.068	19	0.030	18
甘　肃	0.042	20	0.055	21	0.029	19
吉　林	0.042	21	0.038	25	0.045	12
辽　宁	0.037	22	0.059	20	0.015	25
江　西	0.034	23	0.046	22	0.022	21
重　庆	0.030	24	0.045	24	0.016	24
山　西	0.025	25	0.046	22	0.004	28
海　南	0.024	26	0.026	26	0.022	22
黑龙江	0.020	27	0.023	27	0.018	23
内蒙古	0.014	28	0.021	28	0.008	26
宁　夏	0.005	29	0.009	29	0.000	31
青　海	0.002	30	0.004	30	0.000	30
西　藏	0.002	31	0.000	31	0.004	29

第十章　中国区域专利质量指数2018

创新是中国经济转型、再发展以及实现可持续发展的关键。专利一直是人们评价创新的关键指针。同时专利也是促进创新发展的关键要素。中国专利申请受理量和授权量自1995年以来的20年间增长了27倍多，自2005年以来的10年间分别增长了近4倍和5倍多。发明专利申请受理量多年来始终位列世界第1位。

但是毋庸讳言，中国专利质量仍需提高，专利发展面临转型问题。中国专利需要从只重视数量，转向质量并重，更好地促进"创新驱动发展"战略实施，推动中国经济转型，实现中国经济可持续发展，进而为人类发展作出更大贡献。在此大背景下，课题组首次推出中国区域专利质量指数报告。

衡量专利质量目前仍然是一个难点。近年来随着大数据技术发展，计算机运行能力提高，专利质量研究开始成为学术界的研究热点问题。在借鉴国际研究基础上，结合中国实际，我们构建了专利质量指数指标框架。

一、中国区域专利质量指数2018指标框架

中国区域专利质量指数指标体系由8个指标构成，分别是规模以上工业企业新产品销售收入、地方财政科技支出、PCT、专利授权率、每万人专利授权量、技术市场成交额占当地GDP比重、专利侵权案件结案数、专利实施许可合同备案数量，所有指标等权重（见表10-1）。

表10-1　　　　　　　　专利质量指数2018指标框架

	序号	指标	权重
中国区域专利质量指数	1	规模以上工业企业新产品销售收入	1/8
	2	地方财政科技支出	1/8
	3	PCT	1/8
	4	专利授权率	1/8
	5	每万人专利授权量	1/8
	6	技术市场成交额占当地GDP比重	1/8
	7	专利侵权案件结案数	1/8
	8	专利实施许可合同备案数量	1/8

下面对专利质量指数2018的计算结果作详细分析（见表10-2）。

二、中国区域专利质量指数 2018 及排名

表 10-2　　　　　　　　　　专利质量指数 2018 排名

省　份	专利质量		省　份	专利质量	
	指数	排名		指数	排名
广东	0.665	1	江西	0.136	17
北京	0.562	2	新疆	0.136	18
浙江	0.557	3	陕西	0.124	19
江苏	0.460	4	重庆	0.121	20
上海	0.303	5	山西	0.117	21
山东	0.228	6	云南	0.116	22
福建	0.207	7	吉林	0.112	23
天津	0.199	8	黑龙江	0.110	24
湖北	0.177	9	内蒙古	0.101	25
湖南	0.169	10	海南	0.100	26
四川	0.169	11	甘肃	0.081	27
河南	0.156	12	西藏	0.080	28
贵州	0.155	13	青海	0.072	29
河北	0.149	14	宁夏	0.044	30
安徽	0.147	15	广西	0.029	31
辽宁	0.138	16			

从专利质量指数 2018 排名可以看出，专利质量指数 2018 排名前 10 位的省份是广东、北京、浙江、江苏、上海、山东、福建、天津、湖北和湖南。排名后 10 位的省份是云南、吉林、黑龙江、内蒙古、海南、甘肃、西藏、青海、宁夏和广西。东部省份专利质量指数较高，而东北地区及中西部地区专利质量指数较低。

与知识产权产出水平进行对比发现，专利质量指数 2018 排名前 10 名中，福建、天津、湖北、湖南分别位于知识产权产出水平指数排名的第 15、12、16、18 名；排名知识产权产出水平第 8 位的广西壮族自治区，专利质量指数却排在第 31 位，排在知识产权产出水平第 7 位的重庆和第 10 位的陕西专利质量知识分别排名第 20、19 位，说明中西部省份水平与质量发展不一致。

知识产权人均产出排名前10位的省份中，仅安徽省、陕西省排名在专利质量指数2018排名前10名之外，分别位于第15名和第19名（见图10-1、表10-3）。

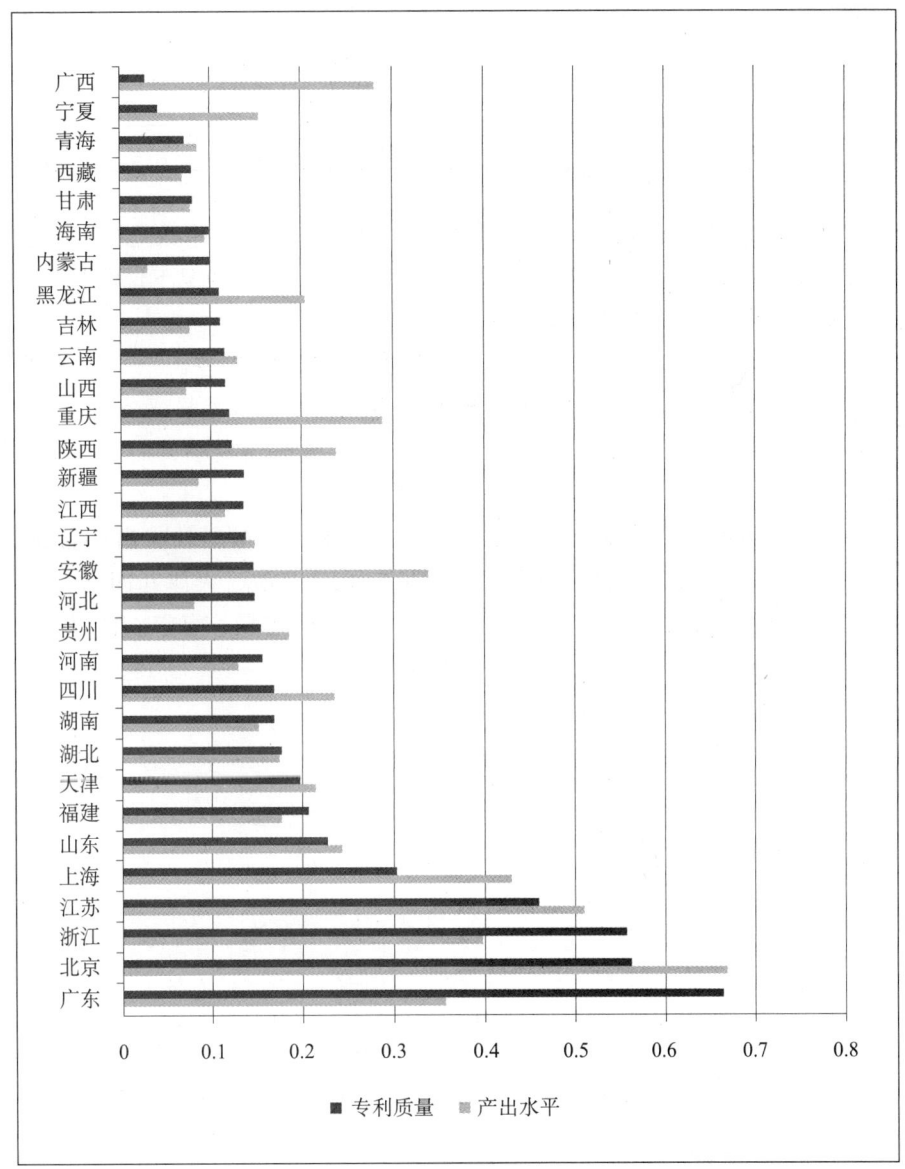

图10-1 我国31省份专利质量指数与知识产权产出水平指数对比

由图10-1看出，在专利质量指数排名前10名的省份中，广东省、浙江省、福建省、湖北省和湖南省专利质量指数大于知识产权产出水平指数，北京市、江苏省、上海市、山东省和天津市专利质量指数小于知识产权产出水平指数。

表 10 - 3　　　　　　　　知识产权综合实力、产出水平与专利质量指数对比

指标	综合实力	产出水平	专利质量
均值	0.240	0.208	0.191
极差	0.536	0.638	0.636
方差	0.019	0.021	0.025

从表 10 - 3 可以看出，我国 31 个省份的知识产权综合实力指数均值最大，其次为知识产权产出水平指数，专利质量指数最小；在其极差最小的情况下说明我国各省份知识产权综合实力指数较高，专利质量指数较低。

从极差可以看出，我国 31 个省份知识产权综合实力指数差距（北京—青海）较小，产出水平指数差异（北京—内蒙古）略高于专利质量指数差异（广东—广西）。

从方差看出，我国 31 个省份知识产权综合实力指数波动较小，而专利质量指数各省份之间波动较大。

从图 10 - 2 地方财政科技支出指数排名中看出，地方财政科技支出排名前 10 位的省份是广东、江苏、北京、上海、浙江、山东、湖北、安徽、天津和四川。排名后 10 位的省份是黑龙江、新疆、吉林、山西、内蒙古、甘肃、宁夏、海南、青海和西藏。

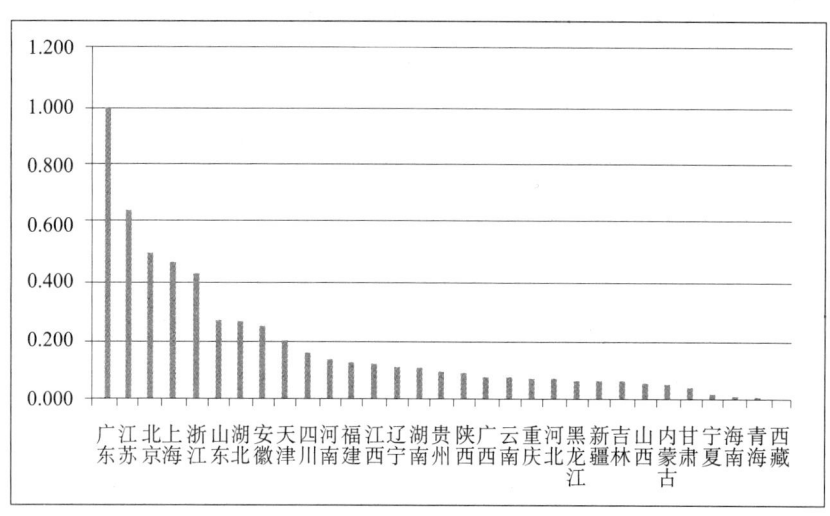

图 10 - 2　地方财政科技支出指数排名

从图 10 - 3 规模以上工业企业新产品销售收入指数排名图中看出，排名前 10 名的省份是江苏、广东、浙江、山东、上海、湖南、安徽、河南、天津、湖北和重庆。排名后 10 名的省份有内蒙古、甘肃、云南、黑龙江、新疆、贵州、宁夏、海南、青海和西藏，除黑龙江外，其余省份均为中西部省份。

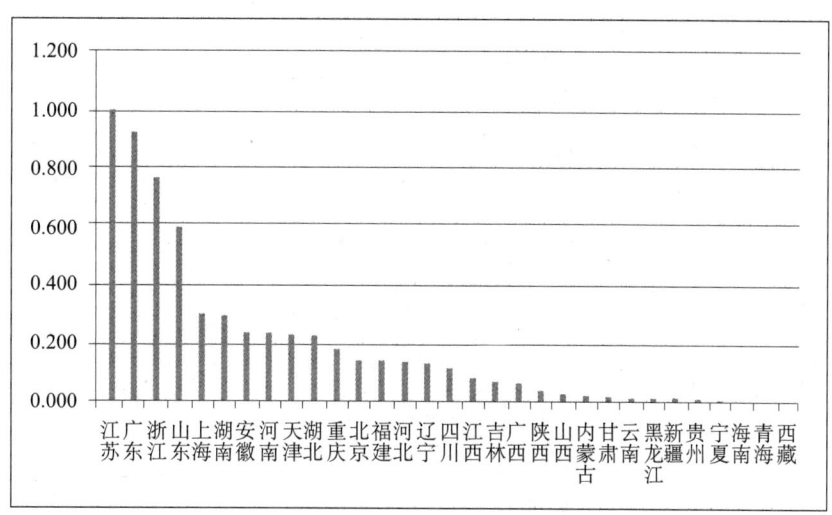

图 10-3 规模以上工业企业新产品销售收入指数排名

由图 10-4 PCT 指数排名可以看出,排名前 10 位的省份有北京、广东、上海、江苏、浙江、山东、福建、四川、湖北和辽宁。排名后 10 位的省份是甘肃、广西、宁夏、新疆、吉林、内蒙古、山西、海南、西藏和青海,其中,排名后 10 位的省份 PCT 指数均接近于 0。

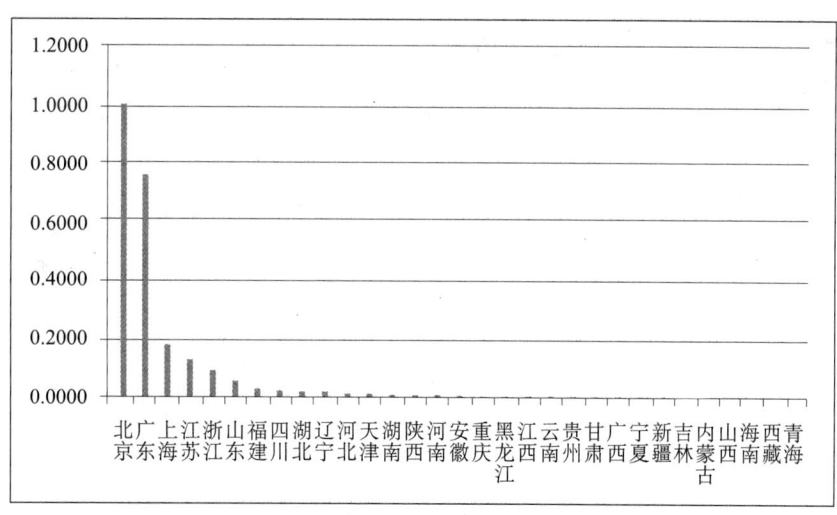

图 10-4 PCT 指数排名

从图 10-5 专利授权率指数排名看出,专利授权率指数排在前 10 位的省份是贵州、浙江、福建、新疆、河北、山西、广东、海南、云南和江西。排在后 10 位的省份有山东、湖北、青海、甘肃、天津、重庆、安徽、陕西、宁夏和广西。从这些省份可以看出,专利授权率指数排名受区域的影响不是很明显。

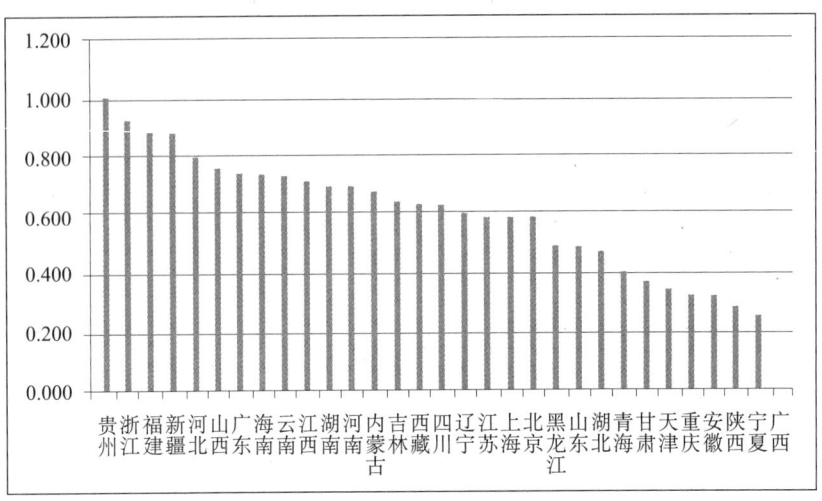

图 10-5　专利授权率指数排名

由图 10-6 每万人专利授权量指数排名看出，排在前 10 名的省份是北京、浙江、江苏、上海、天津、广东、福建、重庆、山东和安徽，除重庆外其余各省份均为东部省份；排名后 10 名的省份是吉林、广西、宁夏、山西、甘肃、云南、海南、内蒙古、青海和西藏，除吉林省外，均为中西部省份。

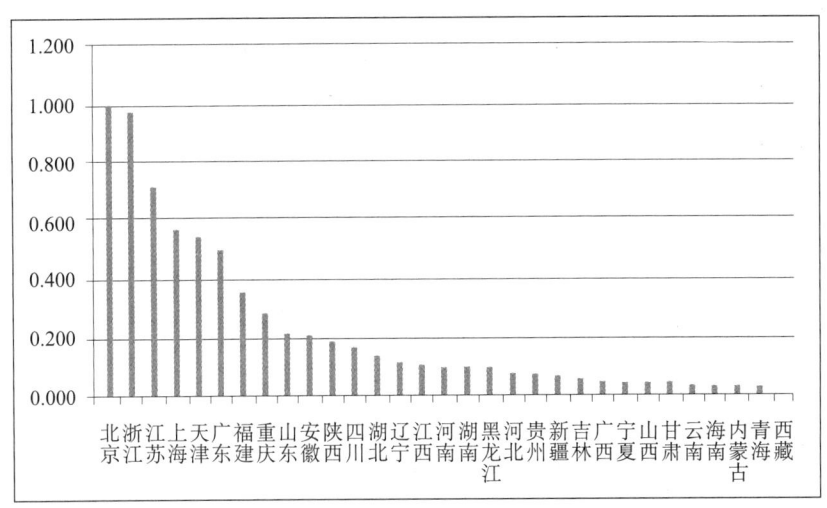

图 10-6　每万人专利授权量指数排名

由图 10-7 技术市场成交额占当地 GDP 比重指数排名看出，排在前 10 位的省份是北京、陕西、天津、湖北、上海、青海、甘肃、四川、辽宁和广东，其中北京领先优势较为明显；排在后 10 名的省份是福建、吉林、河北、河南、宁夏、内蒙古、海南、广西、新疆和西藏。

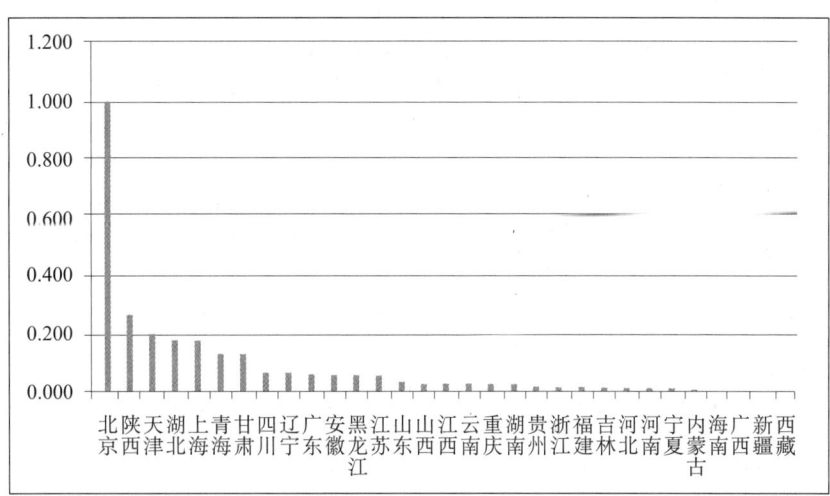

图 10-7 技术市场成交额占当地 GDP 比重指数排名

由图 10-8 专利侵权案件结案数指数排名看出，排在前 10 位的是浙江、广东、江苏、山东、湖南、河北、黑龙江、四川、福建和河南，其中浙江、广东领先优势明显；排在后 10 位的省份是甘肃、贵州、吉林、宁夏、广西、内蒙古、海南、山西、西藏和青海。

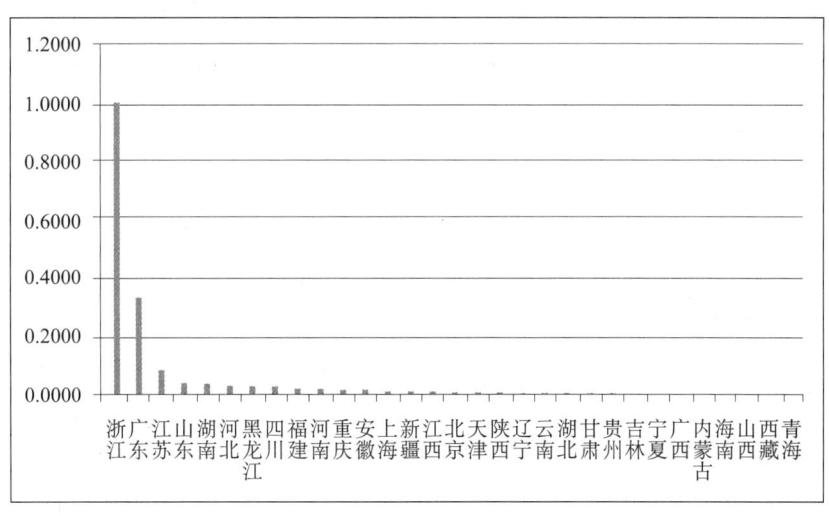

图 10-8 专利侵权案件结案数指数排名

由图 10-9 专利实施许可合同备案数量指数排名看出，排名前 10 名的省份有广东、江苏、北京、浙江、四川、山东、黑龙江、上海、陕西和湖北；排名后 10 名的省份有贵州、广西、云南、江西、山西、海南、内蒙古、西藏、青海和宁夏。

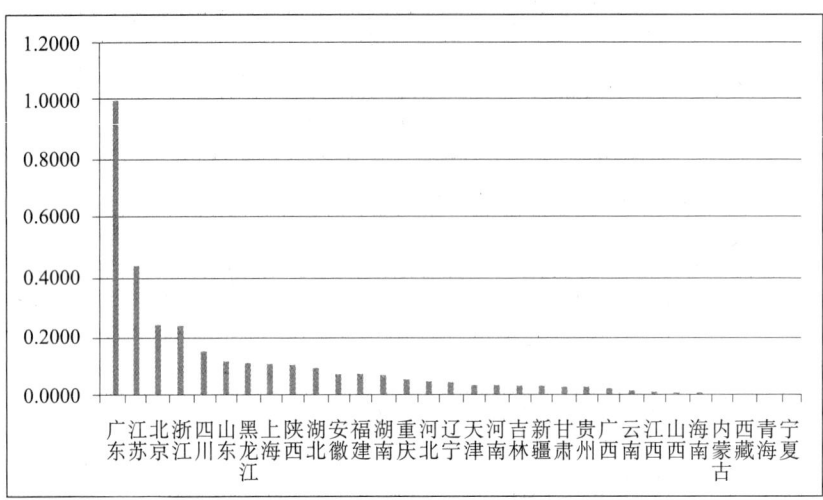

图 10-9 专利实施许可合同备案数量指数排名

附录一 各省份知识产权综合实力分项指标指数及排名

(附录) 表1-1　　北京知识产权综合实力分项指标指数及排名表

知识产权综合实力指数	0.593		综合排名	1	
指标	指数	排名	指标	指数	排名
知识产权产出水平	**0.634**	**1**			
产出人均指数	0.838	1	外贸额与PCT专利比	1.000	1
专利总量指数	0.805	1	产出效率指数	0.399	4
商标总量指数	1.000	1	人才产出效率	0.652	3
版权总量指数	1.000	1	资本产出效率	0.147	14
集成电路布图设计总量	0.386	2	企业产出指数	0.506	4
农业植物新品种总量指数	1.000	1	企业产出规模	0.368	4
产出质量指数	0.810	1	企业产出质量	0.473	4
专利有效性	0.839	1	企业产出效率	0.677	2
商标有效性	1.000	1	高校和研发机构产出指数	0.615	2
专利金奖指数	1.000	1	高校和研发机构产出规模	0.421	4
"中华老字号"商标指数	0.650	2	高校和研发机构产出质量	1.000	1
集成电路布图设计登记发证	0.370	2	高校和研发机构产出效率	0.426	13
知识产权流动水平	**0.594**	**2**			
技术市场交易指数	0.736	1	专利代理指数	1.000	1
技术市场规模指数	1.000	1	律师事务所指数	0.931	2
技术市场开放指数	0.283	4	企业技改、引进指数	0.143	9
技术外溢度指数	0.924	2	技术改造指数	0.111	17
知识产权服务机构指数	0.902	1	国内引进指数	0.090	7
商标代理机构指数	0.775	2	国外引进指数	0.228	4
知识产权创造潜力	**0.497**	**3**			
创造投入指数	0.516	3	创造成果指数	0.731	1
人才投入指数	0.822	1	论文指数	1.000	1
资本投入指数	0.961	1	科技成果指数	1.000	1
文化投入指数	0.159	20	高新技术产业科技项目	0.194	5
基础设施投入指数	0.123	25	创造环境指数	0.704	1

续表 1–1

知识产权综合实力指数	0.593		综合排名	1	
指标	指数	排名	指标	指数	排名
财政支持度指数	0.496	4	文化产业示范指数	0.171	15
金融环境指数	1.000	1	企业创造潜力指数	0.483	4
营商环境指数	0.394	11	企业科研基础指数	0.608	4
生态环境指数	0.949	3	企业人才投入指数	0.290	7
教育环境指数	0.537	13	企业资本投入指数	0.886	3
文化环境指数	0.443	10	企业新产品开发指数	0.147	10
科普指数	1.000	1	知识产权保护指数	0.190	9
高新技术开发区指数	0.812	1	专利行政执法指数	0.070	13
知识产权试点示范指数	0.357	4	商标行政执法指数	0.176	8
知识产权试点示范城市指数	0.143	10	行政执法服务能力指数	0.420	3
知识产权试点示范园区指数	0.500	2	司法保护能力指数	0.094	17
知识产权试点单位指数	0.613	3			
知识产权综合绩效	**0.649**	**1**			
宏观经济绩效	0.820	1	社会发展	0.993	2
经济发展水平	0.994	1	社会生活信息化	1.000	1
经济增长方式转变	0.825	1	文化进步	0.525	25
经济结构优化	0.640	5	企业发展绩效	0.321	8
社会进步绩效	0.807	1	产品升级指数	0.614	6
环境改善	0.709	1	设备更新指数	0.027	27

（附录）表 1–2　广东知识产权综合实力分项指标指数及排名表

知识产权综合实力指数	0.536		综合排名	2	
指标	指数	排名	指标	指数	排名
知识产权产出水平	**0.425**	**3**			
产出人均指数	0.232	3	商标有效性	0.430	4
专利总量指数	0.539	3	专利金奖指数	0.580	2
商标总量指数	0.339	3	"中华老字号"商标指数	0.317	7
版权总量指数	0.009	16	集成电路布图设计登记发证	0.205	3
集成电路布图设计总量	0.209	3	外贸额与PCT专利比	0.300	2
农业植物新品种总量指数	0.062	20	产出效率指数	0.296	9
产出质量指数	0.379	3	人才产出效率	0.427	9
专利有效性	0.443	4	资本产出效率	0.164	11

续表1-2

知识产权综合实力指数	0.536		综合排名	2	
指标	指数	排名	指标	指数	排名
企业产出指数	0.868	1	高校和研发机构产出指数	0.352	8
企业产出规模	0.961	2	高校和研发机构产出规模	0.441	3
企业产出质量	1.000	1	高校和研发机构产出质量	0.291	6
企业产出效率	0.644	3	高校和研发机构产出效率	0.325	22
知识产权流动水平	**0.661**	**1**			
技术市场交易指数	0.441	3	专利代理指数	0.440	2
技术市场规模指数	0.161	7	律师事务所指数	1.000	1
技术市场开放指数	0.731	2	企业技改、引进指数	0.729	1
技术外溢度指数	0.432	14	技术改造指数	0.393	4
知识产权服务机构指数	0.813	2	国内引进指数	1.000	1
商标代理机构指数	1.000	1	国外引进指数	0.793	2
知识产权创造潜力	**0.525**	**2**			
创造投入指数	0.449	4	高新技术开发区指数	0.484	8
人才投入指数	0.510	4	知识产权试点示范指数	0.565	2
资本投入指数	0.309	11	知识产权试点示范城市指数	0.500	2
文化投入指数	0.366	10	知识产权试点示范园区指数	0.500	2
基础设施投入指数	0.613	4	知识产权试点单位指数	0.774	2
创造成果指数	0.405	2	文化产业示范指数	0.488	3
论文指数	0.141	16	企业创造潜力指数	0.749	2
科技成果指数	0.073	9	企业科研基础指数	0.532	5
高新技术产业科技项目	1.000	1	企业人才投入指数	0.582	1
创造环境指数	0.516	2	企业资本投入指数	0.884	5
财政支持度指数	0.684	2	企业新产品开发指数	1.000	1
金融环境指数	0.295	6	知识产权保护指数	0.468	3
营商环境指数	0.408	8	专利行政执法指数	0.250	6
生态环境指数	0.602	25	商标行政执法指数	0.635	2
教育环境指数	0.473	17	行政执法服务能力指数	0.299	6
文化环境指数	0.566	5	司法保护能力指数	0.687	4
科普指数	0.613	2			
知识产权综合绩效	**0.532**	**4**			
宏观经济绩效	0.621	4	经济增长方式转变	0.547	7
经济发展水平	0.567	6	经济结构优化	0.749	1

续表1-2

知识产权综合实力指数	0.536		综合排名	2	
指标	指数	排名	指标	指数	排名
社会进步绩效	0.629	4	文化进步	0.547	23
环境改善	0.550	17	企业发展绩效	0.345	6
社会发展	0.688	6	产品升级指数	0.662	3
社会生活信息化	0.733	3	设备更新指数	0.029	26

(附录) 表1-3 江苏知识产权综合实力分项指标指数及排名表

知识产权综合实力指数	0.509		综合排名	3	
指标	指数	排名	指标	指数	排名
知识产权产出水平	0.487	2			
产出人均指数	0.193	5	外贸额与PCT专利比	0.068	9
专利总量指数	0.530	4	产出效率指数	0.357	6
商标总量指数	0.118	6	人才产出效率	0.507	6
版权总量指数	0.040	4	资本产出效率	0.207	6
集成电路布图设计总量	0.164	5	企业产出指数	0.724	2
农业植物新品种总量指数	0.114	6	企业产出规模	0.995	1
产出质量指数	0.273	5	企业产出质量	0.790	2
专利有效性	0.433	5	企业产出效率	0.387	10
商标有效性	0.195	6	高校和研发机构产出指数	0.890	1
专利金奖指数	0.261	3	高校和研发机构产出规模	1.000	1
"中华老字号"商标指数	0.533	3	高校和研发机构产出质量	0.805	2
集成电路布图设计登记发证	0.149	5	高校和研发机构产出效率	0.866	2
知识产权流动水平	0.415	4			
技术市场交易指数	0.363	6	专利代理指数	0.227	3
技术市场规模指数	0.202	5	律师事务所指数	0.619	4
技术市场开放指数	0.394	3	企业技改、引进指数	0.509	3
技术外溢度指数	0.494	11	技术改造指数	1.000	1
知识产权服务机构指数	0.374	3	国内引进指数	0.278	3
商标代理机构指数	0.275	4	国外引进指数	0.249	3
知识产权创造潜力	0.644	1			
创造投入指数	0.687	2	文化投入指数	0.769	2
人才投入指数	0.608	2	基础设施投入指数	0.929	2
资本投入指数	0.443	5	创造成果指数	0.353	3

续表1-3

知识产权综合实力指数	0.509		综合排名	3	
指标	指数	排名	指标	指数	排名
论文指数	0.288	6	知识产权试点示范园区指数	0.500	2
科技成果指数	0.125	6	知识产权试点单位指数	1.000	1
高新技术产业科技项目	0.645	2	文化产业示范指数	1.000	1
创造环境指数	0.534	3	企业创造潜力指数	0.768	1
财政支持度指数	0.381	8	企业科研基础指数	1.000	1
金融环境指数	0.343	5	企业人才投入指数	0.544	2
营商环境指数	0.478	4	企业资本投入指数	0.636	7
生态环境指数	0.593	27	企业新产品开发指数	0.892	2
教育环境指数	0.636	5	知识产权保护指数	0.649	2
文化环境指数	0.782	1	专利行政执法指数	0.556	2
科普指数	0.424	3	商标行政执法指数	0.347	5
高新技术开发区指数	0.636	3	行政执法服务能力指数	0.694	1
知识产权试点示范指数	0.875	1	司法保护能力指数	1.000	1
知识产权试点示范城市指数	1.000	1			
知识产权综合绩效	0.491	6			
宏观经济绩效	0.628	3	社会发展	0.700	5
经济发展水平	0.668	5	社会生活信息化	0.376	8
经济增长方式转变	0.560	6	文化进步	0.648	7
经济结构优化	0.656	3	企业发展绩效	0.271	10
社会进步绩效	0.573	7	产品升级指数	0.524	8
环境改善	0.568	15	设备更新指数	0.018	28

(附录)表1-4 上海知识产权综合实力分项指标指数及排名表

知识产权综合实力指数	0.466		综合排名	4	
指标	指数	排名	指标	指数	排名
知识产权产出水平	0.415	4			
产出人均指数	0.455	2	产出质量指数	0.584	2
专利总量指数	0.371	6	专利有效性	0.514	3
商标总量指数	0.605	2	商标有效性	0.688	2
版权总量指数	0.185	2	专利金奖指数	0.246	4
集成电路布图设计总量	1.000	1	"中华老字号"商标指数	1.000	1
农业植物新品种总量指数	0.112	7	集成电路布图设计登记发证	1.000	1

续表1-4

知识产权综合实力指数	0.466		综合排名	4	
指标	指数	排名	指标	指数	排名
外贸额与PCT专利比	0.055	11	企业产出质量	0.340	5
产出效率指数	0.291	10	企业产出效率	0.383	11
人才产出效率	0.490	8	高校和研发机构产出指数	0.423	6
资本产出效率	0.093	28	高校和研发机构产出规模	0.305	8
企业产出指数	0.324	6	高校和研发机构产出质量	0.520	4
企业产出规模	0.249	8	高校和研发机构产出效率	0.443	11
知识产权流动水平	**0.485**	**3**			
技术市场交易指数	0.548	2	专利代理指数	0.206	4
技术市场规模指数	0.219	4	律师事务所指数	0.587	5
技术市场开放指数	0.733	1	企业技改、引进指数	0.563	2
技术外溢度指数	0.692	6	技术改造指数	0.271	8
知识产权服务机构指数	0.345	4	国内引进指数	0.417	2
商标代理机构指数	0.243	5	国外引进指数	1.000	1
知识产权创造潜力	**0.344**	**6**			
创造投入指数	0.332	11	高新技术开发区指数	0.602	4
人才投入指数	0.522	3	知识产权试点示范指数	0.337	6
资本投入指数	0.604	2	知识产权试点示范城市指数	0.071	14
文化投入指数	0.101	25	知识产权试点示范园区指数	1.000	1
基础设施投入指数	0.100	26	知识产权试点单位指数	0.194	8
创造成果指数	0.230	4	文化产业示范指数	0.081	20
论文指数	0.323	5	企业创造潜力指数	0.479	5
科技成果指数	0.207	3	企业科研基础指数	0.314	10
高新技术产业科技项目	0.161	6	企业人才投入指数	0.356	5
创造环境指数	0.543	2	企业资本投入指数	1.000	1
财政支持度指数	0.460	5	企业新产品开发指数	0.247	5
金融环境指数	0.833	2	知识产权保护指数	0.141	13
营商环境指数	0.500	3	专利行政执法指数	0.015	25
生态环境指数	0.903	5	商标行政执法指数	0.162	10
教育环境指数	0.313	27	行政执法服务能力指数	0.348	5
文化环境指数	0.408	12	司法保护能力指数	0.038	25
科普指数	0.320	6			

续表 1-4

知识产权综合实力指数 0.466			综合排名 4		
指标	指数	排名	指标	指数	排名
知识产权综合绩效	0.620	2			
宏观经济绩效	0.729	2	社会发展	1.000	1
经济发展水平	0.994	2	社会生活信息化	0.734	2
经济增长方式转变	0.582	4	文化进步	0.594	16
经济结构优化	0.613	8	企业发展绩效	0.399	3
社会进步绩效	0.730	2	产品升级指数	0.795	2
环境改善	0.592	11	设备更新指数	0.004	30

(附录) 表 1-5 浙江知识产权综合实力分项指标指数及排名表

知识产权综合实力指数 0.422			综合排名 5		
指标	指数	排名	指标	指数	排名
知识产权产出水平	0.391	5			
产出人均指数	0.215	4	外贸额与PCT专利比	0.024	20
专利总量指数	0.570	2	产出效率指数	0.254	13
商标总量指数	0.314	4	人才产出效率	0.326	15
版权总量指数	0.018	9	资本产出效率	0.182	9
集成电路布图设计总量	0.102	7	企业产出指数	0.554	3
农业植物新品种总量指数	0.071	17	企业产出规模	0.751	3
产出质量指数	0.327	4	企业产出质量	0.755	3
专利有效性	0.661	2	企业产出效率	0.155	22
商标有效性	0.555	3	高校和研发机构产出指数	0.607	3
专利金奖指数	0.116	10	高校和研发机构产出规模	0.508	2
"中华老字号"商标指数	0.506	4	高校和研发机构产出质量	0.540	3
集成电路布图设计登记发证	0.104	7	高校和研发机构产出效率	0.772	3
知识产权流动水平	0.264	6			
技术市场交易指数	0.245	12	专利代理指数	0.148	5
技术市场规模指数	0.092	12	律师事务所指数	0.513	6
技术市场开放指数	0.232	5	企业技改、引进指数	0.224	5
技术外溢度指数	0.409	15	技术改造指数	0.368	6
知识产权服务机构指数	0.324	6	国内引进指数	0.230	5
商标代理机构指数	0.311	3	国外引进指数	0.075	10

续表 1-5

知识产权综合实力指数	0.422		综合排名	5	
指标	指数	排名	指标	指数	排名
知识产权创造潜力	**0.468**	**4**			
创造投入指数	0.431	6	高新技术开发区指数	0.438	12
人才投入指数	0.489	5	知识产权试点示范指数	0.332	7
资本投入指数	0.228	15	知识产权试点示范城市指数	0.429	4
文化投入指数	0.454	6	知识产权试点示范园区指数	0.000	8
基础设施投入指数	0.554	6	知识产权试点单位指数	0.484	4
创造成果指数	0.215	5	文化产业示范指数	0.415	4
论文指数	0.130	19	企业创造潜力指数	0.664	3
科技成果指数	0.047	16	企业科研基础指数	0.695	2
高新技术产业科技项目	0.469	3	企业人才投入指数	0.340	6
创造环境指数	0.493	5	企业资本投入指数	0.931	2
财政支持度指数	0.428	6	企业新产品开发指数	0.690	3
金融环境指数	0.462	4	知识产权保护指数	0.672	1
营商环境指数	0.379	14	专利行政执法指数	0.637	1
生态环境指数	0.754	16	商标行政执法指数	0.971	1
教育环境指数	0.555	12	行政执法服务能力指数	0.120	21
文化环境指数	0.658	3	司法保护能力指数	0.961	2
科普指数	0.271	7			
知识产权综合绩效	**0.565**	**3**			
宏观经济绩效	0.516	7	社会发展	0.791	4
经济发展水平	0.713	4	社会生活信息化	0.617	4
经济增长方式转变	0.461	12	文化进步	0.604	13
经济结构优化	0.373	14	企业发展绩效	0.509	2
社会进步绩效	0.670	3	产品升级指数	1.000	1
环境改善	0.671	4	设备更新指数	0.017	29

(附录)表 1-6 山东知识产权综合实力分项指标指数及排名表

知识产权综合实力指数	0.321		综合排名	6	
指标	指数	排名	指标	指数	排名
知识产权产出水平	**0.213**	**11**			
产出人均指数	0.067	10	商标总量指数	0.071	9
专利总量指数	0.136	10	版权总量指数	0.015	11

续表 1-6

知识产权综合实力指数	0.321		综合排名	6	
指标	指数	排名	指标	指数	排名
集成电路布图设计总量	0.011	15	人才产出效率	0.298	18
农业植物新品种总量指数	0.103	9	资本产出效率	0.107	24
产出质量指数	0.149	8	企业产出指数	0.249	8
专利有效性	0.122	10	企业产出规模	0.297	5
商标有效性	0.110	9	企业产出质量	0.278	6
专利金奖指数	0.217	5	企业产出效率	0.173	21
"中华老字号"商标指数	0.367	5	高校和研发机构产出指数	0.398	7
集成电路布图设计登记发证	0.011	14	高校和研发机构产出规模	0.349	7
外贸额与PCT专利比	0.069	8	高校和研发机构产出质量	0.273	9
产出效率指数	0.202	18	高校和研发机构产出效率	0.573	6
知识产权流动水平	**0.297**	**5**			
技术市场交易指数	0.263	9	专利代理指数	0.110	7
技术市场规模指数	0.144	8	律师事务所指数	0.660	3
技术市场开放指数	0.171	7	企业技改、引进指数	0.296	4
技术外溢度指数	0.474	13	技术改造指数	0.461	2
知识产权服务机构指数	0.331	5	国内引进指数	0.271	4
商标代理机构指数	0.222	6	国外引进指数	0.157	6
知识产权创造潜力	**0.405**	**5**			
创造投入指数	0.715	1	教育环境指数	0.714	2
人才投入指数	0.327	7	文化环境指数	0.691	2
资本投入指数	0.533	4	科普指数	0.326	5
文化投入指数	1.000	1	高新技术开发区指数	0.448	11
基础设施投入指数	1.000	1	知识产权试点示范指数	0.377	3
创造成果指数	0.165	7	知识产权试点示范城市指数	0.500	2
论文指数	0.133	18	知识产权试点示范园区指数	0.000	8
科技成果指数	0.046	17	知识产权试点单位指数	0.032	23
高新技术产业科技项目	0.316	4	文化产业示范指数	0.976	2
创造环境指数	0.410	10	企业创造潜力指数	0.435	7
财政支持度指数	0.154	23	企业科研基础指数	0.243	16
金融环境指数	0.166	15	企业人才投入指数	0.430	4
营商环境指数	0.373	16	企业资本投入指数	0.549	11
生态环境指数	0.406	31	企业新产品开发指数	0.517	4

续表 1-6

知识产权综合实力指数	0.321		综合排名	6	
指标	指数	排名	指标	指数	排名
知识产权保护指数	0.328	5	行政执法服务能力指数	0.157	15
专利行政执法指数	0.313	4	司法保护能力指数	0.674	5
商标行政执法指数	0.168	9			
知识产权综合绩效	**0.368**	**13**			
宏观经济绩效	0.377	14	社会发展	0.686	7
经济发展水平	0.471	8	社会生活信息化	0.299	14
经济增长方式转变	0.413	15	文化进步	0.575	19
经济结构优化	0.246	18	企业发展绩效	0.195	13
社会进步绩效	0.534	11	产品升级指数	0.295	13
环境改善	0.576	14	设备更新指数	0.095	6

(附录)表1-7 安徽知识产权综合实力分项指标指数及排名表

知识产权综合实力指数	0.286		综合排名	7	
指标	指数	排名	指标	指数	排名
知识产权产出水平	**0.348**	**6**			
产出人均指数	0.111	8	外贸额与PCT专利比	0.045	13
专利总量指数	0.158	8	产出效率指数	0.712	2
商标总量指数	0.045	14	人才产出效率	0.897	2
版权总量指数	0.003	24	资本产出效率	0.527	2
集成电路布图设计总量	0.165	4	企业产出指数	0.498	5
农业植物新品种总量指数	0.186	3	企业产出规模	0.296	6
产出质量指数	0.102	12	企业产出质量	0.198	8
专利有效性	0.116	11	企业产出效率	1.000	1
商标有效性	0.058	17	高校和研发机构产出指数	0.318	11
专利金奖指数	0.087	12	高校和研发机构产出规模	0.296	9
"中华老字号"商标指数	0.139	17	高校和研发机构产出质量	0.122	17
集成电路布图设计登记发证	0.166	4	高校和研发机构产出效率	0.535	7
知识产权流动水平	**0.170**	**12**			
技术市场交易指数	0.247	11	知识产权服务机构指数	0.140	13
技术市场规模指数	0.095	11	商标代理机构指数	0.088	12
技术市场开放指数	0.095	12	专利代理指数	0.064	10
技术外溢度指数	0.552	8	律师事务所指数	0.268	15

续表1-7

知识产权综合实力指数	0.286		综合排名	7	
指标	指数	排名	指标	指数	排名
企业技改、引进指数	0.121	10	国内引进指数	0.058	15
技术改造指数	0.274	7	国外引进指数	0.032	15
知识产权创造潜力	0.262	9			
创造投入指数	0.313	14	高新技术开发区指数	0.453	9
人才投入指数	0.172	12	知识产权试点示范指数	0.205	8
资本投入指数	0.316	10	知识产权试点示范城市指数	0.286	6
文化投入指数	0.270	13	知识产权试点示范园区指数	0.000	8
基础设施投入指数	0.492	10	知识产权试点单位指数	0.387	5
创造成果指数	0.086	20	文化产业示范指数	0.146	16
论文指数	0.090	26	企业创造潜力指数	0.331	8
科技成果指数	0.023	27	企业科研基础指数	0.378	6
高新技术产业科技项目	0.145	7	企业人才投入指数	0.191	15
创造环境指数	0.466	7	企业资本投入指数	0.509	13
财政支持度指数	1.000	1	企业新产品开发指数	0.245	6
金融环境指数	0.109	24	知识产权保护指数	0.170	11
营商环境指数	0.342	25	专利行政执法指数	0.088	11
生态环境指数	0.747	17	商标行政执法指数	0.398	3
教育环境指数	0.465	18	行政执法服务能力指数	0.105	24
文化环境指数	0.488	8	司法保护能力指数	0.091	18
科普指数	0.125	14			
知识产权综合绩效	0.364	14			
宏观经济绩效	0.369	16	社会发展	0.571	15
经济发展水平	0.266	20	社会生活信息化	0.066	29
经济增长方式转变	0.365	17	文化进步	0.596	15
经济结构优化	0.476	10	企业发展绩效	0.273	9
社会进步绩效	0.449	21	产品升级指数	0.506	9
环境改善	0.565	16	设备更新指数	0.040	21

(附录)表1-8　天津知识产权综合实力分项指标指数及排名表

知识产权综合实力指数	0.282		综合排名	8	
指标	指数	排名	指标	指数	排名
知识产权产出水平	0.215	10			
产出人均指数	0.149	6	专利总量指数	0.421	5

续表 1-8

知识产权综合实力指数	0.282		综合排名	8	
指标	指数	排名	指标	指数	排名
商标总量指数	0.094	7	产出效率指数	0.331	7
版权总量指数	0.032	5	人才产出效率	0.513	5
集成电路布图设计总量	0.117	6	资本产出效率	0.149	13
农业植物新品种总量指数	0.083	14	企业产出指数	0.193	10
产出质量指数	0.179	6	企业产出规模	0.219	9
专利有效性	0.318	6	企业产出质量	0.121	12
商标有效性	0.177	7	企业产出效率	0.239	16
专利金奖指数	0.087	12	高校和研发机构产出指数	0.221	19
"中华老字号"商标指数	0.367	5	高校和研发机构产出规模	0.169	15
集成电路布图设计登记发证	0.112	6	高校和研发机构产出质量	0.179	13
外贸额与PCT专利比	0.015	23	高校和研发机构产出效率	0.315	23
知识产权流动水平	0.161	15			
技术市场交易指数	0.342	7	专利代理指数	0.048	16
技术市场规模指数	0.171	6	律师事务所指数	0.217	19
技术市场开放指数	0.117	10	企业技改、引进指数	0.034	25
技术外溢度指数	0.738	4	技术改造指数	0.053	24
知识产权服务机构指数	0.107	17	国内引进指数	0.008	24
商标代理机构指数	0.055	16	国外引进指数	0.042	12
知识产权创造潜力	0.258	10			
创造投入指数	0.346	10	生态环境指数	0.948	4
人才投入指数	0.462	6	教育环境指数	0.643	4
资本投入指数	0.587	3	文化环境指数	0.235	20
文化投入指数	0.117	22	科普指数	0.104	17
基础设施投入指数	0.216	21	高新技术开发区指数	0.107	26
创造成果指数	0.166	6	知识产权试点示范指数	0.040	23
论文指数	0.101	23	知识产权试点示范城市指数	0.071	14
科技成果指数	0.296	2	知识产权试点示范园区指数	0.000	8
高新技术产业科技项目	0.101	11	知识产权试点单位指数	0.032	23
创造环境指数	0.425	8	文化产业示范指数	0.057	21
财政支持度指数	0.369	9	企业创造潜力指数	0.464	6
金融环境指数	0.600	3	企业科研基础指数	0.649	3
营商环境指数	0.398	10	企业人才投入指数	0.180	18

续表 1-8

知识产权综合实力指数	0.282		综合排名	8	
指标	指数	排名	指标	指数	排名
企业资本投入指数	0.884	4	商标行政执法指数	0.049	19
企业新产品开发指数	0.142	11	行政执法服务能力指数	0.231	9
知识产权保护指数	0.104	15	司法保护能力指数	0.088	19
专利行政执法指数	0.050	18			
知识产权综合绩效	0.494	5			
宏观经济绩效	0.607	5	社会发展	0.887	3
经济发展水平	0.760	3	社会生活信息化	0.452	6
经济增长方式转变	0.650	2	文化进步	0.411	30
经济结构优化	0.411	13	企业发展绩效	0.366	5
社会进步绩效	0.508	15	产品升级指数	0.649	4
环境改善	0.285	31	设备更新指数	0.084	9

(附录)表 1-9　湖北知识产权综合实力分项指标指数及排名表

知识产权综合实力指数	0.279		综合排名	9	
指标	指数	排名	指标	指数	排名
知识产权产出水平	0.203	12			
产出人均指数	0.046	15	外贸额与 PCT 专利比	0.213	3
专利总量指数	0.101	13	产出效率指数	0.268	12
商标总量指数	0.040	18	人才产出效率	0.382	11
版权总量指数	0.015	10	资本产出效率	0.154	12
集成电路布图设计总量	0.029	11	企业产出指数	0.159	17
农业植物新品种总量指数	0.048	22	企业产出规模	0.128	12
产出质量指数	0.112	11	企业产出质量	0.129	10
专利有效性	0.091	13	企业产出效率	0.221	17
商标有效性	0.062	15	高校和研发机构产出指数	0.429	5
专利金奖指数	0.130	9	高校和研发机构产出规模	0.401	5
"中华老字号"商标指数	0.144	15	高校和研发机构产出质量	0.277	7
集成电路布图设计登记发证	0.030	11	高校和研发机构产出效率	0.610	4
知识产权流动水平	0.204	7			
技术市场交易指数	0.398	5	技术外溢度指数	0.813	3
技术市场规模指数	0.243	3	知识产权服务机构指数	0.130	16
技术市场开放指数	0.137	8	商标代理机构指数	0.071	14

续表 1-9

知识产权综合实力指数	0.279		综合排名	9	
指标	指数	排名	指标	指数	排名
专利代理指数	0.063	11	技术改造指数	0.106	19
律师事务所指数	0.256	18	国内引进指数	0.050	17
企业技改、引进指数	0.083	14	国外引进指数	0.093	9
知识产权创造潜力	**0.318**	**7**			
创造投入指数	0.366	9	高新技术开发区指数	0.583	5
人才投入指数	0.217	9	知识产权试点示范指数	0.345	5
资本投入指数	0.328	8	知识产权试点示范城市指数	0.143	10
文化投入指数	0.372	9	知识产权试点示范园区指数	0.500	2
基础设施投入指数	0.549	7	知识产权试点单位指数	0.355	6
创造成果指数	0.145	8	文化产业示范指数	0.382	5
论文指数	0.205	11	企业创造潜力指数	0.312	10
科技成果指数	0.120	7	企业科研基础指数	0.222	18
高新技术产业科技项目	0.111	10	企业人才投入指数	0.284	8
创造环境指数	0.478	6	企业资本投入指数	0.575	10
财政支持度指数	0.558	3	企业新产品开发指数	0.166	7
金融环境指数	0.140	20	知识产权保护指数	0.263	6
营商环境指数	0.359	21	专利行政执法指数	0.183	7
生态环境指数	0.791	13	商标行政执法指数	0.391	4
教育环境指数	0.574	8	行政执法服务能力指数	0.228	11
文化环境指数	0.391	13	司法保护能力指数	0.248	7
科普指数	0.423	4			
知识产权综合绩效	**0.391**	**9**			
宏观经济绩效	0.414	9	社会发展	0.554	18
经济发展水平	0.318	13	社会生活信息化	0.203	21
经济增长方式转变	0.486	9	文化进步	0.571	20
经济结构优化	0.438	12	企业发展绩效	0.270	11
社会进步绩效	0.489	16	产品升级指数	0.418	11
环境改善	0.628	8	设备更新指数	0.122	3

(附录)表1-10　　重庆知识产权综合实力分项指标指数及排名表

知识产权综合实力指数　0.251　　　　　综合排名　10

指标	指数	排名	指标	指数	排名
知识产权产出水平	**0.160**	**15**			
产出人均指数	0.063	12	外贸额与PCT专利比	0.019	21
专利总量指数	0.124	11	产出效率指数	0.248	15
商标总量指数	0.092	8	人才产出效率	0.362	12
版权总量指数	0.047	3	资本产出效率	0.135	17
集成电路布图设计总量	0.015	13	企业产出指数	0.169	14
农业植物新品种总量指数	0.035	26	企业产出规模	0.101	13
产出质量指数	0.089	14	企业产出质量	0.117	13
专利有效性	0.161	8	企业产出效率	0.288	13
商标有效性	0.159	8	高校和研发机构产出指数	0.229	16
专利金奖指数	0.072	15	高校和研发机构产出规模	0.143	18
"中华老字号"商标指数	0.106	22	高校和研发机构产出质量	0.135	16
集成电路布图设计登记发证	0.016	12	高校和研发机构产出效率	0.411	14
知识产权流动水平	**0.170**	**11**			
技术市场交易指数	0.169	16	专利代理指数	0.051	15
技术市场规模指数	0.040	16	律师事务所指数	0.454	7
技术市场开放指数	0.221	6	企业技改、引进指数	0.144	8
技术外溢度指数	0.245	23	技术改造指数	0.135	15
知识产权服务机构指数	0.199	8	国内引进指数	0.073	11
商标代理机构指数	0.090	11	国外引进指数	0.222	5
知识产权流动水平	**0.170**	**11**			
知识产权创造潜力	0.206	15	财政支持度指数	0.088	29
创造投入指数	0.245	16	金融环境指数	0.232	13
人才投入指数	0.165	14	营商环境指数	0.315	29
资本投入指数	0.429	6	生态环境指数	0.857	7
文化投入指数	0.108	23	教育环境指数	0.484	16
基础设施投入指数	0.279	16	文化环境指数	0.259	18
创造成果指数	0.132	12	科普指数	0.072	21
论文指数	0.104	22	高新技术开发区指数	0.235	21
科技成果指数	0.199	4	知识产权试点示范指数	0.137	14
高新技术产业科技项目	0.092	13	知识产权试点示范城市指数	0.143	10
创造环境指数	0.318	18	知识产权试点示范园区指数	0.000	8

续表 1-10

知识产权综合实力指数	0.251		综合排名	10	
指标	指数	排名	指标	指数	排名
知识产权试点单位指数	0.129	11	企业新产品开发指数	0.134	13
文化产业示范指数	0.276	7	知识产权保护指数	0.097	16
企业创造潜力指数	0.306	11	专利行政执法指数	0.037	22
企业科研基础指数	0.336	7	商标行政执法指数	0.030	24
企业人才投入指数	0.147	21	行政执法服务能力指数	0.252	8
企业资本投入指数	0.607	8	司法保护能力指数	0.070	22
知识产权综合绩效	0.467	7			
宏观经济绩效	0.518	6	社会发展	0.623	13
经济发展水平	0.386	10	社会生活信息化	0.273	19
经济增长方式转变	0.478	11	文化进步	0.526	24
经济结构优化	0.691	2	企业发展绩效	0.368	4
社会进步绩效	0.515	14	产品升级指数	0.634	5
环境改善	0.639	5	设备更新指数	0.102	4

（附录）表 1-11 湖南知识产权综合实力分项指标指数及排名表

知识产权综合实力指数	0.251		综合排名	11	
指标	指数	排名	指标	指数	排名
知识产权产出水平	0.153	16			
产出人均指数	0.039	18	外贸额与PCT专利比	0.081	6
专利总量指数	0.060	17	产出效率指数	0.179	19
商标总量指数	0.036	21	人才产出效率	0.258	19
版权总量指数	0.004	20	资本产出效率	0.101	25
集成电路布图设计总量	0.019	12	企业产出指数	0.137	18
农业植物新品种总量指数	0.078	15	企业产出规模	0.087	14
产出质量指数	0.086	15	企业产出质量	0.108	14
专利有效性	0.069	15	企业产出效率	0.218	18
商标有效性	0.055	21	高校和研发机构产出指数	0.321	10
专利金奖指数	0.188	7	高校和研发机构产出规模	0.265	11
"中华老字号"商标指数	0.111	20	高校和研发机构产出质量	0.180	12
集成电路布图设计登记发证	0.013	13	高校和研发机构产出效率	0.517	10
知识产权流动水平	0.166	13			
技术市场交易指数	0.190	14	技术市场规模指数	0.034	18

续表 1-11

知识产权综合实力指数	0.251		综合排名	11	
指标	指数	排名	指标	指数	排名
技术市场开放指数	0.034	16	律师事务所指数	0.271	14
技术外溢度指数	0.502	10	企业技改、引进指数	0.171	7
知识产权服务机构指数	0.137	14	技术改造指数	0.439	3
商标代理机构指数	0.082	13	国内引进指数	0.041	18
专利代理指数	0.058	13	国外引进指数	0.032	14
知识产权流动水平	0.166	13			
知识产权创造潜力	0.272	8	科普指数	0.156	11
创造投入指数	0.369	8	高新技术开发区指数	0.554	7
人才投入指数	0.169	13	知识产权试点示范指数	0.100	17
资本投入指数	0.185	22	知识产权试点示范城市指数	0.214	8
文化投入指数	0.607	4	知识产权试点示范园区指数	0.000	8
基础设施投入指数	0.517	9	知识产权试点单位指数	0.065	14
创造成果指数	0.058	26	文化产业示范指数	0.122	17
论文指数	0.098	24	企业创造潜力指数	0.329	9
科技成果指数	0.001	30	企业科研基础指数	0.335	8
高新技术产业科技项目	0.077	14	企业人才投入指数	0.250	9
创造环境指数	0.369	12	企业资本投入指数	0.598	9
财政支持度指数	0.129	25	企业新产品开发指数	0.134	12
金融环境指数	0.000	31	知识产权保护指数	0.405	4
营商环境指数	0.351	22	专利行政执法指数	0.325	3
生态环境指数	0.800	11	商标行政执法指数	0.106	13
教育环境指数	0.443	21	行政执法服务能力指数	0.433	2
文化环境指数	0.518	6	司法保护能力指数	0.756	3
知识产权综合绩效	0.412	8			
宏观经济绩效	0.351	17	社会发展	0.540	20
经济发展水平	0.302	15	社会生活信息化	0.081	28
经济增长方式转变	0.450	13	文化进步	1.000	1
经济结构优化	0.300	17	企业发展绩效	0.322	7
社会进步绩效	0.564	8	产品升级指数	0.613	7
环境改善	0.633	6	设备更新指数	0.032	25

(附录) 表 1-12　　福建知识产权综合实力分项指标指数及排名表

知识产权综合实力指数　0.246　　　　　　　　　综合排名　12

指标	指数	排名	指标	指数	排名
知识产权产出水平	**0.177**	**13**			
产出人均指数	0.135	7	外贸额与PCT专利比	0.029	15
专利总量指数	0.252	7	产出效率指数	0.171	21
商标总量指数	0.233	5	人才产出效率	0.226	20
版权总量指数	0.021	7	资本产出效率	0.116	21
集成电路布图设计总量	0.074	9	企业产出指数	0.194	9
农业植物新品种总量指数	0.093	11	企业产出规模	0.197	10
产出质量指数	0.154	7	企业产出质量	0.185	9
专利有效性	0.238	7	企业产出效率	0.201	19
商标有效性	0.362	5	高校和研发机构产出指数	0.228	17
专利金奖指数	0.029	20	高校和研发机构产出规模	0.158	17
"中华老字号"商标指数	0.189	9	高校和研发机构产出质量	0.144	14
集成电路布图设计登记发证	0.079	8	高校和研发机构产出效率	0.382	18
知识产权产出水平	**0.177**	**13**			
知识产权流动水平	0.173	9	专利代理指数	0.056	14
技术市场交易指数	0.147	17	律师事务所指数	0.263	17
技术市场规模指数	0.030	19	企业技改、引进指数	0.219	6
技术市场开放指数	0.122	9	技术改造指数	0.369	5
技术外溢度指数	0.288	20	国内引进指数	0.189	6
知识产权服务机构指数	0.154	12	国外引进指数	0.098	8
商标代理机构指数	0.142	7			
知识产权产出水平	**0.177**	**13**			
知识产权创造潜力	0.246	11	高新技术产业科技项目	0.117	9
创造投入指数	0.327	12	创造环境指数	0.368	13
人才投入指数	0.223	8	财政支持度指数	0.175	20
资本投入指数	0.294	12	金融环境指数	0.283	7
文化投入指数	0.372	8	营商环境指数	0.443	7
基础设施投入指数	0.418	11	生态环境指数	0.836	8
创造成果指数	0.088	19	教育环境指数	0.584	6
论文指数	0.072	27	文化环境指数	0.297	16
科技成果指数	0.073	10	科普指数	0.116	15

续表 1-12

知识产权综合实力指数	0.246		综合排名	12	
指标	指数	排名	指标	指数	排名
高新技术开发区指数	0.211	22	企业人才投入指数	0.157	20
知识产权试点示范指数	0.179	11	企业资本投入指数	0.522	12
知识产权试点示范城市指数	0.214	8	企业新产品开发指数	0.164	8
知识产权试点示范园区指数	0.000	8	知识产权保护指数	0.235	7
知识产权试点单位指数	0.323	7	专利行政执法指数	0.132	9
文化产业示范指数	0.179	14	商标行政执法指数	0.191	7
企业创造潜力指数	0.279	12	行政执法服务能力指数	0.371	4
企业科研基础指数	0.274	15	司法保护能力指数	0.244	8
知识产权产出水平	0.177	13			
知识产权综合绩效	0.390	10	社会发展	0.628	12
宏观经济绩效	0.406	11	社会生活信息化	0.571	5
经济发展水平	0.500	7	文化进步	0.457	28
经济增长方式转变	0.482	10	企业发展绩效	0.173	15
经济结构优化	0.237	20	产品升级指数	0.253	14
社会进步绩效	0.590	6	设备更新指数	0.093	7
环境改善	0.705	2			

(附录)表 1-13　陕西知识产权综合实力分项指标指数及排名表

知识产权综合实力指数	0.243		综合排名	13	
指标	指数	排名	指标	指数	排名
知识产权产出水平	0.215	9			
产出人均指数	0.072	9	集成电路布图设计登记发证	0.079	9
专利总量指数	0.137	9	外贸额与PCT专利比	0.062	10
商标总量指数	0.053	10	产出效率指数	0.215	17
版权总量指数	0.009	14	人才产出效率	0.332	14
集成电路布图设计总量	0.091	8	资本产出效率	0.099	27
农业植物新品种总量指数	0.071	16	企业产出指数	0.095	24
产出质量指数	0.121	9	企业产出规模	0.075	16
专利有效性	0.140	9	企业产出质量	0.073	17
商标有效性	0.094	11	企业产出效率	0.137	25
专利金奖指数	0.203	6	高校和研发机构产出指数	0.574	4
"中华老字号"商标指数	0.150	12	高校和研发机构产出规模	0.389	6

续表 1-13

知识产权综合实力指数	0.243		综合排名	13	
指标	指数	排名	指标	指数	排名
高校和研发机构产出质量	0.375	5	高校和研发机构产出效率	0.958	1
知识产权产出水平	**0.177**	**13**			
知识产权流动水平	0.172	10	专利代理指数	0.058	12
技术市场交易指数	0.402	4	律师事务所指数	0.023	30
技术市场规模指数	0.251	2	企业技改、引进指数	0.069	17
技术市场开放指数	0.006	25	技术改造指数	0.110	18
技术外溢度指数	0.949	1	国内引进指数	0.075	10
知识产权服务机构指数	0.045	27	国外引进指数	0.022	19
商标代理机构指数	0.053	17			
知识产权产出水平	**0.177**	**13**			
知识产权创造潜力	0.213	14	科普指数	0.201	9
创造投入指数	0.325	13	高新技术开发区指数	0.452	10
人才投入指数	0.183	11	知识产权试点示范指数	0.034	24
资本投入指数	0.341	7	知识产权试点示范城市指数	0.071	14
文化投入指数	0.403	7	知识产权试点示范园区指数	0.000	8
基础设施投入指数	0.372	12	知识产权试点单位指数	0.032	23
创造成果指数	0.138	9	文化产业示范指数	0.033	28
论文指数	0.257	7	企业创造潜力指数	0.262	14
科技成果指数	0.101	8	企业科研基础指数	0.238	17
高新技术产业科技项目	0.056	18	企业人才投入指数	0.229	10
创造环境指数	0.424	9	企业资本投入指数	0.508	14
财政支持度指数	0.219	15	企业新产品开发指数	0.075	18
金融环境指数	0.158	16	知识产权保护指数	0.094	17
营商环境指数	0.371	17	专利行政执法指数	0.066	15
生态环境指数	0.793	12	商标行政执法指数	0.066	17
教育环境指数	0.742	1	行政执法服务能力指数	0.178	13
文化环境指数	0.459	9	司法保护能力指数	0.067	23
知识产权综合绩效	**0.372**	**11**			
宏观经济绩效	0.511	8	社会进步绩效	0.516	13
经济发展水平	0.327	12	环境改善	0.497	25
经济增长方式转变	0.562	5	社会发展	0.538	21
经济结构优化	0.645	4	社会生活信息化	0.309	12

续表 1-13

知识产权综合实力指数	0.243		综合排名	13	
指标	指数	排名	指标	指数	排名
文化进步	0.720	4	产品升级指数	0.135	23
企业发展绩效	0.089	26	设备更新指数	0.042	20

(附录)表 1-14 四川知识产权综合实力分项指标指数及排名表

知识产权综合实力指数	0.230		综合排名	14	
指标	指数	排名	指标	指数	排名
知识产权产出水平	0.230	8			
产出人均指数	0.058	13	外贸额与 PCT 专利比	0.137	4
专利总量指数	0.120	12	产出效率指数	0.372	5
商标总量指数	0.051	11	人才产出效率	0.521	4
版权总量指数	0.021	8	资本产出效率	0.223	5
集成电路布图设计总量	0.035	10	企业产出指数	0.295	7
农业植物新品种总量指数	0.062	19	企业产出规模	0.272	7
产出质量指数	0.118	10	企业产出质量	0.207	7
专利有效性	0.101	12	企业产出效率	0.405	9
商标有效性	0.080	13	高校和研发机构产出指数	0.309	13
专利金奖指数	0.087	12	高校和研发机构产出规模	0.282	10
"中华老字号"商标指数	0.272	8	高校和研发机构产出质量	0.237	11
知识产权产出水平	0.230	8			
知识产权流动水平	0.163	14	专利代理指数	0.111	6
技术市场交易指数	0.236	13	律师事务所指数	0.284	12
技术市场规模指数	0.096	10	企业技改、引进指数	0.084	13
技术市场开放指数	0.098	11	技术改造指数	0.156	12
技术外溢度指数	0.514	9	国内引进指数	0.065	14
知识产权服务机构指数	0.170	9	国外引进指数	0.030	18
商标代理机构指数	0.114	8			
知识产权创造潜力	0.218	13			
创造投入指数	0.302	15	创造成果指数	0.120	15
人才投入指数	0.147	18	论文指数	0.203	12
资本投入指数	0.277	13	科技成果指数	0.033	23
文化投入指数	0.259	14	高新技术产业科技项目	0.124	8
基础设施投入指数	0.526	8	创造环境指数	0.358	14

续表 1-14

知识产权综合实力指数	0.230		综合排名	14	
指标	指数	排名	指标	指数	排名
财政支持度指数	0.170	21	文化产业示范指数	0.374	6
金融环境指数	0.115	22	企业创造潜力指数	0.195	17
营商环境指数	0.348	23	企业科研基础指数	0.145	20
生态环境指数	0.688	19	企业人才投入指数	0.205	12
教育环境指数	0.431	22	企业资本投入指数	0.309	22
文化环境指数	0.506	7	企业新产品开发指数	0.121	14
科普指数	0.222	8	知识产权保护指数	0.149	12
高新技术开发区指数	0.388	14	专利行政执法指数	0.097	10
知识产权试点示范指数	0.181	10	商标行政执法指数	0.124	11
知识产权试点示范城市指数	0.286	6	行政执法服务能力指数	0.190	12
知识产权试点示范园区指数	0.000	8	司法保护能力指数	0.185	10
知识产权试点单位指数	0.065	14			
知识产权综合绩效	**0.307**	**20**			
宏观经济绩效	0.397	12	社会发展	0.544	19
经济发展水平	0.239	24	社会生活信息化	0.140	23
经济增长方式转变	0.330	20	文化进步	0.446	29
经济结构优化	0.621	7	企业发展绩效	0.111	23
社会进步绩效	0.414	27	产品升级指数	0.182	21
环境改善	0.526	21	设备更新指数	0.039	22

（附录）表 1-15　辽宁知识产权综合实力分项指标指数及排名表

知识产权综合实力指数	0.225		综合排名	15	
指标	指数	排名	指标	指数	排名
知识产权产出水平	**0.153**	**17**			
产出人均指数	0.044	16	商标有效性	0.082	12
专利总量指数	0.065	15	专利金奖指数	0.174	8
商标总量指数	0.041	16	"中华老字号"商标指数	0.189	9
版权总量指数	0.009	15	集成电路布图设计登记发证	0.001	19
集成电路布图设计总量	0.002	18	外贸额与PCT专利比	0.026	17
农业植物新品种总量指数	0.104	8	产出效率指数	0.227	16
产出质量指数	0.093	13	人才产出效率	0.312	17
专利有效性	0.083	14	资本产出效率	0.142	16

续表 1-15

知识产权综合实力指数	0.225		综合排名	15	
指标	指数	排名	指标	指数	排名
企业产出指数	0.109	20	高校和研发机构产出指数	0.290	14
企业产出规模	0.058	19	高校和研发机构产出规模	0.224	12
企业产出质量	0.086	16	高校和研发机构产出质量	0.240	10
企业产出效率	0.184	20	高校和研发机构产出效率	0.406	16
知识产权流动水平	0.193	8			
技术市场交易指数	0.313	8	专利代理指数	0.066	9
技术市场规模指数	0.117	9	律师事务所指数	0.350	10
技术市场开放指数	0.087	14	企业技改、引进指数	0.106	11
技术外溢度指数	0.734	5	技术改造指数	0.216	9
知识产权服务机构指数	0.162	10	国内引进指数	0.068	13
商标代理机构指数	0.070	15	国外引进指数	0.033	13
知识产权流动水平	0.193	8			
知识产权创造潜力	0.183	16	科普指数	0.136	12
创造投入指数	0.142	26	高新技术开发区指数	0.390	13
人才投入指数	0.214	10	知识产权试点示范指数	0.151	13
资本投入指数	0.185	21	知识产权试点示范城市指数	0.143	10
文化投入指数	0.072	27	知识产权试点示范园区指数	0.000	8
基础设施投入指数	0.099	27	知识产权试点单位指数	0.194	8
创造成果指数	0.097	17	文化产业示范指数	0.268	8
论文指数	0.195	13	企业创造潜力指数	0.279	13
科技成果指数	0.040	20	企业科研基础指数	0.138	22
高新技术产业科技项目	0.057	17	企业人才投入指数	0.185	16
创造环境指数	0.340	16	企业资本投入指数	0.690	6
财政支持度指数	0.147	24	企业新产品开发指数	0.103	17
金融环境指数	0.249	10	知识产权保护指数	0.089	19
营商环境指数	0.464	5	专利行政执法指数	0.073	12
生态环境指数	0.604	24	商标行政执法指数	0.037	22
教育环境指数	0.431	23	行政执法服务能力指数	0.129	19
文化环境指数	0.299	15	司法保护能力指数	0.117	11
知识产权流动水平	0.193	8			
知识产权综合绩效	0.370	12	经济发展水平	0.358	11
宏观经济绩效	0.298	20	经济增长方式转变	0.322	23

续表 1-15

知识产权综合实力指数	0.225		综合排名	15	
指标	指数	排名	指标	指数	排名
经济结构优化	0.215	22	文化进步	0.657	6
社会进步绩效	0.591	5	企业发展绩效	0.221	12
环境改善	0.578	13	产品升级指数	0.442	10
社会发展	0.679	8	设备更新指数	0.000	31
社会生活信息化	0.449	7			

(附录)表 1-16　河南知识产权综合实力分项指标指数及排名表

知识产权综合实力指数	0.209		综合排名	16	
指标	指数	排名	指标	指数	排名
知识产权产出水平	0.135	19			
产出人均指数	0.044	17	外贸额与PCT专利比	0.008	25
专利总量指数	0.056	18	产出效率指数	0.159	25
商标总量指数	0.041	17	人才产出效率	0.208	22
版权总量指数	0.005	19	资本产出效率	0.111	23
集成电路布图设计总量	0.000	22	企业产出指数	0.100	22
农业植物新品种总量指数	0.117	5	企业产出规模	0.130	11
产出质量指数	0.057	19	企业产出质量	0.124	11
专利有效性	0.055	17	企业产出效率	0.046	27
商标有效性	0.054	22	高校和研发机构产出指数	0.315	12
专利金奖指数	0.101	11	高校和研发机构产出规模	0.222	13
"中华老字号"商标指数	0.122	18	高校和研发机构产出质量	0.140	15
集成电路布图设计登记发证	0.001	21	高校和研发机构产出效率	0.584	5
知识产权流动水平	0.135	17			
技术市场交易指数	0.120	20	专利代理指数	0.075	8
技术市场规模指数	0.027	20	律师事务所指数	0.417	8
技术市场开放指数	0.015	20	企业技改、引进指数	0.084	12
技术外溢度指数	0.317	17	技术改造指数	0.210	10
知识产权服务机构指数	0.201	7	国内引进指数	0.032	19
商标代理机构指数	0.112	9	国外引进指数	0.010	22
知识产权创造潜力	0.236	12			
创造投入指数	0.448	5	资本投入指数	0.228	14
人才投入指数	0.163	16	文化投入指数	0.651	3

续表 1-16

知识产权综合实力指数	0.209		综合排名	16	
指标	指数	排名	指标	指数	排名
基础设施投入指数	0.750	3	知识产权试点示范城市指数	0.357	5
创造成果指数	0.049	29	知识产权试点示范园区指数	0.000	8
论文指数	0.070	28	知识产权试点单位指数	0.097	12
科技成果指数	0.002	29	文化产业示范指数	0.049	24
高新技术产业科技项目	0.073	15	企业创造潜力指数	0.178	21
创造环境指数	0.394	11	企业科研基础指数	0.133	23
财政支持度指数	0.178	19	企业人才投入指数	0.216	11
金融环境指数	0.066	30	企业资本投入指数	0.211	24
营商环境指数	0.376	15	企业新产品开发指数	0.150	9
生态环境指数	0.662	22	知识产权保护指数	0.222	8
教育环境指数	0.567	10	专利行政执法指数	0.162	8
文化环境指数	0.589	4	商标行政执法指数	0.293	6
科普指数	0.156	10	行政执法服务能力指数	0.111	22
高新技术开发区指数	0.557	6	司法保护能力指数	0.322	6
知识产权试点示范指数	0.126	15			
知识产权流动水平	0.135	17			
知识产权综合绩效	0.329	17	社会发展	0.530	22
宏观经济绩效	0.408	10	社会生活信息化	0.112	26
经济发展水平	0.256	22	文化进步	0.605	12
经济增长方式转变	0.345	19	企业发展绩效	0.147	17
经济结构优化	0.623	6	产品升级指数	0.194	18
社会进步绩效	0.431	24	设备更新指数	0.100	5
环境改善	0.477	27			

(附录)表 1-17 广西知识产权综合实力分项指标指数及排名表

知识产权综合实力指数	0.206		综合排名	17	
指标	指数	排名	指标	指数	排名
知识产权产出水平	0.290	7			
产出人均指数	0.023	26	集成电路布图设计总量	0.001	21
专利总量指数	0.060	16	农业植物新品种总量指数	0.039	24
商标总量指数	0.002	29	产出质量指数	0.019	29
版权总量指数	0.011	13	专利有效性	0.029	25

续表 1-17

知识产权综合实力指数	0.206		综合排名	17	
指标	指数	排名	指标	指数	排名
商标有效性	0.014	30	企业产出指数	0.185	12
专利金奖指数	0.014	23	企业产出规模	0.061	18
"中华老字号"商标指数	0.050	24	企业产出质量	0.036	20
集成电路布图设计登记发证	0.001	20	企业产出效率	0.457	7
外贸额与PCT专利比	0.004	29	高校和研发机构产出指数	0.222	18
产出效率指数	1.000	1	高校和研发机构产出规模	0.160	16
人才产出效率	1.000	1	高校和研发机构产出质量	0.079	20
资本产出效率	1.000	1	高校和研发机构产出效率	0.427	12
知识产权流动水平	**0.135**	**17**			
知识产权流动水平	0.082	22	专利代理指数	0.028	19
技术市场交易指数	0.100	22	律师事务所指数	0.214	20
技术市场规模指数	0.015	24	企业技改、引进指数	0.056	20
技术市场开放指数	0.010	21	技术改造指数	0.152	13
技术外溢度指数	0.276	21	国内引进指数	0.011	23
知识产权服务机构指数	0.089	21	国外引进指数	0.004	26
商标代理机构指数	0.026	25			
知识产权创造潜力	**0.157**	**21**			
创造投入指数	0.175	21	文化环境指数	0.296	17
人才投入指数	0.061	27	科普指数	0.127	13
资本投入指数	0.070	30	高新技术开发区指数	0.271	17
文化投入指数	0.246	15	知识产权试点示范指数	0.204	9
基础设施投入指数	0.322	14	知识产权试点示范城市指数	0.000	23
创造成果指数	0.052	28	知识产权试点示范园区指数	0.500	2
论文指数	0.136	17	知识产权试点单位指数	0.065	14
科技成果指数	0.000	31	文化产业示范指数	0.252	9
高新技术产业科技项目	0.020	23	企业创造潜力指数	0.079	31
创造环境指数	0.339	17	企业科研基础指数	0.068	30
财政支持度指数	0.160	22	企业人才投入指数	0.097	27
金融环境指数	0.082	29	企业资本投入指数	0.107	29
营商环境指数	0.399	9	企业新产品开发指数	0.043	21
生态环境指数	0.820	10	知识产权保护指数	0.093	18
教育环境指数	0.561	11	专利行政执法指数	0.053	17

续表 1−17

知识产权综合实力指数	0.206		综合排名	17	
指标	指数	排名	指标	指数	排名
商标行政执法指数	0.099	15	司法保护能力指数	0.072	21
行政执法服务能力指数	0.147	16			
知识产权综合绩效	0.297	22			
宏观经济绩效	0.273	21	社会发展	0.574	14
经济发展水平	0.183	25	社会生活信息化	0.126	25
经济增长方式转变	0.446	14	文化进步	0.614	11
经济结构优化	0.191	25	企业发展绩效	0.141	19
社会进步绩效	0.478	19	产品升级指数	0.234	15
环境改善	0.598	10	设备更新指数	0.048	18

(附录) 表 1−18　吉林知识产权综合实力分项指标指数及排名表

知识产权综合实力指数	0.177		综合排名	18	
指标	指数	排名	指标	指数	排名
知识产权产出水平	0.088	25			
产出人均指数	0.049	14	外贸额与PCT专利比	0.131	5
专利总量指数	0.032	24	产出效率指数	0.140	26
商标总量指数	0.027	26	人才产出效率	0.181	25
版权总量指数	0.006	17	资本产出效率	0.099	26
集成电路布图设计总量	0.000	23	企业产出指数	0.022	30
农业植物新品种总量指数	0.181	4	企业产出规模	0.014	25
产出质量指数	0.061	17	企业产出质量	0.021	24
专利有效性	0.039	20	企业产出效率	0.032	29
商标有效性	0.057	18	高校和研发机构产出指数	0.168	22
专利金奖指数	0.029	20	高校和研发机构产出规模	0.117	21
"中华老字号"商标指数	0.111	20	高校和研发机构产出质量	0.082	19
集成电路布图设计登记发证	0.000	22	高校和研发机构产出效率	0.305	24
知识产权流动水平	0.136	16			
技术市场交易指数	0.262	10	商标代理机构指数	0.035	20
技术市场规模指数	0.052	15	专利代理指数	0.024	21
技术市场开放指数	0.095	13	律师事务所指数	0.187	22
技术外溢度指数	0.640	7	企业技改、引进指数	0.065	18
知识产权服务机构指数	0.082	22	技术改造指数	0.079	22

续表 1−18

知识产权综合实力指数	0.177		综合排名	18	
指标	指数	排名	指标	指数	排名
国内引进指数	0.002	29	国外引进指数	0.114	7
知识产权创造潜力	**0.133**	**24**			
创造投入指数	0.144	25	高新技术开发区指数	0.006	30
人才投入指数	0.150	17	知识产权试点示范指数	0.083	18
资本投入指数	0.087	29	知识产权试点示范城市指数	0.071	14
文化投入指数	0.102	24	知识产权试点示范园区指数	0.000	8
基础设施投入指数	0.238	19	知识产权试点单位指数	0.032	23
创造成果指数	0.095	18	文化产业示范指数	0.228	10
论文指数	0.230	9	企业创造潜力指数	0.090	29
科技成果指数	0.025	26	企业科研基础指数	0.000	31
高新技术产业科技项目	0.030	21	企业人才投入指数	0.185	17
创造环境指数	0.301	23	企业资本投入指数	0.129	28
财政支持度指数	0.202	17	企业新产品开发指数	0.045	20
金融环境指数	0.156	17	知识产权保护指数	0.086	20
营商环境指数	0.367	18	专利行政执法指数	0.005	28
生态环境指数	0.902	6	商标行政执法指数	0.042	21
教育环境指数	0.451	20	行政执法服务能力指数	0.268	7
文化环境指数	0.211	23	司法保护能力指数	0.029	26
科普指数	0.111	16			
知识产权创造潜力	**0.133**	**24**			
知识产权综合绩效	0.351	15	社会发展	0.662	10
宏观经济绩效	0.346	18	社会生活信息化	0.276	18
经济发展水平	0.298	16	文化进步	0.682	5
经济增长方式转变	0.541	8	企业发展绩效	0.176	14
经济结构优化	0.200	23	产品升级指数	0.307	12
社会进步绩效	0.532	12	设备更新指数	0.045	19
环境改善	0.508	23			

(附录)表1-19　　江西知识产权综合实力分项指标指数及排名表

知识产权综合实力指数　0.169　　　　　　　　　　综合排名　19

指标	指数	排名	指标	指数	排名
知识产权产出水平	**0.104**	**20**			
产出人均指数	0.035	20	外贸额与PCT专利比	0.005	27
专利总量指数	0.100	14	产出效率指数	0.102	28
商标总量指数	0.035	22	人才产出效率	0.147	28
版权总量指数	0.012	12	资本产出效率	0.058	29
集成电路布图设计总量	0.006	16	企业产出指数	0.096	23
农业植物新品种总量指数	0.024	28	企业产出规模	0.086	15
产出质量指数	0.044	21	企业产出质量	0.055	18
专利有效性	0.067	16	企业产出效率	0.146	24
商标有效性	0.049	25	高校和研发机构产出指数	0.243	15
专利金奖指数	0.014	23	高校和研发机构产出规模	0.139	19
"中华老字号"商标指数	0.122	18	高校和研发机构产出质量	0.057	23
集成电路布图设计登记发证	0.006	15	高校和研发机构产出效率	0.533	8
知识产权流动水平	**0.091**	**21**			
技术市场交易指数	0.121	19	专利代理指数	0.029	18
技术市场规模指数	0.025	23	律师事务所指数	0.162	24
技术市场开放指数	0.046	15	企业技改、引进指数	0.073	16
技术外溢度指数	0.294	19	技术改造指数	0.112	16
知识产权服务机构指数	0.079	23	国内引进指数	0.076	9
商标代理机构指数	0.046	19	国外引进指数	0.031	17
知识产权创造潜力	**0.165**	**19**			
创造投入指数	0.209	18	财政支持度指数	0.279	13
人才投入指数	0.089	24	金融环境指数	0.099	27
资本投入指数	0.209	18	营商环境指数	0.360	20
文化投入指数	0.187	19	生态环境指数	0.763	15
基础设施投入指数	0.350	13	教育环境指数	0.650	3
创造成果指数	0.064	25	文化环境指数	0.326	14
论文指数	0.062	30	科普指数	0.085	18
科技成果指数	0.034	22	高新技术开发区指数	0.258	19
高新技术产业科技项目	0.097	12	知识产权试点示范指数	0.111	16
创造环境指数	0.352	15	知识产权试点示范城市指数	0.071	14

续表 1-19

知识产权综合实力指数	0.169		综合排名	19	
指标	指数	排名	指标	指数	排名
知识产权试点示范园区指数	0.000	8	企业新产品开发指数	0.111	16
知识产权试点单位指数	0.161	10	知识产权保护指数	0.071	21
文化产业示范指数	0.211	11	专利行政执法指数	0.047	19
企业创造潜力指数	0.185	20	商标行政执法指数	0.034	23
企业科研基础指数	0.300	13	行政执法服务能力指数	0.102	25
企业人才投入指数	0.131	24	司法保护能力指数	0.100	15
企业资本投入指数	0.197	26			
知识产权综合绩效	0.316	19			
宏观经济绩效	0.373	15	社会发展	0.509	24
经济发展水平	0.268	19	社会生活信息化	0.062	31
经济增长方式转变	0.397	16	文化进步	0.569	21
经济结构优化	0.455	11	企业发展绩效	0.155	16
社会进步绩效	0.420	25	产品升级指数	0.225	16
环境改善	0.540	18	设备更新指数	0.085	8

(附录)表 1-20　河北知识产权综合实力分项指标指数及排名表

知识产权综合实力指数	0.164		综合排名	20	
指标	指数	排名	指标	指数	排名
知识产权产出水平	0.088	24			
产出人均指数	0.036	19	外贸额与PCT专利比	0.018	22
专利总量指数	0.040	22	产出效率指数	0.086	29
商标总量指数	0.037	20	人才产出效率	0.121	29
版权总量指数	0.001	26	资本产出效率	0.050	30
集成电路布图设计总量	0.013	14	企业产出指数	0.066	27
农业植物新品种总量指数	0.089	12	企业产出规模	0.074	17
产出质量指数	0.059	18	企业产出质量	0.090	15
专利有效性	0.050	19	企业产出效率	0.032	30
商标有效性	0.058	16	高校和研发机构产出指数	0.196	20
专利金奖指数	0.072	15	高校和研发机构产出规模	0.135	20
"中华老字号"商标指数	0.150	12	高校和研发机构产出质量	0.089	18
集成电路布图设计登记发证	0.005	17	高校和研发机构产出效率	0.363	20

续表 1-20

知识产权综合实力指数	0.164		综合排名	20	
指标	指数	排名	指标	指数	排名
知识产权流动水平	**0.112**	**18**			
技术市场交易指数	0.097	23	专利代理指数	0.032	17
技术市场规模指数	0.026	21	律师事务所指数	0.350	11
技术市场开放指数	0.019	17	企业技改、引进指数	0.083	15
技术外溢度指数	0.245	24	技术改造指数	0.203	11
知识产权服务机构指数	0.158	11	国内引进指数	0.025	20
商标代理机构指数	0.093	10	国外引进指数	0.020	20
知识产权创造潜力	**0.174**	**17**			
创造投入指数	0.371	7	高新技术开发区指数	0.338	15
人才投入指数	0.143	19	知识产权试点示范指数	0.034	25
资本投入指数	0.215	17	知识产权试点示范城市指数	0.071	14
文化投入指数	0.544	5	知识产权试点示范园区指数	0.000	8
基础设施投入指数	0.583	5	知识产权试点单位指数	0.065	14
创造成果指数	0.044	30	文化产业示范指数	0.000	29
论文指数	0.053	31	企业创造潜力指数	0.188	19
科技成果指数	0.013	28	企业科研基础指数	0.140	21
高新技术产业科技项目	0.067	16	企业人才投入指数	0.167	19
创造环境指数	0.299	24	企业资本投入指数	0.325	20
财政支持度指数	0.119	27	企业新产品开发指数	0.120	15
金融环境指数	0.109	25	知识产权保护指数	0.108	14
营商环境指数	0.366	19	专利行政执法指数	0.070	14
生态环境指数	0.436	30	商标行政执法指数	0.117	12
教育环境指数	0.527	14	行政执法服务能力指数	0.143	17
文化环境指数	0.414	11	司法保护能力指数	0.102	13
科普指数	0.085	19			
知识产权综合绩效	**0.280**	**24**			
宏观经济绩效	0.220	26	社会发展	0.562	16
经济发展水平	0.264	21	社会生活信息化	0.300	13
经济增长方式转变	0.271	27	文化进步	0.509	26
经济结构优化	0.126	26	企业发展绩效	0.144	18
社会进步绩效	0.475	20	产品升级指数	0.213	17
环境改善	0.530	20	设备更新指数	0.076	10

(附录) 表 1-21　黑龙江知识产权综合实力分项指标指数及排名表

知识产权综合实力指数	0.161		综合排名	21	
指标	指数	排名	指标	指数	排名
知识产权产出水平	**0.164**	**14**			
产出人均指数	0.067	11	外贸额与PCT专利比	0.081	7
专利总量指数	0.047	19	产出效率指数	0.273	11
商标总量指数	0.026	27	人才产出效率	0.353	13
版权总量指数	0.004	21	资本产出效率	0.193	7
集成电路布图设计总量	0.000	23	企业产出指数	0.071	26
农业植物新品种总量指数	0.258	2	企业产出规模	0.030	22
产出质量指数	0.070	16	企业产出质量	0.030	23
专利有效性	0.054	18	企业产出效率	0.152	23
商标有效性	0.050	24	高校和研发机构产出指数	0.338	9
专利金奖指数	0.058	17	高校和研发机构产出规模	0.215	14
"中华老字号"商标指数	0.178	11	高校和研发机构产出质量	0.274	8
集成电路布图设计登记发证	0.000	22	高校和研发机构产出效率	0.525	9
知识产权流动水平	**0.092**	**20**			
技术市场交易指数	0.119	21	专利代理指数	0.024	22
技术市场规模指数	0.036	17	律师事务所指数	0.354	9
技术市场开放指数	0.017	19	企业技改、引进指数	0.020	27
技术外溢度指数	0.306	18	技术改造指数	0.045	25
知识产权服务机构指数	0.137	15	国内引进指数	0.007	25
商标代理机构指数	0.033	22	国外引进指数	0.009	23
知识产权创造潜力	**0.142**	**23**			
创造投入指数	0.149	24	金融环境指数	0.096	28
人才投入指数	0.135	20	营商环境指数	0.389	12
资本投入指数	0.135	27	生态环境指数	0.821	9
文化投入指数	0.150	21	教育环境指数	0.324	26
基础设施投入指数	0.175	22	文化环境指数	0.222	22
创造成果指数	0.083	21	科普指数	0.077	20
论文指数	0.178	14	高新技术开发区指数	0.135	25
科技成果指数	0.040	19	知识产权试点示范指数	0.064	20
高新技术产业科技项目	0.032	20	知识产权试点示范城市指数	0.071	14
创造环境指数	0.294	25	知识产权试点示范园区指数	0.000	8
财政支持度指数	0.285	12	知识产权试点单位指数	0.097	12

续表 1-21

知识产权综合实力指数	0.161		综合排名	21	
指标	指数	排名	指标	指数	排名
文化产业示范指数	**0.089**	**19**			
企业创造潜力指数	0.192	18	知识产权保护指数	0.067	23
企业科研基础指数	0.075	27	专利行政执法指数	0.040	21
企业人才投入指数	0.193	14	商标行政执法指数	0.020	27
企业资本投入指数	0.465	15	行政执法服务能力指数	0.110	23
企业新产品开发指数	0.035	22	司法保护能力指数	0.096	16
知识产权综合绩效	**0.245**	**27**			
宏观经济绩效	0.183	29	社会发展	0.646	11
经济发展水平	0.136	30	社会生活信息化	0.210	20
经济增长方式转变	0.305	25	文化进步	0.568	22
经济结构优化	0.110	27	企业发展绩效	0.068	29
社会进步绩效	0.484	18	产品升级指数	0.088	28
环境改善	0.511	22	设备更新指数	0.048	17

(附录)表 1-22 贵州知识产权综合实力分项指标指数及排名表

知识产权综合实力指数	0.156		综合排名	22	
指标	指数	排名	指标	指数	排名
知识产权产出水平	**0.148**	**18**			
产出人均指数	0.016	28	外贸额与 PCT 专利比	0.025	19
专利总量指数	0.033	23	产出效率指数	0.439	3
商标总量指数	0.015	28	人才产出效率	0.503	7
版权总量指数	0.001	27	资本产出效率	0.375	3
集成电路布图设计总量	0.005	17	企业产出指数	0.165	16
农业植物新品种总量指数	0.023	29	企业产出规模	0.041	20
产出质量指数	0.028	24	企业产出质量	0.036	21
专利有效性	0.034	21	企业产出效率	0.417	8
商标有效性	0.024	28	高校和研发机构产出指数	0.092	25
专利金奖指数	0.029	20	高校和研发机构产出规模	0.048	24
"中华老字号"商标指数	0.050	24	高校和研发机构产出质量	0.021	25
集成电路布图设计登记发证	0.005	16	高校和研发机构产出效率	0.207	26
知识产权流动水平	**0.045**	**26**			
技术市场交易指数	0.055	26	技术市场规模指数	0.010	26

续表 1-22

知识产权综合实力指数	0.156		综合排名	22	
指标	指数	排名	指标	指数	排名
技术市场开放指数	0.017	18	律师事务所指数	0.000	31
技术外溢度指数	0.137	26	企业技改、引进指数	0.064	19
知识产权服务机构指数	0.016	29	技术改造指数	0.137	14
商标代理机构指数	0.028	23	国内引进指数	0.054	16
专利代理指数	0.019	23	国外引进指数	0.001	27
知识产权创造潜力	**0.170**	**18**			
创造投入指数	0.178	20	高新技术开发区指数	0.155	24
人才投入指数	0.040	30	知识产权试点示范指数	0.173	12
资本投入指数	0.154	24	知识产权试点示范城市指数	0.071	14
文化投入指数	0.294	12	知识产权试点示范园区指数	0.500	2
基础设施投入指数	0.224	20	知识产权试点单位指数	0.065	14
创造成果指数	0.069	23	文化产业示范指数	0.057	21
论文指数	0.126	20	企业创造潜力指数	0.114	28
科技成果指数	0.041	18	企业科研基础指数	0.153	19
高新技术产业科技项目	0.040	19	企业人才投入指数	0.067	30
创造环境指数	0.309	21	企业资本投入指数	0.206	25
财政支持度指数	0.350	11	企业新产品开发指数	0.028	24
金融环境指数	0.110	23	知识产权保护指数	0.177	10
营商环境指数	0.344	24	专利行政执法指数	0.270	5
生态环境指数	0.708	18	商标行政执法指数	0.099	16
教育环境指数	0.575	7	行政执法服务能力指数	0.131	18
文化环境指数	0.165	25	司法保护能力指数	0.207	9
科普指数	0.066	22			
知识产权综合绩效	**0.262**	**25**			
宏观经济绩效	0.264	22	社会发展	0.242	28
经济发展水平	0.143	28	社会生活信息化	0.127	24
经济增长方式转变	0.309	24	文化进步	0.739	3
经济结构优化	0.340	15	企业发展绩效	0.088	27
社会进步绩效	0.434	23	产品升级指数	0.111	26
环境改善	0.628	7	设备更新指数	0.065	13

(附录) 表1-23　　山西知识产权综合实力分项指标指数及排名表

知识产权综合实力指数	0.149		综合排名	23	
指标	指数	排名	指标	指数	排名
知识产权产出水平	**0.077**	**28**			
产出人均指数	0.010	29	外贸额与PCT专利比	0.030	14
专利总量指数	0.021	27	产出效率指数	0.138	27
商标总量指数	0.001	30	人才产出效率	0.154	26
版权总量指数	0.001	25	资本产出效率	0.122	19
集成电路布图设计总量	0.000	23	企业产出指数	0.031	29
农业植物新品种总量指数	0.027	27	企业产出规模	0.020	23
产出质量指数	0.039	22	企业产出质量	0.033	22
专利有效性	0.029	23	企业产出效率	0.039	28
商标有效性	0.022	29	高校和研发机构产出指数	0.168	23
专利金奖指数	0.000	28	高校和研发机构产出规模	0.051	23
"中华老字号"商标指数	0.150	12	高校和研发机构产出质量	0.065	22
集成电路布图设计登记发证	0.000	22	高校和研发机构产出效率	0.387	17
知识产权流动水平	**0.067**	**24**			
技术市场交易指数	0.046	27	专利代理指数	0.017	24
技术市场规模指数	0.014	25	律师事务所指数	0.268	16
技术市场开放指数	0.003	28	企业技改、引进指数	0.047	22
技术外溢度指数	0.122	27	技术改造指数	0.087	21
知识产权服务机构指数	0.106	18	国内引进指数	0.024	21
商标代理机构指数	0.034	21	国外引进指数	0.031	16
知识产权流动水平	**0.067**	**24**			
知识产权创造潜力	0.124	28	财政支持度指数	0.076	30
创造投入指数	0.174	22	金融环境指数	0.128	21
人才投入指数	0.121	22	营商环境指数	0.331	27
资本投入指数	0.124	28	生态环境指数	0.495	29
文化投入指数	0.208	17	教育环境指数	0.570	9
基础设施投入指数	0.244	18	文化环境指数	0.251	19
创造成果指数	0.064	24	科普指数	0.040	24
论文指数	0.113	21	高新技术开发区指数	0.249	20
科技成果指数	0.062	12	知识产权试点示范指数	0.010	29
高新技术产业科技项目	0.018	24	知识产权试点示范城市指数	0.000	23
创造环境指数	0.267	26	知识产权试点示范园区指数	0.000	8

续表 1-23

知识产权综合实力指数	0.149		综合排名	23	
指标	指数	排名	指标	指数	排名
知识产权试点单位指数	0.000	29	企业新产品开发指数	0.031	23
文化产业示范指数	0.041	27	知识产权保护指数	0.066	25
企业创造潜力指数	0.160	24	专利行政执法指数	0.007	27
企业科研基础指数	0.127	24	商标行政执法指数	0.025	25
企业人才投入指数	0.127	26	行政执法服务能力指数	0.231	10
企业资本投入指数	0.355	17	司法保护能力指数	0.003	29
知识产权综合绩效	**0.330**	**16**			
宏观经济绩效	0.338	19	社会发展	0.558	17
经济发展水平	0.298	17	社会生活信息化	0.311	11
经济增长方式转变	0.225	29	文化进步	0.861	2
经济结构优化	0.490	9	企业发展绩效	0.112	21
社会进步绩效	0.541	10	产品升级指数	0.189	20
环境改善	0.435	28	设备更新指数	0.035	23

(附录)表 1-24　甘肃知识产权综合实力分项指标指数及排名表

知识产权综合实力指数	0.144		综合排名	24	
指标	指数	排名	指标	指数	排名
知识产权产出水平	**0.081**	**26**			
产出人均指数	0.026	24	外贸额与PCT专利比	0.003	30
专利总量指数	0.042	21	产出效率指数	0.174	20
商标总量指数	0.000	31	人才产出效率	0.200	24
版权总量指数	0.000	28	资本产出效率	0.147	15
集成电路布图设计总量	0.000	23	企业产出指数	0.044	28
农业植物新品种总量指数	0.086	13	企业产出规模	0.013	26
产出质量指数	0.020	27	企业产出质量	0.014	27
专利有效性	0.023	26	企业产出效率	0.104	26
商标有效性	0.000	31	高校和研发机构产出指数	0.143	24
专利金奖指数	0.014	23	高校和研发机构产出规模	0.047	25
"中华老字号"商标指数	0.078	23	高校和研发机构产出质量	0.038	24
集成电路布图设计登记发证	0.000	22	高校和研发机构产出效率	0.345	21
知识产权流动水平	**0.106**	**19**			
技术市场交易指数	0.187	15	技术市场规模指数	0.082	13

续表1-24

知识产权综合实力指数	0.144		综合排名	24	
指标	指数	排名	指标	指数	排名
技术市场开放指数	0.000	30	律师事务所指数	0.272	13
技术外溢度指数	0.480	12	企业技改、引进指数	0.033	26
知识产权服务机构指数	0.098	19	技术改造指数	0.091	20
商标代理机构指数	0.012	27	国内引进指数	0.004	27
专利代理指数	0.008	26	国外引进指数	0.004	25
知识产权创造潜力	**0.162**	**20**			
创造投入指数	0.195	19	高新技术开发区指数	0.307	16
人才投入指数	0.078	25	知识产权试点示范指数	0.063	21
资本投入指数	0.215	16	知识产权试点示范城市指数	0.000	23
文化投入指数	0.331	11	知识产权试点示范园区指数	0.000	8
基础设施投入指数	0.156	24	知识产权试点单位指数	0.065	14
创造成果指数	0.136	11	文化产业示范指数	0.187	12
论文指数	0.334	4	企业创造潜力指数	0.197	16
科技成果指数	0.066	11	企业科研基础指数	0.303	12
高新技术产业科技项目	0.008	27	企业人才投入指数	0.135	22
创造环境指数	0.317	19	企业资本投入指数	0.332	18
财政支持度指数	0.213	16	企业新产品开发指数	0.017	27
金融环境指数	0.149	18	知识产权保护指数	0.062	26
营商环境指数	0.388	13	专利行政执法指数	0.045	20
生态环境指数	0.776	14	商标行政执法指数	0.042	20
教育环境指数	0.489	15	行政执法服务能力指数	0.160	14
文化环境指数	0.170	24	司法保护能力指数	0.002	30
科普指数	0.045	23			
知识产权综合绩效	**0.227**	**29**			
宏观经济绩效	0.196	28	社会发展	0.335	27
经济发展水平	0.141	29	社会生活信息化	0.106	27
经济增长方式转变	0.221	30	文化进步	0.640	9
经济结构优化	0.227	21	企业发展绩效	0.066	30
社会进步绩效	0.418	26	产品升级指数	0.071	29
环境改善	0.592	12	设备更新指数	0.061	14

(附录) 表1-25　　云南知识产权综合实力分项指标指数及排名表

知识产权综合实力指数　0.138　　　　　　　　综合排名　25

指标	指数	排名	指标	指数	排名
知识产权产出水平	**0.102**	**21**			
产出人均指数	0.019	27	外贸额与PCT专利比	0.009	24
专利总量指数	0.018	28	产出效率指数	0.165	22
商标总量指数	0.028	23	人才产出效率	0.214	21
版权总量指数	0.003	22	资本产出效率	0.116	20
集成电路布图设计总量	0.001	20	企业产出指数	0.109	19
农业植物新品种总量指数	0.043	23	企业产出规模	0.034	21
产出质量指数	0.045	20	企业产出质量	0.037	19
专利有效性	0.023	27	企业产出效率	0.257	14
商标有效性	0.052	23	高校和研发机构产出指数	0.172	21
专利金奖指数	0.043	19	高校和研发机构产出规模	0.084	22
"中华老字号"商标指数	0.144	15	高校和研发机构产出质量	0.066	21
集成电路布图设计登记发证	0.000	22	高校和研发机构产出效率	0.365	19
知识产权流动水平	**0.079**	**23**			
技术市场交易指数	0.096	24	专利代理指数	0.024	20
技术市场规模指数	0.025	22	律师事务所指数	0.202	21
技术市场开放指数	0.008	23	企业技改、引进指数	0.048	21
技术外溢度指数	0.255	22	技术改造指数	0.055	23
知识产权服务机构指数	0.093	20	国内引进指数	0.078	8
商标代理机构指数	0.052	18	国外引进指数	0.010	21
知识产权流动水平	**0.079**	**23**			
知识产权创造潜力	0.142	22	财政支持度指数	0.121	26
创造投入指数	0.173	23	金融环境指数	0.103	26
人才投入指数	0.071	26	营商环境指数	0.335	26
资本投入指数	0.140	26	生态环境指数	0.683	20
文化投入指数	0.200	18	教育环境指数	0.402	24
基础设施投入指数	0.281	15	文化环境指数	0.224	21
创造成果指数	0.074	22	科普指数	0.029	27
论文指数	0.166	15	高新技术开发区指数	0.638	2
科技成果指数	0.027	25	知识产权试点示范指数	0.028	26
高新技术产业科技项目	0.029	22	知识产权试点示范城市指数	0.000	23
创造环境指数	0.317	20	知识产权试点示范园区指数	0.000	8

续表 1-25

知识产权综合实力指数	0.138		综合排名	25	
指标	指数	排名	指标	指数	排名
知识产权试点单位指数	0.065	14	企业新产品开发指数	0.048	19
文化产业示范指数	0.049	24	知识产权保护指数	0.047	28
企业创造潜力指数	0.211	15	专利行政执法指数	0.028	24
企业科研基础指数	0.322	9	商标行政执法指数	0.059	18
企业人才投入指数	0.085	29	行政执法服务能力指数	0.061	28
企业资本投入指数	0.391	16	司法保护能力指数	0.041	24
知识产权综合绩效	0.230	28			
宏观经济绩效	0.227	25	社会发展	0.113	30
经济发展水平	0.167	26	社会生活信息化	0.065	30
经济增长方式转变	0.322	22	文化进步	0.642	8
经济结构优化	0.193	24	企业发展绩效	0.108	24
社会进步绩效	0.356	30	产品升级指数	0.146	22
环境改善	0.603	9	设备更新指数	0.071	12

(附录)表 1-26 内蒙古知识产权综合实力分项指标指数及排名表

知识产权综合实力指数	0.133		综合排名	26	
指标	指数	排名	指标	指数	排名
知识产权产出水平	0.038	31			
产出人均指数	0.029	22	外贸额与PCT专利比	0.026	18
专利总量指数	0.014	29	产出效率指数	0.042	31
商标总量指数	0.028	24	人才产出效率	0.084	30
版权总量指数	0.000	30	资本产出效率	0.000	31
集成电路布图设计总量	0.000	23	企业产出指数	0.011	31
农业植物新品种总量指数	0.101	10	企业产出规模	0.012	27
产出质量指数	0.023	25	企业产出质量	0.015	26
专利有效性	0.020	29	企业产出效率	0.006	31
商标有效性	0.056	19	高校和研发机构产出指数	0.085	26
专利金奖指数	0.000	28	高校和研发机构产出规模	0.019	27
"中华老字号"商标指数	0.039	26	高校和研发机构产出质量	0.015	26
集成电路布图设计登记发证	0.000	22	高校和研发机构产出效率	0.222	25
知识产权流动水平	0.044	27			
技术市场交易指数	0.033	30	技术市场规模指数	0.005	28

续表 1-26

知识产权综合实力指数	0.133		综合排名	26	
指标	指数	排名	指标	指数	排名
技术市场开放指数	0.003	27	律师事务所指数	0.149	25
技术外溢度指数	0.090	30	企业技改、引进指数	0.040	23
知识产权服务机构指数	0.058	25	技术改造指数	0.044	27
商标代理机构指数	0.020	26	国内引进指数	0.020	22
专利代理指数	0.004	28	国外引进指数	0.055	11
知识产权流动水平	**0.044**	**27**			
知识产权创造潜力	0.125	26	科普指数	0.031	26
创造投入指数	0.244	17	高新技术开发区指数	0.258	18
人才投入指数	0.163	15	知识产权试点示范指数	0.045	22
资本投入指数	0.323	9	知识产权试点示范城市指数	0.000	23
文化投入指数	0.230	16	知识产权试点示范园区指数	0.000	8
基础设施投入指数	0.261	17	知识产权试点单位指数	0.065	14
创造成果指数	0.044	31	文化产业示范指数	0.114	18
论文指数	0.069	29	企业创造潜力指数	0.135	26
科技成果指数	0.054	15	企业科研基础指数	0.069	29
高新技术产业科技项目	0.008	28	企业人才投入指数	0.135	23
创造环境指数	0.213	31	企业资本投入指数	0.308	23
财政支持度指数	0.000	31	企业新产品开发指数	0.027	25
金融环境指数	0.207	14	知识产权保护指数	0.068	22
营商环境指数	0.290	31	专利行政执法指数	0.034	23
生态环境指数	0.542	28	商标行政执法指数	0.014	28
教育环境指数	0.233	28	行政执法服务能力指数	0.120	20
文化环境指数	0.141	27	司法保护能力指数	0.102	14
知识产权综合绩效	**0.325**	**18**			
宏观经济绩效	0.377	13	社会发展	0.518	23
经济发展水平	0.447	9	社会生活信息化	0.297	15
经济增长方式转变	0.626	3	文化进步	0.599	14
经济结构优化	0.056	30	企业发展绩效	0.111	22
社会进步绩效	0.488	17	产品升级指数	0.070	30
环境改善	0.538	19	设备更新指数	0.152	2

(附录)表1-27　海南知识产权综合实力分项指标指数及排名表

知识产权综合实力指数　0.131　　　　　　　综合排名　27

指标	指数	排名	指标	指数	排名
知识产权产出水平	0.077	27			
产出人均指数	0.030	21	外贸额与PCT专利比	0.047	12
专利总量指数	0.013	30	产出效率指数	0.057	30
商标总量指数	0.047	12	人才产出效率	0.000	31
版权总量指数	0.024	6	资本产出效率	0.114	22
集成电路布图设计总量	0.000	23	企业产出指数	0.189	11
农业植物新品种总量指数	0.064	18	企业产出规模	0.003	30
产出质量指数	0.038	23	企业产出质量	0.006	29
专利有效性	0.022	28	企业产出效率	0.558	4
商标有效性	0.098	10	高校和研发机构产出指数	0.072	28
专利金奖指数	0.058	17	高校和研发机构产出规模	0.013	28
"中华老字号"商标指数	0.000	30	高校和研发机构产出质量	0.005	28
集成电路布图设计登记发证	0.000	22	高校和研发机构产出效率	0.200	27
知识产权流动水平	0.017	30			
技术市场交易指数	0.034	29	专利代理指数	0.003	30
技术市场规模指数	0.004	30	律师事务所指数	0.031	28
技术市场开放指数	0.006	24	企业技改、引进指数	0.003	30
技术外溢度指数	0.093	28	技术改造指数	0.003	30
知识产权服务机构指数	0.014	30	国内引进指数	0.006	26
商标代理机构指数	0.008	28	国外引进指数	0.000	30
知识产权创造潜力	0.124	27			
创造投入指数	0.075	30	金融环境指数	0.233	12
人才投入指数	0.056	28	营商环境指数	0.565	1
资本投入指数	0.155	23	生态环境指数	0.955	2
文化投入指数	0.046	28	教育环境指数	0.456	19
基础设施投入指数	0.044	28	文化环境指数	0.074	29
创造成果指数	0.136	10	科普指数	0.008	28
论文指数	0.357	2	高新技术开发区指数	0.018	29
科技成果指数	0.037	21	知识产权试点示范指数	0.028	26
高新技术产业科技项目	0.015	25	知识产权试点示范城市指数	0.000	23
创造环境指数	0.302	22	知识产权试点示范园区指数	0.000	8
财政支持度指数	0.106	28	知识产权试点单位指数	0.065	14

续表 1-27

知识产权综合实力指数	0.131		综合排名	27	
指标	指数	排名	指标	指数	排名
文化产业示范指数	0.049	24	知识产权保护指数	0.026	30
企业创造潜力指数	0.178	22	专利行政执法指数	0.011	26
企业科研基础指数	0.291	14	商标行政执法指数	0.024	26
企业人才投入指数	0.097	28	行政执法服务能力指数	0.061	29
企业资本投入指数	0.317	21	司法保护能力指数	0.009	27
企业新产品开发指数	0.006	29			
知识产权综合绩效	0.307	21			
宏观经济绩效	0.254	23	社会发展	0.673	9
经济发展水平	0.090	31	社会生活信息化	0.311	10
经济增长方式转变	0.360	18	文化进步	0.485	27
经济结构优化	0.311	16	企业发展绩效	0.125	20
社会进步绩效	0.542	9	产品升级指数	0.190	19
环境改善	0.698	3	设备更新指数	0.059	15

(附录) 表 1-28 宁夏知识产权综合实力分项指标指数及排名表

知识产权综合实力指数	0.126		综合排名	28	
指标	指数	排名	指标	指数	排名
知识产权产出水平	0.097	23			
产出人均指数	0.025	25	外贸额与PCT专利比	0.029	16
专利总量指数	0.043	20	产出效率指数	0.251	14
商标总量指数	0.043	15	人才产出效率	0.317	16
版权总量指数	0.005	18	资本产出效率	0.186	8
集成电路布图设计总量	0.000	23	企业产出指数	0.174	13
农业植物新品种总量指数	0.035	25	企业产出规模	0.010	28
产出质量指数	0.023	26	企业产出质量	0.006	28
专利有效性	0.029	24	企业产出效率	0.506	5
商标有效性	0.056	20	高校和研发机构产出指数	0.012	30
专利金奖指数	0.014	23	高校和研发机构产出规模	0.003	29
"中华老字号"商标指数	0.011	28	高校和研发机构产出质量	0.002	29
集成电路布图设计登记发证	0.000	22	高校和研发机构产出效率	0.029	30
知识产权产出水平	0.097	23			
知识产权流动水平	0.041	28	技术市场交易指数	0.071	25

续表 1-28

知识产权综合实力指数	0.126		综合排名	28	
指标	指数	排名	指标	指数	排名
技术市场规模指数	0.008	27	律师事务所指数	0.029	29
技术市场开放指数	0.005	26	企业技改、引进指数	0.038	24
技术外溢度指数	0.202	25	技术改造指数	0.044	26
知识产权服务机构指数	0.014	31	国内引进指数	0.069	12
商标代理机构指数	0.008	29	国外引进指数	0.001	29
专利代理指数	0.004	27			
知识产权产出水平	**0.097**	**23**			
知识产权创造潜力	0.105	29	科普指数	0.007	29
创造投入指数	0.096	28	高新技术开发区指数	0.041	27
人才投入指数	0.123	21	知识产权试点示范指数	0.022	28
资本投入指数	0.194	20	知识产权试点示范城市指数	0.000	23
文化投入指数	0.024	29	知识产权试点示范园区指数	0.000	8
基础设施投入指数	0.042	29	知识产权试点单位指数	0.032	23
创造成果指数	0.056	27	文化产业示范指数	0.057	21
论文指数	0.094	25	企业创造潜力指数	0.171	23
科技成果指数	0.062	13	企业科研基础指数	0.306	11
高新技术产业科技项目	0.012	26	企业人才投入指数	0.040	31
创造环境指数	0.245	29	企业资本投入指数	0.326	19
财政支持度指数	0.383	7	企业新产品开发指数	0.012	28
金融环境指数	0.235	11	知识产权保护指数	0.039	29
营商环境指数	0.325	28	专利行政执法指数	0.003	29
生态环境指数	0.666	21	商标行政执法指数	0.005	29
教育环境指数	0.227	29	行政执法服务能力指数	0.059	30
文化环境指数	0.078	28	司法保护能力指数	0.087	20
知识产权综合绩效	**0.260**	**26**			
宏观经济绩效	0.239	24	社会发展	0.430	25
经济发展水平	0.315	14	社会生活信息化	0.315	9
经济增长方式转变	0.330	21	文化进步	0.638	10
经济结构优化	0.073	29	企业发展绩效	0.100	25
社会进步绩效	0.441	22	产品升级指数	0.125	25
环境改善	0.380	29	设备更新指数	0.074	11

(附录) 表1-29　青海知识产权综合实力分项指标指数及排名表

知识产权综合实力指数　0.114　　　　　　　　　综合排名　29

指标	指数	排名	指标	指数	排名
知识产权产出水平	**0.102**	**22**			
产出人均指数	0.010	30	外贸额与PCT专利比	0.005	26
专利总量指数	0.021	26	产出效率指数	0.311	8
商标总量指数	0.027	25	人才产出效率	0.394	10
版权总量指数	0.000	29	资本产出效率	0.229	4
集成电路布图设计总量	0.000	23	企业产出指数	0.167	15
农业植物新品种总量指数	0.000	30	企业产出规模	0.005	29
产出质量指数	0.013	30	企业产出质量	0.002	30
专利有效性	0.016	30	企业产出效率	0.495	6
商标有效性	0.039	26	高校和研发机构产出指数	0.007	31
专利金奖指数	0.014	23	高校和研发机构产出规模	0.001	30
"中华老字号"商标指数	0.006	29	高校和研发机构产出质量	0.001	30
集成电路布图设计登记发证	0.000	22	高校和研发机构产出效率	0.019	31
知识产权流动水平	**0.059**	**25**			
技术市场交易指数	0.125	18	专利代理指数	0.003	29
技术市场规模指数	0.057	14	律师事务所指数	0.138	26
技术市场开放指数	0.001	29	企业技改、引进指数	0.004	29
技术外溢度指数	0.318	16	技术改造指数	0.010	29
知识产权服务机构指数	0.048	26	国内引进指数	0.000	30
商标代理机构指数	0.001	30	国外引进指数	0.001	28
知识产权创造潜力	**0.087**	**31**			
创造投入指数	0.079	29	金融环境指数	0.270	8
人才投入指数	0.050	29	营商环境指数	0.444	6
资本投入指数	0.204	19	生态环境指数	0.645	23
文化投入指数	0.023	30	教育环境指数	0.027	30
基础设施投入指数	0.037	30	文化环境指数	0.024	30
创造成果指数	0.126	14	科普指数	0.003	30
论文指数	0.225	10	高新技术开发区指数	0.027	28
科技成果指数	0.151	5	知识产权试点示范指数	0.000	30
高新技术产业科技项目	0.001	30	知识产权试点示范城市指数	0.000	23
创造环境指数	0.226	30	知识产权试点示范园区指数	0.000	8
财政支持度指数	0.366	10	知识产权试点单位指数	0.000	29

续表 1-29

知识产权综合实力指数	0.114		综合排名	29	
指标	指数	排名	指标	指数	排名
文化产业示范指数	0.000	29	知识产权保护指数	0.012	31
企业创造潜力指数	0.082	30	专利行政执法指数	0.000	30
企业科研基础指数	0.100	25	商标行政执法指数	0.002	30
企业人才投入指数	0.130	25	行政执法服务能力指数	0.036	31
企业资本投入指数	0.096	30	司法保护能力指数	0.008	28
企业新产品开发指数	0.002	30			
知识产权综合绩效	0.208	31			
宏观经济绩效	0.215	27	社会发展	0.148	29
经济发展水平	0.284	18	社会生活信息化	0.295	16
经济增长方式转变	0.260	28	文化进步	0.586	18
经济结构优化	0.102	28	企业发展绩效	0.025	31
社会进步绩效	0.384	29	产品升级指数	0.000	31
环境改善	0.507	24	设备更新指数	0.050	16

(附录)表 1-30 西藏知识产权综合实力分项指标指数及排名表

知识产权综合实力指数	0.113		综合排名	30	
指标	指数	排名	指标	指数	排名
知识产权产出水平	0.059	30			
产出人均指数	0.008	31	外贸额与PCT专利比	0.005	28
专利总量指数	0.000	31	产出效率指数	0.161	24
商标总量指数	0.039	19	人才产出效率	0.150	27
版权总量指数	0.000	31	资本产出效率	0.173	10
集成电路布图设计总量	0.000	23	企业产出指数	0.102	21
农业植物新品种总量指数	0.000	30	企业产出规模	0.000	31
产出质量指数	0.005	31	企业产出质量	0.000	31
专利有效性	0.000	31	企业产出效率	0.306	12
商标有效性	0.027	27	高校和研发机构产出指数	0.020	29
专利金奖指数	0.000	28	高校和研发机构产出规模	0.000	31
"中华老字号"商标指数	0.000	30	高校和研发机构产出质量	0.000	31
集成电路布图设计登记发证	0.000	22	高校和研发机构产出效率	0.059	29
知识产权产出水平	0.059	30			
知识产权流动水平	0.014	31	技术市场交易指数	0.000	31

续表 1-30

知识产权综合实力指数	0.113		综合排名	30	
指标	指数	排名	指标	指数	排名
技术市场规模指数	0.000	31	律师事务所指数	0.124	27
技术市场开放指数	0.000	31	企业技改、引进指数	0.000	31
技术外溢度指数	0.000	31	技术改造指数	0.000	31
知识产权服务机构指数	0.041	28	国内引进指数	0.000	31
商标代理机构指数	0.000	31	国外引进指数	0.000	30
专利代理指数	0.000	31			
知识产权创造潜力	**0.090**	**30**			
创造投入指数	0.006	31	高新技术开发区指数	0.000	31
人才投入指数	0.000	31	知识产权试点示范指数	0.000	30
资本投入指数	0.023	31	知识产权试点示范城市指数	0.000	23
文化投入指数	0.000	31	知识产权试点示范园区指数	0.000	8
基础设施投入指数	0.000	31	知识产权试点单位指数	0.000	29
创造成果指数	0.097	16	文化产业示范指数	0.000	29
论文指数	0.236	8	企业创造潜力指数	0.143	25
科技成果指数	0.056	14	企业科研基础指数	0.071	28
高新技术产业科技项目	0.000	31	企业人才投入指数	0.500	3
创造环境指数	0.248	27	企业资本投入指数	0.000	31
财政支持度指数	0.182	18	企业新产品开发指数	0.000	31
金融环境指数	0.263	9	知识产权保护指数	0.048	27
营商环境指数	0.519	2	专利行政执法指数	0.000	31
生态环境指数	0.996	1	商标行政执法指数	0.002	31
教育环境指数	0.003	31	行政执法服务能力指数	0.079	27
文化环境指数	0.024	31	司法保护能力指数	0.112	12
科普指数	0.000	31			
知识产权综合绩效	**0.290**	**23**			
宏观经济绩效	0.160	31	社会发展	0.000	31
经济发展水平	0.242	23	社会生活信息化	0.162	22
经济增长方式转变	0.000	31	文化进步	0.000	31
经济结构优化	0.239	19	企业发展绩效	0.547	1
社会进步绩效	0.163	31	产品升级指数	0.093	27
环境改善	0.490	26	设备更新指数	1.000	1

(附录)表1-31　　新疆知识产权综合实力分项指标指数及排名表

知识产权综合实力指数　0.113　　　　　综合排名　31

指标	指数	排名	指标	指数	排名
知识产权产出水平	0.076	29			
产出人均指数	0.028	23	外贸额与PCT专利比	0.000	31
专利总量指数	0.028	25	产出效率指数	0.164	23
商标总量指数	0.045	13	人才产出效率	0.201	23
版权总量指数	0.003	23	资本产出效率	0.127	18
集成电路布图设计总量	0.002	19	企业产出指数	0.093	25
农业植物新品种总量指数	0.062	21	企业产出规模	0.015	24
产出质量指数	0.019	28	企业产出质量	0.019	25
专利有效性	0.031	22	企业产出效率	0.244	15
商标有效性	0.066	14	高校和研发机构产出指数	0.076	27
专利金奖指数	0.000	28	高校和研发机构产出规模	0.032	26
"中华老字号"商标指数	0.017	27	高校和研发机构产出质量	0.014	27
集成电路布图设计登记发证	0.002	18	高校和研发机构产出效率	0.182	28
知识产权流动水平	0.040	29			
技术市场交易指数	0.035	28	专利代理指数	0.008	25
技术市场规模指数	0.004	29	律师事务所指数	0.168	23
技术市场开放指数	0.009	22	企业技改、引进指数	0.017	28
技术外溢度指数	0.092	29	技术改造指数	0.043	28
知识产权服务机构指数	0.068	24	国内引进指数	0.002	28
商标代理机构指数	0.028	23	国外引进指数	0.006	24
知识产权创造潜力	0.127	25			
创造投入指数	0.125	27	金融环境指数	0.148	19
人才投入指数	0.089	23	营商环境指数	0.309	30
资本投入指数	0.144	25	生态环境指数	0.600	26
文化投入指数	0.098	26	教育环境指数	0.329	25
基础设施投入指数	0.168	23	文化环境指数	0.159	26
创造成果指数	0.126	13	科普指数	0.034	25
论文指数	0.343	3	高新技术开发区指数	0.174	23
科技成果指数	0.031	24	知识产权试点示范指数	0.073	19
高新技术产业科技项目	0.003	29	知识产权试点示范城市指数	0.071	14
创造环境指数	0.248	28	知识产权试点示范园区指数	0.000	8
财政支持度指数	0.229	14	知识产权试点单位指数	0.032	23

续表 1-31

知识产权综合实力指数	0.113		综合排名	31	
指标	指数	排名	指标	指数	排名
文化产业示范指数	0.187	12	知识产权保护指数	0.067	24
企业创造潜力指数	0.124	27	专利行政执法指数	0.066	16
企业科研基础指数	0.089	26	商标行政执法指数	0.104	14
企业人才投入指数	0.200	13	行政执法服务能力指数	0.096	26
企业资本投入指数	0.189	27	司法保护能力指数	0.000	31
企业新产品开发指数	0.018	26			
知识产权综合绩效	0.210	30			
宏观经济绩效	0.161	30	社会发展	0.345	26
经济发展水平	0.167	27	社会生活信息化	0.291	17
经济增长方式转变	0.300	26	文化进步	0.590	17
经济结构优化	0.016	31	企业发展绩效	0.082	28
社会进步绩效	0.387	28	产品升级指数	0.130	24
环境改善	0.321	30	设备更新指数	0.034	24

附录二　指标体系的构建

一、指标体系建立原则

1. 从少从简，有的放矢

指标选取并非多多益善，关键在于评价的目的性与指标的重要性，即指标对于指数的影响程度大小。在选取知识产权指标时，我们尽量选择那些影响大，较为重要的指标，遵循少而精的原则。

2. 具代表性，存差异性

毋庸置疑，指标应具有代表性，能很好地反映研究对象某方面的特性。同时，指标也应该有明显的差异性，同质的指标没有意义，会对指数最终的赋权产生一定的影响。

3. 数据可得，资料客观

知识产权综合实力指数2018在构建时，遵循之前的惯例，全部选取客观指标，从《中国统计年鉴》、《中国科技统计年鉴》、《专利年报》、《专利统计年鉴》等资料中获得客观数据。

二、指标体系的构成

中国区域知识产权报告2018指标体系由四个二级指标构成，即：知识产权产出水平、知识产权流动水平、知识产权综合绩效与知识产权创造潜力。二级指标又由若干个三级指标解释，详见附录四。

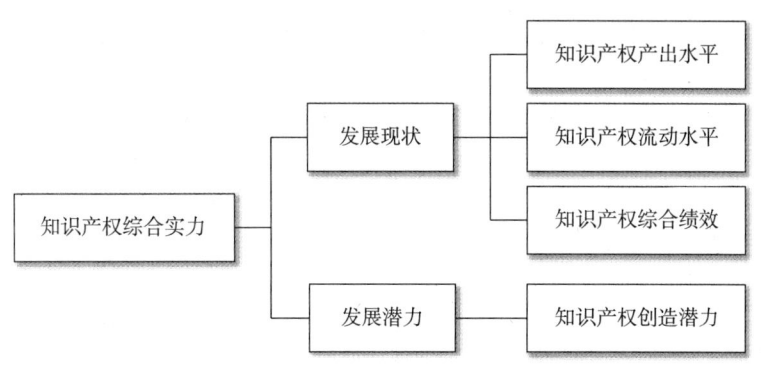

（附录）图2-1　指标设计思路图

附录三　数据处理

1. 样本选取

本书选取的样本是中国内地 31 个省、直辖市、自治区（简称省份），以省份为单位进行区域知识产权综合实力的比较，是因为我国的省级行政区实在政治、经济、人文、地理等多种因素作用下，经过长期历史演变而形成的具有特色的地区单元，省级政府既是国家宏观经济政策的承受着优势发展省级经济的责任者，并且目前我国的知识产权管理机构设置在省一级较为完备。由于历史原因，中国台湾、中国香港、中国澳门等地区的统计数据与中国内地各省份的数据具有不用程度的差异，因此不在本报告研究范围之内。

2. 数据搜集

为保障数据的科学、准确，本报告采用的基础数据全部来源于公开出版的年鉴或者相关部门公布的权威指标数据，具体如下：《中国统计年鉴 2017》、《中国知识产权统计年报 2016》、《专利统计年报 2016》、《中国科技统计年鉴 2017》、2016 年各省市统计公报、中华老字号评选委员会、中国科技统计资料汇编（2015）、中国商标网、国家知识产权局网站。

数据年代主要以 2016 年为主，个别采用 2015 年数据。

3. 数据标准化

数据标准化主要是指数据无量纲化处理。

由于各项指标数据的量纲不同，因此，要对这些指标进行综合集成，所有指标数据都必须进行无量纲化处理。对于客观指标原始数据无量纲处理，本书主要采取阀值法对数据进行无量纲化处理。

阀值法的计算公式为：$X_i = \frac{(x_i - x_{\text{Min}})}{(x_{\text{Max}} - x_{\text{Min}})}$，$X_i$ 为转换后的值，x_{Max} 为最大样本值，x_{Min} 为最小样本值，x_i 为原始值。

逆向指标的计算公式为：$X_i = \frac{x_{\max} - x_i}{x_{\max} - x_{\min}}$，$X_i$ 为转换后的值，x_{Max} 为最大样本值，x_{Min} 为最小样本值，x_i 为原始值。

附录四 综合评价指数的计算

本报告结合国内外通用规则以及报告的具体目标，拟采用综合评价指数法对我国区域知识产权综合实力进行评价。综合指数法分为线性加权模型、乘法评价模型、加乘混合评价模型等几种形式。本报告的指标体系各指标的重要程度较大，指标值的差异不大，而且各个指标间基本相互独立，各指标只影响综合评价值而指标之间不相互影响，因此采用线性加权模型进行计算。

各指标度量了区域知识产权综合实力的不同层面，其重要程度难以精确区分，因此在确定权重时各类指标按照不同层级取相等权重。各指标的具体权重见附录表 4-1。

附录表 4-1　　　　　知识产权综合实力指标权重

知识产权产出水平	人均产出指数	专利总量指数	百万人口年度国内发明专利申请量	1/400
			百万人口年度国内实用新型专利申请量	1/400
			百万人口年度国内外观设计专利申请量	1/400
			百万人口年度 PCT 专利申请量	1/400
		商标总量指数	百万人口年度商标申请量	1/100
		版权总量指数	百万人口年度版权合同登记量	1/200
			百万人口年度作品自愿登记量	1/200
		集成电路布图设计总量指数	百万人口年度集成电路布图设计登记申请量	1/100
		农业植物新品种总量指数	百万人口年度农业植物新品种申请量	1/100
	产出质量指数	专利有效性	百万人口国内发明专利有效量	1/360
			百万人口国内实用新型专利有效量	1/360
			百万人口国内外观设计专利有效量	1/360
		商标有效性	百万人口有效商标量	1/120
		专利金奖指数	专利金奖拥有量	1/120
		"中华老字号"商标指数	"中华老字号"商标拥有量（三批，共 1000 多家）	1/120
		集成电路布图设计登记发证指数	百万人口年度集成电路布图设计登记发证量	1/120
		外贸额与 PCT 专利比	每十亿美元对外贸易出口额 PCT 专利申请量（件/十亿美元）	1/120
	产出效率指数	人才产出效率	万名 R&D 活动人员年度职务发明专利申请量	1/40
		资本产出效率	亿元 R&D 经费内部支出年度发明专利申请量	1/40

续附录表 4-1

知识产权产出水平	企业产出指数	企业产出规模	年度企业职务发明专利受理量	1/180
			年度企业职务实用新型专利受理量	1/180
			年度企业职务外观设计专利受理量	1/180
		企业产出质量	企业职务发明专利有效量	1/180
			企业职务实用新型专利有效量	1/180
			企业职务外观设计专利有效量	1/180
		企业产出效率	规模以上工业企业万名R&D人员年度发明专利申请量	1/120
			规模以上工业企业亿元R&D经费内部支出年度发明专利申请量	1/120
	高校和研发机构产出指数	高校和研发机构产出规模	各地区高校和研发机构专利年度申请量	1/60
		高校和研发机构产出质量	各地区高校和研发机构有效发明专利量	1/60
		高校和研发机构产出效率	高校和研发机构万名R&D人员专利年度申请量	1/120
			高校和研发机构亿元R&D经费内部支出专利年度申请量	1/120
知识产权流动水平	技术市场交易指数	技术市场规模指数	技术市场签订合同数	1/108
			技术市场成交合同金额	1/108
			技术市场成交合同金额与GDP比例	1/108
		技术市场开放指数	国外引进合同数	1/72
			国外引进合同金额	1/72
		技术外溢程度指数	技术市场成交合同数与技术流向地域合同数比值	1/72
			技术市场成交合同金额与技术流向地域合同金额比值	1/72
	知识产权服务机构指数	商标代理机构指数	商标代理机构数	1/36
		专利代理指数	专利代理机构数量	1/72
			专利代理机构从业人数	1/72
		律师事务所指数	律师事务所数量	1/36
	技改引进指数	技术改造指数	规模以上工业企业技术改造经费支出	1/36
		国内引进指数	规模以上工业企业购买国内技术经费支出	1/36
		国外引进指数	规模以上工业企业技术引进、消化吸收经费	1/36
知识产权综合绩效	宏观经济绩效指数	经济发展水平	非农经济比重	1/108
			人均GDP	1/108
			城镇居民平均每年家庭可支配收入	1/108
		经济增长方式转变	劳动生产率	1/72
			综合能耗产出率	1/72

续附录表 4−1

知识产权综合绩效	宏观经济绩效指数	经济结构优化	高技术产业增加值占工业增加值比重	1/72
			高技术产品出口额占商品出口额比重	1/72
	社会进步绩效指数	环境改善	环境质量指数	1/96
			环境污染治理指数	1/96
		社会发展	人口平均预期寿命	1/48
		社会生活信息化	互联网普及率	1/96
			移动电话普及率	1/96
		文化进步	各地区城镇居民家庭每人全年消费支出中文化领域占比	1/48
	企业进步绩效指数	产品升级指数	规模以上工业企业新产品销售收入占主营业务收入比重	1/24
		设备更新指数	规模以上工业企业 R&D 仪器和设备更新情况	1/24
知识产权创造潜力	创造投入指数	人才投入指数	R&D 人员全时当量总计	1/288
			万人口 R&D 活动人员数	1/288
			万人口大专以上学历人数	1/288
		资本投入指数	R&D 经费支出占 GDP 比重	1/288
			人均 R&D 经费内部支出	1/288
			每名 R&D 活动人员新增仪器设备费	1/288
		文化投入指数	各地区文化产业固定资产投入	1/96
		基础设施投入	全社会固定资产投资	1/96
	创造成果指数	论文指数	万名 R&D 人员科技论文数	1/144
			国外主要检索工具收录我国科技论文数	1/144
		科技成果指数	万人吸纳技术成果金额	1/72
		高新技术产业科技项目指数	高技术产业新产品开发项目数	1/72
	创造环境指数	财政支持度指数	地方政府科技支出占比	1/192
		金融环境指数	人均年末金融机构贷款余额	1/192
		营商环境指数	外商投资总额占 GDP 比重	1/384
			宏观税负	1/384
		生态环境指数	单位 GDP 电耗	1/768
			单位 GDP 二氧化硫排放	1/768
			单位 GDP 废水排放	1/768
			单位 GDP 一般固体废弃物排放	1/768

续附录表 4-1

知识产权创造潜力	创造环境指数	教育环境指数	地方政府财政支出中教育支出比重	1/384
			每十万人口高等学校在校生数	1/384
		文化环境指数	文化产业法人单位数	1/1152
			文化产业从业人员数量	1/1152
			图书出版量	1/1152
			录像、录音、电子出版物出版数量	1/1152
			出版发行机构数量	1/1152
			有线广播电视入户率	1/1152
		高新技术开发区指数	国家高新技术开发区从业人员数	1/384
			国家高新技术开发区技术性收入	1/384
		科普指数	科普专职人员数量	1/384
			科普年度筹集经费	1/384
	知识产权试点示范指数	知识产权试点示范城市指数	国家知识产权试点示范城市数	1/96
		知识产权试点示范园区指数	国家知识产权试点园区示范园区数	1/96
		知识产权试点单位指数	企事业知识产权试点单位数	1/96
		文化产业示范指数	国家文化产业示范基地数	1/96
	企业创造潜力指数	企业科研基础指数	规模以上工业企业中有科技机构的企业占全部企业比重	1/192
			规模以上工业企业中有R&D活动的企业占全部企业比重	1/192
		企业人才投入指数	规模以上工业企业R&D人员数量	1/192
			规模以上工业企业研发机构硕士以上学历人员比重	1/192
		企业资本投入指数	规模以上工业企业R&D经费占主营业务收入比重	1/96
		企业新产品开发指数	规模以上工业企业开发新产品经费	1/192
			规模以上工业企业新产品开发项目数	1/192
知识产权保护指数		专利行政执法指数	专利侵权和其他纠纷结案量	1/192
			查处专利假冒案件结案量	1/192
		商标行政执法指数	查处商标违法案件总数	1/192
			查处商标违法案件案值	1/192
		行政执法能力指数	执法人员素质	1/384
			执法人员数量	1/384
			执法经费支持	1/384
			接听咨询投诉电话量	1/384
		司法保护能力指数	知识产权一审结案量	1/96

北京知识产权诉讼报告 2018

统计说明

1. 为统计的准确和一致，主要采集生效判决。

2. 采集判决总数共计852份，其中侵害著作权案件判决书300份（2015年、2016年和2017年各100件）；侵害商标权案件判决书364份；侵害专利权案件判决书188份。因法院通过网站上传判决书具有随机性，故基于随机选取的上述判决书内容而采集的数据不一定综合或平均反映各类案件的情况。

3. 数据计算仅保留个位；金额均为人民币，单位均为元。

4. 因研究项目采集量较大，据以统计的部分判决数摘录可能存在误差。尽管研究过程中已采取有效手段控制，囿于研究水平限制，谬误难免存在。敬请阅览指正。

判决书来源：

北京法院、审判信息网，http://www.bjcourt.gov.cn/cpws/index.htm。

首都律师、北大法宝，bjlx.pkulaw.cn/case/bjlx。

知产宝，www.iphouse.cn。

侵害商标权案件判决书分析报告

研究采集 2015 年、2016 年、2017 年共计 364 份判决书，其中，一审判决书 228 份，二审判决书 136 份。为便于比较分析，本报告仅分析一审判决中的主要信息，对二审判决仅分析判决结果。

一、审理法院分布

海淀	朝阳	石景山	东城	西城	丰台	昌平
20	49	17	41	27	47	6
8.8%	21.5%	7.5%	18.0%	11.8%	20.6%	2.6%
大兴	房山	怀柔	顺义	一中	知产	
3	5	4	7	1	1	
1.3%	2.2%	1.8%	3.1%	0.4%	0.4%	

分析：

1. 根据 2016 年 1 月 1 日起施行的《北京市高级人民法院关于北京市基层人民法院知识产权民事案件管辖调整的规定》，自 2016 年 1 月 1 日可以审理侵害商标权案件的北京市基层法院有：

	管辖法院	管辖区域
北京知识产权法院	海淀区人民法院	海淀区
	石景山区人民法院	石景山区、门头沟区、昌平区、延庆区
	朝阳区人民法院	朝阳区
	东城区人民法院	东城区、通州区、顺义区、怀柔区、平谷区、密云区
	西城区人民法院	西城区、大兴区
	丰台区人民法院	丰台区、房山区

2. 管辖范围：诉讼标的额在 500 万元以下的第一审一般知识产权民事案件以及诉讼标的额在 500 万元以上 1000 万元以下且当事人住所地均在北京市高级人民法院辖区的第一审一般知识产权民事案件。

资料来源：北京法院网，http://bjgy.chinacourt.org/article/detail/2015/12/id/1770294.shtml。

二、案件类型（案由）

侵害商标权案件的案由主要有两类，即侵害商标权纠纷和侵害商标专用权及不正当竞争纠纷，研究采集的一审判决书中，侵害商标权纠纷案件为 194 件，占比 85.1%，侵害商标专利权及不正当竞争纠纷案件为 34 件，占比 14.9%。

	侵害商标权纠纷	侵害商标专用权及不正当竞争纠纷
数量	194	34
占比	85.1%	14.9%

三、当事人涉外案件的情况

	原告	被告
涉外	9	3
非涉外	219	225

研究选取的 228 份一审判决书中，原告涉外的案件共有 9 件，被告涉外案件有 3 件。

这一统计结论表明，当事人涉外的侵害商标权案件中，中国当事人一般充当被告，说明我国市场主体对知识产权品牌意识尚不重视，避免侵害他人商标专用权和使用权尚未成为市场共识。侵害外国企业商标权是中国目前的市场问题，探究原因，大致有以下几点：高额利润诱惑；现行政策法规尚不完善，执法力度有待加强；消费者看重品牌价值，忽略产品质量本身。

四、原告聘请律师的情况

	聘请律师	未聘请
数量	209	19

研究选取的 228 份一审判决书中，原告聘请律师参与诉讼的案件共有 209 件，聘请代理人参与诉讼的案件共有 19 件，占比分别为 91.7% 和 8.3%。

五、涉及驰名商标的情况

	涉及驰名商标	未涉及驰名商标
数量	69	159

研究选取的 228 份一审判决书中,涉及驰名商标的共有 69 件,占比约为 30.3%。

涉及驰名商标的 69 件案件中,其中有 68 件案件法院均判定被告实施了侵权行为,应承担原告的经济损失。

商标是否驰名对被告是否实施侵权行为有一定影响。择取典型判决书中的一段:(2016)京 0106 民初 17586 号。

在确定赔偿数额中也会考虑其商标的驰名度:

"关于经济损失的赔偿数额,本院亦将考虑浙江梦天木业公司及'梦天'商标在相关行业内的知名度、美家佳经销部涉案侵权行为的性质、方式、持续时间等因素予以酌定。"

六、原告的诉讼请求与法院判决的情况

侵犯商标权案件中,原告的诉讼请求主要有三种——停止侵权、消除影响及赔偿损失。就此三种诉讼请求分析如下:

(一) 停止侵权

	法院支持	法院未支持
数量	179	36

侵权诉讼中,原告请求法院停止侵权是最主要的诉讼请求。法院确定被告实施了侵权行为后,一般都会支持停止侵权的诉讼请求。

研究选取的 228 份一审判决书中,原告请求停止侵权的案件共有 215 件,法院判决停止侵权的案件有 179 件,占比约为 83.3%。

法院确认被告有侵权行为的,有时却不会判决停止侵权,主要原因为侵权行为已经停止,或被告并非直接销售商。择取判决书中的典型论述分析:

1. (2016)京 0105 民初 66112 号判决书:"鉴于该店铺已关闭,涉案尤萨洗涤招牌已拆除,本院对尤萨公司要求停止侵权的诉讼请求,不再处理。"

2. (2015)朝民(知)初字第 47620 号判决书认为:"先锋时代公司不是涉案侵权产品的直接销售者,故对雷柏科技公司要求其停止销售的诉讼请求,本院不予支持。"

(二) 消除影响

	法院支持	法院未支持
数量	23	37

研究选取的 228 份一审判决书中,原告请求消除影响的案件有 60 件,法院判决消除影响的案件有 23 件,占比约为 38.3%。

当被告对原告注册商标的商誉带来负面影响时,法院会支持消除影响的诉讼请求。择取判决书中的典型论述分析:

(2017)京 0101 民初 8515 号判决书:"本院认为,鉴于被告的涉案侵犯商标权及

不正当竞争行为确对原告造成了不利影响，该项诉讼请求应予支持，对于声明的刊登版面和持续时间，本院将结合案件具体情况予以确定。"

（三）赔偿损失

法院判赔总额	21641476.5
原告索赔总额	82085214.4
判赔比	26.4%

研究选取的228份一审判决书中，原告索赔总额为82085214.4元，法院判赔总额为21641476.5元，判赔比为26.4%。

按照2014年5月1日起实施的新《商标法》第六十三条规定，侵害商标专用权的赔偿数额的确定方式有四种，即按照权利人因被侵权所受到的实际损失、侵权人因侵权所获得的利益、商标许可使用费的倍数及法定赔偿（三百万元以下）。

其中，法定赔偿的范围由原来的50万元增加到了300万元，并且新增了参照商标许可使用费的倍数确定的方式，但是还未在判决中体现出来。研究选取的228份一审判决书中，原告索赔超过50万元的案件有49件，但是判决赔偿数额超过50万元的案件有10件。

关于合理费用的判决，根据《最高人民法院关于审理商标民事纠纷案件适用法律若干问题的解释》第十七条的规定，合理费用涉及对侵权行为进行调查、取证的合理费用及律师费等费用。

除上述三类主要的诉讼请求外，也有部分原告会提出赔礼道歉的诉讼请求，但法院基本不会支持这一诉讼请求。

赔礼道歉的民事责任主要适用侵犯人身权的场合，而商标权是一种财产性质的权利，不应适用赔礼道歉的民事责任。

权利人提出此种诉讼请求是为了恢复因侵权行为造成相关公众对其商标的不当影响，应当提出消除影响的诉讼请求而不是赔礼道歉。因此在商标侵权案件中，即使侵权成立也不应判令被控侵权人承担赔礼道歉的民事责任。

择取判决书中的典型论述分析：

（2016）京0105民初61171号判决书："赔礼道歉属于侵害人身权益的法律责任，奥润顺达公司要求凯斯盾公司赔礼道歉，于法无据，本院不予支持。"

（四）法院驳回诉讼请求情况

研究选取的228份一审判决书中，共有21份判决书驳回了原告的诉讼请求，占比约为9.2%。

1. 商标不相同或不近似：

（2016）京0102民初27224号判决书：通过上述对比可以发现，相关公众通过隔离观察涉案商标和被诉侵权标识，不论是整体对比还是将两者的主要部分对比，均不会将涉案商标与被诉侵权标识看作相同或者近似商标。

2. 在先使用并有一定影响：

《商标法》第五十九条第三款规定："商标注册人申请商标注册前，他人已经在同一种商品或者类似商品上先于商标注册人使用与注册商标相同或者近似并有一定影响的商标的，注册商标专用权人无权禁止该使用人在原使用范围内继续使用该商标，但可以要求其附加适当区别标识。"

（2016）京0105民初33941号判决书：综上，可以认定，黄门公司涉案行为，系在原有范围内延续使用"黄门"商标的行为，具有在先使用的合理基础，亦不具有侵权故意，不构成对桔子秀公司涉案注册商标专用权的侵犯。

3. 已无侵权行为：

（2015）海民（知）初字第27438号判决书：但被告与翰林公司之间系租赁场地关系，而原告的商标注册时间晚于翰林公司与被告签约时间，且使用范围有限，被告表示并不知道该使用行为构成侵权，且原告并无证据证实其曾向被告提出上述翰林公司使用的行为侵权并要求被告给予干预。因此，即使翰林公司的行为构成侵权，被告对此并无过错，现翰林公司已经不在该处经营，新的经营者不再使用"翰林"商标，故原告要求被告停止侵权的诉讼请求已经无履行对象，无需再行判令支持。

4. 非商标性使用：

（2017）京0101民初8588号判决书：综上，本院认定涉案商品宣传标牌上使用涉案"丰暖"文字的行为不构成商标法意义上的商标的使用。

七、二审判决结果

	维持	改判
数量	113	23
占比	88.2%	11.8%

研究选取的136份二审判决书中，二审法院维持一审判决的为113件，占83.1%，改判的为23件，占16.9%。

《民事诉讼法》第170条规定，对上诉案件改判的情形有如下两种，分别是：

1. 原判决认定事实错误或适用法律错误：

（2016）京73民终1077号判决书：一审判决存在事实认定错误，本院直接予以改判；

（2016）京73民终934号判决书：一审判决适用法律有误，本院予以纠正。依照《中华人民共和国民事诉讼法》第一百七十条第一款第（二）项之规定，本院判决如下。

2. 原判决认定基本事实不清：

（2017）京73民终1085号判决书：一审判决部分事实认定不清，本院在查明事实的基础上予以改判。

附判决书案号：

一审：

(2017) 京 0106 民初 15160 号
(2016) 京 0105 民初 57556 号
(2017) 京 0106 民初 15164 号
(2017) 京 0107 民初 2230 号
(2017) 京 0106 民初 21680 号
(2017) 京 0101 民初 13477 号
(2017) 京 0101 民初 13477 号
(2017) 京 0101 民初 7829 号
(2017) 京 0101 民初 19953 号
(2017) 京 0107 民初 12513 号
(2016) 京 0105 民初 61171 号
(2017) 京 0102 民初 20432 号
(2017) 京 0107 民初 12515 号
(2017) 京 0101 民初 19960 号
(2017) 京 0101 民初 19956 号
(2017) 京 0106 民初 15155 号
(2017) 京 0106 民初 27240 号
(2017) 京 0102 民初 24506 号
(2017) 京 0106 民初 17553 号
(2017) 京 0101 民初 13516 号
(2017) 京 0102 民初 22589 号
(2017) 京 0101 民初 2573 号
(2017) 京 0102 民初 24312 号
(2017) 京 0102 民初 28303 号
(2017) 京 0106 民初 3856 号

(2015) 朝民（知）初字第 42610 号
(2015) 朝民（知）初字第 36495 号
(2015) 海民（知）初字第 39590 号
(2016) 京 0101 民初 13403 号
(2015) 朝民（知）初字第 65453 号
(2016) 京 0101 民初 6909 号
(2015) 朝民（知）初字第 39929 号
(2016) 京 0105 民初 5835 号
(2016) 京 0102 民初 2123 号
(2015) 朝民（知）初字第 47620 号
(2016) 京 0101 民初 286 号
(2015) 丰民（知）初字第 10502 号
(2015) 朝民（知）初字第 46812 号
(2015) 朝民（知）初字第 52846 号
(2015) 朝民（知）初字第 27168 号
(2016) 京 0106 民初 17547 号
(2016) 京 0106 民初 15409 号
(2016) 京 0106 民初 11575 号
(2016) 京 0106 民初 11502 号
(2016) 京 0106 民初 11578 号
(2016) 京 0106 民初 11567 号
(2015) 丰民（知）初字第 11567 号
(2015) 丰民（知）初字第 26051 号
(2015) 丰民（知）初字第 17762 号
(2015) 丰民（知）初字第 23218 号

（2017）京 0101 民初 11320 号　　（2015）丰民（知）初字第 15532 号
（2017）京 0101 民初 20644 号　　（2016）京 0105 民初 4609 号
（2017）京 0102 民初 26144 号　　（2016）京 0105 民初 4606 号
（2017）京 0102 民初 14993 号　　（2016）京 0105 民初 4604 号
（2017）京 0101 民初 8588 号　　（2015）朝民（知）初字第 47621 号
（2017）京 0101 民初 11328 号　　（2016）京 0108 民初字第 2336 号
（2017）京 0107 民初 12516 号　　（2016）京 0114 民初 898 号
（2017）京 0101 民初 12777 号　　（2016）京 0102 民初 883 号
（2017）京 0107 民初 17942 号　　（2016）京 0102 民初 18468 号
（2017）京 0101 民初 9003 号　　（2016）京 0102 民初 19024 号
（2017）京 0101 民初 14578 号　　（2015）朝民（知）初字第 64126 号
（2017）京 0101 民初 8515 号　　（2016）京 0102 民初 19017 号
（2016）京 0108 民初 5788 号　　（2016）京 0102 民初 891 号
（2016）京 0108 民初 5792 号　　（2015）朝民（知）初字第 54746 号
（2016）京 0101 民初 15905 号　　（2015）海民（知）初字第 27438 号
（2017）京 0101 民初 4272 号　　（2016）京 0101 民初 285 号
（2016）京 0106 民初 17586 号　　（2016）京 0101 民初 283 号
（2016）京 0105 民初 33941 号　　（2015）东民（知）初字第 17996 号
（2017）京 0107 民初 13905 号　　（2015）石民（知）初字第 7083 号
（2017）京 0101 民初 10801 号　　（2015）东民（知）初字第 11694 号
（2017）京 0106 民初 13818 号　　（2016）京 0102 民初 366 号
（2017）京 0107 民初 13824 号　　（2015）海民（知）初字第 8318 号
（2017）京 0101 民初 4023 号　　（2014）大民（知）初字第 14214 号
（2017）京 0107 民初 10914 号　　（2015）房民（知）初字第 02283 号
（2017）京 0106 民初 18655 号　　（2014）丰民（知）初字第 12145 号
（2016）京 0101 民初 19417 号　　（2015）顺民（知）初字第 00876 号
（2016）京 0105 民初 52487 号　　（2014）朝民（知）初字第 45806 号
（2016）京 0106 民初 17586 号　　（2014）大民（知）初字第 10548 号

（2017）京0105民初47104号	（2015）西民（知）初字第26798号
（2016）京0102民初19189号	（2015）东民（知）初字第11454号
（2017）京0105民初47106号	（2015）东民（知）初字第11455号
（2016）京0105民初33941号	（2014）海民（知）初字第22913号
（2017）京0107民初14607号	（2015）西民（知）初字第14932号
（2017）京0107民初13905号	（2015）丰民（知）初字第04742号
（2017）京0101民初10801号	（2015）怀民（知）初字第01510号
（2016）京0106民初26214号	（2014）东民（知）初字第13980号
（2017）京0101民初4023号	（2014）朝民（知）初字第43045号
（2017）京0107民初13830号	（2015）海民（知）初字第6112号
（2016）京0105民初32336号	（2015）房民（知）初字第02887号
（2017）京0107民初12943号	（2015）顺民（知）初字第04811号
（2017）京0107民初6010号	（2015）顺民（知）初字第04796号
（2017）京0106民初18655号	（2014）丰民（知）初字第18530号
（2017）京0106民初7012号	（2015）东民（知）初字第09859号
（2016）京0102民初27224号	（2015）丰民（知）初字第03861号
（2017）京0105民初38223号	（2014）昌民（知）初字第14676号
（2016）京0106民初10774号	（2015）昌民（知）初字第05876号
（2017）京0107民初12944号	（2015）海民（知）初字第8321号
（2016）京0105民初34209号	（2015）海民（知）初字第8312号
（2016）京0105民初66112号	（2015）顺民（知）初字第00871号
（2017）京0101民初7846号	（2014）丰民（知）初字第18346号
（2017）京0107民初1878号	（2014）丰民（知）初字第18557号
（2017）京0105民初4674号	（2015）海民（知）初字第9289号
（2017）京0102民初1263号	（2015）朝民（知）初字第05258号
（2016）京0105民初13232号	（2015）海民（知）初字第4171号
（2016）京0105民初2217号	（2015）海民（知）初字第8319号
（2016）京0102民初25343号	（2015）西民（知）初字第00113号

（2017）京 0106 民初 9515 号	（2015）怀民（知）初字第 00717 号
（2014）一中民初字第 1704 号	（2015）海民（知）初字第 20262 号
（2016）京 0105 民初 61300 号	（2014）石民（知）初字第 10399 号
（2016）京 0105 民初 55531 号	（2015）西民（知）初字第 08329 号
（2017）京 0105 民初 15186 号	（2014）朝民（知）初字第 36666 号
（2016）京 0101 民初 10736 号	（2015）朝民（知）初字第 12618 号
（2017）京 0101 民初 4064 号	（2014）朝民（知）初字第 31221 号
（2017）京 0101 民初 2553 号	（2015）顺民（知）初字第 00878 号
（2017）京 0108 民初 1659 号	（2015）顺民（知）初字第 00875 号
（2016）京 0108 民初 9478 号	（2015）顺民（知）初字第 00873 号
（2016）京 0105 民初 26530 号	（2015）房民（知）初字第 02888 号
（2017）京 0101 民初 2344 号	（2015）房民（知）初字第 02889 号
（2016）京 0106 民初 18056 号	（2014）丰民（知）初字第 18531 号
（2016）京 0106 民初 7865 号	（2015）海民（知）初字第 8314 号
（2016）京 0106 民初 19339 号	（2014）丰民（知）初字第 12144 号
（2016）京 0105 民初 62494 号	（2015）西民（知）初字第 08330 号
（2016）京 0114 民初 1055 号	（2015）朝民（知）初字第 04367 号
（2016）京 0105 民初 43066 号	（2014）东民（知）初字第 14019 号
（2016）京 0105 民初 40324 号	（2015）丰民（知）初字第 04743 号
（2015）京知民初字第 1223 号	（2015）怀民（知）初字第 00719 号
（2015）丰民（知）初字第 22036 号	（2014）朝民（知）初字第 41251 号
（2015）朝民（知）初字第 26604 号	（2014）海民初字第 14865 号
（2015）海民（知）初字第 26614 号	（2015）东民（知）初字第 03451 号
（2016）京 0106 民初 11573 号	（2014）昌民（知）初字第 14681 号
（2016）京 0106 民初 11501 号	（2014）丰民（知）初字第 16536 号
（2016）京 0105 民初 16123 号	（2015）怀民（知）初字第 00720 号
（2015）朝民（知）初字第 27167 号	（2015）西民（知）初字第 00505 号
（2015）朝民（知）初字第 43347 号	（2015）丰民（知）初字第 00794 号

（2016）京 0106 民初 9093 号　　（2015）西民（知）初字第 04173 号
（2016）京 0102 民初 19018 号　　（2015）昌民（知）初字第 01447 号
（2015）海民（知）初字第 35944 号　　（2014）大民（知）初字第 12720 号
（2016）京 0102 民初 901 号　　（2014）丰民（知）初字第 18558 号
（2015）朝民（知）初字第 27050 号　　（2015）房民（知）初字第 02885 号

二审：

（2017）京民终 28 号　　（2016）京 73 民终 690 号
（2017）京 73 民终 2077 号　　（2016）京 73 民终 69 号
（2017）京 73 民终 1990 号　　（2015）京知民终字第 1828 号
（2015）民三终字第 7 号　　（2016）京 73 民终 87 号
（2013）高民终字第 4324 号　　（2016）京 73 民终 189 号
（2017）京 73 民终 749 号　　（2015）京知民终字第 2114 号
（2017）京民终 413 号　　（2016）京 73 民终 786 号
（2016）京民终 304 号　　（2016）京 73 民终 393 号
（2017）京民终 614 号　　（2015）京知民终字第 2480 号
（2017）京民终 690 号　　（2015）京知民终字第 2315 号
（2017）京民终 688 号　　（2016）京 73 民终 90 号
（2016）京民终 544 号　　（2015）京知民终字第 2403 号
（2017）京 73 民终 992 号　　（2016）京 73 民终 3 号
（2016）京 73 民终 695 号　　（2016）京 73 民终 51 号
（2017）京 73 民终 1805 号　　（2016）京 73 民终 908 号
（2016）京 73 民终 1145 号　　（2016）京 73 民 433 号
（2017）京民终 335 号　　（2015）高民（知）终字第 3533 号
（2017）京 73 民终 1095 号　　（2016）京 73 民终 10 号
（2017）京 73 民终 954 号　　（2015）高民（知）终字第 3531 号
（2016）京 73 民终 585 号　　（2015）高民（知）终字第 3532 号
（2017）京 73 民终 1085 号　　（2015）高民（知）终字第 3534 号

（2017）京民终 51 号

（2017）京 73 民终 22 号

（2016）京 73 民终 366 号

（2017）京 73 民终 974 号

（2017）京 73 民终 947 号

（2016）京 73 民终 696 号

（2017）京 73 民终 854 号

（2017）京 73 民终 855 号

（2017）京 73 民终 975 号

（2017）京 73 民终 798 号

（2017）京民终 76 号

（2017）京 73 民终 979 号

（2015）高民（知）终字第 1155 号

（2016）京 73 民终 937 号

（2017）京 73 民终 819 号

（2016）京 73 民终 276 号

（2016）京 73 民终 1090 号

（2016）京 73 民终 1051 号

（2016）京 73 民终 916 号

（2016）京 73 民终 754 号

（2016）京 73 民终 755 号

（2016）京 73 民终 753 号

（2016）京 73 民终 335 号

（2016）京 73 民终 569 号

（2017）京 73 民终 297 号

（2016）京 73 民终 1036 号

（2017）京 73 民终 467 号

（2017）京 73 民终 468 号

（2016）京民终 299 号

（2015）京知民终字第 1878 号

（2015）京知民终字第 2257 号

（2016）京 73 民终 817 号

（2016）京 73 民终 454 号

（2016）京 73 民终 453 号

（2016）京 73 民终 454 号

（2016）京 73 民终 332 号

（2016）京 73 民终 914 号

（2016）京 73 民终 451 号

（2016）京民终 291 号

（2016）京 73 民终 52 号

（2015）京知民终字第 1321 号

（2015）京知民终字第 2479 号

（2015）高民（知）终字第 1931 号

（2014）高民（知）终字第 4345 号

（2014）高民终字第 2245 号

（2015）京知民终字第 491 号

（2014）高民终字第 1833 号

（2015）京知民终字第 114 号

（2015）京知民终字第 823 号

（2015）京知民终字第 1054 号

（2015）京知民终字第 602 号

（2014）京知民终字第 153 号

（2015）京知民终字第 1003 号

（2015）京知民终字第 544 号

（2014）一中民（知）终字第 9880 号

（2015）京知民终字第 00222 号

（2017）京 73 民终 464 号

（2017）京 73 民终 465 号

（2017）京 73 民终 163 号

（2016）京 73 民终 1077 号

（2016）京 73 民终 1075 号

（2016）京 73 民终 934 号

（2016）京民终 266 号

（2016）京 73 民终 971 号

（2016）京 73 民终 29 号

（2016）京 73 民终 307 号

（2015）京知民终字第 2112 号

（2016）京 73 民终 84 号

（2015）京知民终字第 2444 号

（2016）京 73 民终 306 号

（2016）京 73 民终 689 号

（2016）京 73 民终 394 号

（2016）京 73 民终 92 号

（2016）京 73 民终 401 号

（2015）京知民终字第 2113 号

（2015）京知民终字第 1180 号

（2015）京知民终字第 370 号

（2015）京知民终字第 232 号

（2014）京知民终字第 108 号

（2015）京知民终字 390 号

（2015）京知民终字第 664 号

（2015）京知民终字第 622 号

（2015）京知民终字第 00224 号

（2015）京知民终字 594 号

（2015）京知民终字第 756 号

（2015）京知民终字第 315 号

（2014）高民终字第 1832 号

（2015）京知民终字第 1591 号

（2015）京知民终字第 991 号

（2014）京知民终字第 114 号

（2015）京知民终字第 1196 号

（2015）京知民终字第 00220 号

（2015）京知民终字第 1189 号

（2015）京知民终字第 00223 号

侵害著作权案件判决书分析报告

一、审理法院分布

合计	海淀	朝阳	石景山	东城	西城	丰台	知产
300	122	72	30	26	33	11	6
占比	40.7%	24.0%	10.0%	8.7%	11.0%	3.7%	2.0%

分析：

1. 根据2016年1月1日起施行的《北京市高级人民法院关于北京市基层人民法院知识产权民事案件管辖调整的规定》，自2016年1月1日可以审理著作权案件的北京市基层法院有：

	管辖法院	管辖区域
北京知识产权法院	海淀区人民法院	海淀区
	石景山区人民法院	石景山区、门头沟区、昌平区、延庆区
	朝阳区人民法院	朝阳区
	东城区人民法院	东城区、通州区、顺义区、怀柔区、平谷区、密云区
	西城区人民法院	西城区、大兴区
	丰台区人民法院	丰台区、房山区

2. 管辖范围：诉讼标的额在500万元以下的第一审一般知识产权民事案件以及诉讼标的额在500万元以上1000万元以下且当事人住所地均在北京市高级人民法院辖区的第一审一般知识产权民事案件。

资料来源：北京法院网，http://bjgy.chinacourt.org/article/detail/2015/12/id/1770294.shtml。

二、受理案件类型（案由）

	信息网络传播权	复制权	计算机软件	录音录像制作者权	发行权	放映权	署名权	著作权	其他
合计316	123	5	6	6	8	14	6	144	4
占比（按基数300计算）	41.0%	1.7%	2.0%	2.0%	2.7%	4.7%	2.0%	48%	1.3%

分析：

1. 近几年来，北京市在推进知识产权工作与经济发展深度融合，加大知识产权保护力度，提升知识产权保护能力，改善国际影响力等方面均取得一定成果。根据北京市高级人民法院发布的北京市法院2017年知识产权审判工作情况，2017年，北京市共新收一审知识产权民事案件25932件，同比增长49.2%；审结24606件，同比增长46.5%，其中以著作权案件占比最高。研究采集的300件案例，涉及信息网络传播权的案例多达123件，占比高达41.0%。事实上随着计算机网络的普及，网络著作权问题已成为全球范围内的热点和难点问题，我国司法实践中也经常反映相关的问题，比如对深层链接采用"服务器标准"或"用户标准"的问题，又比如P2P平台提供者的责任问题，这就表明了在网络信息产业繁荣发展的同时，对著作权的创造者、传播者和使用者而言，建议重视信息网络的作用，在利用网络传播著作权时应善意谨慎，诚信经营，避免侵权。

2. 在梳理选取时，朝阳区、海淀区涉及的相关著作权侵权案例较多，石景山区、东城区、西城区因管辖的地区较多涉及的案例不少，丰台区则相对较少。各个法院受理案件的情况也体现出了所在辖区的特点，比如海淀区是国内主要视频网站的聚集区，优酷土豆、风行、六间房、爱奇艺等专业视频网站，以及百度、搜狐视频等门户视频网站均位于辖区内，其数量和市场份额均占到我国视频网站总量的一半。

3. 经过对2015—2017年以来的数据进行分析，从主张权利的作品类型看，主要有影视作品、音乐作品、美术作品、摄影作品、文学作品、图形作品等。

4. 研究选取的判决书中，未涉及下列案例：出租权、摄制权等著作财产权以及表演者权、广播组织权等邻接权均没有案件涉及。

三、原告所属地域统计

地域	北京	广东	上海	江浙	福建	河北	湖南	重庆	山东	天津	涉外
数量	155	24	10	10	4	40	6	2	3	8	2
占比	51.7%	8.0%	3.3%	3.3%	1.3%	13.3%	2.0%	0.7%	1.0%	2.7%	0.7%

分析：

注：因裁判文书网发布的部分案例未明确写明原告个人的所属地域，故部分案例的原告所属地域无法统计，研究所得的数据和比例可能与实际情况有微弱差异。

研究选取的判决书中列明所属地域的，所属北京的原告为155件案例，表明北京地区的文化创意产业相对发达，著作权人最多；其次所属广东地区24件；上海为10件；涉外原告（含港澳台）有2件。

四、原被告双方聘请律师的情况

	原告聘请律师案件数量	被告聘请律师案件数量
数量	246	130
占比	82.0%	43.3%

分析：

研究样本中，原告聘请律师的案件有246件，被告聘请律师的案件有130件。被告聘请律师比例较低的部分原因，结合实践判断是其基于对侵害著作权案例法院判赔额度的估量，从节省诉讼成本的角度考虑，并没有聘请律师而是指派公司员工出庭应诉。

但加权平均分析，著作权案件聘请律师的比重较大，说明著作权侵权案例具有细分领域和难度分级的特别，需要专业法律服务的支持。

五、诉争标的物种类

标的物种类	摄影图片	电影作品和以类似摄制电影的方法创作的作品	文学作品	歌曲	美术作品	录音录像制品	计算机软件	图形作品
数量	63	54	53	30	57	3	6	34
占比	21.0%	18.0%	17.7%	10.0%	19.0%	1.0%	2.0%	11.3%

摄影图片共计95件，电影作品和以类似摄制电影的方法创作的作品（包括电影、电视剧、动画片、综艺节目、晚会等）共计76件，文学作品（包括图书、文章等）共计67件，歌曲（包括歌曲、音乐电视作品）共计46件，美术作品（包括卡通动画形象）共计11件，录音录像制品共计9件，计算机软件共计1件，图形作品共计1件。

六、原告胜诉比例统计及原告败诉原因分析

	原告胜诉	原告败诉
数量	296	15
占案件总数比	95.0%	5.0%

（一）原告胜诉比例统计

300件案例中，原告胜诉的有285件，占比95.0%。

法院判决驳回原告诉讼请求的有15件，占比5.0%。

（二）原告败诉主要原因分析

1. 在侵害作品信息网络传播权案件中，原告败诉的主要原因是被告符合《信息网络传播权保护条例》规定的免责条件，即被告受到了所谓"避风港"原则的保护。

权利人、网络服务提供者和社会公众要关注新技术的发展，而司法系统应当判断新的

信息传播模式和商业模式是"真正的善意"还是"真正的恶意"。对善意的传播模式和商业模式要予以维护和扶持，实现各方共赢；对恶意的要彻底否定并取缔，并严加惩罚。

2. 还有一部分案例是由于原告所提供的证据不足以证明其为涉案作品的权利人，或者其主张也没有相关的事实和法律依据来支撑，比如（2017）京0105民初10032号"北京儒意欣欣影业投资有限公司与北京豆网科技有限公司侵害作品信息网络传播权纠纷"一案中，由于原告现有证据无法确认其对主张权利的内容享有著作权因此原告被驳回诉讼请求而败诉。

七、原告要求停止侵权的诉讼请求以及法院支持的情况

无图例。这一部分事实比较容易判决，因此不再做详细的数据统计。

著作权案件一般会先取证后诉讼，而庭审时大部分的被告都会停止侵权，法官一般也会请原告确认是否撤回停止侵权的诉讼请求。如原告确认被告确实已经停止侵权，即撤回此项请求；而被告不停止侵权，法院通常会判决被告停止侵权。

八、原告要求赔礼道歉和消除影响的诉讼请求所占比例，及，法院判决支持该项请求的比例统计及相关分析

	法院判决支持	未支持或未涉及
消除影响	2	298
赔礼道歉	16	284

	原告要求	原告未要求
消除影响	37	263
赔礼道歉	122	178

要求赔礼道歉和消除影响的	138
支持赔礼道歉和消除影响的	16
占比	11.6%

分析：

1. 原告要求赔礼道歉的案件有122件，要求消除影响的案子有37件，合计138件（其中，既要求赔礼道歉又要求消除影响的案件有21件）。法院判决支持赔礼道歉诉讼请求的有16件，判决支持消除影响诉讼请求的有2件，合计16件（其中，既支持赔礼道歉又支持消除影响的案件有2件）。综合计算，判决赔礼道歉和消除影响的比例为11.6%。

2. 法院在审理著作权案件的过程中，如果判断被告侵犯了原告的著作人身权（发表权、署名权、修改权和保护作品完整权），可能会支持原告赔礼道歉或消除影响的诉

讼请求；对只侵犯著作财产权的，法院一般不支持原告该项请求。

法院判决书就此的标准论述是："因被告没有侵害原告的著作人身权且没有损害原告商誉，因此关于原告要求被告赔礼道歉和消除影响的诉讼请求，本院不予支持。"

司法实务中确实有对只侵害著作财产权却判决被告赔礼道歉或消除影响的判例，但关于只侵害著作财产权是否可以判决被告赔礼道歉或消除影响的问题，在法学界仍存争议。

争议的主要原因是民法通则和著作权法对这方面的规定较为模糊，所以在可判可不判的情况下，法院一般不判。不判赔礼道歉或消除影响，一方面是因为法院认为判决赔礼道歉或消除影响会对被告的商誉造成影响，在原告没有证据证明自己的人身、精神或商誉因为被告的侵权造成损害的情况下（一般很难举证），判决被告赔礼道歉或消除影响有失"公平"。

另一方面，从实际执行角度考虑，判决被告赔礼道歉或消除影响，而被告拒不履行，法院执行困难，影响结案效率；如被告下落不明缺席判决，执行难度加倍，赔礼道歉需要支付的媒体刊载费也无人承担。

九、原告索赔金额和法院判决被告赔偿金额统计分析

按 2015—2017 年 300 个案件统计

原告索赔总额	45644886.9
法院判赔总额	5149446.0
判赔比	11.3%

按 2015 年 100 个案件统计

原告索赔总额	12378547.2
法院判赔总额	1979796.0
判赔比	16.0%

按 2016 年 100 个案件统计

原告索赔总额	12303782.7
法院判赔总额	1600307.0
判赔比	13.0%

按 2017 年 100 个案件统计

原告索赔总额	20762557.0
法院判赔总额	1569363.0
判赔比	7.6%

分析：

1. 以 2015—2017 年三年 300 件案例统计，原告要求被告赔偿的总金额为 45644886.9元，300 件案例法院判赔的总金额为 5149446.0 元，平均每件案例索赔 152658.5 元，平均每件案例判赔 17164.9 元。判赔比为 11.3%。

2. 以 2015 年、2016 年、2017 年三年逐年统计分析，则判赔比依次为 16.0%、13.0%、7.6%。

3. 著作权侵权案件中，如原告的损失或被告的获益均无法查明，法官会在 50 万元以下的自由裁量范围内作出判决。上述统计数据表明，原告胜诉率虽然很高，但著作权单个案件判赔平均仅有 17164.9 元，这说明法院的判赔额仍然较低。

这一统计结论和社会大众的普遍反映一致。根据最高人民法院对地方法院著作权审判的方向指引，如 2011 年 12 月 16 日最高人民法院印发《关于充分发挥知识产权审判职能作用推动社会主义文化大发展大繁荣和促进经济自主协调发展若干问题的意见》的通知指出："要强化利益平衡观念，把利益平衡作为知识产权司法保护的重要基点，统筹兼顾智力创造者、商业利用者和社会公众的利益，协调好激励创造、促进产业发展和保障基本文化权益之间的关系，使利益各方共同受益、均衡发展。"

各级法院在知识产权案件审判中，定性上倾向于保护权利人，而判赔上则适当减轻侵权者的压力，以达到"均衡发展"，同时照顾到了社会公众。但判赔力度较小，造成侵权成本太低，造成著作权侵权案件数量呈现井喷态势。低判赔导致著作权的创作和传播举步维艰。

加大判赔比，充分发挥法律的规制效应，引导著作权创作方和传播方在良性秩序下保护和运用著作权，是各界衷愿。

附判决书案号：

（2015）海民（知）初字第 29845 号　　（2015）海民（知）初字第 32074 号

（2015）海民（知）初字第 25407 号　　（2016）京 0107 民初 1147 号

（2015）海民（知）初字第 23534 号　　（2016）京 0107 民初 1141 号

（2015）海民（知）初字第 17152 号　　（2016）京 0108 民初 35492 号

（2015）海民（知）初字第 23304 号　　（2016）京 0107 民初 14400 号

（2015）海民（知）初字第 32771 号　　（2015）朝民（知）初字第 46301 号

（2015）海民（知）初字第 20796 号　　（2016）京 0105 民初第 23423 号

（2015）海民（知）初字第 22220 号　　（2016）京 0101 民初 8712 号

（2015）海民（知）初字第 20265 号　　（2016）京 0106 民初 14166 号

（2015）海民（知）初字第 11688 号　　（2016）京 0108 民初 4933 号

（2015）海民（知）初字第 25684 号	（2016）京 0108 民初 4787 号
（2015）海民（知）初字第 29094 号	（2015）朝民（知）初字第 67460 号
（2015）海民（知）初字第 14084 号	（2016）京 0108 民初 1848 号
（2015）海民（知）初字第 27696 号	（2016）京 0107 民初 3149 号
（2015）海民（知）初字第 29231 号	（2016）京 0108 民初 10886 号
（2015）海民（知）初字第 21383 号	（2016）京 0108 民初 10891 号
（2015）海民（知）初字第 12796 号	（2016）京 0108 民初 19818 号
（2015）海民（知）初字第 21504 号	（2016）京 0102 民初 19008 号
（2015）海民（知）初字第 24792 号	（2015）朝民（知）初字第 60657 号
（2015）海民（知）初字第 09447 号	（2016）京 0101 民初 14732 号
（2015）东民（知）初字第 13639 号	（2016）京 0102 民初 16215 号
（2015）东民（知）初字第 15096 号	（2016）京 0101 民初 17735 号
（2015）东民（知）初字第 14915 号	（2016）京 0107 民初 3147 号
（2015）东民（知）初字第 15503 号	（2016）京 0107 民初 589 号
（2015）东民（知）初字第 14052 号	（2016）京 0107 民初 591 号
（2015）东民（知）初字第 13913 号	（2016）京 0107 民初 3144 号
（2015）东民（知）初字第 07394 号	（2015）朝民（知）初字第 41228 号
（2015）东民（知）初字第 13440 号	（2015）朝民（知）初字第 67573 号
（2015）东民（知）初字第 13113 号	（2016）京 0108 民初 12051 号
（2015）东民（知）初字第 12728 号	（2015）朝民（知）初字第 57130 号
（2015）东民（知）初字第 08330 号	（2015）朝民（知）初字第 57126 号
（2015）东民（知）初字第 04876 号	（2015）朝民（知）初字第 35845 号
（2015）东民（知）初字第 04877 号	（2015）朝民（知）初字第 67460 号
（2015）东民（知）初字第 04878 号	（2016）京 0102 民初 19610 号
（2015）东民（知）初字第 03338 号	（2016）京 0102 民初 19265 号
（2015）东民（知）初字第 03017 号	（2016）京 0101 民初 10643 号
（2015）东民（知）初字第 02575 号	（2016）京 0102 民初 24210 号
（2015）东民（知）初字第 02102 号	（2016）京 0102 民初 19008 号

（2015）东民（知）初字第 04883 号	（2015）海民（知）初字第 36525 号
（2014）东民（知）初字第 05639 号	（2015）朝民（知）初字第 65751 号
（2015）西民（知）初字第 22338 号	（2015）朝民（知）初字第 65722 号
（2015）西民（知）初字第 22626 号	（2015）朝民（知）初字第 65730 号
（2015）西民（知）初字第 23562 号	（2015）朝民（知）初字第 65726 号
（2015）西民（知）初字第 13277 号	（2015）朝民（知）初字第 65752 号
（2015）西民（知）初字第 27742 号	（2016）京 0108 民初 913 号
（2015）西民（知）初字第 23581 号	（2015）海民（知）初字第 16050 号
（2015）西民（知）初字第 10552 号	（2015）朝民（知）初字第 68702 号
（2015）西民（知）初字第 13079 号	（2015）海民（知）初字第 17953 号
（2015）西民（知）初字第 21332 号	（2016）京 0108 民初 4150 号
（2015）西民（知）初字第 23651 号	（2016）京 0106 民初字第 1290 号
（2015）西民（知）初字第 00139 号	（2017）京 0108 民初 36169 号
（2015）西民（知）初字第 13423 号	（2017）京 0108 民初 35467 号
（2015）西民（知）初字第 04587 号	（2017）京 0108 民初 36462 号
（2015）西民（知）初字第 00100 号	（2017）京 0108 民初 35931 号
（2015）西民（知）初字第 00041 号	（2016）京 0107 民初 16357 号
（2015）石民（知）初字第 5345 号	（2017）京 0105 民初 75736 号
（2015）石民（知）初字第 5300 号	（2017）京 0108 民初 53102 号
（2015）石民（知）初字第 5347 号	（2017）京 0107 民初 19996 号
（2015）石民（知）初字第 5292 号	（2017）京 0107 民初 19995 号
（2015）石民（知）初字第 3935 号	（2017）京 0107 民初 19994 号
（2015）石民（知）初字第 3259 号	（2017）京 0106 民初 23433 号
（2015）石民（知）初字第 3262 号	（2017）京 0108 民初 17873 号
（2015）石民（知）初字第 3261 号	（2017）京 0108 民初 17872 号
（2015）石民（知）初字第 3264 号	（2017）京 0108 民初 17868 号
（2015）石民（知）初字第 3261 号	（2017）京 0108 民初 17870 号
（2015）石民（知）初字第 3260 号	（2017）京 0108 民初 17869 号

（2015）石民（知）初字第 2711 号	（2017）京 0108 民初 17867 号
（2015）石民（知）初字第 648 号	（2017）京 0108 民初 17866 号
（2015）石民（知）初字第 482 号	（2017）京 0108 民初 17865 号
（2014）石民（知）初字第 9439 号	（2017）京 0108 民初 13130 号
（2015）丰民（知）初字第 4589 号	（2017）京 0108 民初 17864 号
（2015）丰民（知）初字第 3981 号	（2017）京 0108 民初 17871 号
（2014）丰民（知）初字第 18895 号	（2017）京 0108 民初 13121 号
（2014）丰民（知）初字第 17106 号	（2017）京 0106 民初 22112 号
（2015）朝民（知）初字第 27553 号	（2017）京 0108 民初 13104 号
（2015）朝民（知）初字第 36875 号	（2017）京 0108 民初 34157 号
（2015）朝民（知）初字第 24313 号	（2017）京 0108 民初 34595 号
（2015）朝民（知）初字第 11160 号	（2017）京 0108 民初 34609 号
（2014）朝民（知）初字第 41839 号	（2017）京 0108 民初 34378 号
（2015）朝民（知）初字第 34095 号	（2017）京 0108 民初 34481 号
（2015）朝民（知）初字第 34097 号	（2017）京 0108 民初 34395 号
（2015）朝民（知）初字第 27560 号	（2017）京 0108 民初 34425 号
（2015）朝民（知）初字第 09513 号	（2017）京 0108 民初 34525 号
（2015）朝民（知）初字第 31481 号	（2017）京 0108 民初 34468 号
（2015）朝民（知）初字第 27563 号	（2017）京 0108 民初 34412 号
（2015）朝民（知）初字第 32260 号	（2017）京 0108 民初 34464 号
（2015）朝民（知）初字第 00176 号	（2017）京 0108 民初 34465 号
（2014）朝民（知）初字第 41238 号	（2017）京 0108 民初 34411 号
（2014）朝民（知）初字第 41239 号	（2017）京 0108 民初 34561 号
（2015）朝民（知）初字第 03541 号	（2017）京 0108 民初 34485 号
（2015）朝民（知）初字第 03542 号	（2017）京 0108 民初 34409 号
（2015）朝民（知）初字第 04393 号	（2017）京 0108 民初 34550 号
（2015）朝民（知）初字第 04392 号	（2017）京 0108 民初 34436 号
（2015）朝民（知）初字第 08699 号	（2017）京 0108 民初 34584 号

（2015）朝民（知）初字第 04239 号　　（2017）京 0108 民初 34490 号
（2015）朝民（知）初字第 04412 号　　（2017）京 0108 民初 34489 号
（2015）朝民（知）初字第 04325 号　　（2017）京 0108 民初 34500 号
（2015）朝民（知）初字第 00294 号　　（2017）京 0108 民初 34483 号
（2014）朝民（知）初字第 38194 号　　（2017）京 0108 民初 34405 号
（2014）朝民（知）初字第 35254 号　　（2017）京 0108 民初 34450 号
（2015）朝民（知）初字第 67384 号　　（2017）京 0108 民初 34455 号
（2016）京 0102 民初 1797 号　　（2017）京 0106 民初 22114 号
（2015）朝民（知）初字第 65765 号　　（2017）京 0108 民初 34445 号
（2015）朝民（知）初字第 65736 号　　（2017）京 0108 民初 34493 号
（2015）朝民（知）初字第 65768 号　　（2017）京 0108 民初 34497 号
（2015）朝民（知）初字第 65717 号　　（2017）京 0108 民初 34417 号
（2015）海民（知）初字第 31518 号　　（2017）京 0108 民初 34414 号
（2016）京 0107 民初 1067 号　　（2017）京 0108 民初 34415 号
（2015）朝民（知）初字第 68694 号　　（2017）京 0108 民初 34514 号
（2016）京 0108 民初 361 号　　（2017）京 0108 民初 34503 号
（2016）京 0108 民初 2912 号　　（2017）京 0108 民初 34625 号
（2016）京 0108 民初 4021 号　　（2017）京 0108 民初 54912 号
（2016）京 0108 民初 5441 号　　（2017）京 73 民初 264 号
（2015）朝民（知）初字第 43173 号　　（2017）京 73 民初 257 号
（2015）京 0105 民初 20686 号　　（2017）京 73 民初 266 号
（2016）京 0108 民初 6038 号　　（2017）京 73 民初 409 号
（2016）京 0108 民初 4843 号　　（2017）京 73 民初 267 号
（2016）京 0108 民初 6417 号　　（2017）京 73 民初 410 号
（2016）京 0102 民初 11534 号　　（2017）京 0108 民初 53088 号
（2016）京 0105 民初 25529 号　　（2017）京 0107 民初 20468 号
（2015）朝民（知）初字第 47728 号　　（2017）京 0108 民初 34533 号
（2016）京 0105 民初第 23429 号　　（2017）京 0108 民初 42983 号

（2016）京 0105 民初 34 号	（2017）京 0105 民初 10032 号
（2016）京 0105 民初 23417 号	（2017）京 0108 民初 42980 号
（2015）朝民（知）初字第 59273 号	（2017）京 0108 民初 43537 号
（2015）朝民（知）初字第 59272 号	（2017）京 0108 民初 42988 号
（2015）朝民（知）初字第 59274 号	（2017）京 0108 民初 43538 号
（2015）朝民（知）初字第 31915 号	（2017）京 0108 民初 43541 号
（2015）朝民（知）初字第 38980 号	（2017）京 0108 民初 43955 号
（2015）朝民（知）初字第 38981 号	（2017）京 0108 民初 43540 号
（2016）京 0105 民初 19590 号	（2017）京 0106 民初 20071 号
（2016）京 0105 民初 19595 号	（2017）京 0102 民初 18276 号
（2015）海民（知）初字第 8413 号	（2016）京 0101 民初 22069 号
（2016）京 0108 民初 12057 号	（2017）京 0105 民初 6319 号
（2016）京 0108 民初 12036 号	（2017）京 0105 民初 6322 号
（2016）京 0108 民初 12033 号	（2017）京 0102 民初 23045 号
（2015）东民（知）初字第 15725 号	（2017）京 0108 民初 52812 号
（2016）京 0108 民初 31198 号	（2017）京 0108 民初 52797 号
（2016）京 0108 民初 10946 号	（2017）京 0108 民初 52833 号
（2016）京 0105 民初 3282 号	（2017）京 0108 民初 52830 号
（2015）朝民（知）初字第 43166 号	（2017）京 0108 民初 52828 号
（2016）京 0108 民初 901 号	（2017）京 0108 民初 52808 号
（2016）京 0107 民初 606 号	（2017）京 0108 民初 30305 号
（2016）京 0108 民初 916 号	（2017）京 0106 民初 18024 号
（2016）京 0108 民初 11812 号	（2017）京 0102 民初 24184 号
（2015）朝民（知）初字第 66261 号	（2017）京 0102 民初 24196 号
（2016）京 0105 民初 2035 号	（2017）京 0102 民初 24209 号
（2016）京 0102 民初 10489 号	（2017）京 0102 民初 24205 号
（2016）京 0102 民初 6205 号	（2017）京 0102 民初 24202 号
（2016）京 0105 民初 7377 号	（2017）京 0102 民初 24207 号

侵害专利权案件判决书分析报告

一审判决书中的基本信息分析

研究共选取 188 份判决书，其中 106 份一审判决书，82 份二审判决书。

一、审理法院分布

朝阳	二中	知产
4	2	100
3.8%	1.9%	94.3%

分析：

根据《最高人民法院关于审理专利纠纷案件适用法律问题的若干规定》第二条的规定，北京地区中级人民法院可以审理专利纠纷第一审案件。

最高院指定的北京市朝阳区人民法院与北京市海淀区人民法院可以审理部分实用新型及外观设计的专利权纠纷案件。

自北京知识产权法院成立以后，并根据 2014 年 11 月 3 日起实施的《最高人民法院关于北京、上海、广州知识产权法院案件管辖的规定》，北京市各基层法院及各中级人民法院不再审理专利案件，统一由北京知识产权法院审理。（http://www.court.gov.cn/zixun-xiangqing-13655.html）

二、侵害发明、实用新型、外观设计专利权纠纷案件的比例

一审判决书中，侵害发明专利权纠纷的案件有 40 件，侵害实用新型专利权纠纷的案件有 13 件，侵害外观设计专利权纠纷的案件有 53 件。

发明	实用新型	外观设计	合计
40	13	53	106
37.7%	12.3%	50.0%	100%

法院受理的侵害专利权纠纷中，最多的为侵害外观设计专利权纠纷，占比 50.0%。

三、原告涉外的比例

研究选取的 106 份一审判决书中，原告涉外的案件共有 11 件，占比为 9.8%。

	原告涉外	原告非涉外
数量	11	95
占比	10.4%	89.6%

研究分析原告涉外比例较小，我国的企业、个人提起侵害专利权诉讼比例较大。

四、原告聘请律师、专利代理人的比例

研究选取的106份一审判决书中，原告聘请律师参与诉讼的案件共有95件，聘请专利代理人参与诉讼的案件共有1件，占比分别为89.6%和0.9%。（注：研究选取的判决书，可能涉及律师和专利代理人重合的问题，这种情况下数据会被统计两次）。

	聘请律师	聘请专利代理人	未聘请
数量	95	1	11
占比	89.6%	0.9%	10.4%

侵害专利权诉讼涉及的法律、技术问题多种多样，聘请律师、专利代理人参与诉讼是大多数当事人的选择。

一审判决书中原告的诉讼请求是否获得法院支持的分析

五、停止侵权

我国《专利法》第十一条规定："发明和实用新型专利权被授予后，除本法另有规定的以外，任何单位或者个人未经专利权人许可，都不得实施其专利，即不得为生产经营目的制造、使用、许诺销售、销售、进口其专利产品，或者使用其专利方法以及使用、许诺销售、销售、进口依照该专利方法直接获得的产品。外观设计专利权被授予后，任何单位或者个人未经专利权人许可，都不得实施其专利，即不得为生产经营目的制造、许诺销售、销售、进口其外观设计专利产品。"

针对发明和实用新型专利权的侵权行为主要为：制造、使用、许诺销售、销售、进口等行为；

针对外观设计专利权的侵权行为主要为：制造、许诺销售、销售、进口等行为。

研究选取的106份一审判决书中，原告要求停止侵权的案件共97件，法院判决侵权人停止侵权行为的有71件，占比为73.2%。

（一）各专利案件

	发明	实用新型	外观设计
一审判决侵权人停止侵权的数量	25	7	39
要求停止侵权案件数量	38	8	50
占比	65.8%	87.5%	78.0%

在40件侵害发明专利案件中，原告要求停止侵权的案件共38件，一审判决停止侵权的为25件；13件侵害实用新型专利案件中，原告要求停止侵权的案件共8件，一审判决停止侵权的为7件；53件侵害外观设计专利案件中，原告要求停止侵权的案件共50件，一审判决停止侵权的为39件。

（二）涉外案件

	涉外	非涉外
一审判决侵权人停止侵权的数量	7	64
要求停止侵权案件数量	10	86
案件总量	11	95
占比	70.0%	74.4%

在原告涉外的11件一审判决中，原告要求停止侵权的案件为10件，法院判决侵权人停止侵权的为7件。

（三）法院未支持侵权原因

研究选取的106份一审判决中，法院驳回原告诉讼请求的共26件。

法院驳回原告诉讼请求的原因主要有以下几种：

1. 未落入专利权的保护范围：

（2015）京知民初字第1674号判决书：综上，在案证据不能证明宝迪公司生产被控侵权产品的行为涵盖了涉案专利权利要求1限定的全部技术特征。即宝迪公司生产被控侵权产品的行为没有落入涉案专利权利要求1的保护范围。

2. 现有技术：

《专利法》第六十二条规定，在专利侵权纠纷中，被控侵权人有证据证明其实施的技术或者设计属于现有技术或现有设计的，不构成侵犯专利权。

（2015）京知民初字第287号判决书：综上所述，被告博冠公司提出的现有技术抗辩成立，故原告信泰公司关于被告世纪仕航公司、博冠公司侵犯其专利权的主张不能成立，本院不予支持。

3. 专利申请日前已经制造相同产品：

《专利法》第六十九条第（二）项规定，有下列情形之一的，不视为侵犯专利权：

(二) 在专利申请日前已经制造相同产品、使用相同方法或者已经作好制造、使用的必要准备，并且仅在原有范围内继续制造、使用的。

(2015) 京知民初字第761号判决书：在专利申请日之前已经制造了与被诉侵权产品相同的产品。因此被告制造、销售被诉侵权产品的行为不视为侵犯涉案专利权。

4. 权利用尽：

《专利法》第六十九条第（一）项规定：有下列情形之一的，不视为侵犯专利权：(一) 专利产品或者依照专利方法直接获得的产品，由专利权人或者经其许可的单位、个人售出后，使用、许诺销售、销售、进口该产品的，不视为侵犯专利权。

(2016) 京73民初639号判决书：结合在专利侵权民事纠纷中司法无法审查专利有效性的情况下，本院认为，购买者扬州中环公司所主张涂料产品的权利用尽原则之抗辩理由，具有事实基础，也不违反法律规定，本院对此予以支持。

六、赔偿数额（含合理费用）

研究选取的106份判决书中，法院判决侵权人承担赔偿损失的案件共有76件。

《专利法》第六十五条确定侵害专利权的赔偿数额有四种方式，分别是：

1. 按照权利人因被侵权所受到的实际损失确定：

在法院判决侵权人承担赔偿损失的76件一审判决书中，仅有一件是参照此方法确定赔偿数额的判决，即（2015）京知民初字第1848号。

2. 按照侵权人侵犯专利权获得的利益确定：

在法院判决侵权人承担赔偿损失的76件一审判决书中，仅有一件参照此方法确定赔偿数额的判决，即（2015）京知民初字第1579号。

3. 参照该专利许可使用费的倍数（1至3倍）合理确定：

在法院判决侵权人承担赔偿损失的76件一审判决书中，仅有三件参照此方法确定赔偿数额的判决，即（2015）京知民初字第1898号、（2016）京73民初484号、（2015）京知民初字第1194号。

4. 法定赔偿（1万元以上100万元以下）：

适用法定赔偿来确定赔偿数额是法院采取的主要方式。在法院判决侵权人承担赔偿损失的76件一审判决中，有71件适用了法定赔偿的方式确定赔偿数额。

法院在确定赔偿数额时，主要参考原、被告提交的证据材料和原告专利的权利价值，如专利技术的创造性、专利技术研发成本及实施情况、专利使用许可的种类、时间、范围、市场上同类产品的平均利润、合理转让价格、合理许可费用以及被告侵权行为方式、侵权产品生产与销售规模、侵权持续时间、侵权损害后果、侵权获得善等因素，酌情确定赔偿数额。

法院也将根据原告提交的律师费、公证费、查档费、购买侵权产品费发票等支付凭证，并在参考司法行政部门规定的律师收费标准、实际判赔额与请求赔偿额、案件的复杂程度等因素后酌情确定合理费用的数额。

(1) 侵犯发明专利权案件的赔偿数额统计：

	50万元以下	50万元—100万元	100万元以上
案件数量	14	6	6
占比	53.8%	23.1%	23.1%

(2) 侵犯实用新型专利案件的赔偿数额统计：

	1万元以下	1万元—10万元	10万元—50万元	50万元以上
案件数量	1	2	2	2
占比	14.3%	28.6%	28.6%	28.6%

(3) 侵犯外观设计专利案件的赔偿数额统计：

	1万元以下	1万元—5万元	5万元—10万元	10万元以上
案件数量	1	22	4	14
占比	2.4%	53.7%	9.8%	34.1%

我国第三次修改《专利法》的主要内容之一就是提高法定赔偿数额，其中最高数额由50万增加到100万。虽然修改后的《专利法》已于2009年10月1日起施行，共有16件赔偿额超过了50万元，其中，有8件赔偿额超过了100万元。

七、判赔比

法院判决的赔偿数额与原告索赔数额的比值即判赔比。

	发明	实用新型	外观设计
法院判决的赔偿数额总数(元)	35729404.0	2262960.0	5309821.0
原告索赔总数(元)	200269086.0	33914267.0	25552114.0
判赔比	17.8%	6.7%	20.8%

法院判决的赔偿数额与原告索赔数额的比值即判赔比。

研究选取的侵害发明专利权案件，原告索赔总数为200269086.0元，法院判决的赔偿数额总数为35729404.0元，判赔比为17.8%；

研究选取的侵害实用新型专利权案件，原告索赔总数为33914267.0元，法院判决的赔偿数额总数为2262960.0元，判赔比为6.7%；

研究选取的侵害外观设计专利权案件，原告索赔总数为25552114.0元，法院判决的赔偿数额总数为5309821.0元，判赔比为20.8%。

研究样本中，法院判决赔偿数额与权利人的期望存在较大差距。一方面是由于权利人动辄数十万、上百万元的索赔请求缺少证据支持，另一方面是因为法院酌定的赔偿数额普遍较低。

研究选取的案件分析表明，法院一般不予支持权利人的以下诉讼请求：

（1）销毁专用设备、模具；
（2）销毁库存侵权产品；
（3）销毁已售出的侵权产品；
（4）赔礼道歉；
（5）消除影响。

八、专利无效抗辩

在侵害专利权诉讼中，请求宣告专利权无效是抗辩事由之一。

专利授权程序中，对于发明专利，有些不符合专利法相关规定的发明创造获得发明专利权，原因可能是审查人员工作经验的局限或技术文献检索的遗漏。

对于实用新型和外观设计专利，我国专利法规定对实用新型和外观设计专利申请实行初步审查制，因此，有大量不符合专利法相关规定的实用新型和外观设计申请也获得了专利权。

而在侵害专利权诉讼中，经国家专利行政部门授予的专利权，非经法定程序宣告无效的，均被推定为有效。因此，侵害专利权诉讼中的被告如果认为原告所持有的专利不符合专利法的授权条件，只能通过法定程序请求宣告专利权无效，从而达到不承担侵权责任的目的。

研究选取的106份判决书中，并无被告提起专利无效抗辩的案件。

九、技术鉴定

根据《民事诉讼法》第七十六条规定，当事人可以就查明事实的专门性问题向人民法院申请鉴定。当事人未申请鉴定，人民法院对专门性问题认为需要鉴定的，应当委托具备资格的鉴定人进行鉴定。

研究选取的106份判决书中，并无涉及技术鉴定的案件仅有一件。

十、二审判决书的判决结果分析

在82份二审判决书中，维持一审判决的高达80份，占比约为93.5%。

	维持一审	二审改判
案件数量	80	2
占比	97.6%	2.4%

研究选取的82份二审判决书中，维持一审判决的高达80份，占比约为97.6%。

研究样本显示二审改判率非常低。建议当事人应高度重视一审。

在一审期间，充分举证、积极应对、力争有利的一审结果。

《民事诉讼法》第一百七十条规定，第二审人民法院改判的情形为，

1. 原判决认定事实错误或适用法律错误。
2. 原判决认定基本事实不清。

在 2 件改判的案件中，法院均适用第 1 种情形进行改判。

（2017）京民终 206 号判决书：综上所述，原审判决认定事实部分不清，适用法律部分错误，结论错误，应予该判。

（2017）京民终 57 号判决书：常州爱尔威公司生产、许诺销售、销售，北京达利盛通公司销售的被控侵权产品未落入鼎力联合公司的涉案专利权的保护范围，常州爱尔威公司生产、许诺销售、销售被控侵权产品的行为以及北京达利盛通公司销售被控侵权产品的行为不构成对涉案专利权的侵害。原审判决的相关认定错误，应予纠正。综上，原审判决认定事实错误，适用法律不当，本院予以撤销。

附判决书案号：

一审：

（2017）京 73 民初 557 号　　　　　（2015）京知民初字第 707 号

（2015）京知民初字第 263 号　　　　（2015）京知民初字第 716 号

（2015）京知民初字第 00975 号　　　（2015）京知民初字第 1848 号

（2016）京 73 民初 484 号　　　　　（2016）京 73 民初 480 号

（2016）京 73 民初 590 号　　　　　（2016）京 73 民初 1217 号

（2016）京 73 民初 798 号　　　　　（2016）京 73 民初 147 号

（2017）京 73 民初 101 号　　　　　（2016）京 73 民初 1129 号

（2015）京知民初字第 287 号　　　　（2016）京 73 民初 1128 号

（2016）京 73 民初 571 号　　　　　（2016）京 73 民初 1127 号

（2016）京 73 民初 581 号　　　　　（2016）京 73 民初 263 号

（2015）京知民初字第 967 号　　　　（2015）京知民初字第 1057 号

（2015）京知民初字第 1134 号　　　（2016）京 73 民初 284 号

（2015）京知民初字第 968 号　　　　（2015）京知民初字第 1579 号

（2016）京 73 民初 276 号　　　　　（2015）京知民初字第 902 号

（2016）京 73 民初 960 号　　　　　（2015）京知民初字第 1194 号

（2017）京 73 民初 207 号　　　　　（2013）一中民初字第 13233 号

（2016）京 73 民初 959 号	（2016）京 73 民初 50 号
（2016）京 73 民初 961 号	（2016）京 73 民初 53 号
（2017）京 73 民初 244 号	（2016）京 73 民初 49 号
（2017）京 73 民初 243 号	（2015）京知民初字第 1833 号
（2017）京 73 民初 99 号	（2016）京 73 民初 603 号
（2016）京 73 民初 639 号	（2016）京 73 民初 604 号
（2016）京 73 民初 68 号	（2016）京 73 民初 48 号
（2016）京 73 民初 69 号	（2016）京 73 民初 47 号
（2014）京知民初字第 46 号	（2016）京 73 民初 46 号
（2017）京 73 民初 134 号	（2016）京 73 民初 45 号
（2017）京 73 民初 132 号	（2014）一中民（知）初字第 6912 号
（2014）京知民初字第 45 号	（2015）京知民初字第 1277 号
（2017）京 73 民初 129 号	（2015）京知民初字第 1300 号
（2016）京 73 民初 1124 号	（2015）京知民初字第 973 号
（2015）京知民初字第 1788 号	（2015）京知民初字第 1764 号
（2017）京 73 民初 143 号	（2015）京知民初字第 972 号
（2017）京 73 民初 142 号	（2015）京知民初字第 1340 号
（2017）京 73 民初 1255 号	（2015）京知民初字第 711 号
（2016）京 73 民初 1095 号	（2014）京知民初字第 24 号
（2016）京 73 民初 1168 号	（2015）京知民初字第 498 号
（2017）京 73 民初 568 号	（2015）京知民初字第 1898 号
（2015）京知民初字第 2097 号	（2015）京知民初字第 1220 号
（2015）京知民初字第 1950 号	（2016）京 73 民初 219 号
（2016）京 73 民初 283 号	（2016）京 73 民初 220 号
（2016）京 73 民初 1125 号	（2015）京知民初字第 907 号
（2016）京 73 民初 1123 号	（2015）京知民初字第 1888 号
（2016）京 73 民初 1123 号	（2015）京知民初字第 3 号
（2016）京 73 民初 1178 号	（2015）京知民初字第 4 号

（2016）京 73 民初 1181 号　　（2015）京知民初字第 5 号
（2016）京 73 民初 1169 号　　（2015）京知民初字第 761 号
（2015）京知民初字第 1207 号　（2015）京知民初字第 517 号
（2016）京 73 民初 1139 号　　（2015）京知民初字第 749 号
（2015）京知民初字第 1607 号　（2014）朝民（知）初字第 43801 号
（2016）京 73 民初 1140 号　　（2014）朝民（知）初字第 28014 号
（2016）京 73 民初 1130 号　　（2014）朝民（知）初字第 33807 号
（2014）京知民初字第 11 号　　（2014）京知民初字第 14 号
（2015）京知民初字第 1674 号　（2014）朝民（知）初字第 33447 号

二审：

（2017）京民终 417 号　　（2015）京知民初字第 187 号
（2017）京民终 758 号　　（2015）京知民初字第 189 号
（2017）京民终 206 号　　（2015）京知民初字第 462 号
（2017）京民终 703 号　　（2015）京知民初字第 711 号
（2017）京民终 212 号　　（2015）京知民初字第 186 号
（2017）京民终 441 号　　（2015）京知民初字第 194 号
（2017）京民终 339 号　　（2015）京知民初字第 202 号
（2017）京民终 54 号　　（2014）京知民初字第 41 号
（2017）京民终 57 号　　（2015）京知民初字第 188 号
（2017）京民终 435 号　　（2015）京知民初字第 498 号
（2017）京民终 426 号　　（2015）京知民初字第 266 号
（2017）京民终 423 号　　（2015）京知民初字第 190 号
（2017）京民终 431 号　　（2015）京知民初字第 195 号
（2017）京民终 455 号　　（2015）京知民初字第 196 号
（2017）京民终 402 号　　（2015）京知民初字第 760 号
（2017）京民终 378 号　　（2015）京知民初字第 515 号
（2017）京民终 75 号　　（2015）京知民初字第 205 号

（2017）京民终 27 号	（2015）京知民初字第 204 号
（2017）京民终 26 号	（2015）京知民初字第 191 号
（2017）京民终 25 号	（2015）京知民初字第 203 号
（2017）京民终 16 号	（2015）京知民初字第 1340 号
（2017）京民终 7 号	（2015）京知民初字第 432 号
（2017）京民终 8 号	（2014）三中民初字第 7230 号
（2017）京民终 11 号	（2015）京知民初字第 900 号
（2017）京民终 208 号	（2014）京知民初字第 34 号
（2017）京民终 355 号	（2015）京知民初字第 569 号
（2017）京民终 356 号	（2015）京知民初字第 1043 号
（2017）京民终 357 号	（2015）京知民初字第 715 号
（2017）京民终 358 号	（2015）京知民初字第 1041 号
（2017）京民终 213 号	（2014）朝民（知）初字第 43801 号
（2017）京民终 47 号	（2014）三中民（知）初字第 8951 号
（2017）京民终 48 号	（2014）海民（知）初字第 27821 号
（2017）京民终 44 号	（2014）二中民（知）初字第 09398 号
（2017）京民终 45 号	（2014）二中民（知）初字第 9225 号
（2017）京民终 46 号	（2014）二中民（知）初字第 7243 号
（2017）京民终 13 号	（2014）二中民初字第 1132 号
（2016）京民终 521 号	（2014）三中民初字第 12874 号
（2016）京民终 520 号	（2014）一中民初字第 3153 号
（2016）京民终 509 号	（2014）海民（知）初字第 22015 号
（2016）京民终 136 号	（2014）一中民初字第 4572 号
（2014）一中知民初字第 3155 号	（2014）二中民（知）初字第 08421 号

上海知识产权诉讼报告 2018

统计说明

1. 为统计的准确和一致，主要采集生效判决。

2. 采集判决总数共计931份，其中侵害著作权案件判决书300份（2015、2016和2017年各100件）；侵害商标权案件判决书387份；侵害专利权案件判决书244份。因法院通过网站上传判决书具有随机性，故基于随机选取的上述判决书内容而采集的数据不一定综合或平均反映各类案件的情况。

3. 数据计算仅保留个位；金额均为人民币，单位均为元。

4. 因研究项目采集量较大，据以统计的部分判决数摘录可能存在误差。尽管研究过程中已采取有效手段控制，囿于研究水平限制，谬误难免存在。敬请阅览指正。

判决书来源：

首都律师、北大法宝，bjlx.pkulaw.cn/case/bjlx。

知产宝，www.iphouse.cn。

无讼案例，www.itslaw.com。

侵害商标权案件判决书分析报告

一、案件类型（案由）

研究采集 2015 年、2016 年、2017 年共计 387 份判决书，其中，一审判决书 285 份，二审判决书 102 份。为便于比较分析，本报告仅分析一审判决中的主要信息，对二审判决仅分析判决结果。

侵害商标权案件的案由主要有两类，即侵害商标权纠纷和侵害商标专用权及不正当竞争纠纷，研究采集的一审判决书中，侵害商标权纠纷案件为 241 件，占比 89.9%，侵害商标专利权及不正当竞争纠纷案件为 27 件，占比 10.1%。

	侵害商标权纠纷	侵害商标专用权及不正当竞争纠纷
数量	253	32
占比	88.8%	11.2%

二、当事人涉外案件的情况

	原告	被告
涉外	35	4
非涉外	250	281

研究选取的 285 份一审判决书中，原告涉外的案件共有 35 件，被告涉外案件有 4 件。

这一统计结论表明，当事人涉外的侵害商标权案件中，中国当事人一般充当被告，说明我国市场主体对知识产权品牌意识尚不重视，避免侵害他人商标专用权和使用权尚未成为市场共识。侵害外国企业商标权是中国目前的市场问题，探究原因，大致有以下几点：高额利润诱惑；现行政策法规尚不完善，执法力度有待加强；消费者看重品牌价值，忽略产品质量本身。

三、原告聘请律师的情况

	聘请律师	未聘请
数量	275	10

研究选取的285份一审判决书中，原告聘请律师参与诉讼的案件共有275件，占比为96.5%。

四、涉及驰名商标的情况

	涉及驰名商标	未涉及驰名商标
数量	62	223

研究选取的285份一审判决书中，涉及驰名商标的共有62件，占比约为21.8%。

涉及驰名商标的62件案件中，其中有60件案件法院均判定被告实施了侵权行为，应承担原告的经济损失。

商标是否驰名对被告是否实施侵权行为有一定影响。择取典型判决书中的两段：（2015）黄浦民三（知）初字第57号：

"第二，'上海雀友SHANGHAIQUEYOU'标识，其主要部分为'雀友QUEYOU'，与原告享有商标专用权的第XXXXXXX号'雀友QUEYOU'商标文字及字母内容相同，也构成近似商标，且原告商标系驰名商标，具有较高知名度，足以导致相关公众对原被告商品之间存在关联关系以及商品来源产生误认。故可以认定'上海雀友'、'上海雀友SHANGHAIQUEYOU'标识与第XXXXXXX号'雀友TREYO及图'商标构成近似。"

在确定赔偿数额中也会考虑其商标的驰名度：

"本院综合考虑涉案商标具有的知名度、侵权行为持续时间、涉案网店经营规模、涉案产品销售情况、获利情况等因素，酌情确定经济损失赔偿额。"

五、原告的诉讼请求与法院判决的情况

侵犯商标权案件中，原告的诉讼请求主要有三种——停止侵权、消除影响及赔偿损失。就此三种诉讼请求分析如下：

停止侵权

	法院支持	法院未支持
数量	235	50

侵权诉讼中，原告请求法院停止侵权是最主要的诉讼请求。法院确定被告实施了侵权行为后，一般都会支持停止侵权的诉讼请求。

研究选取的285份一审判决书中，原告请求停止侵权的案件共有258件，法院判决停止侵权的案件有225件，占比约为87.2%。

法院确认被告有侵权行为的，有时却不会判决停止侵权，或因侵权事实已不存在，或因诉讼主体资格已终止，或因已进行刑事处罚并没收侵权商品。择取判决书中的典型论述分析：

1.（2017）沪0104民初14546号判决书认为："关于小米公司要求星连星经营部

与朱彩红立即停止销售侵权商品的诉讼请求,依据本案现有证据,涉案店铺已不再经营,朱彩红及星连星经营部无法再通过该店铺销售侵权商品,被控侵权行为已经停止,对小米公司该项诉讼请求本院不予支持。"

2.(2015)浦民三(知)初字第194号判决书:"关于原告要求被告停止侵犯其注册商标专用权行为的诉讼请求。因两被告已被追究刑事责任,侵权商品已被没收,两被告也早已不经营原商铺,原告亦未举证证明被告仍在实施侵犯原告注册商标专用权的行为,故本院对该请求不予支持。"

消除影响

	法院支持	法院未支持
数量	20	27

研究选取的285份一审判决书中,原告请求消除影响的案件有47件,法院判决消除影响的案件有20件,占比约为42.6%。

当被告对原告注册商标的商誉带来负面影响时,法院会支持消除影响的诉讼请求。择取判决书中的典型论述分析:

(2016)沪0115民初56492号判决书:"关于消除影响责任的承担,鉴于被告的侵权行为同时也违反了金融监管部门的相应规定,其侵权行为可能会对原告的声誉造成不良影响,故本院根据被告侵权行为的影响范围,判令其在新浪网财经板块首页上连续三日刊登声明,消除影响。"

另外,被告如果对承担消除影响的民事责任无异议,法院也会准许。

(2014)闵民三(知)初字第1630号判决书:"鉴于两被告对于原告要求其赔礼道歉、消除影响之诉讼请求并无异议,本院对此予以支持;具体的方式,本院根据本案实际予以确定。"

赔偿损失

法院判赔总额	18726953.4
原告索赔总额	88449750.6
判赔比	21.2%

研究选取的285份一审判决书中,原告索赔总额为88449750.6元,法院判赔总额为18726953.4元,判赔比为21.2%。

按照2014年5月1日起实施的新《商标法》第六十三条规定,侵害商标专用权的赔偿数额的确定方式有四种,即按照权利人因被侵权所受到的实际损失、侵权人因侵权所获得的利益、商标许可使用费的倍数及法定赔偿(300万元以下)。

其中,法定赔偿的范围由原来的50万增加到了300万元,并且新增了参照商标许可使用费的倍数确定的方式,但是还未在判决中体现出来。研究选取的285份一审判决书中，原告索赔超过50万元的案件有30件，但是判决赔偿数额超过50万元的案件有5件。

关于合理费用的判决，根据《最高人民法院关于审理商标民事纠纷案件适用法律若干问题的解释》第十七条的规定，合理费用涉及对侵权行为进行调查、取证的合理费用及律师费等费用。

除上述三类主要的诉讼请求外，也有部分原告会提出赔礼道歉的诉讼请求，但法院基本不会支持这一诉讼请求。

赔礼道歉的民事责任主要适用侵犯人身权的场合，而商标权是一种财产性质的权利，不应适用赔礼道歉的民事责任。

权利人提出此种诉讼请求是为了恢复因侵权行为造成相关公众对其商标的不当影响，应当提出消除影响的诉讼请求而不是赔礼道歉。因此在商标侵权案件中，即使侵权成立也不应判令被控侵权人承担赔礼道歉的民事责任。

择取判决书中的典型论述分析：

（2016）沪0115民初52008号判决书："原告还主张被告在声明中赔礼道歉，本院认为，赔礼道歉的民事责任一般适用于对人身权造成的损害。而本案中并不涉及对原告人身权的损害，故对该诉请，本院不予支持。"

驳回诉讼请求的情况

研究选取的285份一审判决书中，共有50份判决书驳回了原告的诉讼请求，占比约为17.5%。

统计的案件中涉及驳回请求理由类型主要为以下四种：

1. 商标不相同或近似、不能引起混淆。

（2013）沪一中民五（知）初字第125号判决书。

2. 商品不类似。

（2014）沪高民三（知）初字第1号判决书：被诉侵权手机芯片商品与原告核定服务项目通讯服务不构成类似商品和服务，原告关于被告在类似服务上使用与原告相同及近似商标构成商标侵权的主张，缺乏法律规定的构成要件，不能成立。

3. 证据不足。

（2014）浦民三（知）初字第557号判决书：因原告未能举证证明涉案商品由康汇宝公司生产、由被告沈艺辉经营的宝芝林药店销售，故原告要求两被告承担侵权责任的诉讼请求，本院不予支持。

4. 非商标性使用。

（2014）普民三（知）初字第21号判决书：在网站配图及相关行文中还多次出现"优珏索洁板"的表述，这种"字号+索洁板"的表述方式不仅可以使相关公众明确知晓名为"索洁板"的建材产品的提供来源，也进一步说明被告使用"索洁板"这一表述是为了指示品名，而并非用于识别商品来源。同时鉴于相关市场确实在一定程度上存在将"索洁板"作为商品名称使用的情况，因而可以认定被告对"索洁"文字的使用行为并不是商标意义上的使用。

5. 涉外定牌加工。

（2015）浦民三（知）初字第1102号判决书：同时，由于法律的主权原则和商标权的地域性原则，商标权人有权依据其商标注册地的法律在该注册地域范围内禁止他人使用相同或近似的商标，故西班牙三信公司是否为攀附原告商标的商誉而在西班牙抢注了与原告商标相同或近似的商标，亦非我国商标法所能规制。故本院难以认定西班牙三信公司存在攀附我国境内知名品牌，注册相同或近似商标的恶意，并以此规制被告受托定牌加工行为。

6. 被告享有在先权利。

（2015）普民三（知）初字第405号判决书：综上，根据诚实信用、维护公平竞争和保护在先权利等处理原则，两被告的在先权利抗辩成立，其进口、销售维密公司使用上述美术作品包装的商品不构成对原告主张的""注册商标专用权的侵犯。

六、二审判决结果

	维持	改判
数量	88	14
占比	88.5%	11.5%

研究选取的102份二审判决书中，二审法院维持一审判决的为88件，占86.3%，改判的为14件，占13.7%。

附判决书案号：

一审：

（2015）普民三（知）初字第403号　　（2014）闵民三（知）初字第1545号

（2015）普民三（知）初字第404号　　（2014）浦民三（知）初字第670号

（2015）普民三（知）初字第401号　　（2014）普民三（知）初字第23号

（2015）普民三（知）初字第402号　　（2015）闵民三（知）初字第311号

（2015）普民三（知）初字第406号　　（2014）浦民三（知）初字第754号

（2015）普民三（知）初字第405号　　（2013）闵民三（知）初字第585号

（2016）沪0112民初29309号　　（2015）浦民三（知）初字第141号

（2016）沪0112民初29310号　　（2014）闵民三（知）初字第1086号

（2016）沪0107民初24694号　　（2015）浦民三（知）初字第543号

（2016）沪0107民初23196号　　（2015）浦民三（知）初字第170号

（2016）沪 0107 民初 23212 号	（2015）徐民三（知）初字第 92 号
（2016）沪 0107 民初 17721 号	（2014）杨民三（知）初字第 307 号
（2016）沪 0110 民初 13136 号	（2015）闵民三（知）初字第 164 号
（2016）沪 0110 民初 13139 号	（2015）浦民三（知）初字第 164 号
（2016）沪 0115 民初 56492 号	（2014）浦民三（知）初字第 1129 号
（2016）沪 0112 民初 25906 号	（2015）杨民三（知）初字第 322 号
（2016）沪 0110 民初 10232 号	（2014）闵民三（知）初字第 1104 号
（2016）沪 0107 民初 12986 号	（2014）浦民三（知）初字第 1082 号
（2016）沪 0115 民初 58370 号	（2015）浦民三（知）初字第 163 号
（2016）沪 0107 民初 19805 号	（2015）杨民三（知）初字第 189 号
（2016）沪 0115 民初 27091 号	（2015）浦民三（知）初字第 372 号
（2016）沪 0107 民初 19799 号	（2014）闵民三（知）初字第 1276 号
（2015）徐民三（知）初字第 955 号	（2014）浦民三（知）初字第 608 号
（2016）沪 0112 民初 3215 号	（2015）普民三（知）初字第 8 号
（2016）沪 0110 民初 6893 号	（2015）徐民三（知）初字第 1138 号
（2015）闵民三（知）初字第 1047 号	（2015）徐民三（知）初字第 824 号
（2016）沪 0101 民初 23206 号	（2015）徐民三（知）初字第 11 号
（2016）沪 0104 民初 24685 号	（2014）杨民三（知）初字第 393 号
（2016）沪 0104 民初 24084 号	（2014）浦民三（知）初字第 716 号
（2016）沪 0104 民初 24086 号	（2015）浦民三（知）初字第 195 号
（2015）沪知民初字第 58 号	（2014）闵民三（知）初字第 969 号
（2015）沪知民初字第 339 号	（2014）徐民三（知）初字第 516 号
（2016）沪 0115 民初 24008 号	（2015）杨民三（知）初字第 174 号
（2016）沪 0115 民初 48520 号	（2014）徐民三（知）初字第 1381 号
（2016）沪 0115 民初 48515 号	（2014）浦民三（知）初字第 561 号
（2016）沪 0112 民初 19368 号	（2014）浦民三（知）初字第 1067 号
（2016）沪 0112 民初 19369 号	（2015）闵民三（知）初字第 152 号
（2016）沪 0107 民初 2532 号	（2013）徐民三（知）初字第 1017 号

（2015）黄浦民三（知）初字第 50 号　　（2014）闵民三（知）初字第 879 号
（2015）黄浦民三（知）初字第 49 号　　（2014）黄浦民三（知）初字第 325 号
（2015）黄浦民三（知）初字第 48 号　　（2015）杨民三（知）初字第 9 号
（2016）沪 0112 民初 6559 号　　　　　（2015）黄浦民三（知）初字第 57 号
（2016）沪 0112 民初 6394 号　　　　　（2017）沪 0115 民初 5913 号
（2016）沪 0107 民初 12984 号　　　　（2017）沪 0107 民初 10981 号
（2016）沪 0115 民初 36568 号　　　　（2017）沪 0112 民初 32748 号
（2016）沪 0115 民初 27894 号　　　　（2017）沪 0115 民初 43119 号
（2016）沪 0107 民初 12983 号　　　　（2017）沪 0112 民初 5614 号
（2016）沪 0107 民初 12988 号　　　　（2017）沪 0107 民初 23192 号
（2016）沪 0115 民初 33080 号　　　　（2017）沪 0115 民初 76783 号
（2016）沪 0107 民初 12989 号　　　　（2017）沪 0104 民初 3824 号
（2016）沪 0107 民初 1895 号　　　　 （2017）沪 0115 民初 43160 号
（2016）沪 0107 民初 1892 号　　　　 （2017）沪 0115 民初 43155 号
（2016）沪 0107 民初 9599 号　　　　 （2017）沪 0112 民初 2787 号
（2016）沪 0104 民初 13909 号　　　　（2017）沪 0112 民初 2788 号
（2016）沪 0112 民初 6388 号　　　　 （2017）沪 0101 民初 26193 号
（2016）沪 0112 民初 6393 号　　　　 （2017）沪 0104 民初 14546 号
（2016）沪 0112 民初 3210 号　　　　 （2017）沪 0115 民初 76785 号
（2016）沪 0112 民初 3216 号　　　　 （2017）沪 0115 民初 76784 号
（2015）黄浦民三（知）初字第 34 号　　（2017）沪 0104 民初 14544 号
（2015）黄浦民三（知）初字第 127 号　（2017）沪 0104 民初 14543 号
（2015）普民三（知）初字第 298 号　　（2017）沪 0104 民初 14541 号
（2016）沪 0115 民初 20636 号　　　　（2017）沪 0104 民初 14542 号
（2016）沪 0107 民初 12980 号　　　　（2017）沪 0101 民初 29353 号
（2016）沪 0115 民初 36570 号　　　　（2017）沪 0115 民初 68396 号
（2016）沪 0107 民初 12979 号　　　　（2017）沪 0115 民初 65881 号
（2016）沪 0107 民初 12976 号　　　　（2017）沪 0101 民初 13375 号

（2016）沪 0107 民初 12985 号	（2017）沪 0112 民初 25124 号
（2016）沪 0107 民初 12981 号	（2017）沪 0115 民初 64181 号
（2015）闵民三（知）初字第 1182 号	（2017）沪 0112 民初 25601 号
（2016）沪 0110 民初 3421 号	（2017）沪 0104 民初 6878 号
（2016）沪 0112 民初 3189 号	（2017）沪 0104 民初 8991 号
（2016）沪 0112 民初 11406 号	（2017）沪 0104 民初 19391 号
（2016）沪 0112 民初 11404 号	（2017）沪 0115 民初 43489 号
（2016）沪 0112 民初 11405 号	（2017）沪 0110 民初 12891 号
（2016）沪 0115 民初 27889 号	（2017）沪 0110 民初 12892 号
（2016）沪 0115 民初 27892 号	（2017）沪 0110 民初 12890 号
（2016）沪 0115 民初 31028 号	（2017）沪 0107 民初 15475 号
（2016）沪 0115 民初 29900 号	（2017）沪 0115 民初 47635 号
（2015）徐民三（知）初字第 725 号	（2017）沪 0107 民初 10505 号
（2016）沪 0104 民初 13589 号	（2017）沪 0112 民初 7202 号
（2014）闵民三（知）初字第 1630 号	（2016）沪 0101 民初 26554 号
（2016）沪 0115 民初 2438 号	（2017）沪 0115 民初 26985 号
（2016）沪 0110 民初 6753 号	（2017）沪 0107 民初 10769 号
（2015）杨民三（知）初字第 694 号	（2017）沪 0104 民初 19429 号
（2016）沪 0101 民初 13047 号	（2014）沪高民三（知）初字第 2 号
（2016）沪 0104 民初 12427 号	（2017）沪 0104 民初 17861 号
（2016）沪 0110 民初 8388 号	（2017）沪 0104 民初 17863 号
（2015）闵民三（知）初字第 988 号	（2017）沪 0104 民初 17860 号
（2015）普民三（知）初字第 766 号	（2016）沪 0101 民初 25102 号
（2016）沪 0115 民初 27928 号	（2016）沪 0101 民初 26135 号
（2015）徐民三（知）初字第 719 号	（2017）沪 0104 民初 14804 号
（2015）徐民三（知）初字第 728 号	（2017）沪 0110 民初 2551 号
（2015）浦民三（知）初字第 1102 号	（2017）沪 0115 民初 7804 号
（2015）徐民三（知）初字第 721 号	（2017）沪 0112 民初 18387 号

（2015）徐民三（知）初字第 720 号　　（2017）沪 0104 民初 16822 号
（2015）徐民三（知）初字第 1018 号　（2017）沪 0104 民初 16823 号
（2015）徐民三（知）初字第 726 号　　（2017）沪 0115 民初 34621 号
（2015）徐民三（知）初字第 722 号　　（2017）沪 0112 民初 16568 号
（2015）徐民三（知）初字第 788 号　　（2017）沪 0104 民初 13911 号
（2015）徐民三（知）初字第 723 号　　（2017）沪 0115 民初 43150 号
（2013）沪一中民五（知）初字第 199 号　（2017）沪 0115 民初 43154 号
（2013）沪一中民五（知）初字第 116 号　（2017）沪 0115 民初 43158 号
（2014）沪二中民五（知）初字第 214 号　（2017）沪 0107 民初 1406 号
（2015）杨民三（知）初字第 188 号　　（2016）沪 0115 民初 82168 号
（2014）浦民三（知）初字第 1066 号　　（2017）沪 0115 民初 43146 号
（2014）普民三（知）初字第 21 号　　　（2017）沪 0104 民初 14545 号
（2014）徐民三（知）初字第 665 号　　（2017）沪 0115 民初 43156 号
（2015）浦民三（知）初字第 237 号　　（2017）沪 0115 民初 43159 号
（2014）徐民三（知）初字第 15 号　　　（2014）沪高民三（知）初字第 1 号
（2014）普民三（知）初字第 40 号　　　（2017）沪 0115 民初 43118 号
（2014）普民三（知）初字第 202 号　　（2017）沪 0115 民初 43117 号
（2015）杨民三（知）初字第 141 号　　（2017）沪 0104 民初 13908 号
（2014）杨民三（知）初字第 425 号　　（2016）沪 0112 民初 18054 号
（2015）浦民三（知）初字第 159 号　　（2017）沪 0101 民初 17204 号
（2014）闵民三（知）初字第 871 号　　（2017）沪 0110 民初 1166 号
（2015）徐民三（知）初字第 792 号　　（2017）沪 0115 民初 43149 号
（2014）浦民三（知）初字第 771 号　　（2017）沪 0101 民初 17203 号
（2014）闵民三（知）初字第 1619 号　　（2017）沪 0101 民初 17199 号
（2014）闵民三（知）初字第 701 号　　（2017）沪 0115 民初 25439 号
（2014）浦民三（知）初字第 1033 号　　（2017）沪 0107 民初 4704 号
（2014）浦民三（知）初字第 1126 号　　（2017）沪 0104 民初 6369 号
（2014）浦民三（知）初字第 557 号　　（2016）沪 0101 民初 27253 号

（2015）浦民三（知）初字第 194 号　　（2017）沪 0115 民初 37477 号
（2015）普民三（知）初字第 41 号　　（2017）沪 0115 民初 37474 号
（2014）浦民三（知）初字第 772 号　　（2016）沪 0115 民初 81254 号
（2015）闵民三（知）初字第 126 号　　（2017）沪 0115 民初 7398 号
（2015）徐民三（知）初字第 588 号　　（2017）沪 0104 民初 6105 号
（2015）浦民三（知）初字第 1372 号　（2017）沪 0115 民初 37494 号
（2015）闵民三（知）初字第 166 号　　（2016）沪 0107 民初 25044 号
（2015）浦民三（知）初字第 686 号　　（2017）沪 0107 民初 1188 号
（2014）浦民三（知）初字第 1034 号　（2016）沪 0115 民初 39365 号
（2014）浦民三（知）初字第 763 号　　（2017）沪 0112 民初 9151 号
（2015）杨民三（知）初字第 33 号　　（2017）沪 0112 民初 9154 号
（2014）闵民三（知）初字第 1162 号　（2017）沪 0115 民初 26286 号
（2014）浦民三（知）初字第 671 号　　（2016）沪 0110 民初 17199 号
（2015）浦民三（知）初字第 776 号　　（2017）沪 0115 民初 31898 号
（2014）浦民三（知）初字第 669 号　　（2016）沪 0110 民初 20617 号
（2014）浦民三（知）初字第 737 号　　（2016）沪 0112 民初 7275 号
（2014）浦民三（知）初字第 164 号　　（2017）沪 0115 民初 34245 号
（2015）杨民三（知）初字第 47 号　　（2016）沪 0115 民初 52008 号
（2015）徐民三（知）初字第 17 号　　（2016）沪 0112 民初 19166 号
（2014）浦民三（知）初字第 797 号　　（2016）沪 0107 民初 22634 号
（2015）杨民三（知）初字第 7 号

二审：

（2016）沪 73 民终 205 号　　（2017）沪 73 民终 271 号
（2016）沪 73 民终 286 号　　（2017）沪 73 民终 298 号
（2015）沪知民终字第 637 号　（2017）沪民终 342 号
（2015）沪知民终字第 754 号　（2017）沪 73 民终 209 号
（2015）沪知民终字第 522 号　（2017）沪 73 民终 254 号

（2016）沪 73 民终 78 号
（2016）沪 73 民终 196 号
（2016）沪 73 民终 208 号
（2015）沪知民终字第 93 号
（2016）沪 73 民终 210 号
（2016）沪 73 民终 247 号
（2016）沪 73 民终 197 号
（2016）沪 73 民终 74 号
（2016）沪 73 民终 14 号
（2015）沪知民终字第 211 号
（2016）沪 73 民终 50 号
（2016）沪 73 民终 137 号
（2016）沪 73 民终 203 号
（2016）沪 73 民终 206 号
（2016）沪 73 民终 226 号
（2016）沪 73 民终 262 号
（2016）沪 73 民终 209 号
（2016）沪 73 民终 246 号
（2016）沪 73 民终 221 号
（2016）沪 73 民终 103 号
（2016）沪 73 民终 204 号
（2016）沪 73 民终 122 号
（2016）沪 73 民终 265 号
（2014）沪高民三（知）终字第 104 号
（2015）沪高民三（知）终字第 1 号
（2015）沪高民三（知）终字第 100 号
（2015）沪高民三（知）终字第 94 号
（2015）沪高民三（知）终字第 97 号

（2017）沪 73 民终 243 号
（2017）沪 73 民终 207 号
（2017）沪 73 民终 244 号
（2017）沪 73 民终 233 号
（2017）沪 73 民终 200 号
（2017）沪 73 民终 245 号
（2017）沪 73 民终 216 号
（2017）沪 73 民终 238 号
（2017）沪 73 民终 193 号
（2017）沪 73 民终 192 号
（2017）沪 73 民终 191 号
（2017）沪 73 民终 190 号
（2017）沪 73 民终 189 号
（2017）沪 73 民终 188 号
（2017）沪 73 民终 187 号
（2017）沪 73 民终 27 号
（2017）沪 73 民终 26 号
（2017）沪 73 民终 177 号
（2017）沪 73 民终 230 号
（2017）沪 73 民终 94 号
（2017）沪 73 民终 179 号
（2017）沪 73 民终 180 号
（2017）沪 73 民终 23 号
（2017）沪 73 民终 85 号
（2016）沪 73 民终 341 号
（2017）沪 73 民终 102 号
（2017）沪 73 民终 92 号
（2016）沪 73 民终 207 号

（2015）沪知民终字第 164 号　　　　　（2017）沪 73 民终 151 号
（2014）沪一中民五（知）终字第 78 号　（2017）沪 73 民终 65 号
（2015）沪一中民五（知）终字第 3 号　 （2017）沪 73 民终 57 号
（2015）沪一中民五（知）终字第 33 号　（2017）沪 73 民终 56 号
（2015）沪知民终字第 172 号　　　　　（2016）沪 73 民终 125 号
（2015）沪知民终字第 214 号　　　　　（2016）沪 73 民终 245 号
（2015）沪知民终字第 91 号　　　　　 （2017）沪 73 民终 11 号
（2015）沪一中民五（知）终字第 28 号　（2017）沪 73 民终 39 号
（2015）沪知民终字第 160 号　　　　　（2017）沪 73 民终 21 号
（2015）沪一中民五（知）终字第 13 号　（2017）沪 73 民终 68 号
（2015）沪知民终字第 396 号　　　　　（2016）沪 73 民终 37 号
（2017）沪 73 民终 174 号　　　　　　（2016）沪民终 339 号
（2017）沪 73 民终 263 号　　　　　　（2016）沪 73 民终 331 号
（2017）沪 73 民终 281 号　　　　　　（2016）沪 73 民终 309 号
（2017）沪 73 民终 267 号　　　　　　（2016）沪 73 民终 310 号
（2017）沪 73 民终 296 号　　　　　　（2016）沪 73 民终 104 号
（2017）沪 73 民终 285 号　　　　　　（2016）沪 73 民终 355 号
（2017）沪 73 民终 272 号　　　　　　（2016）沪 01 民终 12939 号

侵害著作权案件判决书分析报告

一、审理法院分布

合计	浦东	闵行	徐汇	杨浦	黄浦	普陀	知产
300	69	70	90	19	22	19	11
占比	23.0%	23.3%	30.0%	6.3%	7.3%	6.3%	3.7%

分析：

1. 根据 2011 年 4 月 26 日起施行的《上海市高级人民法院关于一审知识产权案件管辖的规定》，目前（2016 年 3 月 1 日前）可以审理著作权案件的上海法院有：

	管辖法院	管辖区域
上海市第一中级人民法院	浦东新区人民法院	浦东新区
	徐汇区人民法院	徐汇区、松江区、金山区
	闵行区人民法院	闵行区、长宁区、奉贤区
上海市第二中级人民法院	黄浦区人民法院	黄浦区
	杨浦区人民法院	杨浦区、虹口区、闸北区、宝山区、崇明县
	普陀区人民法院	普陀区、静安区、嘉定区、青浦区

2. 管辖范围：诉讼标的在 500 万元以下以及诉讼标的在 500 万元以上 1000 万元以下且当事人住所地均在上海的著作权案件在前述基层法院管辖。

资料来源：上海法院网，http://shfy.chinacourt.org/article/detail/2012/10/id/672123.shtml。

另外，值得注意的是，为了调整知识产权法院成立后的级别管辖以及静安闸北两区"撤二建一"后的地域管辖，经上海市高级人民法院审判委员会讨论通过，上海市高级人民法院制定并发布《上海市高级人民法院关于调整本市法院知识产权民事案件管辖的规定》，根据新规定自 2016 年 3 月 1 日起，可以审理著作权案件的上海法院有：

	管辖法院	管辖区域
知产法院	浦东新区人民法院	浦东新区
	黄浦区人民法院	黄浦区、长宁区
	杨浦区人民法院	杨浦区、虹口区、宝山区、崇明县
	徐汇区人民法院	徐汇区、松江区、金山区
	闵行区人民法院	闵行区、奉贤区
	普陀区人民法院	普陀区、静安区、嘉定区、青浦区

管辖范围：

（1）基层法院管辖：除法律和司法解释规定应由知识产权法院管辖的其他所有第一审知识产权民事案件。

（2）知识产权法院管辖：

A 诉讼标的额在1亿元以下且当事人一方住所地不在本市或者涉外、涉港澳台的，以及诉讼标的额在2亿元以下且当事人住所地均在本市的第一审民事案件；

B 对基层人民法院作出的第一审知识产权民事判决、裁定提起上诉的案件；

C 对基层人民法院已经发生法律效力的知识产权民事判决、裁定、调解书申请再审的案件。

（3）高级法院管辖：

A 诉讼标的额在2亿元以上的，以及诉讼标的额在1亿元以上且当事人一方住所地不在本市或者涉外、涉港澳台的第一审民事案件；

B 对知识产权法院作出的第一审民事判决、裁定提起上诉的案件；

C 对知识产权法院已经发生法律效力的民事判决、裁定、调解书申请再审的案件。

资料来源：上海法院网，http：//shfy.chinacourt.org/article/detail/2016/02/id/1809069.shtml。

二、受理案件类型（案由）

	信息网络传播权	复制权	计算机软件	录音录像制作者权	发行权	放映权	署名权	表演权	其他
合计317	110	20	35	36	26	82	3	1	4
占比（按基数300计算）	36.7%	6.7%	11.7%	12.0%	8.7%	27.3%	1.0%	0.3%	1.3%

分析：

1. 根据《2017年上海法院知识产权司法保护状况》显示，2017年，全上海市法院受理一审知识产权民事案件14091件、审结13961件，同比分别增加43.98%、41.56%；其中受理一审著作权纠纷11713件，同比上升58.54%。而在著作权案件中，侵害作品信息网络传播权纠纷所占比例最多，高达7323件，占比62.52%，同比上升

41.70%。研究采集的 300 件案例，涉及信息网络传播权的案例多达 180 件，占比高达 60%。著作权纠纷的大幅上升说明上海文化创意产业尤其是网络信息产业繁荣发展的同时，还存在版权保护与管理的风险和漏洞。在网络信息产业繁荣发展的同时，对著作权的创造者、传播者和使用者而言，建议重视信息网络的作用，在利用网络传播著作权时应善意谨慎，诚信经营，避免侵权。

2. 侵害计算机软件著作权案件所占比重也较大，计算机软件，特别是手机 APP 软件的知识产权保护，已逐渐受到广泛重视。

研究选取的判决书中，未涉及下列案例：广播权、出租权、摄制权等著作财产权以及表演者权、广播组织权等邻接权均没有案件涉及。

三、原告所属地域统计

地域	北京	上海	广东	江浙	涉外（含港澳台）	其他
数量	158	68	30	29	11	14
占比（按基数 300 计算%）	52.7%	22.7%	10.0%	9.7%	3.7%	4.7%

分析：

注：因上海法院网发布的部分案例未明确写明原告名称或所属地域，而仅以"原告某某公司，原告某某"标明，故部分案例的原告所属地域无法统计，并且，部分案例的原告为两个地域的主体，研究所得的数据和比例可能与实际情况有微弱差异。

研究选取的判决书中列明所属地域的，所属北京的原告为 158 件案例，表明北京地区的文化创意产业相对发达，著作权人最多；其次所属上海 68 件；广东地区为 30 件；江浙地区为 29 件；涉外原告（含港澳台）有 11 件；其他地区有 14 件。

四、原被告双方聘请律师的情况

	原告聘请律师案件数量	被告聘请律师案件数量
数量	283	187
占比	94.3%	62.3%

分析：

研究样本中，原告聘请律师的案件有 276 件，被告聘请律师的案件有 149 件，双方聘请律师案件数量均有增长。被告聘请律师比例较低的部分原因，结合实践判断是其基于对侵害著作权案例法院判赔额度的估量，从节省诉讼成本的角度考虑，并没有聘请律师而是指派公司员工出庭应诉。

但加权平均分析，著作权案件聘请律师的比重较大，说明著作权侵权案例具有细分领域和难度分级的特别，需要专业法律服务的支持。

五、诉争标的物种类

标的物种类	电影作品和以类似摄制电影的方法创作的作品	歌曲	摄影图片	美术作品	计算机软件	文学作品	图形作品	录像制品	汇编作品（网页）	其他
数量	57	117	42	32	18	17	6	1	2	8
占比	19.0%	39.0%	14.0%	10.7%	6.0%	5.7%	2.0%	0.3%	0.7%	2.7%

电影作品和以类似摄制电影的方法创作的作品（包括电影、电视剧、动画片、综艺节目、纪录片、动漫等）共计 57 件，歌曲（包括音像制品、KTV 侵权）共计 117 件，摄影图片共计 42 件，美术作品（包括雕塑、卡通动画形象）共计 32 件，计算机软件（包括游戏软件、研发过程管理软件）共计 18 件，文学作品（包括图书、说明书、文章等）共计 17 件，图形作品（包括产品设计图、地图、示意图等）共计 6 件，录像制品共计 1 件，汇编作品（网页）共计 2 件，其他共计 8 件。

六、原告胜诉比例统计及原告败诉原因分析

	原告胜诉	原告败诉
数量	284	16
占案件总数比	94.7%	5.3%

（一）原告胜诉比例统计：
300 件案例中，原告胜诉的有 284 件，占比 94.7%。
法院判决驳回原告诉讼请求的有 16 件，占比 5.3%。
（二）原告败诉主要原因分析：
1. 在侵害作品信息网络传播权案件中，原告败诉的主要原因是被告符合《信息网络传播权保护条例》规定的免责条件，即被告受到了所谓"避风港"原则的保护。

权利人、网络服务提供者和社会公众要关注新技术的发展，而司法系统应当判断新的信息传播模式和商业模式是"真正的善意"还是"真正的恶意"。对善意的传播模式和商业模式要予以维护和扶持，实现各方共赢；对恶意的要彻底否定并取缔，并严加惩罚。

2. 还有一部分案例是由于原告所提供的证据不足以证明其为涉案作品的权利人，或者其主张也没有相关的事实和法律依据来支撑，比如（2015）闵民三（知）初字第 1433 号"广州佳华文化活动策划有限公司诉上海隐志网络科技有限公司侵害作品信息网络传播权纠纷"一案中，由于原告主张的作品因缺乏独创性而不能定义为著作权法意义上的作品因此原告被驳回诉讼请求而败诉。

七、原告要求停止侵权的诉讼请求以及法院支持的情况

无图例。这一部分事实比较容易判决,因此不再做详细的数据统计。

著作权案件一般会先取证后诉讼,而庭审时大部分的被告都会停止侵权,法官一般也会请原告确认是否撤回停止侵权的诉讼请求。如原告确认被告确实已经停止侵权,即撤回此项请求;而被告不停止侵权,法院通常会判决被告停止侵权。

八、原告要求赔礼道歉和消除影响的诉讼请求所占比例,及,法院判决支持该项请求的比例统计及相关分析

	法院判决支持	未支持或未涉及
消除影响	5	298
赔礼道歉	8	292

	原告要求	原告未要求
消除影响	18	283
赔礼道歉	46	253

要求赔礼道歉和消除影响的	59
支持赔礼道歉和消除影响的	11
占比	18.6%

分析:

1. 原告要求赔礼道歉的案件有 47 件,要求消除影响的案件有 17 件,合计 55 件(其中,既要求赔礼道歉又要求消除影响的案件有 9 件)。法院判决支持赔礼道歉诉讼请求的有 8 件,判决支持消除影响诉讼请求的有 5 件,合计 11 件(其中,既支持赔礼道歉又支持消除影响的案件有 2 件)。综合计算,判决赔礼道歉和消除影响的比例为 18.6%。

2. 法院在审理著作权案件的过程中,如果判断被告侵犯了原告的著作人身权(发表权、署名权、修改权和保护作品完整权),可能会支持原告赔礼道歉或消除影响的诉讼请求;对只侵犯著作财产权的,法院一般不支持原告该项请求。

法院判决书就此的标准论述是:"因被告没有侵害原告的著作人身权且没有损害原告商誉,因此关于原告要求被告赔礼道歉和消除影响的诉讼请求,本院不予支持。"

司法实务中确实有对只侵害著作财产权却判决被告赔礼道歉或消除影响的判例,但关于只侵害著作财产权是否可以判决被告赔礼道歉或消除影响的问题,在法学界仍存争议。

争议的主要原因是民法通则和著作权法对这方面的规定较为模糊,所以在可判可不判的情况下,法院一般不判。不判赔礼道歉或消除影响,一方面是因为法院认为判决赔

礼道歉或消除影响会对被告的商誉造成影响，在原告没有证据证明自己的人身、精神或商誉因为被告的侵权造成损害的情况下（一般很难举证），判决被告赔礼道歉或消除影响有失"公平"。

另一方面，从实际执行角度考虑，判决被告赔礼道歉或消除影响，而被告拒不履行，法院执行困难，影响结案效率；如被告下落不明缺席判决，执行难度加倍，赔礼道歉需要支付的媒体刊载费也无人承担。

九、原告索赔金额和法院判决被告赔偿金额统计分析

按 2015—2017 年 300 个案件统计

原告索赔总额	56752714.9
法院判赔总额	5921344.0
判赔比	10.4%

按 2015 年 100 个案件统计

原告索赔总额	24942673.0
法院判赔总额	2401697.0
判赔比	9.6%

按 2016 年 100 个案件统计

原告索赔总额	24260957.9
法院判赔总额	1940875.0
判赔比	8.0%

按 2017 年 100 个案件统计

原告索赔总额	7549084.0
法院判赔总额	1578772.0
判赔比	20.9%

分析：

1. 以 2015—2017 年三年 300 件案例统计，那么原告要求被告赔偿的总金额为 88562756.9 元，300 件案例法院判赔的总金额为 2401697.0 元，平均每件案例索赔 173471.3 元，平均每件案例判赔 20997.7 元。判赔比为 11.9%。

2. 以 2015 年、2016 年、2017 年三年逐年统计分析，则判赔比依次为 9.6%、8.0%、20.9%。

3. 著作权侵权案件中，如原告的损失或被告的获益均无法查明，法官会在 50 万元以下的自由裁量范围内作出判决。上述统计数据表明，原告胜诉率虽然很高，但著作权单个案件判赔平均仅有 20997.7 元，这说明法院的判赔额仍然较低。

这一统计结论和社会大众的普遍反映一致。根据最高人民法院对地方法院著作权审判的方向指引，如 2011 年 12 月 16 日最高人民法院印发《关于充分发挥知识产权审判职能作用推动社会主义文化大发展大繁荣和促进经济自主协调发展若干问题的意见》的通知指出："要强化利益平衡观念，把利益平衡作为知识产权司法保护的重要基点，统筹兼顾智力创造者、商业利用者和社会公众的利益，协调好激励创造、促进产业发展和保障基本文化权益之间的关系，使利益各方共同受益、均衡发展。"

各级法院在知识产权案件审判中，定性上倾向于保护权利人，而判赔上则适当减轻侵权者的压力，以达到"均衡发展"，同时照顾到了社会公众。但判赔力度较小，造成侵权成本太低，造成著作权侵权案件数量呈现井喷态势。低判赔导致著作权的创作和传播举步维艰。

加大判赔比，充分发挥法律的规制效应，引导著作权创作方和传播方在良性秩序下保护和运用著作权，是各界衷愿。

附判决书案号：

（2016）沪 0115 民初 54472 号　　（2014）闵民三（知）初字第 1295 号

（2016）沪 0104 民初 28870 号　　（2014）闵民三（知）初字第 372 号

（2016）沪 0104 民初 20064 号　　（2014）闵民三（知）初字第 1476 号

（2016）沪 0104 民初 20065 号　　（2014）闵民三（知）初字第 1482 号

（2015）闵民三（知）初字第 1433 号　　（2014）闵民三（知）初字第 1299 号

（2016）沪 0104 民初 20062 号　　（2014）闵民三（知）初字第 1541 号

（2015）浦民三（知）初字第 778 号　　（2015）闵民三（知）初字第 143 号

（2016）沪 0112 民初 14612 号　　（2015）闵民三（知）初字第 76 号

（2016）沪 0107 民初 12346 号　　（2015）闵民三（知）初字第 132 号

（2015）浦民三（知）初字第 793 号　　（2014）闵民三（知）初字第 1466 号

（2015）浦民三（知）初字第 1679 号　　（2015）闵民三（知）初字第 159 号

（2016）沪 0101 民初 13714 号　　（2015）闵民三（知）初字第 122 号

（2016）沪 0115 民初 54059 号　　（2015）闵民三（知）初字第 268 号

（2016）沪 0115 民初 54060 号　　（2015）闵民三（知）初字第 674 号

（2016）沪0112民初5974号　　（2015）闵民三（知）初字第365号
（2016）沪0112民初5973号　　（2015）闵民三（知）初字第868号
（2015）杨民三（知）初字第199号　　（2015）闵民三（知）初字第1145号
（2016）沪0112民初5972号　　（2015）闵民三（知）初字第1136号
（2016）沪0104民初13709号　　（2015）闵民三（知）初字第1150号
（2016）沪0115民初48498号　　（2015）闵民三（知）初字第679号
（2015）闵民三（知）初字第861号　　（2015）闵民三（知）初字第373号
（2016）沪0104民初24200号　　（2015）闵民三（知）初字第843号
（2016）沪0104民初24199号　　（2015）闵民三（知）初字第842号
（2015）沪知民初字第522号　　（2015）闵民三（知）初字第1464号
（2016）沪0107民初12347号　　（2015）杨民三（知）初字第55号
（2016）沪0107民初2685号　　（2015）杨民三（知）初字第11号
（2016）沪0107民初13242号　　（2015）杨民三（知）初字第485号
（2016）沪0115民初52168号　　（2014）杨民三（知）初字第53号
（2016）沪0115民初52618号　　（2014）杨民三（知）初字第502号
（2016）沪0115民初52170号　　（2014）杨民三（知）初字第487号
（2016）沪0115民初52169号　　（2015）杨民三（知）初字第337号
（2016）沪0115民初52171号　　（2015）杨民三（知）初字第168号
（2016）沪0104民初20041号　　（2015）杨民三（知）初字第369号
（2016）沪0112民初1921号　　（2014）黄浦民三（知）初字第213号
（2016）沪0110民初5825号　　（2014）黄浦民三（知）初字第79号
（2015）浦民三（知）初字第2153号　　（2014）黄浦民三（知）初字第117号
（2016）沪0110民初7924号　　（2014）黄浦民三（知）初字第122号
（2016）沪0112民初1923号　　（2014）黄浦民三（知）初字第123号
（2016）沪0112民初1924号　　（2014）黄浦民三（知）初字第222号
（2016）沪0112民初1922号　　（2014）黄浦民三（知）初字第242号
（2016）沪0112民初1925号　　（2014）黄浦民三（知）初字第218号
（2015）沪知民初字第788号　　（2015）黄浦民三（知）初字第4号

（2015）浦民三（知）初字第 2149 号　（2014）黄浦民三（知）初字第 317 号
（2015）闵民三（知）初字第 975 号　（2015）黄浦民三（知）初字第 6 号
（2015）闵民三（知）初字第 936 号　（2014）黄浦民三（知）初字第 187 号
（2015）闵民三（知）初字第 1229 号　（2015）黄浦民三（知）初字第 81 号
（2015）闵民三（知）初字第 1235 号　（2015）普民三（知）初字第 15 号
（2015）闵民三（知）初字第 1238 号　（2015）普民三（知）初字第 20 号
（2015）普民三（知）初字第 617 号　（2015）普民三（知）初字第 18 号
（2016）沪 0107 民初 3133 号　（2015）普民三（知）初字第 24 号
（2016）沪 0112 民初 1903 号　（2016）沪 0107 民初 20003 号
（2016）沪 0112 民初 1848 号　<u>（2017）沪 0115 民初 77721 号</u>
（2016）沪 0112 民初 1844 号　（2017）沪 0115 民初 77722 号
（2016）沪 0112 民初 1843 号　（2017）沪 0115 民初 77720 号
（2016）沪 0112 民初 1905 号　（2017）沪 0115 民初 77724 号
（2016）沪 0112 民初 1844 号　（2017）沪 0115 民初 77723 号
（2016）沪 0112 民初 1843 号　（2017）沪 0110 民初 22925 号
（2016）沪 0112 民初 1845 号　（2017）沪 0101 民初 19112 号
（2016）沪 0112 民初 1847 号　（2017）沪 0107 民初 21701 号
（2016）沪 0112 民初 1904 号　（2017）沪 0107 民初 21704 号
（2016）沪 0112 民初 1838 号　（2017）沪 0107 民初 21703 号
（2016）沪 0112 民初 1905 号　（2017）沪 0107 民初 21702 号
（2016）沪 0110 民初 3119 号　（2017）沪 0104 民初 16184 号
（2016）沪 0110 民初 3118 号　（2017）沪 0101 民初 16959 号
（2015）浦民三（知）初字第 1945 号　（2017）沪 0104 民初 24676 号
（2015）沪知民初字第 819 号　（2017）沪 0104 民初 26763 号
（2015）沪知民初字第 813 号　（2017）沪 0104 民初 26764 号
（2015）沪知民初字第 821 号　（2017）沪 0101 民初 16960 号
（2015）闵民三（知）初字第 1242 号　（2017）沪 0104 民初 26809 号
（2015）闵民三（知）初字第 175 号　（2017）沪 0104 民初 26808 号

（2015）黄浦民三（知）初字第161号
（2016）沪0101民初13704号
（2016）沪0110民初4921号
（2015）沪知民初字第820号
（2015）沪知民初字第811号
（2015）沪知民初字第822号
（2015）普民三（知）初字第736号
（2015）沪知民初字第810号
（2015）沪知民初字第816号
（2015）沪知民初字第818号
（2015）浦民三（知）初字第1912号
（2015）浦民三（知）初字第1913号
（2015）浦民三（知）初字第1924号
（2015）浦民三（知）初字第870号
（2015）浦民三（知）初字第1921号
（2015）黄浦民三（知）初字第64号
（2015）浦民三（知）初字第840号
（2015）浦民三（知）初字第640号
（2015）浦民三（知）初字第1905号
（2015）浦民三（知）初字第1909号
（2015）浦民三（知）初字第1907号
（2015）浦民三（知）初字第1910号
（2015）浦民三（知）初字第1904号
（2015）浦民三（知）初字第880号
（2015）浦民三（知）初字第1902号
（2015）浦民三（知）初字第1899号
（2015）浦民三（知）初字第1903号
（2015）浦民三（知）初字第1901号
（2017）沪0104民初6313号
（2017）沪0104民初6322号
（2017）沪0104民初6325号
（2017）沪0104民初6319号
（2017）沪0104民初6317号
（2017）沪0104民初6321号
（2017）沪0104民初6323号
（2017）沪0104民初6309号
（2017）沪0104民初6314号
（2017）沪0104民初6308号
（2017）沪0104民初6311号
（2017）沪0104民初6310号
（2017）沪0104民初6326号
（2017）沪0104民初6316号
（2017）沪0104民初6320号
（2017）沪0115民初81289号
（2017）沪0104民初2570号
（2017）沪0104民初8843号
（2017）沪0104民初11970号
（2017）沪0104民初11943号
（2017）沪0112民初23503号
（2017）沪0112民初23499号
（2017）沪0112民初23498号
（2017）沪0112民初23504号
（2017）沪0104民初11970号
（2017）沪0104民初11943号
（2017）沪0104民初11961号
（2017）沪0104民初11953号

（2015）浦民三（知）初字第 1898 号	（2017）沪 0104 民初 11962 号
（2015）浦民三（知）初字第 1897 号	（2017）沪 0104 民初 11946 号
（2014）徐民三（知）初字第 636 号	（2017）沪 0104 民初 11959 号
（2014）徐民三（知）初字第 628 号	（2017）沪 0104 民初 11963 号
（2014）徐民三（知）初字第 715 号	（2017）沪 0104 民初 11948 号
（2014）徐民三（知）初字第 380 号	（2017）沪 0104 民初 11960 号
（2014）徐民三（知）初字第 832 号	（2017）沪 0104 民初 11972 号
（2014）徐民三（知）初字第 754 号	（2017）沪 0104 民初 11952 号
（2013）徐民三（知）初字第 1048 号	（2017）沪 0104 民初 11957 号
（2014）徐民三（知）初字第 858 号	（2017）沪 0104 民初 11950 号
（2014）徐民三（知）初字第 851 号	（2017）沪 0104 民初 11969 号
（2014）徐民三（知）初字第 838 号	（2017）沪 0104 民初 11954 号
（2014）徐民三（知）初字第 681 号	（2017）沪 0104 民初 11968 号
（2014）徐民三（知）初字第 682 号	（2017）沪 0104 民初 11944 号
（2014）徐民三（知）初字第 1334 号	（2017）沪 0104 民初 11958 号
（2015）徐民三（知）初字 1346 号	（2017）沪 0104 民初 11945 号
（2015）徐民三（知）初字 1347 号	（2017）沪 0104 民初 11956 号
（2015）徐民三（知）初字第 485 号	（2017）沪 0104 民初 11955 号
（2015）徐民三（知）初字第 489 号	（2017）沪 0104 民初 11949 号
（2015）徐民三（知）初字第 26 号	（2017）沪 0112 民初 34463 号
（2015）徐民三（知）初字第 985 号	（2017）沪 0104 民初 11967 号
（2015）徐民三（知）初字第 1306 号	（2017）沪 0104 民初 11965 号
（2014）浦民三（知）初字第 1086 号	（2017）沪 0104 民初 11947 号
（2014）浦民三（知）初字第 1065 号	（2017）沪 0104 民初 11966 号
（2014）浦民三（知）初字第 465 号	（2017）沪 0104 民初 11951 号
（2014）浦民三（知）初字第 1108 号	（2017）沪 0104 民初 11971 号
（2014）浦民三（知）初字第 1039 号	（2017）沪 0112 民初 8902 号
（2014）浦民三（知）初字第 635 号	（2017）沪 0110 民初 13024 号

（2014）浦民三（知）初字第 1002 号　　（2017）沪 0104 民初 15240 号
（2014）浦民三（知）初字第 108 号　　（2017）沪 0112 民初 13424 号
（2015）浦民三（知）初字第 19 号　　（2016）沪 0107 民初 25040 号
（2014）浦民三（知）初字第 1156 号　　（2017）沪 0110 民初 19865 号
（2015）浦民三（知）初字第 60 号　　（2017）沪 0104 民初 20233 号
（2014）浦民三（知）初字第 638 号　　（2017）沪 0104 民初 22130 号
（2015）浦民三（知）初字第 526 号　　（2017）沪 0104 民初 22136 号
（2015）浦民三（知）初字第 53 号　　（2017）沪 0104 民初 22128 号
（2015）浦民三（知）初字第 693 号　　（2017）沪 0104 民初 22127 号
（2015）浦民三（知）初字第 151 号　　（2017）沪 0115 民初 44472 号
（2015）浦民三（知）初字第 138 号　　（2017）沪 0107 民初 20208 号
（2015）浦民三（知）初字第 383 号　　（2017）沪 0104 民初 22170 号
（2015）浦民三（知）初字第 773 号　　（2017）沪 0112 民初 16132 号
（2015）浦民三（知）初字第 1097 号　　（2017）沪 0115 民初 65584 号
（2015）浦民三（知）初字第 1098 号　　（2017）沪 0115 民初 39469 号
（2015）浦民三（知）初字第 904 号　　（2017）沪 0101 民初 3889 号
（2015）浦民三（知）初字第 537 号　　（2017）沪 0112 民初 5380 号
（2015）浦民三（知）初字第 513 号　　（2017）沪 0112 民初 5381 号
（2015）浦民三（知）初字第 954 号　　（2017）沪 0112 民初 5382 号
（2015）闵民三（知）初字第 1024 号　　（2017）沪 0101 民初 3889 号
（2014）闵民三（知）初字第 154 号　　（2017）沪 0107 民初 20482 号
（2014）闵民三（知）初字第 256 号　　（2017）沪 0104 民初 15239 号
（2014）闵民三（知）初字第 1154 号　　（2017）沪 0115 民初 44468 号
（2014）闵民三（知）初字第 1508 号　　（2017）沪 0110 民初 12985 号

侵害专利权案件判决书分析报告

一审判决书中的基本信息分析：

研究共选取 244 份判决书，其中 158 份一审判决书，86 份二审判决书。

一、审理法院分布

一中	二中	知产
19	3	136
12.0%	1.9%	86.1%

分析：

1. 根据 2011 年 4 月 26 日起施行的《上海市高级人民法院关于一审知识产权案件管辖的规定》，目前（2016 年 3 月 1 日前）由第一、第二中级人民法院审理专利纠纷案件；

2. 为了调整知识产权法院成立后的级别管辖以及静安闸北两区"撤二建一"后的地域管辖，经上海市高级人民法院审判委员会讨论通过，上海市高级人民法院制定并发布《上海市高级人民法院关于调整本市法院知识产权民事案件管辖的规定》，根据新规定自 2016 年 3 月 1 日起，由上海知识产权法院审理专利纠纷案件。

二、侵害发明、实用新型、外观设计专利权纠纷案件的比例

一审判决书中，侵害发明专利权纠纷的案件有 43 件，侵害实用新型专利权纠纷的案件有 37 件，侵害外观设计专利权纠纷的案件有 78 件。

发明	实用新型	外观设计	合计
43	37	78	158
27.2%	23.4%	49.4%	100%

法院受理侵害专利权纠纷的主要案由为侵害外观设计专利权纠纷，占比 49.4%。

三、原告涉外的比例

研究选取的 158 份一审判决书中，原告涉外的案件共有 25 件，占比为 15.8%。

	原告涉外	原告非涉外
数量	25	133
占比	15.8%	84.2%

研究分析原告涉外比例较小，我国的企业、个人提起侵害专利权诉讼比例较大。

四、原告聘请律师、专利代理人的比例

研究选取的 158 份一审判决书中，原告聘请律师参与诉讼的案件共有 144 件，聘请专利代理人参与诉讼的案件共有 3 件，占比分别为 91.1% 和 1.9%。（注：研究选取的判决书，可能涉及律师和专利代理人重合的问题，这种情况下数据会被统计两次）。

	聘请律师	聘请专利代理人	未聘请
数量	144	3	14
占比	91.1%	1.9%	8.9%

侵害专利权诉讼涉及的法律、技术问题多种多样，聘请律师、专利代理人参与诉讼是大多数当事人的选择。

一审判决书中原告的诉讼请求是否获得法院支持的分析：

五、停止侵权

我国《专利法》第十一条规定："发明和实用新型专利权被授予后，除本法另有规定的以外，任何单位或者个人未经专利权人许可，都不得实施其专利，即不得为生产经营目的制造、使用、许诺销售、销售、进口其专利产品，或者使用其专利方法以及使用、许诺销售、销售、进口依照该专利方法直接获得的产品。外观设计专利权被授予后，任何单位或者个人未经专利权人许可，都不得实施其专利，即不得为生产经营目的制造、许诺销售、销售、进口其外观设计专利产品。"

针对发明和实用新型专利权的侵权行为主要为：制造、使用、许诺销售、销售、进口等行为；

针对外观设计专利权的侵权行为主要为：制造、许诺销售、销售、进口等行为。

研究选取的 158 份一审判决书中，原告要求停止侵权的案件共 153 件，法院判决侵权人停止侵权行为的有 100 件，占比为 65.4%。

（一）各专利案件

	发明	实用新型	外观设计
一审判决侵权人停止侵权的数量	28	21	51
要求停止侵权的数量	41	37	75
占比	68.3%	56.8%	68.0%

在43件侵害发明专利案件中，原告要求停止侵权的案件共41件，一审判决停止侵权的为28件；37件侵害实用新型专利案件中，原告要求停止侵权的案件共37件，一审判决停止侵权的为21件；78件侵害外观设计专利案件中，原告要求停止侵权的案件共75件，一审判决停止侵权的为51件。

（二）涉外案件

	涉外	非涉外
一审判决侵权人停止侵权的数量	15	85
要求停止侵权案件数量	24	129
案件总量	25	133
占比	62.5%	65.9%

在原告涉外的25件一审判决中，原告要求停止侵权的案件为24件，法院判决侵权人停止侵权的为15件。

（三）法院未支持侵权原因

研究选取的158份一审判决中，法院驳回原告诉讼请求的共46件。

法院驳回原告诉讼请求的原因主要有以下三种。

1. 未落入专利权的保护范围。

（2016）沪73民初548号判决书：综上所述，被控侵权产品采用的是一体成型的弯接头和夹紧固定的连接方式，缺少涉案专利"90°弯接头"、两处"固定钉"的技术特征，是与涉案专利既不相同，也不构成等同的技术特征，被控侵权产品未能落入涉案专利权利要求1的保护范围，因此不构成对涉案专利权的侵害。

2. 现有技术。

《专利法》第六十二条规定，在专利侵权纠纷中，被控侵权人有证据证明其实施的技术或者设计属于现有技术或者现有设计的，不构成侵犯专利权。

（2016）沪73民初220号判决书：据此，本院认定本案被控侵权产品属于现有设计，被告主张的现有设计抗辩成立，原告的侵权指控不能成立。

3. 专利申请日前已经制造相同产品。

《专利法》第六十九条第（二）项规定，有下列情形之一的，不视为侵犯专利权：（二）在专利申请日前已经制造相同产品、使用相同方法或者已经作好制造、使用的必要准备，并且仅在原有范围内继续制造、使用的。

（2015）沪知民初字第504号判决书：综上，被告增豪公司在涉案专利申请日前已经制造相同产品，并且仅在原有范围内继续制造，享有先用权，其主张的先用权抗辩成立。先用权人在原有范围内继续制造相同产品不视为侵权，其制造相同产品的后续销售行为亦不构成侵权。

4. 证据不足。

（2017）沪73民初234号判决书：综上所述，本院认为，本案中仅凭现有证据，尚无法证明被告许诺销售的被控侵权眼镜带的技术特征落入了原告涉案专利权利要求 1 的保护范围，故本院对于原告关于被告侵害了原告涉案专利权的诉讼主张，难以支持。

六、赔偿数额（含合理费用）

研究选取的 158 份判决书中，法院判决侵权人承担赔偿损失的案件共有 108 件。《专利法》第六十五条确定侵害专利权的赔偿数额有四种方式，分别是：

1. 按照权利人因被侵权所受到的实际损失确定：

在法院判决侵权人承担赔偿损失的 108 件一审判决书中，没有按照此方法确定赔偿数额的判决。

2. 按照侵权人侵犯专利权获得的利益确定；

在法院判决侵权人承担赔偿损失的 108 件一审判决书中，没有按照此方法确定赔偿数额的判决。

3. 参照该专利许可使用费的倍数（1 至 3 倍）合理确定；

在法院判决侵权人承担赔偿损失的 108 件一审判决书中，没有按照此方法确定赔偿数额的判决。

4. 法定赔偿（1 万元以上 100 万元以下）：

适用法定赔偿来确定赔偿数额是法院采取的主要方式。在法院判决侵权人承担赔偿损失的 108 件一审判决中，均适用了法定赔偿的方式确定赔偿数额。

法院在确定赔偿数额时，主要参考原、被告提交的证据材料和原告专利的权利价值，如专利技术的创造性、专利技术研发成本及实施情况、专利使用许可的种类、时间、范围、市场上同类产品的平均利润、合理转让价格、合理许可费用以及被告侵权行为方式、侵权产品生产与销售规模、侵权持续时间、侵权损害后果、侵权获得善等因素，酌情确定赔偿数额。

法院也将根据原告提交的律师费、公证费、查档费、购买侵权产品费发票等支付凭证，并在参考司法行政部门规定的律师收费标准、实际判赔额与请求赔偿额、案件的复杂程度等因素后酌情确定合理费用的数额。

（1）侵犯发明专利权案件的赔偿数额统计：

	1 万元以下	1 万元—10 万元	10 万元—20 万元	20 万元—30 万元	30 万元以上
案件数量	1	13	8	4	5
占比	3.2%	41.9%	25.8%	12.9%	16.1%

（2）侵犯实用新型专利案件的赔偿数额统计：

	1 万元以下	1 万元—10 万元	10 万元—20 万元	20 万元以上
案件数量	3	15	2	2
占比	13.6%	68.2%	9.1%	9.1%

(3) 侵犯外观设计专利案件的赔偿数额统计：

	1万元以下	1万元—5万元	5万元—10万元	10万元以上
案件数量	7	24	11	13
占比	12.7%	43.6%	20.0%	23.6%

分析数据显示，有45.1%的侵害发明专利权纠纷案件、81.8%的侵害实用新型专利权纠纷案件和76.3%的侵害外观设计专利纠纷案件的赔偿额在10万元以下。在侵害专利权纠纷案件中，分别只有5件侵害发明专利权纠纷案件的赔偿额超过30万、2件侵害实用新型专利权纠纷案件的赔偿额超过20万、13件侵害外观设计专利权纠纷案件的赔偿额超过10万。

我国第三次修改《专利法》的主要内容之一就是提高法定赔偿数额，其中最高数额由50万增加到100万。虽然修改后的《专利法》已于2009年10月1日起施行，但在上海市法院的上述判决书中似乎未体现出相应的变化，原告索赔超过50万元的50件案件中仅有3件赔偿额超过了50万元。

七、判赔比

法院判决的赔偿数额与原告索赔数额的比值即判赔比。

	发明	实用新型	外观设计
法院判决的赔偿数额总数	11396680.0	2150233.0	4517433.0
原告索赔总数	80812508.4	13408356.0	60383414.5
判赔比	14.1%	16.0%	7.5%

法院判决的赔偿数额与原告索赔数额的比值即判赔比。

研究选取的侵害发明专利权案件，原告索赔总数为80812508.4元，法院判决的赔偿数额总数为11396680.0元，判赔比为14.1%；

研究选取的侵害实用新型专利权案件，原告索赔总数为13408356.0元，法院判决的赔偿数额总数为2150233.0元，判赔比为16.0%；

研究选取的侵害外观设计专利权案件，原告索赔总数为60383414.5元，法院判决的赔偿数额总数为4517433.0元，判赔比为7.5%。

研究样本中，法院判决赔偿数额与权利人的期望存在较大差距。一方面是由于权利人动辄数十万、上百万元的索赔请求缺少证据支持，另一方面是因为法院酌定的赔偿数额普遍较低。

研究选取的案件分析表明，法院一般不予支持权利人的以下诉讼请求：

(1) 销毁专用设备、模具；

(2)销毁库存侵权产品;
(3)销毁已售出的侵权产品;
(4)赔礼道歉;
(5)消除影响。

八、专利无效抗辩

在侵害专利权诉讼中,请求宣告专利权无效是最常见的抗辩事由之一。

专利授权程序中,对于发明专利,有些不符合专利法相关规定的发明创造获得发明专利权,原因可能是审查人员工作经验的局限或技术文献检索的遗漏。

对于实用新型和外观设计专利,我国专利法规定对实用新型和外观设计专利申请实行初步审查制,因此,有大量不符合专利法相关规定的实用新型和外观设计申请也获得了专利权。

而在侵害专利权诉讼中,经国家专利行政部门授予的专利权,非经法定程序宣告无效,均被推定为有效。因此,侵害专利权诉讼中的被告如果认为原告所持有的专利不符合专利法的授权条件,只能通过法定程序请求宣告专利权无效,从而达到不承担侵权责任的目的。

研究样本分析,43份侵害发明专利权案件中,被告进行抗辩的案件数量为8件,占比18.6%;37份侵害实用新型专利权案件中,被告进行抗辩的案件数量为5件,占比13.5%;78份侵害外观设计专利权案件中,被告进行抗辩的案件数量为10件,占比12.8%。总体而言,被告提起专利无效抗辩的案件比例较低。

九、技术鉴定

根据《民事诉讼法》第七十六条规定,当事人可以就查明事实的专门性问题向人民法院申请鉴定。当事人未申请鉴定,人民法院对专门性问题认为需要鉴定的,应当委托具备资格的鉴定人进行鉴定。

研究选取的43件发明纠纷案件及36件实用新型纠纷案件中,涉及技术鉴定的案件仅有一件,通过双方当事人进行质证程序,法院采纳了鉴定结论。

(2012)沪一中民五(知)初字第129号判决书:经原告申请,本院于2014年7月21日委托工业和信息化部软件与集成电路促进中心知识产权司法鉴定所进行技术鉴定,鉴定机构提交鉴定意见后,本院于2015年6月23日第四次公开开庭审理本案。

十、二审判决书的判决结果分析

在86份二审判决书中,维持一审判决的高达83份,占比约为96.5%。

	维持一审	二审改判
案件数量	83	3
占比	96.5%	3.5%

《民事诉讼法》第一百七十条规定，第二审人民法院改判的情形为：
1. 原判决认定事实错误或适用法律错误。
2. 原判决认定基本事实不清。

研究选取的 68 份二审判决书中，仅有 3 件改判，均适适用第一种情形改判。（2015）沪高民三（知）终字第 106 号判决书：本院认为，被上诉人耐德厂提交的网页公证书、订单详情单、快递单、被控侵权产品实物等证据不足以证明被控侵权产品系由上诉人禹净公司销售，原审法院认定禹净公司侵害耐德厂享有的 ZLXXXXXXXXXXX.6 号"清洗方便的过滤器"实用新型专利权属于认定事实和适用法律错误，二审予以纠正。

研究选取的 86 份二审判决书中，维持一审判决的高达 83 份，占比约为 96.5%。
研究样本显示二审改判率非常低。建议当事人应高度重视一审。
在一审期间，充分举证、积极应对、力争有利的一审结果。

附判决书案号：

一审：

（2015）沪知民初字第 19 号　　　　（2014）沪二中民五（知）初字第 3 号

（2015）沪知民初字第 542 号　　　（2014）沪一中民五（知）初字第 135 号

（2015）沪知民初字第 75 号　　　　（2014）沪二中民五（知）初字第 194 号

（2015）沪知民初字第 631 号　　　（2014）沪一中民五（知）初字第 189 号

（2015）沪知民初字第 213 号　　　（2015）沪知民初字第 212 号

（2015）沪知民初字第 717 号　　　（2014）沪一中民五（知）初字第 97 号

（2016）沪 73 民初 66 号　　　　　（2012）沪一中民五（知）初字第 129 号

（2015）沪知民初字第 514 号　　　（2014）沪一中民五（知）初字第 2 号

（2015）沪知民初字第 356 号　　　（2014）沪一中民五（知）初字第 144 号

（2016）沪 73 民初 134 号　　　　 （2014）沪二中民五（知）初字第 186 号

（2016）沪 73 民初 18 号　　　　　（2015）沪知民初字第 93 号

（2016）沪 73 民初 95 号　　　　　（2015）沪知民初字第 45 号

（2015）沪知民初字第 119 号　　　（2015）沪知民初字第 89 号

（2015）沪知民初字第 27 号　　　　（2015）沪知民初字第 144 号

（2015）沪知民初字第 113 号　　　（2014）沪一中民五（知）初字第 177 号

（2015）沪知民初字第 354 号　　　（2015）沪知民初字第 47 号

（2016）沪 73 民初 130 号	（2014）沪一中民五（知）初字第 132 号
（2015）沪知民初字第 272 号	（2014）沪一中民五（知）初字第 84 号
（2015）沪知民初字第 114 号	（2014）沪一中民五（知）初字第 139 号
（2014）沪一中民五（知）初字第 96 号	（2014）沪一中民五（知）初字第 63 号
（2015）沪知民初字第 608 号	（2015）沪知民初字第 145 号
（2015）沪知民初字第 713 号	（2015）沪知民初字第 121 号
（2015）沪知民初字第 81 号	（2014）沪一中民五（知）初字第 178 号
（2015）沪知民初字第 554 号	（2014）沪一中民五（知）初字第 35 号
（2015）沪知民初字第 505 号	（2015）沪知民初字第 53 号
（2015）沪知民初字第 607 号	（2015）沪知民初字第 109 号
（2016）沪 73 民初 132 号	（2014）沪一中民五（知）初字第 195 号
（2016）沪 73 民初 133 号	（2015）沪知民初字第 23 号
（2015）沪知民初字第 286 号	（2014）沪一中民五（知）初字第 201 号
（2015）沪知民初字第 279 号	（2014）沪一中民五（知）初字第 117 号
（2015）沪知民初字第 669 号	（2014）沪一中民五（知）初字第 86 号
（2016）沪 73 民初 129 号	（2017）沪 73 民初 356 号
（2016）沪 73 民初 128 号	（2016）沪 73 民初 841 号
（2015）沪知民初字第 273 号	（2017）沪 73 民初 67 号
（2015）沪知民初字第 668 号	（2017）沪 73 民初 68 号
（2016）沪 73 民初 267 号	（2017）沪 73 民初 65 号
（2015）沪知民初字第 26 号	（2017）沪 73 民初 66 号
（2015）沪知民初字第 154 号	（2015）沪知民初字第 656 号
（2015）沪知民初字第 544 号	（2016）沪 73 民初 833 号
（2015）沪知民初字第 716 号	（2017）沪 73 民初 101 号
（2015）沪知民初字第 85 号	（2017）沪 73 民初 100 号
（2015）沪知民初字第 157 号	（2017）沪 73 民初 60 号
（2015）沪知民初字第 116 号	（2017）沪 73 民初 174 号
（2016）沪 73 民初 131 号	（2017）沪 73 民初 234 号

（2015）沪知民初字第 512 号	（2017）沪 73 民初 30 号
（2016）沪 73 民初 310 号	（2015）沪知民初字第 74 号
（2015）沪知民初字第 20 号	（2017）沪 73 民初 278 号
（2015）沪知民初字第 118 号	（2016）沪 73 民初 20 号
（2015）沪知民初字第 718 号	（2016）沪 73 民初 743 号
（2015）沪知民初字第 626 号	（2015）沪知民初字第 769 号
（2015）沪知民初字第 120 号	（2016）沪 73 民初 492 号
（2016）沪 73 民初 65 号	（2017）沪 73 民初 23 号
（2016）沪 73 民初 135 号	（2017）沪 73 民初 41 号
（2016）沪 73 民初 485 号	（2016）沪 73 民初 759 号
（2015）沪知民初字第 798 号	（2015）沪知民初字第 703 号
（2015）沪知民初字第 604 号	（2016）沪 73 民初 519 号
（2015）沪知民初字第 504 号	（2016）沪 73 民初 576 号
（2015）沪知民初字第 307 号	（2016）沪 73 民初 198 号
（2015）沪知民初字第 305 号	（2016）沪 73 民初 549 号
（2015）沪知民初字第 210 号	（2016）沪 73 民初 550 号
（2015）沪知民初字第 209 号	（2016）沪 73 民初 589 号
（2015）沪知民初字第 185 号	（2016）沪 73 民初 590 号
（2016）沪 73 民初 113 号	（2016）沪 73 民初 399 号
（2016）沪 73 民初 209 号	（2017）沪 73 民初 89 号
（2016）沪 73 民初 166 号	（2016）沪 73 民初 812 号
（2015）沪知民初字第 187 号	（2016）沪 73 民初 774 号
（2014）沪一中民五（知）初字第 131 号	（2016）沪 73 民初 40 号
（2015）沪知民初字第 599 号	（2016）沪 73 民初 405 号
（2015）沪知民初字第 556 号	（2016）沪 73 民初 701 号
（2015）沪知民初字第 427 号	（2015）沪知民初字第 737 号
（2015）沪知民初字第 456 号	（2015）沪知民初字第 735 号
（2015）沪知民初字第 107 号	（2016）沪 73 民初 293 号

（2015）沪知民初字第 106 号　　　　（2016）沪 73 民初 49 号

（2015）沪知民初字第 230 号　　　　（2015）沪知民初字第 752 号

（2015）沪知民初字第 126 号　　　　（2015）沪知民初字第 753 号

（2015）沪知民初字第 153 号　　　　（2016）沪 73 民初 219 号

（2015）沪知民初字第 565 号　　　　（2016）沪 73 民初 220 号

（2015）沪知民初字第 551 号　　　　（2016）沪 73 民初 221 号

（2015）沪知民初字第 550 号　　　　（2016）沪 73 民初 548 号

二审：

（2016）沪民终 258 号　　　　　　　（2015）沪高民三（知）终字第 15 号

（2015）沪高民三（知）终字第 104 号　（2013）沪高民三（知）终字第 71 号

（2016）沪民终 374 号　　　　　　　（2014）沪高民三（知）终字第 118 号

（2016）沪民终 317 号　　　　　　　（2015）沪高民三（知）终字第 6 号

（2016）沪民终 282 号　　　　　　　（2015）沪高民三（知）终字第 20 号

（2016）沪民终 373 号　　　　　　　（2015）沪高民三（知）终字第 48 号

（2015）沪高民三（知）终字第 24 号　（2017）沪民终 316 号

（2016）沪民终 127 号　　　　　　　（2017）沪民终 314 号

（2016）沪民终 316 号　　　　　　　（2017）沪民终 313 号

（2016）沪民终 137 号　　　　　　　（2017）沪民终 332 号

（2016）沪民终 319 号　　　　　　　（2017）沪民终 306 号

（2016）沪民终 292 号　　　　　　　（2017）沪民终 174 号

（2016）沪民终 332 号　　　　　　　（2017）沪民终 173 号

（2016）沪民终 114 号　　　　　　　（2017）沪民终 207 号

（2016）沪民终 165 号　　　　　　　（2017）沪民终 57 号

（2016）沪民终 371 号　　　　　　　（2016）沪民终 481 号

（2016）沪民终 318 号　　　　　　　（2017）沪民终 206 号

（2016）沪民终 115 号　　　　　　　（2017）沪民终 204 号

（2016）沪民终 242 号　　　　　　　（2017）沪民终 205 号

（2015）沪高民三（知）终字第 38 号	（2017）沪民终 148 号
（2016）沪民终 126 号	（2015）沪高民三（知）终字第 90 号
（2016）沪民终 125 号	（2017）沪民终 115 号
（2016）沪民终 124 号	（2016）沪民终 512 号
（2015）沪高民三（知）终字第 79 号	（2017）沪民终 93 号
（2016）沪民终 72 号	（2017）沪民终 100 号
（2016）沪民终 113 号	（2016）沪民终 488 号
（2016）沪民终 106 号	（2016）沪民终 485 号
（2016）沪民终 105 号	（2017）沪民终 41 号
（2016）沪民终 104 号	（2017）沪民终 42 号
（2015）沪高民三（知）终字第 106 号	（2017）沪民终 32 号
（2015）沪高民三（知）终字第 93 号	（2017）沪民终 33 号
（2015）沪高民三（知）终字第 88 号	（2017）沪民终 23 号
（2015）沪高民三（知）终字第 102 号	（2016）沪民终 427 号
（2015）沪高民三（知）终字第 70 号	（2016）沪民终 510 号
（2015）沪高民三（知）终字第 48 号	（2016）沪民终 471 号
（2014）沪高民三（知）终字第 62 号	（2016）沪民终 463 号
（2015）沪高民三（知）终字第 50 号	（2016）沪民终 451 号
（2014）沪高民三（知）终字第 45 号	（2016）沪民终 453 号
（2015）沪高民三（知）终字第 17 号	（2016）沪民终 434 号
（2015）沪高民三（知）终字第 35 号	（2016）沪民终 435 号
（2014）沪高民三（知）终字第 90 号	（2016）沪民终 422 号
（2015）沪高民三（知）终字第 9 号	（2016）沪民终 416 号
（2014）沪高民三（知）终字第 65 号	（2016）沪民终 423 号

专题报告

移动互联网环境下文学作品的保护

胡建文

摘　要：移动互联网环境下的文学作品主要指在智能手机等移动智能设备显示的文学作品，具有体量大、全球化、文娱产业链源头等特点。由于侵权难发现、难取证、难赔偿等因素，移动互联网环境下文学作品的侵权呈现出传统侵权方式移动化、APP 侵权是主流、恶意搜索侵权为主导等新形式。需要构建以规范化建设为根本，以反盗版等新技术为手段，以联合执法为抓手，以司法保护为保障的综合一体化方式保护移动互联网环境下文学作品，以促进文化大繁荣大发展。

关键词：移动互联网　文学作品　知识产权保护

随着网络技术的不断发展和智能手机、平板电脑、电子书阅读器等移动智能设备在国内的持续普及，互联网已经从 PC 端模式进入了移动互联网时代。据中国互联网络信息中心统计，截至 2018 年 6 月，我国网民规模为 8.02 亿人，其中手机网民规模为 7.88 亿人，网民中使用手机上网人群的占比提升至 98.3%❶。作为移动互联网主要应用的之一的文学作品阅读，近年来紧随信息技术的发展步伐而也得以快速壮大。据艾瑞咨询的调研数据，2015—2016 年，中国网络文学用户最主要的阅读设备是手机，其中正版网络文学用户的普及率接近 90%，盗版网络文学用户的普及率在 80% 上下。高出电脑渠道 10%—20%。加上平板电脑和 Kindle 等电子书阅读器渠道的渗透，网络文学已经从 PC 时代进入了移动互联网时代❷。在我国文化产业大繁荣大发展的背景下，移动互联网时代下的文学作品从小众免费体验到全球付费阅读，但我们对其快速壮大感到欣喜的同时，也应当发现文学作品的侵权传统方式还在蔓延之际，移动互联网时代出现的全新侵权方式不断涌现，有必要对其特点进行梳理，进而着力寻求解决之道。

一、移动互联网环境下文学作品的特点

传统的文学作品发表一般是作者写好作品后，交由出版社出版。在全民上网时代，在中国诞生了新的文学创作模式——网络文学，即作者直接在网络上连载自己的作品。自 1998 年我国网络文学初创开始，关于网络文学的定义就纷繁复杂、莫衷一是。本文

作者简介：胡建文，华东政法大学博士研究生，研究方向：知识产权法。

❶ 详见中国互联网络信息中心 2018 年 7 月发布的《第 42 次中国互联网络发展状况统计报告》，http://www.cnnic.net.cn/gywm/xwzx/rdxw/20172017_7047/201808/P020180820603445431468.pdf，2018 年 9 月 9 日访问。

❷ 详见艾瑞咨询 2017 年 4 月发布的《2016 年中国网络文学版权保护白皮书（简版）》，http://www.iresearch.com.cn/report/2971.html，2018 年 9 月 9 日访问。

认为，网络文学有狭义和广义之分，狭义的网络文学指通过网络设备第一次在网络上发布、并及时更新的作品。广义的网络文学不仅仅包含了狭义的网络文学，还包括通过诸如书面等传统方式发表了的文学作品在网络上再次呈现和已经创作完成了的文学作品首次且一次性在网络上发表的文学作品。随着移动互联网时代的到来，人们的阅读习惯越来越趋向于移动端，作品的呈现方式也更多地出现在手机、平板电脑、电子书阅读器等移动设备，本文将在移动端呈现的文学作品称之为移动网络文学，正如网络文学的定义有狭义和广义之分，移动网络文学也有狭义和广义的区别，定义与网络文学类似，本文以下探讨的是广义的移动网络文学。文学作品新的呈现方式必然体现出不同的特点。

1. 体量大。网络文学初期的免费模式早已不能适应行业的发展，现在以 VIP 收费模式为主，基本达到了读者愿意看、作者乐意写、平台实意干的效果，真正实现了读者、作者、平台三者的共赢。读者的热爱催生了作者的创作热情，加之读者粉丝的吸金效应和网络文学需要更新快的特性，产生了大量的作者和巨量的作品。据北京市新闻出版广电局局长杨烁介绍，截至 2016 年底，中国网络文学日均更新文字量超过 1.5 亿字，年上线作品超过 100 万种，国内网站签约作者达到 250 万人，另有超过 2000 万人在网上不定期创作❶。在移动互联网时代，网民泛阅读、浅阅读的特性愈加明显，对移动网络文学的需求量大增；移动设备的便捷性和广适用性，使作者随时随地可以写、随时随地可以上传，为移动网络文学的巨量产生提供了基础；同时移动网络文学的作者众多，读者的黏性较差，作者只有不断地创作出大量的精品移动网络文学，并及时更新，才能吸引住要求越来越高的读者，也为作者自身带来丰厚的报酬。这些都是产生巨量移动网络文学的因素。随着我国文化产业走出去的大力推进，我国移动网络文学步入全球化的步伐必将加快，移动网络文学的体量也将继续快速增长。

2. 全球化。我国的网络化进程较短，1995 年才第一次接入互联网。但互联网发展速度非常快，截至 2018 年 6 月，我国 IPv4 地址数量为 3.38 亿个，IPv6 地址 23555 块/32。我国网站总数为 544 万个，".CN"下网站数为 331 万个，国际出口带宽为 8826302Mbps。2018 年 1 月至 6 月，移动互联网接入流量消费累计达 266 亿 GB，同比增长 199.6%❷。尽管发展快，但总体上，这些年在互联网领域我国一直处在追赶先进国家技术阶段。近年兴起的移动互联技术，我国的技术水平基本与国外的先进技术不相上下。网络技术是网络文学的基础。我国网络文学的发展状况与网络技术的发展是相辅相成的。网络文学刚开始是非主流的、小众的，发展到现在的主流文学、大众文学；从发展初期的零碎化、个人化，到如今成熟期的专业化、集团化。移动网络的目标之一是实现全球随时随地的互联互通，移动网络文学以其新奇、更新快等特点成为了中国网民新的文化消费不可或缺的一部分；随着我国经济实力、文化影响力在全球的进一步提

---

❶ 参见《2016 年中国网络文学市场规模达到 90 亿元》，http://news.163.com/17/0811/16/CRIRNS2Q00018AOQ.html，2018 年 9 月 10 日访问。

❷ 参见《2016 年中国网络文学市场规模达到 90 亿元》，http://news.163.com/17/0811/16/CRIRNS2Q00018AOQ.html，2018 年 9 月 10 日访问。

升，移动网络文学也开始走出国门，进入了全球化时代。2017年5月15日，阅文集团旗下的起点国际正式上线，旨在为海外读者提供最全面内容、最精准翻译、最高效更新及最便捷体验的移动网络文学。起点国际以英文版为主打，将逐步覆盖泰语、韩语、日语、越南语等多语种阅读服务，并提供跨平台互联网服务。除了 PC 端外，Android 版本和 iOS 版本的移动 APP 也已同步上线❶。

3. 文娱产业链源头。近年来，《锦绣未央》、《花千骨》、《择天记》等一大批电视剧的火热，进一步带动了网民对网络文学的热情，更让大家对网络文学的价值有了重新的认识。移动网络文学不仅体量大，而且类型各异，有穿越类、盗墓类、玄幻、仙侠类等细分类型。这些种类繁多的移动网络文学日益成为各个内容领域改编和制作的源头。移动网络文学中的精品拥有大量的粉丝，这为影视、动漫、游戏等的再次开发奠定了众多客户资源；随着我国国民财富的持续增长，在物质生活得到满足的情况下，对于精神生活的追求不断增加，对文化的需求也越来越多元化。目前，移动网络文学在以下领域成为了再次创作、改编的源头，一是电影、电视剧、动漫、游戏和有声书等新 IP 的改编；二是纸质书籍、周边等实体物的衍生开发；三是作为动漫作品、影视作品等内容的二次开发创作的载体；四是移动网络文学中的人物名称、嗜好、个性、经典台词等广受欢迎的词句成为注册商标、商业标识、商号的重要组成部分，为其他商业开发提供优质 IP。据不完全统计，截至 2016 年 12 月，中国 40 家主要网络文学网站已出版实体图书 6443 部，改编电影 939 部，改编电视剧 1056 部，改编游戏 511 部，改编动漫 440 部❷。很多改编和再次创作的作品，取得了巨大的成功，如《盗墓笔记》系列电视剧等。

二、移动网络文学侵权主要表现

文学的天敌就是盗版。回顾版权的产生和发展历史，就是一部与盗版相关行为作斗争的历史。网络为人类带来极大便利性的同时，也大大降低了复制等侵权的成本。网络文学从诞生那天起就遭遇盗版的侵袭，在进入移动互联网时代的今天，随着深度链接、聚合搜索、私人分享等技术的运用，移动网络文学的侵权呈现手段隐蔽化、产业链条化、分工专业化等特点，给权利人造成巨大的经济损失。根据艾瑞咨询网络文学损失模型，2016 年全年，盗版网络文学如果全部按照正版计价，PC 端付费阅读收入损失将达到 29.6 亿元，移动端付费阅读收入损失达 50.2 亿元，合计 79.8 亿元❸。由此可见，移动网络文学的损失比网络文学的损失大得多。移动网络文学的侵权主要表现如下：

1. 传统侵权方式移动化。传统侵犯文学作品的方式主要是通过建立网站将他人享有著作权的文学作品免费供他人阅读下载，网站创建者利用盗版的文学作品吸引大量的

---

❶ 参见《起点国际正式上线 阅文集团助推文化一带一路》，http://www.donews.com/news/detail/4/2953096.html，2018 年 9 月 10 日访问。

❷ 参见《2016 年中国网络文学市场规模达到 90 亿元》，http://news.163.com/17/0811/16/CRIRNS2Q00018AOQ.html，2018 年 9 月 10 日访问。

❸ 详见艾瑞咨询 2017 年 4 月发布的《2016 年中国网络文学版权保护白皮书（简版）》，http://www.iresearch.com.cn/report/2971.html，2018 年 9 月 9 日访问。

网民，使该网站有足够的流量，再与广告联盟等合作，通过流量产生的溢出效应来赚取非法报酬；盗取他人的文学作品采取的措施主要有盗复、盗打、盗贴。盗复指未经授权，将他人在互联网上享有著作权的文学作品直接通过复制、粘贴手段拷贝到自己的网站；盗打指未经授权，将他人享有著作权的文学作品通过再次输入、产生与原著内容基本一致的手段呈现在自己的网站；盗贴指未经授权，将他人享有著作权的文学作品通过图片的形式显示在自己的网站。在移动互联网时代，拷贝技术、输入手段、截屏方式更加方便、更加准确、更加多样，侵权者将传统的侵犯著作权方式运用到移动端，更加容易实现盗版，也更难获取侵权证据。另外，传统的侵犯著作权方式还包括贴吧、论坛、网盘等，在移动互联网时代，这些方式也在蔓延，通过网盘分享等方式侵权更隐蔽、更不易察觉。盗复、盗打、盗贴等侵权方式以其盗版速度快著称，号称"秒杀"，即著作权人刚上传新的文学作品，马上就被这些方式侵权了。在移动互联网时代，这些传统的侵权方式依据占了很大的比例。

2. APP 侵权是主流。APP 是移动互联网时代下移动终端的应用程序，不论是 Android 系统还是 iOS 系统，都只是提供系统服务，各种丰富多彩的应用需要大量的 APP 提供，如同 PC 端的软件。人们越来越习惯从 APP 上寻找自己感兴趣的内容，在极光大数据发布的 2017 年第一季度手机行业分析报告中，就特别提到了手机 APP 安装情况，国内高中端机型每台手机平均安装的 APP 数量分别为 56 个、52 个❶。移动网络文学 APP 有文学种类多、数量多，更新快，阅读体验佳，可随时随地阅读等特点，吸引了众多网民通过 APP 阅读各种移动网络文学。需求是最大的生产力，这句话也适合盗版活动。盗版者通过收集各种移动网络文学，再制作在 APP 上，加以推广，吸引众多人下载，并实时更新，用以此产生的流量来发布广告等方式赚取利润；有些移动网络文学 APP 直接伪装成官方、正版 APP，以收费的方式获取利润。APP 制作简单、成本很低、下载渠道众多、来源难查找，为 APP 侵权移动网络文学提供了必要的技术支撑，已经成为了侵权的主流。

3. 恶意搜索侵权。搜索引擎是互联网的重要运用之一，人们通过搜索引擎可以在全世界范围内找到自己想找的内容，在我国人们习惯上通过百度、搜狗等工具实现搜索功能。通过搜索引擎也能找到网络文学，一般是找到网络文学的链接，再进入被链接的网站进行阅读，当然这些链接有些是正版的文学作品有些是盗版的文学作品，但搜索引擎一般不会直接侵犯文学作品的版权。在移动互联网时代，也有搜索功能，有通过网页形式实现的，也有通过 APP 方式实现的，且现在没有形成主要的大众化的搜索习惯，有非常多的移动搜索工具供大家选择，功能上也划分的很细，有专门搜索 APP 的搜索工具，有专门搜索移动网络文学的搜索工具。移动终端相对来说比较小，显示不了太多内容，加之深层链接、多层链接技术的快速发展，很多移动搜索工具干脆不显示内容的来源，经过优化后直接将内容显示在移动终端，这样搜索工具将本来应该在经过再次链

---

❶ 详见《手机里有多少 APP？看到调查报告惊呆了!》，http://news.k618.cn/tech/201704/t20170417_11036588.html，2017 年 9 月 11 日访问。

接后在正规移动网页上显示的移动网络文学,直接在移动搜索工具网页上经过优化显示出来了,读者也是在移动搜索的网页上阅读,这实质是一种恶意搜索。对于读者来说,他不管移动网络文学内容来源于何处、是否经过优化,关注的是否方便阅读、能否快速阅读,恶意搜索显示的内容契合了读者的偏好,加之是否侵权、侵权的数量还没有统一的标准,为恶意搜索的不当发展提供了空间。因此,恶意搜索成为侵犯移动网络文学的顽疾。

三、移动网络文学的保护路径

在移动网络文学成为主流化、大众化、国际化的大趋势下,我国移动网络文学的繁荣快速发展得到了前所未有的关注,对于侵犯移动网络文学的问题也得到了极大的重视。作为移动网络文学行政主管机关的国家版权局这几年花了大力气来解决盗版问题。如2015年10月,国家版权局下发了《关于规范网盘服务版权秩序的通知》,导致众多互联网服务提供商停止提供网盘服务,基本解决了网盘存储、分享侵犯移动网络文学的问题;2016年11月,国家版权局下发了《关于加强网络文学作品版权管理的通知》,明确了通过信息网络直接提供文学作品的网络服务商和为用户通过信息网络传播文学作品提供相关网络服务的网络服务商的责任,要求这些网络服务商建立健全包括侵权处理机制、版权投诉机制、通知删除机制和上传审核机制在内的工作机制,从源头上切断侵犯移动网络文学的行为。在建章立制的同时,国家版权局联合国家互联网信息办公室、工业和信息化部、公安部于2016年7月至11月开展"剑网2016"专项行动,将网络文学侵权盗版作为本次行动的工作重心,活动期间各地共查处行政案件514起,行政罚款467万元,移送司法机关刑事处理33件,涉案金额2亿元,关闭网站290家❶。移动网络文学相关行业也不甘落后,继2016年7月起点中文网、创世中文网、红袖添香、晋江文学城、掌阅文化、大佳网等全国50余家重点文学网站共同签署《网络文学行业自律倡议书》后,2017年8月掌阅科技、中文在线和百度阅读等多家网络文学企业、平台单位和多名网络作家共同发起宣布了《中国"网络文学+"大会北京倡议》。这些措施取得的成效有目共睹,但盗版技术也在不断发展,侵犯移动网络文学的新方式、新情况不断涌现,需要通过技术、行政、司法等方面的综合治理方式加以解决。

1. 以规范化建设为根本。在我国知识产权产生和发展过程中,行政管理发挥了积极重大的作用,从知识产权规则的建立、市场的规范等方方面面,无处不显现我国知识产权行政管理的身影。尽管到目前,在知识产权的保护方面,形成了司法和行政"双轨"格局,但知识产权的行政管理职能却无法替代,特别是在移动互联网时代,面对新问题、新环境、新情况,需要依靠行政决策快、行动快、成效快的特点迅速建立起适应时代发展的规则制度。移动互联网时代,新的商业模式、新的技术措施层

---

❶ 详见艾瑞咨询2017年4月发布的《2016年中国网络文学版权保护白皮书(简版)》,http://www.iresearch.com.cn/report/2971.html,2018年9月9日访问。

出不穷，且更新极快，国家法律的制定却要平衡各方利益，无法适应快速变化的新时代，如《著作权》的修订历经数年还未完成。但明显的大量违法行为却不能等待法律的修订，这时行政管理中的规范化建设正好填补了空缺，为解决移动互联网时代存在的侵权等行为提供了平台。如国家版权局下发的规范网盘服务的通知、建立网络版权"黑白名单"制度、版权侵权预警机制等方式取得了良好的效果，可以引入移动网络文学保护领域。移动网络文学毕竟是新兴事物，还处在发展期，在规范化建设的道路上，要摒弃"一放就乱、一管就死"的老路，走发展与保护相统一的新路，既要促进移动网络文学的发展，又要严管侵犯移动网络文学的行为。以移动网络文学的规范化建设为根本，不仅能够促进移动网络文学的大繁荣大发展，而且能够最大限度地减少盗版的形成。

2. 以新技术为主要手段。移动浏览器的聚合功能、移动搜索的转码功能等技术的应用，使移动网络文学的盗版情况更加隐蔽和复杂；大数据、云计算的运用，使得盗版者的踪迹更加难以追踪；微信等社交APP的转发、分享等功能，使盗版行为更加难以追究。在规范化建设中建章立制的基础上，要让反盗版的新技术成为保护移动网络文学的主要手段。"让技术的问题用技术来解决"。如利用反爬虫技术限制爬虫软件获取正版资源，利用可溯源技术查找盗版的源头，利用拥有大量正版移动网络文学数据的软件自动删除、预警相关盗版文学和盗版者。以反盗版的新技术来保护移动网络文学的主要手段，一方面要大力鼓励创新创造新的反盗版技术，依靠技术手段来切断盗版中的每一个链条，突破"避风港"和"技术中立"的限制；另一方面要推广反盗版的新技术，使政府监管机构、大中型网站、一些重要节点、主要APP运用这些技术，让盗版寸步难行。

3. 以联合执法方式为抓手。我国的行政权很大，特别是行政执法权，有利于高效打击各种违法犯罪活动。在知识产权保护领域，行政执法发挥了主要作用，即使在强调司法保护起主导作用的今天，行政执法在知识产权的保护方面还是发挥着重大作用。对知识产权权利人来讲，行政执法具有启动快、见效快、效果好、费用低等特点，成为了权利人寻求救济的首选。我国行政权分散，而知识产权违法犯罪又涉及多个领域，需要成立联合执法小组来打击盗版侵权等活动。在移动互联网时代，还涉及网页的关停、域名的更改等问题，需要网络部门的参与配合，如移动网络文学的保护，就需要网络监管部门、电信管理机构、版权管理单位、公安执法机关等的联合执法。联合执法可以发挥各自优势、避免相互扯皮，形成合力、重拳打击违法犯罪活动。经验表明，联合执法的结果都是硕果累累。移动网络文学的保护，也需要把联合执法作为打击盗版的抓手，但要注意把握分寸，处理好创新与盗版的界限，以审慎执法的原则处理相关事务。

4. 以司法保护为坚强后盾。司法具有终局性、中立性等特点，平等对待双方当事人，作出令人信服的裁决。因此，司法裁判是世界知识产权组织规定的最终纠纷解决方式。然而，我国知识产权审判的审理周期长、证明标准高、赔偿额度低、执行不到位、标准不统一等问题备受诟病，知识产权的司法保护一直得不到认可。但随着我国知识产权战略的实施,以"大众创业、万众创新"为特点的创新驱动推动经济、社会、科技等领域的发展,知识产权的审判有着大跨步的发展,2015年正式运作的北京、上海、广州知识产权法院实现了知识产权的专门化审理,为审判标准的统一迈出了坚实的步伐;最高人民法院近年发布的司法解释、指导性案例为证明责任的分配、赔偿数额的计算指明了具体的路径;2017年8月成立的杭州互联网法院可期待审理期限的大幅度缩短;正在开展的"用二三年时间基本解决执行难"活动让判决有着落了。这些均是司法在知识产权保护方面起主导作用的具体体现,越来越多跨国企业选择中国作为知识产权的诉讼地。移动网络文学作为我国的独特现象,司法在运用法律解决纠纷过程中形成的具体法条适用规则,能为移动网络文学的保护提供最明确的保护指导。

知识产权认知困境：科技成果转化新政落地的障碍之一

——基于高校和科研机构的实证研究[1]

刘 朝

摘 要：实证研究显示，高校和科研机构创新主体对知识产权认知度不高，其成因出了通识教育和培训的问题，在我国高校和外部产业间存在独有的"两极构造"：学术研究与外部市场目标关联弱、大学科研机构和产业间知识产权要素互动少、大学科研机构的技术转化体系缺乏市场和社会的协同塑造。这样的两极构造与各种显性隐性障碍交织会存续较长时间，建议通过"通达民情，化育人心"的普及方式、体制内构建沟通交流途径和重视社会组织的力量来缓解。

关键词：知识产权认知 科技成果转化 产学研合作 隐性障碍

改变科技成果转化效率低下的痼疾是国家的现实需求，也是知识经济时代社会发展的基石性问题。近期国家密集出台了以《促进科技成果转化法修正案》为代表的一系列促进科技成果转化的政策[2]，显示了国家层面制度变革的决心和力度。但是，国家政策落地难仍是困扰高校和科研机构的主要症结。国家科技成果转化政策落地难的因素是个不能简而言之的复杂问题，考虑到"意识是行为的先导"，本文首先从知识产权认知状况谈起。

按照制度变迁理论，"人们是通过某些先存的心智构念来处理信息和辨识环境的。先存的心智建构帮助人们解读环境并解决所面对的问题。"[3] 对知识产权的辨识基于对知识产权的基本认识。近年来，各方面的宣传和政策表明，我国政府及其各部门越来越重视知识产权的普及教育，积极推动知识产权的普及教育工作的开展，企业、高校、科研单位等在政府的不断推动下，也较过去更加积极地参与知识产权政策制定、管理和推

作者简介：刘朝，中国科学院大学公管学院法律与知识产权系副教授，法学博士，中国科技法学会人工智能专委会副主任兼秘书长，中国科技法学会常务理事，中国知识产权研究会理事。

[1] 基金项目：国家"地壳探测工程"第八项目课题"专利管理方案及大科学管理理论与实证研究"（项目编号SinoProbe201311191-03）的阶段性成果。

[2] 例如：2015年3月13日"中共中央国务院关于深化体制机制改革加快实施创新驱动发展战略的若干意见"；2014年1月9日，北京市制定出台关于《加快推进高等学校科技成果转化和科技协同创新若干意见（试行）》（"京校十条"）；2014年9月26日，《财政部、科技部、国家知识产权局关于开展深化中央级事业单位科技成果使用、处置和收益管理改革试点的通知》；2014年12月3日，国务院常务会议决定把中关村试点政策中的6项向全国推广，4项向其他的国家自主创新示范区推广等。

[3] 道格拉斯·C. 诺思著，杭行译：《制度、制度变迁与经济绩效》，格致出版社、上海三联书店、上海人民出版社2014年版，第23-24页。

广的工作，并积极与各国和国际组织展开广泛的交流与合作。但实际上，在这样的背景下，暂时还少见对于中国民众特别是作为科技发展中流砥柱的科研人员的知识产权实际认知程度的相关实证研究。这也正是笔者开展关于科研人员对知识产权认知的调查的原因和目的所在。本文通过分析一系列实证调查数据，描述我国科研人员对于标准化与知识产权的认知状况，探求认知对与科技成果转化政策落地的障碍以及改进策略，以期引起相关部门或人员的注意。

一、知识产权认知状况的调研数据

（一）某研究型大学教师的调研数据

新政策的激励对象主要是创新主体，为了解创新主体的相关意愿和认知现状，笔者于2016年在某研究型大学（该大学是我国知名大学中，属于"期望获得影响和仿效的大学"[1]）科研人员中进行了问卷调查和实地调查及访谈。本次调查共回收问卷101份，其中有效问卷99份，问卷有效回收率为98.0%。

问卷调查的样本中男女比例分别为77.2%和22.8%；35—55岁占调查比例的72.3%，其中35—44岁占50.8%，45—55岁占21.5%；被调查者的职称以教授（或等同级别）为主，占66.7%，副教授（或等同级别）占18.3%；在研究领域方面，属于基础研究的占52.3%，应用基础和应用研究以及技术开发占48.7%。

1. 对知识产权的认知度不高。知识产权是法律为创新主体获得利益回报而设置的权利，调查显示，有90%以上的被调查者表示对知识产权有一定程度的了解，但了解程度较高的只有21.9%。同时调查显示，对于知识产权和其研发工作的关系，只有6.2%的被调查者表示完全没有关系，而13.8%和60.0%的被调查者分别表示知识产权与其研发工作有着一般的关系和比较密切或非常密切的关系。这些数据表明，虽然被调查者的研发和知识产权的关系关联程度高，但他们对知识产权的了解程度并不高。

2. 对成果转化关注程度高。教师对成果转化的关注可以从"是否关心成果转化"和"对研发成果的期望"这两个方面体现出来。调查显示，有51.6%的高校教师表示对成果转化比较关心或非常关心，而表示不关心的比例只有4.7%，同时还有12.5%的教师表示"有点关心"，31.3%的教师表示"一般关心"。至于在研发中对未来成果的期望，40.0%的教师表示期望获得知识产权并产业化，而仅期望获得知识产权的只有15.4%，同时有70.8%[2]的教师期望发表论文。可见，大部分研发一线的教师对成果转化的关注程度比较高，只是没超过对论文的关注。

3. 成果转化方式选择上体现出对外部企业的依赖。科技成果转化是创新主体和市场主体之间持续双向的互动过程，互动过程中间在高校端涉及的群体是有层次的：个人（发明人或设计人、专门从事成果转化的人、各级管理人员等）、群体（研发团队、转化团队、技术承载方相应团队等）、单位、地区以至国家，高校教师作为成果的发明人

---

[1] ［美］菲利普·G. 阿特巴赫著，蒋凯主译：《高等教育变革的国际趋势》，北京大学出版社2009年版，第75页。

[2] 由于对未来研发成果的期望是多项选择题，各项之和不限于100%。

或设计人,是这些群体的起点。调查显示,46.2%的教师选择"专利转让或授权",在各选项中比例最高且遥遥领先,选择与外部企业合作运营和学校专利运营机构运作的各占12.3%,选择自己运作和外包给专门的运营公司的最少,均为1%。选择专利转让或授权以及与外部企业合作运营都体现了对作为成果使用方的外部企业的期望和依赖,同时绝大多数不愿意自己创业。

4. 研发经费来源于企业的比例低。据调查,主持或参加课题的主要委托方中,选择政府的占据了81.5%,选择企业的只有2%。这样的课题来源构成说明,科技成果的产出绝大多数并不是基于市场的直接需求。

(二) 某大科学项目科学家的知识产权认知

以下数据是我们于2011年1月对某大科学项目科研骨干人员的知识产权调查。在参加该大科学项目的1000余位科研人员中,符合我们界定的调查范围的骨干研究人员约280人。我们随机抽取了其中约50%,进行了问卷调查和深度访谈。共发放和回收问卷138份,其中有效问卷106份,有效回收率为76.8%。

本次调查的样本中男女比例分别为83.1%和16.9%;25—55岁占调查比例81.1%,其中25—35岁占32.2%,45—55岁占30.0%;被调查者的职称以研究员(或等同级别)为主,占50.6%,副研及助研级别各占16.0%;在研究领域方面,属于基础研究的占35%,应用基础研究的占40%,应用研究的占23%,技术开发的占11.3%,其他占3.8;在项目的层级中担任项目负责人的占16.5%,课题负责人占42.5%,子课题负责人占17.5%,其他管理人员占15%,无职务的骨干人员占18.8%❶。

调查显示,分别有84.2%以上的被调查者表示对专利有一定程度的了解和关注,但了解程度较高的只有13.7%。对于专利和研发的关系,只有1.9%的被调查者表示完全没有关系,而40.4%和57.7%的被调查者分别表示专利与其工作有着一定关系和比较密切及非常密切的关系。这些数据一方面验证了他们对专利的重视,同时也说明他们对专利的了解程度并不高。

从了解知识产权的途径来看,媒体宣传和个人兴趣是影响科研人员了解知识产权的主要影响因素(见表1)。在对知识产权最新动态的关注途径上,一半以上的被调查者趋向于通过通过大众媒体进行关注,同时还有27.1%的科研人员会选择通过专业的知识产权媒体来了解(见表2)。

表1　　　　　　　　　　科学家了解知识产权知识的途径

了解途径	媒体宣传	自学	培训	自费学习
人数	56	31	4	4
百分比	63.6%	35.2%	4.5%	4.5%

---

❶ 在研究领域及职务方面,本研究考虑到研究领域的交叉性及研究职务的多重性,这两个调查题目以多选题方式进行选择,所以选择百分比相加可能不等于100%。

表2　　　　　　　　　科学家关注知识产权最新动态的途径和方式

动态关注途径	大众媒体	专业的知识产权媒体	参加相关培训	定制相关邮件列表	其他
人数	34	16	4	2	5
百分比	57.6%	27.1%	6.8%	3.4%	8.5%
信息获取方式	数据库	专题培训	个性化推送	主体代理检索服务	其他
人数	51	27	14	12	3
百分比	50.5%	26.7%	13.9%	11.9%	3.0%

表3显示，在对成果产业化的关注程度上，尽管被调查者在学科领域的应用性程度上存在一定的差异，仍有高达69.3%的被调查者表示比较或非常关心自己研究成果的产业化，而表示不关心的只有1%。同时调查显示，这种关心在技术开发领域中的科研人员身上体现得尤为明显，在所调查的技术开发群体中，几乎全部的被调查者表示自己比较或非常关心自己研究成果的产业化。

表3　　　　　　　　　对成果产业化的关注程度

			频率	有效百分比	累积百分比
有效		不关心	1	1.1	1.1
	9.1	有点关心	7	8.0	
	30.7	一般	19	21.6	
	77.3	比较关心	41	46.6	
	100.0	非常关心	20	22.7	
		合计	88	100.0	

二、知识产权认知困境的成因分析

（一）通识教育和专门培训的问题短期难以扭转

调查显示创新主体对于知识产权的认识，主要来自媒体的宣传报道而不是在学习阶段的教育以及专门的培训。之前很多学者已经注意到的，我国高校的非法学专业很少开展知识产权通识教育，为此2007年，来自60多所高校的近百名知识产权教师曾共同发出了《关于推进高等院校知识产权公共必修课程的倡议书》。2008年《国家知识产权战略纲要》正式颁布实施，知识产权上升为国家战略。《国家知识产权战略纲要》提出"在高等学校开设知识产权相关课程，将知识产权教育纳入高校学生素质教育体系"，同时指出"大规模培养各级各类知识产权专业人才，重点培养企业急需的知识产权管理和中介服务人才"。也是自这一年起，"知识产权"被全国工程硕士专业学位教育指导委员会增列为工程硕士的必修课之一，显示了国家对研究生知识产权通识教育的特殊重视。

但是，一方面我国高校的通识教育普遍存在实效不够理想的状况，其根源在与我国现阶段高等教育教学质量的问题；另一方面科学家难以有精力接受知识产权培训而且社会中介力量的薄弱也影响了培训设计和普及，这就决定了通识教育和专门培训的问题短期难以扭转。

（二）我国高校和科研机构独有的"两极构造"

我国高校、科研机构和企业各为一极，两极之间，既缺乏密切交流合作的传统和经验，也未曾普遍出现过有效的交互流动。庞大而复杂的各类企业仍将通过薄弱的成果转化机构而与分散、孤立的大量科研人员相联结，既缺乏有效的中间组织，也缺乏知识产权和技术信息的顺畅沟通，因而呈现出一种特殊的脆弱性。由于种种原因，现有的两极构造将长期存续。而能填补两极之间空缺的，只能是逐步成长的各类中介性的成果转化队伍。两极构造的成因主要有：

1. 学术研究与外部市场目标关联弱。根源主要在于研发经费主要来自于政府和国有机构，对于基础研究这是正常情况，但是对于应用基础研究、应用研究和技术开发则有一系列的负面效应，是市场在高校科技资源方面无效性的突出症结之一。这既不利于产出具有实用价值能提高生产力水平的科研成果，也不利于对所产生的科技成果进行后续试验、开发、应用、推广直至形成新产品、新工艺、新材料，发展新产业等。

2. 大学和产业知识产权要素的互动少。除了经费来源，在成果形式、转化收益、市场融入等方面，科研人员体现出关注和期望，但不愿介入。这样的局面将直接导致高校和业界的创新及知识产权要素互动少。新业态和新技术变革需要大学和业界创造出新观念、新技术、新产品、新模式，而这些创新离不开高校和业界以及全社会的对话、互动、碰撞和切磋，离不开各个创新主体之间基于各自的背景、氛围和价值取向所产生的创新要素之间的高频互动。

3. 大学科研机构的技术转化体系缺乏市场和社会的协同塑造。前述的经费来源和交流沟通问题，根源在于创新主体的协同性缺乏。科研人员不愿意介入市场，业界人员也不愿或者不能介入大学的创新。虽然市场力量随着教育产业化进入校园的教育环节，但并未真正介入科技创新过程中。高校的成果转化体系需要市场和社会力量的塑造，需要科研机构、高校、企业、创客等主体协同。对于让市场力量塑造大学的成果转化体系，国家政策近期给予了重视❶，但难点仍然在落地。需要特别指出的是，这些推进产学研合作的协同行动，关键在于人，最重要的主体性协同，而不是客体协同。

---

❶ 《促进科技成果转移转化行动方案》，教育部、科技部《关于加强高等学校科技成果转移转化工作的若干意见》，教育部《促进高等学校科技成果转移转化行动计划》等。

三、认知状况何以阻碍新政落地

(一) 影响参与意愿

上述数据显示,高校教师和科学家对成果转化的关注度高但对知识产权的认知度低。同时双变量列联分析结果显示,这种关心在技术开发领域中的科研人员身上体现尤为明显。但值得注意的是被调查者对知识产权了解程度较高的只有13.7%[1],这说明被调查者虽然高度关注知识产权,但对于知识产权成果的产业化能给他们带来什么未必真正了解。此外调查显示科学家之前在科研实践中的经历也未呈现与知识产权认知的相关性,这些数据说明科研人员对知识产权和技术转化的认识和责任并没有持续地培养起来,他们不了解知识产权,也就不可能充分了解知识产权在成果转化中的价值和回报。

(二) 各种显性隐性障碍复杂的交织作用

问题并不到此为止。在笔者另一项以成果转化意愿作为因变量的Logistic回归分析结果显示,在基于外在因素设计的自变量中,未发现与成果转化意愿有显著相关性的因素,也就是说被调查者的成果转化意愿,这些外在的影响因素并不是决定性的,我国成果转化的主要障碍不是显性因素而是隐性因素。我国成果转化既受很多其他制度安排的影响,也有非制度性障碍的禁锢。成果转化的困境,没有简单的解。转化法之外的各种制度、文化、风俗、历史等等,也设置了种种束缚和限制,这些隐性因素,并不是借用某些法律政策的修改就可以快速改变的,而知识产权认知缺乏这一关键症结,与各种隐性因素交织在一起,共同阻碍着国家政策的落地。

四、几点建议

1. "通达民情,化育人心"的普及方式。"知识产权制度是近代科学技术和商品经济发展的产物",在西方已有三四百年的历史,而在中国是20世纪80年代初随着改革开放而诞生的。意识培养本就是"成功在久不在速"的事业。知识产权通识教育基础薄弱,缺乏先有教育,因此"通达民情,化育人心"的基础意识培育仍然是全社会知识产权宣传教育的主要任务。

特别需要指出的是,"通达民情,化育人心"的宣传和教育首先应该摒弃的是急功近利的短视效应和对知识产权作为政绩工具的种种追求。

2. 体制内构建两极充分沟通的途径。破除象牙塔的隔绝,在高校和科研机构内建立多种途径的和企业以及市场的沟通融合途径。值得借鉴的是日本的《研究交流促进法》(1998)鼓励国家研究机构的研究人员到民间企业参加共同研究,国立研究机构的设施设备向民间企业研究人员开放,接受他们参加协作研究项目,促进产、学、官各机构在人、物以及信息方面相互交流与协作。还有英国"联系计划"(1986年)[2],"知识

---

[1] 参见笔者文章《大学学骨干人员专利意愿及影响因素的实证研究》,载《科学管理研究》,2013年第2期。

[2] 英国首相直属的科学技术办公室鼓励小企业参与的产学研结合计划,旨在支持大学、科研机构和企业界对具有潜在商业价值的前瞻性研究进行合作研发。

转移合作伙伴计划"（简称 KTP）❶，加拿大联邦政府《通过创新和合作来创造就业和增长》文件❷等。

3. 重视社会组织的力量。我国的两极构造有可能存续较长时期。其原因主要有两点：第一，从高校内部观念上对市场力量存在排斥。现在大家对教育产业化深恶痛绝，以至于排斥市场力量进入大学。这样，就有了一个奇怪的现象：在应该固守大学传统的地方，产业化了；在应该与市场力量互动之处，却与市场隔绝，不见市场的踪影。第二，从两极之间的流动要素看，科研人员带着成果向企业的流动在短期内不大能形成规模，再加上我国并不存在德国那样强大的科技中介队伍，也就是说没有现成的资源可以填补两极之间的空缺，现有的两极构造有可能长期存续。无论成果转化落地难的困境，还是知识产权认知缺乏的现状，在我国国有高校和科研机构内，都有着深厚的历史渊源和复杂的成因，难以短期扭转。一个有效的补救措施就是重视社会组织的力量，借助各种社会组织的灵活、高效、丰富和务实的作用，来谋求尽快改变社会创新主体的知识产权认知困境。

---

❶ 英国贸易与工业部的"教研公司计划"（简称 TCS）和"院校与企业界的合作伙伴计划"（简称 CBP），旨在使企业界能够充分利用知识库单位的专业知识和技能，以及使研究生能够获得良好的训练和开发机会。

❷ 提出"为青年人提供机会计划"（Opportunities for youth），每年资助大约 1000 名大学生和研究生到中小企业进行为期 6 个月的技术服务，还资助他们开展新产品、工艺流程和服务的开发。

参考文献

一、专著

[1] 陈昌柏. 知识产权经济学 [M]. 北京：北京大学出版社，2003.

[2] 袁建文. 经济计量学实验 [M]. 北京：科学出版社，2002.

[3] 李明德. 美国知识产权法 [M]. 北京：法律出版社，2003.

[4] 祁西元，曲三强. 马来西亚经济贸易法律指南 [M]. 北京：中国法制出版社，2006.

[5] 何家弘. 当代美国法律 [M]. 北京：社会科学文献出版社，2001.

[6] 苏敬勤，冯欲杰. 世界知识产权保护与国际技术贸易 [M]. 大连：大连理工大学出版社，1998.

[7] 张晓都. 专利实质条件 [M]. 北京：法律出版社，2002.

二、期刊中析出文献

[1] 高清. 对我国驰名商标保护问题的思考 [J]. 山西煤炭管理干部学院学报，2000（1）：8-9.

[2] 蒋殿春，张宇. 行业特征与外商直接投资的技术溢出效应：基于高新技术产业的经验分析 [J]. 世界经济，2006（10）：142-147.

[3] 董玮，严芷清. 美国知识产权——对科技创新及经济增长的作用研究 [J]. 法制与社会，2009（1）：127-128.

[4] 梁玺，朱恒源，吴贵生. 中国创新活动和经济增长的关系——一个基于协整理论的初步研究 [J]. 清华大学学报：哲学社会科学版，2006（6）：32-39.

[5] Daron Acemoglu, Fabrizio Zilibotti. Information Accumulation in Development [J]. Journal of Economic Growth, 1999 (4): 5-38.

[6] 周建，李子奈. Granger 因果关系检验的适用性 [J]. 清华大学学报：自然科学版，2004（3）：358-361.

[7] 周素娥. 中国知识产权保护对经济增长的乘数效应研究 [J]. 管理纵横，2009（5）：5-7.

[8] 张继红，吴玉鸣，何建坤. 专利创新与区域经济增长关联机制的空间计量经济分析 [J]. 科学学与科学技术管理，创新管理，2007（1）：83-88.

[9] 刘华. 知识产权保护制度与经济增长 [J]. 科技管理研究，2002（2）：26-30.

[10] 张熠. 美国农业研究局专利保护及对中国的启示 [J]. 世界农业，2007（7）：13-15.

[11] 罗妮佳. 从国外案例论我国有关专利政策的构建 [J]. 时代经贸，2009（6）：49-50.

[12] 刘亚军，曹军婧. 虚拟角色商品化权法律保护刍议——美国实践的启示 [J]. 当代法学，2009（4）：53-58.

[13] 依丽莎白·钱一黑尔. 美国知识产权的域外保护 [J]. 毕小青译. 外国法译评，1999（3）：36-49.

[14] 林雅娜，宋静. 美国保护虚拟的法律模式及其借鉴 [J]. 广西政法管理干部学院学报，2005（9）：53.

[15] 刘立平. 本可授权的发明专利授权为什么最终未能授权 [J]. 上海知识产权杂志，2010.

[16] Michael. T. H. When MickeyMouse Is as Strong as Superman: The Convergence of Intellectual Property Law to Protect Fictional Literary and Pictorial Characters in Stanford [J]. Law Review February, 1992: 13.

[17] Stacey H. Wang. Great Olympics, New China: Intellectual Property Enforcement Steps Up to the Mark [J]. Loyola of Los Angeles International&Comparative Law Review, 2005, 27: 291 - 305.

[18] 吕炳斌, 胡峰. 美国奥林匹克标志司法保护典型案例评析及其借鉴意义 [J]. 天津体育学院学报, 2007 (2): 109 - 111.

[19] 高留志. 美国知识产权保险制度对我国的启示 [J]. 特区经济, 2006 (2): 297.

[20] Thomas J. Stueber. Insurance Coverage For Patent Infringement [J]. William Mitchell Law Review, 1991 (17): 1080 - 1082.

[21] Prentice Hall Law and Business. Aig OffersNew Patent - Infringement Liability Insurance [J]. Journal of Proprietary Rights, 1994 (6): 27.

[22] Jason A. R. Patents and Insurance: Who Will Pay for Infringement? [J]. Boston University Journal of Science and Technology Law, 1995 (3): 21.

[23] Steven E. T., BriggsBedigian. Intellectual Property and Technological Insurance Coverage [J]. Maryland Bar Journal, 2001 (34): 38.

[24] 孙宏涛. 美国知识产权保险制度管窥 [J]. 世界知识产权, 2006 (4): 84 - 87.

[25] Jason A. R. Patents and Insurance: Who Will Pay for Infringement? [J]. Boston University Journal of Science and Technology Law, 1995 (3): 37 - 38.

[26] Patti Verbanas. Lawsuits Increase as Intellectual Property Definitions Change [J]. Corp. Cashflow Mag, 1995 (1): 9.

[27] 包海波. 日本企业的知识产权战略管理 [J]. 科技与经济, 2004, 17 (2): 41 - 45.

[28] 郭像榕. 从日本专利战实践看我国企业的专利战略 [J]. 现代情报, 2000 (1): 46 - 47.

[29] 陈美章. 中国高校知识产权教育和人才培养的思考 [J]. 知识产权, 2006 (1): 3 - 10.

[30] 秦彩萍, 苏春辉, 王娟, 等. 美日知识产权教育的经验及对中国的启示 [J]. 吉林工程技术师范学院学报: 社会科学版, 2006 (10): 31 - 33.

[31] 曾培芳, 叶美霞, 刘红祥. 中美知识产权人才培养模式比较研究 [J]. 科技进步与对策, 2009 (12): 227 - 228.

[32] 刘友华. 论我国实践型知识产权人才的培养 [J]. 湘潭师范学院学报: 社会科学版, 2010 (1): 66 - 67.

[33] 储敏. 我国高校知识产权人才培养的问题与建议 [J]. 黑龙江省政法管理干部学院学报, 2009 (1): 134 - 136.

[34] 祝晓莲. 美日两国知识产权战略: 比较与启示 [J]. 国际技术经济研究, 2002 (4): 33 - 41.

[35] 霍京华. 英国爱丁堡大学的技术转移及知识产权管理 [J]. 电子知识产权, 2005 (9): 23 - 55.

[36] 刘海洋. 新加坡保护知识产权政策措施 [J]. 全球科技经济瞭望, 2006 (11): 42 - 44.

[37] 杨静. 东盟国家知识产权立法与管理的新发展 [J]. 东南亚纵横, 2009 (2): 64 - 69.

[38] Y Kurt Chang. Special 301 and Taiwan: A Case Study of Protecting United States Intellectual Property in Foreign Countries [J]. 15 J. Int'l L. Bus, 1994, 212 (206): 38.

[39] 王志华. 论俄罗斯知识产权法的民法典化 [J]. 环球法律评论, 2010 (6): 43 - 55.

[40] World Health Organization. Globalization, TRIPs and Access to pharmaceaticals [J]. WHO Policy

Perspective on Medicines, 2001 (3): 96.

[41] 刘笋. 知识产权国际造法新趋势 [J]. 法学研究, 2006 (3): 143-160.

[42] Laurence R. H. Regime Shifting: The TRIPs Agreement and New Dynamics of International Intellectual Property Lawmaking [J]. Yale Journal of International Law, 2004 (29): 4-60.

[43] Reichman J. H. Enforcing the Enforcement Procedures of the TRIPs Agreement virginis [J]. Journal of International Law, 1997 (37): 335-354.

[44] Graham Dutfield. TRIPs-Related Aspects of Traditional Knowledge [J]. Case Western Reserve Journal of International Law, 2001 (33): 261.

三、报纸中析出文献

[1] 赵建聪. 要让"垃圾专利"消肿减磅, 知识产权如何保质 [N]. 人民日报, 2010-04-29.

[2] 袁定波. 知识产权专业人才培养面临挑战 [N]. 法制日报, 2007-10-28.

四、科技报告

[1] 科学技术部发展计划司, 中国技术市场管理促进中心. 全国技术市场统计年度报告: 2010 [R]. 北京: 中国技术市场管理促进中心, 2010.

[2] 国家知识产权局. 专利统计年报: 2009 [R]. 北京: 国家知识产权局, 2009.

五、学位论文

[1] 姜稚鸣. 虚构角色法律保护问题研究 [D]. 重庆: 西南政法大学, 2006.

[2] 胡维华. 美国知识产权法律制度及其对世界经济的影响——以对中国经济的影响及应对措施为角度 [D]. 南京: 南京理工大学, 2007.

[3] 金为民. 中国技术市场现状分析及发展原因探析 [D]. 合肥: 中国科学技术大学, 2010.

[4] 胡丽君. 试论美德两国知识产权保险制度及其对我国的借鉴 [D]. 武汉: 华中科技大学, 2004.

六、电子文献

[1] 关于提高专利质量的工作意见 [EB/OL]. [2010-06-17]. http://www.022net.com/2010/6-17/494757272742076.html

[2] 和韵. 论驰名商标的国际保护 [EB/OL]. [2004-04-08]. http://www.chinalawedu.com/news/2004_5/12/1448256313.htm.

[3] 徐晓兰. 关于加快构建以企业为主体的技术创新体系的提案 [EB/OL]. [2009-04-25]. http://cppcc.people.com.cn/GB/34961/121130/121133/7167366.html.

[4] 强化激励自主创新的法制和政策环境 [EB/OL]. [2006-07-06]. http://cppcc.people.com.cn/GB/34961/67367/67370/4565184.html.

[5] 为自主创新鼓实劲: 抑制重复引进. 鼓励消化吸收 [EB/OL]. [2005-12-10]. http://www.gov.cn/ztzl/2005-12/10/content_123119.htm.

[6] Commercial generalliability Policy (CGL) [EB/OL]. [2006-9-12]. http://www.nils.com/rupps/commercial-general-liability-Policy.htm.

[7] 张宗浩, 朱新文. 对中国知识产权高等教育的战略思考 [EB/OL]. [2009-5-5]. http://www.hie.edu.cn/gjll/news.asp?new=325.

[8] 赵晓力. 30年来美国知识产权法的扩张 [EB/OL]. [2006-9-10]. http://www.yadian.cc/paper/22016/.

[9] 程天宇. ESA 向美提交报告称马、俄、中盗版率最高 [EB/OL]. [2010-05-20]. http://www.chinabyte.com/20050216/.

[10] 中国国家知识产权局. 马来西亚知识产权发展新动向 [EB/OL]. [2007-7-31] http://www.sipo.gov.cn/20070731.

[11] 中国国家知识产权局. 泰国知识产权厅情况介绍 [EB/OL]. [2004-12-23]. http://www.sipo.gov.cn/2004-12-23.

[12] 中国国家知识产权局. 越南国家知识产权局开始受理电子申请 [EB/OL]. [2007-12-01]. http://www.sipo.gov.cn/sipo/xwdt/gwzsc-qxx/default_3.htm

[13] Carlos M. C. Traditional Knowledgy and Intellectual Property, the Quaker United Nations Office (QUNO) [EB/OL]. [2001-6-11]. http://www.geneva.qumo.info/pdf/tkmonol.

[14] 熊焰. 中国技术市场的主要问题——技术交易思考之二 [EB/OL]. (2010-08-31) [2010-05-10]. http://blog.sina.com.cn/s/blog_504183620100f2hl.html.

[15] 国务院发展研究中心. 我国技术市场发展定位与主要任务 [EB/OL]. (2010-12-24) [2010-05-10]. http://www.drcnet.com.cn/DRCnet.common.web/DocViewSummary.aspx?version=Integrated&docid=2106169&leafid=3079&chnid=1034&gourl=/DRCnet.common.web/docview.aspx.

[16] 国家知识产权局. 2009 中国有效专利年度报告 （二） [R/OL]. (2010-09-02) [2010-05-10]. http://www.sipo.gov.cn/sipo2009/mtjj/2010/201008/t20100828_473941.html.

[17] 国家知识产权局. 统计信息 [DB/OL]. (2010-07-09) [2010-06-27]. http://www.sipo.gov.cn/sipo2009/tjxx.

[18] 教育部科技发展中心. 中国高校知识产权报告 （2009）：100 所高校有效专利量及 2009 年专利授权量 [R/OL]. (2010-06-22) [2010-05-10]. http://www.cutech.edu.cn/cn/dxph/cgzl/2010/06/1238460787824720.htm.

[19] 教育部科技发展中心. 1985~2009 年全国高校专利授权数 [EB/OL]. (2010-06-22) [2010-05-10]. http://www.cutech.edu.cn/cn/dxph/cgzl/2010/06/1238460787783318.htm.

[20] 裴宏, 陈晓华. 中国创新能力依然旺盛——透视 2010 中国发明专利 [EB/OL]. (2010-03-24) [2010-05-10]. http://www.cipf.cn/news/2010/03-24/10052691697.html.

[21] 熊建. 近年来企业申请专利数量迅速提升，仍有 98% 的工业企业没有申请专利 [N/OL]. (2010-11-09) [2010-05-10]. http://scitech.people.com.cn/GB/10338979.html.

[22] 互动百科：经济理论：微笑曲线 [DB/OL]。 [2010-06-27]. http://www.hudong.com/wiki/%E5%BE%AE%E7%AC%91%E6%9B%B2%E7%BA%BF.

[23] WIPO. 新闻与信息资源：2010 年国际专利申请量在全球经济衰退中锐减，附件 2、3 [EB/OL]. (2010-02-08) [2010-05-10]. http://www.wipo.int/pressroom/zh/articles/2010/article_0003.html.

后　　记

十年磨一剑，中国知识产权指数报告在不知不觉中已经走过了十个年头。十年间，我国知识产权发展迅速，专利申请总量已经位列世界第一。十年间，我国知识产权保护和管理事业成绩斐然，司法保护和专利保护力度不断加大。十年间，中国公众对于知识产权的认识和了解已经今非昔比，收费阅读内容已经成为新的时尚。十年间，中国知识产权指数报告也从默默无名成为影响、促进和引领我国知识产权研究工作的重要成果。

十年前，我们曾经设想过十年后的情景，但是今日的发展仍然超出想象。从指数来看，各省、直辖市和自治区都取得了长足发展，东部地区开始从数量发展转向高质量发展，从立足国内到全面参与世界科技创新活动。中部地区开始呈现爆发势头，个别地区已经多年位居前列。西部地区也开始体现后发趋势，几个重点城市不甘落后。我们有理由期待下一个十年，中国知识产权事业将更加精彩。

十年间，课题组坚持专业、独立、客观的学术态度，在广泛调研征询意见、收集援引权威数据的基础上，逐步修订完善，使《中国知识产权指数报告》拥有了一套较为完善、科学的指标体系。与《中国知识产权指数报告2017》相比，《中国知识产权指数报告2018》增加了生态环境指数，考察中国省份生态环境发展情况以及对知识产权发展的影响。知识产权进步指数方面，因为数据可得性原因，2个指标进行了调整，一是"单位地区生产总值能耗"替代2016年的"综合能耗产出率增幅"。二是"人均R&D经费内部支出"替代"R&D支出占GDP比重增幅"。

《中国知识产权指数报告2018》是课题组集体智慧的结晶，是全体成员努力钻研的成果。报告顺利出版得益于各方的支持、帮助和鼓励，衷心感谢国家知识产权局、国家统计局、商务部、国家工商总局、国家版权局和国务院发展研究中心等机构及专家的帮助。在此，课题组向他们表示诚挚的谢意！

本课题组将继续跟踪、研究、发布系列知识产权指数研究报告，并将拓展报告的研究领域与适用范围。我们恳请社会各界的专家继续支持我们的研究，并诚邀同志之士加入我们的工作。囿于水平所限，疏漏错误在所难免，诚盼大家批评指正，提出宝贵意见。敬请广大读者登录 http://www.focus-p-index.com 获取《中国知识产权指数报告》最新动态。